고객혁명

고 객 혁 명

1판 1쇄 인쇄: 2002년 5월 10일
1판 1쇄 발행: 2002년 5월 15일

발행인: 채윤기
발행처: 도서출판 나노미디어
　　　　등록번호: 제 8-257호
　　　　서울 은평구 응암동 91-3 동아빌딩 401호
　　　　Tel 02)384-2797 Fax 02)384-2798
　　　　홈페이지 http://www.nanomedia.co.kr

편집: 장선숙
표지: 이규대
인쇄: 경문인쇄
제본: 경문제책

ISBN 89-89292-03-4 (03320)

정가 15,000원
* 잘못 만들어진 책은 교환하여 드립니다.

고객혁명

The Customer Revoluction

나노미디어

활력과 유머와 사랑과 격려를 아끼지 않으신 어머니께

그리고

책을 쓰는 동안에 친구가 되어준 얄밉도록 사랑스러운 강아지에게

필자의 분신이라 할 수 있는 패트리샤 세이볼드 그룹의 전폭적인 지원과 여러 사람들의 아낌없는 도움이 없었다면 이 책은 세상에 나오지 못했을 것이다.

특히 다음 몇 사람에게 심심한 감사의 말을 전하고자 한다.

· 고객조종실(Customer Flight Deck)의 도표 작업을 설계하고 보급한 매니 소드비나우(Manny Sodbinow)

· 필자가 자유롭게 연구와 집필을 할 수 있도록 회사를 이끌어준 수잔 레인(Susan Lane) 사장

· 고객 가치 개념을 다듬는 데 도움을 준 재무 및 관리 담당 이사 프리실라 츄라(Priscilla Chura)

· 고객 경험의 모니터에 관한 전문지식을 제공해 준, Customers.com의 컨설팅 사업 책임자 슈 앨드리치(Sue Aldrich)

· 수없이 많은 인터뷰와 세부적인 조사 및 동향 파악을 통하여 실질적으로 연구를 주도한 동료 연구자 제인 밀러(Jayne Miller)

· 책 안의 모든 도표를 그려준 로린다 오코너(Laurinda O'Connor), 품질관리팀의 패니 왕(Fanny Wong)과 제인 패트릭(Jane Patrick), 많은 시간을 들여 자료를 검증한 재키 듀피(Jackie Duffy)

· 저술 작업의 모든 단계에서 도움을 준 공동 저자이자 응원단인 로니 마샥(Ronni Marshak)과 제프 루이스(Jeff Lewis)

✦ 차례

왜 고객 혁명이 문제인가? 고객들이 모든 산업을 장악하고 있기 때문이다. 냅스터 현상은 결코 남의 일이 아니다. 음반 산업의 앞서가는 고객들은 메이저 음반 회사들이 무시할 수 없는 강력한 변화를 끌어냈다. 냅스터의 반란은 단순히 저작권 침해의 문제가 아니다. 그것은 고객들의 뜻대로 음반 산업이 변해야 한다는 것을 의미한다. 메이저 음반 회사들은 고객들의 요구에 항복하여 다운로드가 가능한 디지털 음악을 만들고 있다. 음반 산업에 종사하는 사람들은 앞서가는 고객들의 움직임을 관찰하며 2000년 한 해를 보냈다. 그들은 결국 온라인으로 다운로드하여 자기만의 앨범으로 재구성하고 싶다는 고객들의 요구에 굴복하고 말았다.

음반 산업에서 일어난 이 혁명적인 변화는 다른 모든 산업에서도 일어나고 있다. 분야에 따라서는 음반 산업에서만큼 극적이거나 뚜렷하지 않을 수도 있다. 그렇지만 근본적인 변화가 시작된 것은 틀림이 없다. 고객들이 제조업자로부터 주도권을 빼앗고 있으며 디지털 시대의 새로운 비즈니스 관행을 지배하기 시작하였다.

이 책은 이런 상황에서의 생존 전략을 제시하는 안내서이다. 근본적인 변화를 요구하는 고객들의 생각을 미리 알고 준비하자는 것이다. 뿐만 아니라 고객들의 그러한 요구에 우아하게 항복함으로써 현재와 미래에 고객 충성을 얻을 수 있게 하는 최선의 전략을 제시하고자 한다.

간단히 말해서, 이 책의 내용은 새로운 고객 경제의 시대에 살아남아 번영할 수 있는 방법에 관한 것이다. 독자들은 고객 경제의 시대의 가치 창조 메커니즘에 관해 새로운 눈을 뜨게 될 것이다.

기업의 현재 및 미래 가치를 어떻게 평가할 것인가? 이것이 이 책을 쓰도록 만든 핵심 주제였다. 2000년 3월에 나스닥 주가가 폭락하자 인터넷 주식과 기술 주식에서 많은 자본이 이탈하는 것을 보면서도, 필자는 투자자들이 인터넷 주식과 첨단기술 주식과 이동 통신 주식을 영원히 저버리지는 않을 거라고 생각했다. 그러나 투자자들은 투자 은행과 벤처 캐피탈들이 조장한 거품에 대한 해명을 요구했다. 2000년 말에는 종전까지 5% 수준을 유지하던 미국의 경제성장률이 급격히 하락하였다. 미국 경제의 급격한 하락은 소비자들의 소비 심리 위축에도 많은 원인이 있었다. 퇴직금의 일부를 주식에 투자했더니 9개월 동안에 주식 가치가 30%로 줄어들었다면 돈 쓰는 일에 신중해질 수밖에 없을 것이다. 소비자들은 과소비를 억제하고 허리띠를 졸라맸다. 기업들도 자본 투자의 규모를 줄였고 재고를 줄이려고 노력했다. 진행 중인 프로젝트들의 우선 순위도 뒤로 밀렸다.

필자는 인터넷 기업과 첨단 기술 기업들이 과대 평가된 것은 현대 경제의 가치 창출 메커니즘에 대한 근본적인 오해에 원인이 있다고 생각한다. 기업 평가의 기준은 미래의 수익이다. 그렇다면 그 수익은 어디서 나오는가? 두말할 것도 없이 고객으로부터 나온다. 수익을 증가시키기 위해서는 수익을 안겨줄 고객들을 확보하고 유지하는 데 집중해야 한다. 간단하지 않은가?

2001년에는 가치 창출의 근본적인 요인에 눈을 뜬 투자 분석가들이 첨단 기술 주식에 대해 다시 관심을 갖게 되었다. 필자는 그들에게 가치 평가의 새로운 기준을 제시하려고 한다. 고객 평가의 기준을 고객 프랜차이즈(customer franchise), 즉 현재와 미래의 고객들로부터 얻을 수 있는 수익의 가치에 두라고 권하고 싶다. 이것은 "기본에 충실하라"는 당위론을 되풀이하는 것이 아니라, 현실성 있는 예언이다. 기업의 가치는 고객 프랜차이즈의 가치에 의해 결정될 것이다. 투자자들은 고객의 수, 고객 1인당 수익, 고객 관리 방법, 고객 프랜차이즈의 성장 속도 등을 알 권리가 있다.

이 책을 준비하면서 필자는 세계의 많은 기업들이 몇 년 전부터 고객 가치와 고객 경험의 향상에 열중하고 있다는 사실을 발견했다. 그 기업들은 고객 경제 시대에 번영할 수 있는 위치를 선점하고 있다고 해도 무방하다. 이 책에는 그 기업들이 구체적으로 어떻게 해 왔는지를 자세하게 소개할 예정이다.

과거에 비해 고객이 더 중요해진 이유는 무엇인가? 무슨 특별한 사연이라도 있는가? 지난 몇 년 동안에 미묘한 변화가 일어났다. 제조업자의 힘이 줄고 고객의 힘이 커진 것이다. 왜 그렇게 되었을까? 핵심적인 이유는 인터넷을 비롯하여 기타 쉽게 사용할 수 있는 기술들 덕분에 고객들이 현명한 결정을 내리는 데 필요한 정보를 더욱 쉽게 접할 수 있게 되었다는 것이다. 고객들은 고객을 중시하지 않는 제조업자들에게 끌려 다니기를 거부한다. 이제 칼자루는 고객들이 쥐고 있는 것이다! 고객들의 행동과 요구는 모든 산업에 충격을 던지고 있다.

경영자에게 있어서 고객 혁명은 어떤 의미를 가지는가? 이 질문을 무시하다가는 큰코다칠 것을 각오해야 한다. 앞으로 고객들은 점점 더 많은 것을 요구할 것이다. 그에 부응하기 위해서는 일련의 새로운 능력을 갖추어야 한다. 고객 시나리오에 따라 비즈니스를 재설계하는 법을 배워야 하고, 가치 사슬 전반에 걸쳐서 고객들이 중요시하는 사건들은 모두 면밀히 모니터해야 하며, 무엇보다도 고객 가치에 의한 경영, 고객 가치를 위한 경영이 요구될 것이다. 쉽지는 않은 일이지만, 힘차게 출발해 보자.

1장
고객 혁명을 기꺼이 수용하라

안전벨트를 단단히 조여라! 지금 겪고 있는 주식시장의 혼란은 아직 끝나지 않았으며, 오히려 더욱 악화될 것이다.

왜냐고? 그것은 우리가 중대한 변화의 한가운데에 있기 때문이다. 인터넷 혁명이나 모바일 혁명보다도 더 커다란 이 변화는 바로 고객 혁명(customer revolution)이다.

이제 고객들은 기업의 운명을 좌우할 수 있는 칼자루를 쥐고 있으며 산업 전반의 모습을 바꾸어가고 있다. 경영자에게나 투자자에게나 고객 충성도가 점점 중요한 개념이 되고 있다. 기술 동향과 투자 성향에 따라 경기를 판단하려 한다면 그것은 그 이면의 진정한 추세를 놓치는 우를 범하는 일이 될 것이다. 그 추세는 바로 고객이 주도권을 쥐고 있다는 것이다. 그에 따라 사업의 양상도 바뀌고 있으며 기업의 가치도 고객에 의해 좌우되고 있다. 갑자기 고객 프랜차이즈(customer franchise)가 기업의 가장 희귀하고 가장 중요한 자원이 되어 버렸다.

어쩌면 당신의 회사가 위험할 수도 있다. 만족스럽고 일관성 있는 고객 경험을 제공하는 일을 게을리하는 회사는 파산에 이를 가능성이 많다. 이 책에서 소개할 기업들의 경우에는 고객 가치에 의한, 고객 가치를 위한 경영을 조용히 준비해왔다. 그들은 고객에게 가장 중요한 것이 무엇인가를 조사하고 연구하였다. 그렇지 않고 옛날 방식을 고집하는 기업은 활주로에 서서 고객 경제 시대로의 비행을 시작한 경쟁사들을 부러워하는 신세가 될 것이다.

고객 혁명이 오는 소리에 귀를 기울여라

지난 일년 동안 여러 업계의 경영자들이 고객 혁명의 충격을 느끼기 시작했다고 고백했다.

✿ 아니 프레이저(Arne Frager)는 캘리포니아주 소살리토에 위치하고 있는 녹음 스튜디오인 플랜트(Plant)의 CEO다. 그는 27년 동안 음반 업계에 종사해 왔지만 지금처럼 음반 산업이 위축되는 것을 본 적이 없었다고 한다.

"우리 회사 수입이 50%로 줄었습니다. 음반 산업 전체로 보아도 마찬가지입니다. 우리 업계에서는 전체 수입의 절반 정도가 신곡 제작에서 나오는데, MP3/냅스터(Napster)/그누텔라(Gnutella)/프리넷(Freenet) 등이 디지털 음악을 무료로 배포하는 통에 잔뜩 위축된 메이저 음반 회사들이 신곡을 만들지 않고 있습니다. 그들이 돈을 풀지 않으니 우리는 손을 놓을 수밖에 없지요."

문제의 열쇠를 쥐고 있는 고객들이 음반 산업의 모습을 완전히 탈바꿈시키고 있다.

:::: 브레넌 멀리건(Brennan Mulligan)은 미국의 배낭 제조업체 팀
북2 디자인즈(Timbuk2 Designs)의 사장이다.

"고객들은 자기만의 독특한 배낭을 갖고 싶어합니다. 그렇지만 소
매상이 고객마다 다른 디자인을 주문 받아 판매할 수는 없습니다.
1개 짜리 상품을 팔아서는 수지가 맞지 않기 때문입니다. 그래서
우리가 직접 고객들을 상대하기로 했습니다. 인터넷을 이용하는
거지요. 고객들은 인터넷을 통해 직접 자기 배낭을 디자인 할 수
있고 다음날이면 배달 받을 수 있습니다. 참여를 원하는 소매상들
에게는 그들의 웹사이트에 같은 기능을 제공하고 가게 안에는 주
문용 키오스크를 설치해 줍니다."

고객들은 지금까지 소매상들이 제공할 수 없었던 서비스들을 원하고
있으며, 이제는 제조업자들이 고객들의 그러한 욕구에 부응하고 있다.

:::: 기디언 새슨(Gideon Sasson)은 찰스 슈왑의 전자 거래
(Electronic Brokerage) 담당 부사장이다.

"인터넷이 출현하기 전에는 고객을 어떻게 묶어둘 것인가가 기업
의 중요한 관심사였습니다. 고객을 소유하려고 했던 거지요. 기
업들은 고객을 유인하여 끌어들인 다음에, '이 고객들에게서 어
떻게 수익을 낼까?' 혹은 '어떻게 하면 이 제품을 사게 할까?'
를 궁리했습니다. 그러나 이제는 더 이상 그런 식으로 생각할 수
없게 되었습니다. 인터넷이 생기기 전에도 우리는 고객들에게 잘
하면 그들이 수익을 올려줄 것이라고 생각했습니다. 다른 회사들

의 경우에는 최근에 갑자기 깨달은 것 같기도 하더군요. 하여튼 인터넷이 없을 때에도 고객의 중요성을 깨달은 기업은 있었을 테지만, 당시로서는 고객 중심적이 될 필요까지는 없었습니다. 지금은 선택의 여지가 없습니다. 인터넷 시대에는 과거와 다른 방식으로 행동할 수밖에 없습니다. 그 중에서도 고객들의 손에 칼자루를 넘겨주었다는 것이 결정적인 변화입니다. '고객과 경쟁사와의 거리는 한번의 마우스클릭에 불과하다' 는 말이 있지만, 사실 더 중요한 것은 경쟁사 뿐 아니라 진짜 확실한 정보를 갖고 있는 다른 고객과의 거리도 한번의 클릭에 불과하다는 것입니다."

이제 고객들은 한 기업에 붙잡혀 있기를 거부한다. 그들은 만족할 만한 서비스와 저렴한 가격과 혁신적인 제품을 원한다. 만약 이를 충족시키지 못한다면 고객들은 미련 없이 다른 사이트로 떠나갈 것이며, 그 사실을 세상에 널리 알릴 것이다.

기꺼이 항복하라

이제 기업의 운명은 고객들이 좌우한다. 인터넷과 무선 이동 통신 덕분에 고객들은 24시간 내내 세계 각지에 있는 기업과 거래할 수 있다. 기업 고객과 소비자 고객들은 거의 모든 산업에서 표준 관행을 뒤집어엎고 있다. 그들은 가격구조, 유통채널, 상품과 서비스의 설계방식과 배달방식들을 바꾸라고 요구한다. 아무도 그러한 요구를 거부하지 못할 것이다. 고객들은 힘이 있으며 힘이 있다는 사실을 자각하고 있다. 이것을 인정하지 않는 기업들은 머지않아 도태될 것이다.

혁명이란 것이 원래 그렇지만, 고객 혁명 역시 막는다고 해결되지는 않는다. 외면한다고 해결되는 문제도 아니다. 우아하게 항복하는 것 외에는 선택의 여지가 없다. 옛날에도 항상 기업의 존재이유는 고객이었다. 그러나 중요한 것은 이제 기업들은 사상 최초로 고객의 요구를 실시간으로 파악하고 그에 대응할 수 있는 수단을 갖게 되었다는 사실이다. 인터넷을 이용함으로써 우리는 고객들을 집단별로 분류할 수 있게 되었고 덕분에 신제품을 더욱 빠르게 검증할 수 있게 되었다. 인터넷의 위력은 새로운 비즈니스 모델을 만들거나 발전시키기도 한다. 여기에는 냅스터와 같은 P2P 서비스, 리눅스를 비롯한 오픈 소스 공동체, 이베이(eBay)와 같은 자율규제 시장 등이 포함된다. 우리는 고객들이 주도하는 이러한 비즈니스 모델들을 거부해서는 안 되며 그것들을 수용하고 발전시켜야만 한다.

고객 혁명에 항복하라는 것은 사실 매력적인 제안이다. 직원들은 원래 고객 중심의 기업 문화를 선호한다. 고객 중심의 기업들은 제품 중심의 기업에 비하여 일하기도 즐겁고, 따라서 사람 구하기나 잡아두기가 훨씬 수월하다. 제품 중심의 목표를 놓고 논쟁하는 것보다 고객 우선 원칙으로 예산을 짜는 일이 훨씬 쉬운 일이다. 더욱이 고객과의 관계를 형성하고 유지하는 일에 집중하는 기업들이 세계에서 가장 높은 수익을 올리고 있다는 사실에도 주목해야 한다.

고객 경제 시대로의 초대

고객 경제 시대에는 기업의 가치를 평가하는 방법도 달라져야 한다. 우리는 역사적으로 고정자산에 대한 수익의 비율을 중시해왔다. 유형 자산 기준으로 최대의 수익을 끌어낸 기업, 즉 자산 가치가 큰 기업의 주식은 가격이 오르게 마련이었다. 경영자들은 손익(P&L), 자산 수익률(ROA), 투자 수익률(ROI), 투하자본 수익률(ROCE), 주가 수익률(PER) 따위의 기본적인 경영 지표부터 배웠다. 이러한 것들은 과학적이기도 하고 중요한 것이기도 하다. 그러나 이제는 위험을 무릅쓰고 그것들을 무시해 버리자! 경영이란 여전히 희소자원을 가장 효과적으로 사용하는 기술이 지만, 이제는 투자 자본은 희소자원이 아닌 시대인 것이다.

고객 경제 시대에는 기업에 충성하는 고객들이 가장 귀중한 자산이다. 오늘날 기업이 획득하기 가장 어려운 것은 자본, 제품, 인력 따위가 아니 고 브랜드도 아니다. 그것은 바로 고객 충성(customer loyalty)이다. 새로운 고객 경제 시대에는 고객 관계(customer relationships)가 가장 중요한 자원이다. 고객 자본이 투자 자본 이상으로 중요해진 것이다. 현 재와 미래의 고객 관계의 총 가치, 즉 고객 프랜차이즈의 가치가 기업의 가치를 결정한다.

고객 가치에 의한, 고객 가치를 위한 경영

고객 혁명의 커다란 충격은 세계의 주식시장에도 반영되고 있다. 폭락하 는 주식과 잘 나가는 주식을 자세히 들여다보면 중요한 무언가를 발견할 수 있을 것이다. 요컨대, 고객 가치에 의해 그리고 고객 가치를 위해 경 영하는 기업들의 주가가 높다는 것이다.

투자자들과 재무 분석가들이 고객 관계의 중요성을 명시적으로 강조하 지 않는다 하더라도 그 기업을 경영하는 사람들은 고객 관계가 기업의 미 래 수익에 얼마나 중요한지를 잘 알고 있다.

찰스 슈왑(Charles Schwab)이나 시스코 시스템즈(Cisco Systems)

와 같은 기업들에게 중요한 것은 손익이 아니라 고객 가치이다. 슈왑과 시스코는 매년 매출과 수익과 수익률의 증가를 기록하고 있지만, 항상 고객 지표를 중심으로 운영된다는 점에서 많은 기업들의 본보기가 된다. 필자는 이 책을 집필하기 위한 조사 연구 과정에서 이런 기업이 많다는 것을 발견하고 매우 놀랐다. 선진적인 고객 지향 기업들이나 B2B 기업들의 경우에는 내부 경영 기준이 크게 변화해 있었다. 현대 경제의 진정한 지도자들은 고객 유지, 고객 만족, 고객 수의 증가, 고객 매출의 증가, 고객 이탈 방지 등의 지표를 기준으로 기업을 운영하고 있음을 알게 되었다. 이제는 이와 같은 평가 지표들이 주 단위나 월 단위로 열리는 임원 회의의 주요 주제로 자리잡았다.

시스코의 CEO인 존 챔버스(John Chambers)를 보자. 존은 근무 시간의 80%를 고객과 대화하면서 보낸다. 그는 연설, 방문, 전화, 브리핑, 회의 등을 통해서 끊임없이 고객의 동향을 파악한다. 그는 또 대형 고객들과의 거래 내용을 매일 점검한다. 나아가 모든 시스코 중역들에게 근무 시간의 50%를 고객과의 직접 대면에 사용할 것을 요구한다. CIO든 CFO든 고객과 열심히 대화하지 않는다면 시스코 사람이 아니라는 식이다. 모든 시스코 직원들은 보너스를 받으려면 고객 만족에 대한 목표를 늘 염두에 두어야 한다는 것을 알고 있다. 그들은 매일매일 목표 달성에 신경을 쓰면서 일한다. 이 방법은 실제로 많은 성과가 있어서 시스코 직원들은 매년 고객 만족 목표를 초과달성하고 있다.

고객 경제 시대의 지도자들은 고객 중심의 기업 문화가 기업의 수익과 주주 가치 및 장기 수익으로 연결된다는 것을 잘 알고 있다.

고객 혁명 시대의 생존 전략

고객 혁명 시대에 살아남기 위해서, 나아가 성공하기 위해서는 어떤 대책이 필요한가? 혼란에 빠지지 않고 앞으로 나아가려면 어떻게 기업을 경영해야 할까? 맨 먼저 알아야 할 것은 이 혁명이 e비즈니스에 국한된 것이 아니라는 사실이다. 이제는 모든 비즈니스가 e비즈니스다. 지구상의 거의 모든 비즈니스가 고객과 공급자 사이의 전자적 거래를 포함하고 있다. 둘째로, e고객이란 것이 별도로 존재하는 것이 아니라 다 같은 고객이 존재할 뿐이라는 사실을 깨달아야 한다. 기업 고객이든 소비자 고객이든 상황에 따라서 다양한 방법으로 접촉이 이루어져야 한다. 여기에는 전문가 상담, 소매상과의 거래, 이메일, 전화, 이동 전화, 온라인 비즈니스 등이 포함된다. 셋째, 고객들의 요구가 새로운 것이거나 시대를 앞선 것이라 해도 그것을 동반자적 자세로 수용할 준비가 되어 있어야 한다. 넷째, 고객들이 주도하는 자생적 커뮤니티에 참여할 준비가 되어 있어야 하며, 고객들이 업계의 관행을 바꾸어 가는 데 대하여 유연하게 대응할 수 있어야 한다.

기본에 충실하라

필자는 『인터넷 시대의 기업전략(원제:Customers.com)』에서 "고객 편의를 제공하라"고 강조했었다. 그 말은 전세계의 기업과 기관으로 퍼져나갔다. 앞서가는 기업들은 고객의 편의를 위하여 인터넷과 이동 전화 등을 활용하고 있다. 이들이 고객 경제 시대에 성공할 준비를 다 갖추었다고 말하는 것은, 단지 고객 위주로 업무를 구현했기 때문만이 아니라 기업 전략 자체가 고객들에 의해 만들어지고 있기 때문이다.

『인터넷 시대의 기업전략』에서 소개한 8가지 성공 요인들을 이미 채택한 기업들은 이제서야 고객 중심 비즈니스 모델로 첫발을 내디딘 기업들에 비하여 유리한 위치에 있다. 그런 기업들은 학습곡선의 윗 부분을 달리고 있는 셈이다. 그런 기업들의 고객은 만족도가 높으며 충성도 또한 높다. 또한 그런 기업들은 고객들에게 중요한 것을 파악하고 발전시키는 능력을 꾸준히 향상시켜 왔다.

고객 관계에 집중하라

이 책의 슬로건은 한 마디로 "고객 관계가 중요하다"이다. 이제 고객 관계가 사업에서 중요한 위치를 차지하기 시작했다. 과거에는 생각할 수 없었던 일이다. 투자자들이 고객과 관련된 수치를 묻기 시작했다. 얼마나 많은 고객을 확보하고 있는가, 각 고객과 얼마나 오랫동안 관계를 유지하고 있는가, 고객 1인당 매출 증가는 얼마나 되는가, 새로운 고객을 유치하는 데에는 얼마의 비용이 드나, 고객 유지 능력은 어느 정도인가 등을 알고 싶어하는 것이다. 요컨대, 투자자들은 기업이 고객 프랜차이즈의 가치를 얼마나 높일 수 있는가를 알고 싶어한다.

지금까지 제품 중심이었던 기업들도 이제 고객 중심 기업이 되기 위해 노력하고 있다. 이 책을 집필하기 위해 사례조사를 했던 거의 모든 기업들은 이미 포괄적인 고객 관계 관리(CRM) 정보 시스템과 전략을 가지고 있거나 혹은 수립하는 중이었다. IBM, 제너럴일렉트릭(GE), 3M, 로얄 더취쉘(Royal Dutch Shell), 머크(Merck), 인텔(Intel) 등 연구개발, 혁신, 성장, 성공적인 조직관리에 심혈을 기울여왔던 제품 중심의 블루칩 회사들도 이제는 최종 고객이 누구인가를 파악하고 그들과 긴밀한 관계를 형성하기 위해 노력하고 있다. 매장 면적 당 매출만을 중시하던 갭(Gap)이나 테스코(Tesco)와 같은 소매기업들도 이제는 고객 1

인당 수익을 증가시키는 데 총력을 기울이고 있다. C2C 경매사이트로 시작했던 이베이(eBay)나 건축관리 분야의 온라인 서비스 업체인 버즈소(Buzzsaw)와 같은 인터넷 기반 기업들은 모든 공급자를 고객으로 만들고 모든 고객을 공급자로 만드는 일에, 즉 고객 겸 공급자를 늘리는 일에 심혈을 기울이고 있다.

실시간으로 고객 경험을 모니터하고 향상시켜라

고객 경제 시대에는 고객들의 눈이 아니라 마음을 잡아야 한다. 고객 관계는 고객 경험의 축적에 의해 이루어지며 고객들은 브랜드에 대해 좋은 경험이나 나쁜 경험을 갖고 있게 마련이다. 홈페이지를 방문하고 전화를 걸고 광고를 보고 제품을 사용하고 판매원을 만날 때마다, 그들은 브랜드와 관련된 고객 경험을 하는 것이다. 이러한 경험들은 기업에 대한 신뢰를 강화시키거나 약화시키는 작용을 한다. 고객 경제 시대에 성공하려면 고객 경험을 신중하게 관리함으로써 고객 신뢰를 형성하고 유지하는 방법을 알아야 한다.

　최근에 와서야 모든 고객과 개별적으로 관계를 형성하는 일이 가능하게 되었다. 고객과의 쌍방향 소통을 가능하게 하는 첨단 기술들 덕분에, 거래 과정에서 고객을 소외시키지 않을 수 있게 된 것이다. 고객들이 회사와 접촉할 때 얼마나 만족스러워하는지를 세심하게 평가함으로써 회사는 브랜드나 제품이나 회사에 관한 고객들의 경험을 지속적으로 향상시킬 수 있다. 고객 경험의 중요성을 제대로 이해하는 사람들은 월 단위나 주 단위 보고서에 의존하여 평가하지 않는다. 그들은 고객의 요구가 해결되지 않으면 즉시 경보가 울리는 호출기를 들고 현장을 돌아다닌다. 그런 사람들은 비행기 연착, 재고 부족, 시간 지연, 웹사이트 운영상황 등 고객에게 영향을 미칠 수 있는 여러 업무과정들을 열심히 모니터한다.

고객이 이끄는 대로 따라가라

기업의 운명은 고객들이 좌우할 것이다. 이제는 이 사실을 인정하고 받아들여야 하며, 그래야만 고객들의 현재와 미래의 요구를 정확히 알 수 있게 될 것이다. 고객들이 회사나 제품과 어떤 방식으로 접촉하고 싶어하는지 알아야 한다. 직접 거래하는 것이 좋은지 유통 채널을 통하는 것이 편리한지도 고객이 결정한다. 고객들은 기업이 웹사이트를 운영하고 전화문의에 성실히 답해줄 것을 요구할 것이다. 매장 직원들이 회사 웹사이트에 관해서도 꿰고 있어야 한다고 요구할 것이다. 무선 이동 통신으로 업무를 볼 수 있게 해달라고 요구할 것이다. 온라인으로 제품을 구매할 수 있게 해달라고 요구할 것이다. 그리고 자신들의 입장에서 부당하다고 생각되는 모든 비즈니스 정책이나 관행에 도전할 것이다.

고객 혁명의 베테랑들에게 배워라

우리가 조사한 전세계 수십 개 기업들은 고객 혁명의 시대를 맞이하여 살아남을 수 있고 나아가 성공할 수 있는 방법을 명확하게 이해하고 있었다. 일부는 B2C 기업이고 다른 일부는 B2B 기업이다. 그리고 통신, 건강관리, 소매, 제조업체 등 다양한 분야에 걸쳐 분포되어 있다. 그러나 업종이나 규모에 상관없이 그런 기업들은 전심전력을 다해 고객들의 요구를 수용하고 쌍방간에 이익이 되는 미래를 향해 고객들이 이끄는 대로 간다는 고객 경제 시대의 성공 비결을 터득해 왔다는 공통점을 가지고 있다. 이 책은 그런 기업들에 관한 이야기이며 거기서 찾아낸 원칙들이 강조될 것이다. 당신의 회사가 대기업이든 중소 기업이든 혹은 기존 기업의 닷컴 자회사이든 순수한 닷컴 기업이든 상관없이, 이 책을 통하여 당신은 진행중인 혁명에 대비하는 방법을 배울 수 있을 것이다.

당신이 회사의 중역이나 관리직이나 IT 전문가라면, 이 책을 통하여 세계가 어디로 가고 있는지 왜 그런지에 관한 훌륭한 통찰력을 갖게 될 것이다. 회사가 성공하기 위해서 해야 할 일을 발견하거나 재확인하게 될 것이다. 당신이 만약 투자자라면 고객이 주도하는 기업들을 찾아낼 수 있게 될 것이다. 고객이 주도하는 기업들은 기존 비즈니스 모델들에 대한 혁신과 개선을 통해서 업계를 선도해 나갈 것이다.

고객 경제 시대의 세 가지 원칙

고객 경제 시대로의 이동을 떠받치는 세 가지 원칙이 있다. **원칙1, 칼자루는 고객이 쥐고 있다.** 그들이 비즈니스의 모습과 산업의 형태를 바꾼다. **원칙2, 고객 관계가 중요하다.** 현재와 미래의 고객 관계의 총가치, 즉 고객 프랜차이즈의 가치가 기업의 가치를 결정할 것이다. **원칙 3, 고객 경험이 중요하다.** 고객이 기업과 접촉하면서 받는 느낌이 기업에 대한 충성도를 결정한다. 이 책의 3부까지는 각각의 원칙을 자세하게 검토하고 원칙에 입각하여 전략을 수립하는 방법을 제시하는 내용이 될 것이다. 4부에서는 이러한 전략을 실행하고 있는 여러 기업들에 대한 상세한 사례 연구를 곁들이면서 구체적인 경영 전략들을 소개할 계획이다.

우선 세 가지 원칙을 간략하게 설명하기로 한다.

칼자루는 고객이 쥐고 있다. 그들이 비즈니스의 모습과 산업의 형태를 바꾼다.

과거에 비하여 고객들의 영향력이 더 커진 것은 무슨 이유일까? 인터넷과 웹이 그 정답이다! 오늘날의 고객들은 온라인으로 기업이나 제품에 대한 정보를 입수할 수 있다는 것을 잘 알고 있다. 그들은 자신에게 필요한 제품을 온라인으로 검색하고 구매하고 서비스를 받을 수 있게 해달라고 요구한다. 그들은 많은 시간과 노력을 들이지 않고서도 제품과 서비스를 자신의 필요에 맞게 변형하고 맞춤화할 수 있기를 원한다. 그들은 또한 무선 이동 통신을 이용하여 계좌 조회나 배송 추적, 온라인 경매 등 여러 편리한 서비스를 제공받고 있다. 고객들은 하루 24시간 기업이나 단체와 온라인으로 통신하면서 갖가지 요구사항을 제시한다.

소비자 고객이든 기업 고객이든 칼자루를 쥔 쪽은 고객이다. 고객의 선호도에 따라 기업의 가치가 좌우된다. 고객들은 이제 고객을 중요시하지 않는 기업을 용납하지 않는다. 고객들은 스스로의 힘을 알고 있으며, 자신들의 귀중한 자원인 시간을 존중하지 않는 기업과는 거래를 하지 않는다.

그래서 뭐가 새롭다는 말인가? 언제 고객 중심이 아닌 적이 있었단 말인가? 더욱 중대한 경제적 변화를 이끄는 다른 원칙은 없단 말인가? 고객의 중요성보다는 과학 기술 분야에서의 극적인 발전이 미래 경제에 더 큰 영향을 주지 않겠는가? 기껏해야 고객 혁명이란 것은 전사적 품질관리(TQM)에 불과한 것이 아닌가? 요컨대 고객 중심적이 된다는 것은 기업이 수용해 할 당연한 명제일 뿐 그것이 무슨 혁명이냐고 반문하는 사람들도 있을 것이다. 그러나 필자는 그렇지 않다고 강력하게 주장한다. 시대가 변한 것이다.

- 과거에는 제품을 만들어서 팔기만 하면 되었지만, 이제는 고객을 끌어들이고 유지해야 한다.
- 과거에는 더 많은 제품을 생산하고 더 많은 기업과 거래하면 수익이 증가했지만, 이제는 고객들에게 가치 있는 서비스를 설계하고 전달하기 위한 유연하고 역동적인 능력을 갖춰야 한다.
- 과거에는 수익의 증가나 이윤의 폭이 중요했지만, 이제는 그 외에도 고객 가치와 고객 수익의 증가가 중요해졌다.
- 과거에는 투자자들이 가격에 대한 통제력을 가지고 수직적으로 통합된 제품들을 생산하는 기업을 선호했지만, 이제는 다른 기업들과 제휴하여 값싸고 품질 좋은 제품을 개발하고 생산하는 기업을 선호한다.

고객들은 기업들이 정보 기술을 활용하여 자기의 삶을 보다 편리하게 만들어 주기를 기대하고 있다. 그러나 일단 고객들이 정보 기술을 이용하여 기업의 핵심적인 부분에 접근하게 되면 매우 의미심장한 일이 시작된다. 고객들이 비즈니스의 모습을 바꾸기 시작하는 것이다. 제품 가격이 달라지고 개발의 우선 순위가 바뀌며 유통 형태가 달라진다. 비즈니스 전략에도 변화가 생긴다. 그리고 일단 하나의 기업에 이와 같은 변화가 시작되면, 같은 업계의 나머지 기업들은 이에 동참하는 것 외에는 선택의 여지가 없게 된다. 그 결과 이제는 모든 산업계가 고객이 주도하는 변화를 맞이하고 있는 것이다.

비즈니스의 역사에서 21세기가 갖는 의미는 사상 최초로 고객들이 쉽고 빠르게 기업과의 관계를 조정할 수 있는 도구를 갖게 되었다는 점이다. 그 도구란 인터넷과 무선 이동 통신 및 그것들을 이용한 강력한 쌍방향 프로그램들을 말한다. 다음은 칼자루를 쥔 고객들이 비즈니스의 모습과 산업의 형태를 변화시키고 있는 현상을 간략히 정리한 것이다.

- 과거에는 ... 정보, 소프트웨어, 음악, 오락, 서비스 등 무형의 상품들의 경우에, 한번 상품이 만들어진 다음부터는 낮은 비용을 들여 높은 이윤을 거둘 수 있었다.

  - 오늘날에는 ... 고객들은 디지털 상품을 자유롭게 공유하기를 원하며 한번만 지불하거나 혹은 아예 공짜로 얻은 디지털 원본을 수정하고 배포할 수 있기를 원한다.

- 과거에는 ... 은행, 증권회사, 보험회사의 고객들은 쉽게 다른 회사로 이동하지 않았다. 이동 비용이 많이 들었던 것이다.

  - 오늘날에는 ... 쉽게 다른 회사로 옮겨갈 수 있다.

- 과거에는 ... 제품과 서비스의 가격이 나라마다 극단적으로 차이날 수 있었다. 또한 가격 구조가 대단히 복잡하여 (특히 B2B 영역에서는 더욱) 기업간에 비용을 비교하기가 어려웠다.

  - 오늘날에는 ... 가격이 훨씬 투명해졌다. 고객들은 전세계적으로 동일한 가격을 요구하고 있다. 고객들은 훨씬 많은 정보를 가지고 가격을 비교할 수 있게 되었으며, 이미 많은 산업 분야

에서 고객들이 가격을 요구하고 있는 실정이다.

✤ 과거에는 … 각각의 고객을 위한 제품을 만든다는 것은 말로만 가능했다.

　✤ 오늘날에는 … 개별 고객의 주문에 따른 제작이 가능하게 되었다. 고객들은 맞춤형 상품과 서비스를 제공하는 기업들을 선호한다.

✤ 과거에는 … 판매자와 구매자가 효과적으로 서로를 발견하고 거래할 수 있는 온라인 시장이란 것은 상상에 불과했다.

　✤ 오늘날에는 … 여러 분야에서 그러한 전자 시장들이 이미 존재한다. 고객들의 요구가 기업들이 역동적인 전자 시장에서 경쟁하고 협조하게 만드는 자석의 역할을 하고 있다.

어쩌면 우리 업계는 가까운 미래에 고객 혁명의 영향을 받지 않을 것이라고 혹은 이미 지나간 일이므로 위기는 끝났다고 생각하는 독자들이 있을지도 모르겠다. 물론 둘 다 위험한 생각이다. 고객 경제를 선도하는 기업들은 다른 업계를 항상 주시하면서 고객들이 주도하는 새로운 사업 관행을 경쟁사보다 먼저 채택하려고 노력하고 있다.

✦ 원칙2

고객 관계가 중요하다. 현재와 미래의 고객 관계의 총 가치, 즉 고객 프랜차이즈의 가치가 기업의 가치를 결정할 것이다.

주식시장의 관심사는 무엇인가? 투자자들은 미래의 수익을 보고 투자를 결정한다. 그러면 미래의 수익은 어디서 나오는가? 답은 고객이다. 그러므로 극도로 불안정한 오늘날의 주식시장에서 투자자들이 의존할 수 있는 것은 오직 두 가지 뿐이다. 그것은 바로 고객들과의 폭넓고 긴밀한 관계 그리고 관계를 유지하고 발전시키는 노력이다. 이것이 바로 고객 자본(customer capital)이다. 고객 자본은 고객과의 모든 관계의 가치를 모두 합한 것이다. 여기에는 고객 관계의 수와 관계의 질, 관계를 유지하는 기간, 고객 관계로부터의 수익성 등이 포함된다.

이 책에서 소개하는 기업들은 두 가지 평가기준을 가지고 있는데, 하나는 감사 보고용이고 다른 하나는 실제로 사업을 하는 데 필요한 것이다. 표준적인 재무 지표들은 여전히 중요하다. 그것들은 성장속도, 매출액, 수익률 등 과거의 성적을 표현하고 있다.

그러나 그들은 또 다른 평가기준들을 가지고 있다. 그들은 고객 만족도를 매우 세심하게 모니터한다. 그들은 고객 유지 비율, 고객 지출 점유율, 고객 충성도 등을 주시하며 고객 행동 정보들을 수집하고 분석하여 장기적으로 보아 어떤 고객들이 가장 커다란 이익을 제공할지를 알아낸다. 심지어 제약회사나 석유개발회사들처럼 고객과 대면할 일이 없는 기업들도 고객들의 지지도가 회사의 미래를 가늠할 중요한 척도가 된다는 것을 배워가고 있다.

결국 모든 것들은 관계(relationship)로 귀착된다. 고객과 좋은 관계를 맺고 있는가? 긴밀한 관계인가, 엷은 관계인가? 고객들이 오랫동안 충성할 것인가? 고객들이 거래를 증대시킬 것인가 아니면 순식간에 경쟁기업으로 떠나갈 것인가? 고객들은 점점 더 많은 선택권과 통제권을 갖게 될 것이므로, 고객들과 긴밀한 관계를 형성하고 신뢰를 유지하며 고객 가치를 제공하는 것만이 미래 수익을 보장하는 유일한 길이 된다.

필자는 긴밀한 고객 관계를 형성하는 일에 심혈을 기울이고 있는 앞서가는 기업들의 수익 분석 방법을 모두 분석한 후에 자본 수익률이나 자산 수익률 등을 대신할 새로운 지표로 고객 가치 지표들이 필요하다고 제안하는 바이다. 기업이 투자자들에게 보여주는 손익보고서 안에는 활동 고객의 숫자, 고객 유지 비율, 고객 1인당 수익률 등이 포함되어야 한다. 그래야만 투자자들이 그 기업의 미래 가치를 올바르게 판단할 수 있는 것이다.

⊕ 원칙3
고객 경험이 중요하다. 고객이 기업과 접촉하면서 받는 느낌이 기업에 대한 충성도를 결정한다.

조종실을 차지하고 있는 것은 고객이다. 그들이 기업의 나아갈 방향과 미래 가치를 좌우한다. 어떻게 하면 고객이 우리 회사에 대한 충성을 유지할까? 고객과 회사가 상호 이익이 되는 관계는 어떻게 형성할까? 어떻게 하면 고객들이 우리 회사를 망하지 않게 할 것인가? 그것은 고객들이 만족할 만한 강력한 고객 경험을 만들고 유지함으로써만 가능하다.

고객 충성은 고객 한사람 한사람이 우리 회사의 제품과 서비스를 접하면서 얻는 경험으로부터 나온다. 브랜드의 본질이 바로 고객 경험이다. 브랜드는 기업의 로고나 마크 따위를 말하는 것이 아니다. 고객 경험에는 전화나 대면이나 웹이나 이메일 등의 매체에 상관없이 고객이 브랜드를 접할 때 느끼는 모든 것들이 포함된다.

선도적인 기업들은 그것을 통해서 일관된 가치를 알릴 수 있고 그에 공감한 고객들이 다시 찾아오고 친구들에게 소문을 내게 만드는 훌륭한 브랜드를 구축하고 유지하는 것이 성공의 열쇠임을 알고 있다. 만족스러운 고객 경험이야말로 충성 고객을 확보하는 가장 중요한 요소의 하나다. 고객들은 점점 더 많은 것을 요구하고 있다. 예컨대 고객들은 기업과 직거래를 하든 유통 채널(소매상, 대리점, 중개인 등)을 통해 거래를 하든 동일한 경험을 할 수 있기를 기대한다. 고객들은 우수한 제품과 서비스 뿐아니라 고품질의 예측 가능한 경험을 원한다.

필자는 새로운 클라이언트를 접할 때마다 다음과 같은 질문을 던진다. "이 회사에서는 누가 고객 업무를 관리합니까?" 그러면 대개는 대답을 제대로 못하고 난처한 표정을 짓는다. 어떤 때는 "고객 서비스 부서의 책임자인 앤(Anne)이 담당합니다."라는 답변이 나온다. 때로는 "우리 모두가 합니다."라는 답변도 나온다. 이런 정도로는 정답이라고 할 수 없다. 때로는 그 정도가 최선일 수도 있겠지만, 그러나 그 정도로는 고객경제 시대에 살아남을 거라고 확신할 수 없을 것이다.

모든 고객 접점, 모든 유통 채널, 모든 업무, 모든 제품과 서비스에 관련된 총체적 고객 경험을 파악하는 책임자는 최고위층 임원이어야 한다. 예를 들어 휴렛패커드의 경우에는 소비자 고객과 기업 고객의 두 부서에 각각 전무이사급의 고객 경험 관리 책임자를 두고 있다. 이들은 자기 부서의 총책임자에게 직접 보고한다. 이것은 단순한 마케팅이나 일회성 고객 서비스가 아니고, 지속적으로 이루어져야 하는 중요한 일이기 때문이다.

총체적 고객 경험의 책임자들은 고객 집단별로 어떤 것을 중시하는지를 정확히 파악해야 한다. 아메리칸 항공의 플래티넘(Platinum) 회원들의 경우에는 출장 스케줄을 망치지 않는 것이 관건이다. 시스코와 거래하는 중소기업들에게는 필요에 따라 적절하게 구성된 시스템을 적시에 공급받는 것이 중요하다. 휴렛패커드의 프린터를 구매하는 고객들은 부품 교체에 신경 쓰지 않는 것을 첫째로 친다. 내셔널 세미컨덕터(National Semiconductor)의 반도체를 구입하는 엔지니어 고객의 경우에는 3시간 안에 온라인으로 전자 회로를 설계하고, 시뮬레이션하고, 테스트하고, 구입할 수 있다는 점이 최대의 매력이다. 이러한 고객들의 경험을 제대로 만족시키고 있는지를 실시간 혹은 거의 실시간으로 모니터하는 것은 반드시 필요한 일이다.

웹사이트 접속 숫자나 클릭 숫자, 주문 건수, 콜센터의 대기시간 따위를 측정하는 것으로는 불충분하다. 원스톱 문제해결 시스템이나 실시간으로 제공되는 정확한 재고목록 같은 서비스를 연구해야 한다. 고객이 우리 회사나 회사의 시스템 혹은 우리의 협력사와 접촉하면서 어떤 경험을 갖게 되는지를 모니터해야 한다. 요컨대, 고객 관계 관리(CRM) 시스템을 설치한 것으로 만족해서는 안 된다. 그것은 고객을 구별하고 고객과 접촉하는 일에 도움이 되는 도구일 뿐이다. CRM을 설치한 후에 고객들을 계속 행복하게 만들어야 하는 것은 사람의 몫이다. 고객 경험을 중시하는 기업들은 하루 종일 고객 경험을 모니터하고 측정하고 분석하고 있다. 당신의 회사는 어떤가?

경영 전략

고객 가치를 측정하라, 고객들에게 중요한 것을 모니터하라, 훌륭한 총체적 고객 경험을 전달하라

무엇을 어떻게 측정할 것인가? 기업의 가치가 고객 관계의 가치와 밀접하게 연결되어 있다는 필자의 생각에 동의한다면, 고객을 확보하고 유지하며 긴밀한 고객 관계를 구축하고 고객 1인당 장기 수익을 증대시키는 과정을 정확하게 측정하고 싶을 것이다. 그리고 고객 경험이 고객 충성과 밀접한 관련이 있다는 데 동의한다면 모든 곳에서 일어나는 고객 경험을 정확하게 모니터하고 싶을 것이다. 이러한 일을 위하여 임의로 만들어 본 제도적 틀이 "고객조종실(Customer Flight Deck)"이다.

고객조종실을 마련하라

하필이면 조종실일까? 인터넷 시대에 비즈니스를 하는 것은 비행을 계속하면서 엔진을 교체하는 일과 같다는 말이 있다. 고객 경제의 불안정한 대기 속으로 비행하기 위해서는 제대로 된 조종실이 필요하다는 생각에 붙인 이름이다.

고객조종실과 대차대조표는 어떻게 다른가? 간단히 말하면, 고객조종실은 고객 가치와 고객 경험에 영향을 미치는 것들만 측정한다. 다른 것들은 측정할 필요가 없다는 뜻이 아니라, 고객조종실을 이용하면 고객 경험과 관련된 업무 과정을 쉽게 파악할 수 있다는 뜻이다. 이와 같은 고객 주도의 업무 과정들을 고객 시나리오(customer scenarios)라 부르고 그것을 지원하는 인터넷 환경을 고객 시나리오 네트(customer scenario nets)라 부르기로 한다.

물론 어떤 회사라도 하나의 고객조종실만 존재할 수는 없다. 직원별로 협력사별로 고객조종실이 필요하다. 정시 배달이나 정확한 계산서 등 고객들이 중요시하는 문제들이 회사의 조직과 고객 시나리오 네트를 통하여 파급될 것이다. 각각의 고객조종실은 고객 활동과 결과들을 상시적으로 모니터할 필요가 있다.

물밑에서 일어나고 있는 중대한 변화 중의 하나는 거의 실시간에 가까운 측정이 가능해졌다는 것이다. 기업들이 인터넷 기반으로 이동하고 고객이나 협력 업체들과 전자적인 연결이 이루어짐에 따라 모니터와 측정이 매우 쉽게 되었다. 이 책에 소개될 많은 기업들은 일주일이나 하루 혹은 한 시간 단위로 업무활동을 모니터하고 측정하고 있다.

그렇다면 무엇을 측정해야 하는가? 어떤 수치가 의미 있는가? 이 책에서는 최근까지 조사된 여러 사례들을 바탕으로 무엇을 측정해야 하는지를 제시하고 있다. 이 책의 내용을 보충하고 있는 필자의 웹사이트(http://www.customerrevolution.net)에서 고객 경제 시대에 성공하기 위해 필요한 장치인 고객조종실에 관한 최근의 생각을 참고하기 바란다.

13가지 사례 연구

이 책에서 다양한 사례를 소개하는 목적은 총체적인 고객 경험을 전달하고 고객들에게 부응하여 업무를 개선하기 시작한 기업들이 구체적으로 어떤 일을 했는가를 알리기 위한 것이다. 그 중에서 복스홀(Vauxhall), 찰스 슈왑, W.W 그레인저(Grainger), 내셔널 세미컨덕터, 휴렛패커드, 스냅온(Snap-on), 테스코(Tesco) 정도는 이미 유명 브랜드를 갖고 있는 회사들이고, 핀란드 최대의 국영 은행인 오코방크(Okobank) 그룹, 배낭 제조회사인 팀북2 디자인즈(Timbuk2 Designs), 홍콩의 무선 서비스 공급업체인 선데이(Sunday), 영국의 금융 서비스회사인 에그(Egg), 건축 정보 제공 업체인 버즈소(Buzzsaw)와 의료 및 건강 관련 정보 제공 업체인 메드스케이프(Medscape) 등은 비교적 생소한 기업일 것이다. 이 책에는 이들 13개 기업 외에도 많은 사례가 들어있다.

총체적 고객 경험을 제공하기 위한 8가지 단계

사례 기업들을 선정한 기준은 무엇인가? 필자는 지난 6년 동안 조사해 왔던 많은 사례들 중에서 독자들의 이해를 돕는 데 가장 핵심적인 요소들을 갖춘 최고의 사례들만을 엄선하였다. 고객 경제 시대를 멋지게 비행하고 있는 회사들은 음식에서 '비밀 소스'에 해당하는 8가지 단계를 알고 실행하는 회사들이다. 이 8단계는 『인터넷 시대의 기업 전략』에서 소개했던 8가지 중요한 성공요인들에 더하여, 총체적 고객 경험을 제공하기 위한 추가적 처방이라 할 수 있다.

고객 경제 시대를 비행하기 위하여

자, 이제 자세한 정보를 얻으러 떠나가기로 하자. 이 책의 끝 부분에는 다시 간략한 정리가 덧붙여있어 독자들을 도와줄 것이다. 그리고 추가 정보가 필요한 독자들은 앞에 소개한 필자의 웹사이트에서 경영자와 기술자를 위한 더욱 상세한 비행 준비 정보와 이륙 전 체크리스트들을 살펴볼 수 있을 것이다.

마지막으로 필자는 당신 회사의 고객조종실을 구축하는 일을 돕고 싶다. 당신은 이 책에서 제시한 일반적인 모델에서 시작하여 실정에 맞게 맞춤화를 시도할 수 있을 것이다. 당신의 생각을 동료들과 공유하길 바란다. 동료들에게도 고객조종실을 구축하도록 권하기 바란다. 핵심 시스템에서 정말로 고객조종실을 구현하기로 결정한다면 기꺼이 도움이 되고 싶다.

이 책의 목적은 당신이 고객 혁명을 무사히 견뎌내고 성공하는 데 도움이 되려는 것이다. 고객 가치를 형성하고 유지하는 일에 성공하기를 바란다. 고객들의 이익과 고객 경험을 향상시킬 수 있기를 바란다.

멋진 비행이 되기를 바라며!

제1부

원칙 1
칼자루는 고객이 쥐고 있다.
그들이 비즈니스의 모습과 산업의 형태를 바꾼다.

2장

MP3 충격은 음반 산업만의 일이 아니다.

고객들이 정말로 한 산업의 통제권을 가지고 그것을 변형시킨다면 그것은 어떤 모습이 될까? 최근에 음반 산업을 휘몰아친 충격이 좋은 예가 될 것이다. MP3와 냅스터(Napster)로 대표되는 음반 산업의 대변화로부터 우리는 무엇을 배워야 할까? 다른 업계에서도 귀담아 들어야 할 몇 가지 교훈을 간단히 정리하면 다음과 같다.

⋮⋯ 고객들이 제품과 서비스를 사용하는 방식에 주목하라. 고객들이 더 쉽게 사용할 수 있는 방법을 연구하라. 고객들이 원하는 방식대로 제품을 사용할 수 있도록 판매 조건과 가격을 조정하라.

⋮⋯ 앞서가는 고객들(early adopters)을 유심히 관찰하라. 그러면 사업 방식을 어떻게 변화시켜야 할지 알게 될 것이다.

⋮⋯ 제품과 서비스를 사용하는 데 어려움을 느끼는 고객을 발견하면 곧바로 개선책을 강구하라. 그래야 고객 충성을 얻어낼 수 있다.

❖ 고객들은 자신이 구입하여 사용하는 제품과 서비스에 대하여 소유권과 통제권을 갖고 싶어한다. 그런 권리를 쉽게 관리할 수 있는 서비스를 제공함으로써 고객들과 더 가까운 관계를 형성할 수 있도록 하라.

❖ 많은 고객들은 자신이 구입한 제품을 자랑하고 싶어하는 경향이 있다. 어떻게 하면 고객이 자랑스러워할 수 있을지 연구하라.

음반 산업의 위기

1960년대에 10대 소년이었던 아니 프레이저(Arne Frager)의 꿈은 음악가였지만, 커서는 케이스 공과대학(Case Institute)에서 전기 공학을 전공했고, 졸업 후에는 아날로그-디지털 변환기를 판매하는 애디지(Adage)에 취직했다. 그러나 어릴 적 꿈을 버리지 못한 그는 밴드를 조직하고 음악계에 뛰어들었다. 하이테크의 세계를 떠나 자신의 첫사랑이던 음악계로 돌아간 것이다. 불행히도 그의 밴드 활동은 실패했지만, 공터를 빌려서 지은 녹음 스튜디오만은 살아남았다. 결국 학교에서 배운 전문 기술과 음악적 감수성이 결합하여 녹음 기술자로 다시 태어난 것이다. 이제 그는 음악가의 꿈을 접었지만 적어도 음악가들과 함께 밤을 샐 수 있으니 완전히 딴 길로 빠진 것은 아닌 셈이다. 1970년대 중반에 그가 캘리포니아의 베니스에 세운 스튜디오는 세계에서 가장 오래된 디지털 녹음 스튜디오에 속한다. 1970년대와 1980년대에 걸쳐서 아니는 폴 매카트니나 존 리 후커와 같은 거장들의 노래를 수없이 많이 녹음하였다.

1988년에 캘리포니아의 소살리토(Sausalito)로 이사한 아니는 전설적인 녹음 스튜디오인 플랜트(The Plant)를 인수했다. 1972년 존 레넌과 오노 요코가 설립한 플랜트는 롤링 스톤즈, 아레타 프랭클린, 스티비

원더, 크로스비와 스틸즈와 내쉬, 플리트우드 맥, 제퍼슨 스타십, 반 모리슨, 존 포거티, 프린스 등 유명 가수들의 앨범을 만든 곳이었다. 더 플랜트의 최근 고객 중에는 메탈리카, 크리스 아이삭, 데이브 매튜스 밴드 등이 눈에 띈다.

플랜트는 소살리토 부두에서 한 블록 떨어진 곳에 목조로 지어진 전원풍의 건물이었다. 부엌과 거실이 딸린 개인 휴게실을 지나 미로 같은 현관을 따라가니 최신식 녹음실이 나왔다. 첨단 시설이 되어 있는 그 방의 이름은 가든(Garden)이었다. 최근에 이 방을 사용한 것은 헤비메탈 그룹 메탈리카였으며 얼마 전까지만 해도 유명 음악가들이 근처에 정박한 숙박용 요트에서 생활하면서 이 방에서 작업을 하곤 했었다.

음악 최후의 날

전 같으면 4개의 스튜디오에서 대단한 활기가 넘쳐 나와야 정상이었겠지만, 2000년 7월 필자가 방문했던 그날은 모두가 조용했다. "일이 반으로 줄었습니다." 아니가 한 말이다. "음반 업계 전체로도 50%가 줄었습니다. 우리 업계에서 발생하는 수익의 절반은 새 음반에서 나오는데, MP3, 냅스터, 그누텔라, 프리넷 등에서 제공하는 공짜 음악 때문에 잔뜩 위축된 메이저 음반 회사들이 새 음반을 내지 않고 있습니다. 메이저 음반 회사들이 새 앨범을 제작하지 않으니 스튜디오가 놀 수밖에 없지요." 아니는 27년을 음반 업계에서 일했지만 요즘 같은 경우는 처음이라 했다.

MP3는 힘의 균형을 무너뜨리는 촉매였다

1998년도에 나온 간단한 기술 하나가 음반 사업을 뒤집어엎을 핵무기가 되어버렸다. MP3는 디지털 음악 파일을 압축한 파일 포맷인데, 음질을 별로 손상하지 않고도 파일 크기를 크게 줄일 수 있으므로 인터넷으로 음악을 전송하는 일이 매우 쉬워졌다. 음악을 애호하는 컴퓨터 기술자들로부터 MP3 기술이 퍼져나갔고 인터넷을 통하여 쉽게 음악을 공유할 수 있게 하는 소프트웨어들도 만들어졌다. 유일한 문젯거리라면 음악에 대한 대가를 지불하지 않는다는 사실이었다.

음반 산업을 이해하기 위하여

음반 산업은 창조적 재능과 보수적 사업 관행이 어울린 재미있는 분야다. 그리고 매우 감정적인 산업이기도 하다. 음악 애호가들은 자신의 삶을 풍요롭게 해주는 음악을 열정적으로 좋아한다. 음악가들은 창조의 자유를 매우 좋아한다. 음악가와 최종 소비자 사이에는 대부분의 다른 산업에서와 유사한 매개자들이 존재한다. 마케팅 능력과 사업적인 통찰력을 가진 기업이나 독립 프로듀서들이 음악가의 재능을 사업으로 변환시킨다. 그리고 소수의 메이저 음반 회사(EMI, 소니, 타임워너, BMG, 유니버설)가 출시되는 대부분의 음반을 제작하고 판매한다. 다른 산업에서와 마찬가지로 이들 메이저 음반 회사들도 통합되는 과정에 있다. 수만 개의 소규모 독립 프로듀서들은 새로운 밴드를 조직하고 홍보하는 일을 한다. 이들이 제작한 음반들은 대개 메이저 음반 회사들을 통해 판매된다. 그 밖에 유통 채널에 영향력을 행사하는 대형 소매상들이 있다.

그러나 인터넷과 무선 통신 기술 덕분에 이제는 음악 애호가들과 음악가들 사이에 아무도 없어도 된다. 인터넷에서 새로운 음악을 찾아내어 들어본 다음에 구입 여부를 결정하면 그만인 것이다.

인터넷 덕분에 음악가들이 더 넓은 시장과 만날 수 있게 되었지만, 아직도 주도권은 메이저 음반 회사들이 쥐고 있다. 인터넷을 통해 음악을 공유하는 기술이 널리 퍼졌음에도 불구하고 메이저 음반 회사들의 지원을 받지 않는 음악가들은 고객과 만나기가 쉽지 않은 탓이다. 아직 인터넷이 메이저 음반 회사들의 영향력을 완전히 불식시키지는 못했지만, 그러나 인터넷이 그들의 사업 방식을 변화시키고 있는 것 또한 사실이다.

그렇다면 왜 메이저 음반 회사가 음반 산업을 계속 지배하는가?

아니에 의하면 대부분의 음악가들은 CD를 팔아 돈을 번다는 것을 꿈도 꾸지 못한다. 새 음반을 만들어 시판하는 데에는 약 100만 달러가 들어간다. CD 제작비와 유통비는 빼고도 그렇다. 100만 장이 넘게 팔리는 경우도 어쩌다 있기는 하지만 보통 인기 있다고 하는 음반이 30~40만 장 팔린다. 여기서 음반 회사들의 비용을 빼고 나면 음악가들에게 돌아가는 돈은 미미하다. 더구나 100만 달러의 선투자 비용이 총 수익의 12~16퍼센트에 해당하는 음악가의 저작권 수입에서 공제되기 때문에, 음악가들은 첫 앨범을 낸 후에 음반 회사에 빚을 지는 것이 보통이다. 연결보증(cross-collateralization)이라 불리는 업계 특유의 관행에 따라, 첫 번째 앨범에서 발생한 손실이 두 번째 앨범의 손실에 더해지고 그것이 다시 세 번째, 네 번째 앨범으로 계속된다. 음악가가 히트 음반을 내서 메이저 음반 회사의 굴레를 벗어날 수 있는 확률은 거의 없다.

분명 음반 산업의 권력은 음악가들의 손이 아니라 소수 음반 회사의 손에 쥐어져 있다.

어떤 밴드가 자력으로 혹은 독립 프로듀서(인디)의 도움으로 녹음을 하고 CD를 제작하는 데까지는 성공했다고 하더라도, 그것이 대중들에게 알려지려면 홍보가 필요하다. 콘서트를 열거나 라디오에 출연해야 한다는 뜻이다. 콘서트 투어는 돈이 많이 들기 때문에 메이저 음반 회사들의 지원을 받을 수밖에 없다. 그들은 콘서트에 돈을 대고 음반 판매권을 가져간다. 콘서트 투어, 뮤직 비디오, 홍보용 웹사이트에 들어가는 비용은 음악가의 몫에서 공제된다.

새로운 밴드가 라디오 방송을 타기는 매우 어렵다. 메이저 음반 회사들은 많은 광고료를 지불함으로써 라디오 방송국들을 장악하고 있다. 미국에서 독립적으로 제작된 음반이 라디오에 방송되는 길은 한줌의 독립 프로모터들을 통하는 길밖에 없는데 그 비용도 만만치 않다. 그리고 라디오 방송국들은 급속히 통합되고 있다. 그 결과 라디오 방송국들은 점점 더 유사해지고 있으며, 새로운 음악이나 틈새 음악에 대한 관심이 줄어들고 있다. 그러다 보니 한줌의 독립 에이전트들이 라디오 방송을 모두 비슷하게 만들고 있는 실정이다.

음악가들의 딜레마

전세계의 음악가들은 MP3/냅스터 현상에 대해 크게 갈등하고 있다. 한편으로는 자신의 지적재산권이 침해될까봐 두려워하면서 다른 한편으로는 팬들에 의한 광범위한 음악 공유가 메이저 음반 회사들의 횡포로부터 벗어날 수 있는 기회가 될지도 모른다는 기대를 하고 있는 것이다. 음악가들은 메이저 음반 회사들과의 거래에서 자기들이 불리하다는 것을 잘 알고 있다. 음악으로 생계를 유지하기는 쉽지 않다. 여기서 더 나빠질 수는 없다고 생각될 정도다. 어쩌면 불법 복제에 의해서라도 내 음악이 많이 퍼지기만 하면 CD가 많이 팔리고 콘서트 요청도 늘어나고 새 음반에 대한 기대도 높아질지 모른다. 팬이 늘어나면 라디오 방송 횟수가 늘어날지도 모른다.

애초부터 하이테크와 친숙했던 아니는 초창기부터 MP3의 팬이 되었다. "음악가들이 인터넷을 통해서 음반을 판매하고 유통할 수 있게 되면 음반 산업에서의 힘의 균형이 깨지기 시작할 것입니다." 아니가 1998년 초에 필자에게 했던 말이다. 그때 그는 음악가들이 음반 업계의 일반적 관행인 불공정 계약을 통하지 않고 직접 팬들과 접촉할 수 있다는 사실에 매우 흥분했었다.

바야흐로 음반 산업이 개편될 분위기가 무르익은 것이었다.

칼자루는 팬들이 갖고 있다

오디오 CD를 복사해서 인터넷으로 배포하는 일이 쉽다는 것이 알려지자 음악의 복사와 공유는 폭발적으로 증가했다. 대학 캠퍼스는 음악 해적들의 본거지가 되어버렸다. 대학의 컴퓨터 시설(빠른 네트워크, 제약이 거의 없는 디스크 용량, 첨단 기술)을 마음대로 사용할 수 있는 학생들은 거의 대부분의 유명 앨범을 복사하여 온라인으로 배포했다. 그들은 또 무명 음악가들의 음악을 찾아내어 공유하기도 하였다.

냅스터가 변화의 촉매가 되다.

냅스터 혁명의 잉태

"냅스터의 등장은 음반 산업에서의 힘의 균형을 깨는 것 이상의 의미를 갖고 있습니다. 냅스터는 전혀 새로운 아이디어 즉 정보 교환을 위한 새로운 구조를 의미합니다. 아직은 그것이 얼마나 중요하게 될지, 또는 얼마나 많은 변화를 가져올지 아무도 모릅니다. 그러나 이러한 불확실성은 7년 전에 마크 앤드리센(Marc Andreessen)이 인터넷을 쉽게 사용하기 위해서 모자이크라는 웹브라우저를 만들었을 때도 마찬가지였습니다. 냅스터도 그것과 같이 혁명적인 변화를 촉발할까요? 아무도 알 수 없는 일입니다. 하지만 중요한 것은 그럴 가능성이 있다는 것이며, 가능성이 있다는 사실만으로도 다양한 업계의 많은 사람들이 자기들의 일하는 방식(modus operandi)을 재고해야 할 이유가 된다는 것입니다."[1]

숀 패닝(Shawn Fanning)의 겉모습은 혁명을 선동할 만한 사람과는 거리가 멀어 보인다. 겸손하고 낙천적이고 영리한 소년이었던 숀이 처음으로 컴퓨터를 접한 것은 16번째 생일날이었다. 존(John) 삼촌이 숀에게 컴퓨터를 선물한 것이다. 그가 보스턴에 있는 노스이스턴(Northeastern) 대학교에 진학하여 전산학을 수강하면서 C++ 프로그래밍을 배우던 1학년 때의 일이었다. 어느 날 기숙사에서 쉬고 있던 그에게, 룸메이트가 웹에서 MP3를 찾기가 힘들다는 불평을 늘어놓았다. 친구의 불평을 듣던 숀은 간단한 아이디어를 떠올렸고, 곧바로 그 일에 빠져버렸다.

MP3 파일을 쉽게 공유할 수 있게 하는 프로그램을 만들기로 결심한 것이다. 프로그래밍 경력이 전혀 없던 숀으로서는 처녀작인 셈이었다. 기본 아이디어는 IRC의 실시간 메시지 기능과 마이크로소프트 윈도우의 파일 공유 기능에다 검색 엔진에 사용되는 고급 검색 및 필터링 기능을 결합하면 중앙 서버를 거치지 않고 컴퓨터들끼리 직접 파일을 공유할 수 있을 것이라는 생각이었다.

프로그램을 만드는 데 시간이 많이 걸리자 숀은 학교를 그만두었고, 삼촌의 사무실에 살면서 프로젝트를 완성했다. 프로그램 이름인 냅스터는

---

1) "The Hot Idea of the Year", by Amy Kover, Fortune magazine, June 26, 2000.

항상 야구 모자 밑에 곱슬머리를 숨기고 다닌다고 해서 붙여진 자신의 별명에서 딴 것이다. 냅스터는 1999년 1월에 세상으로 나왔다.

결과는 대성공이었다. 다른 사람의 디스크에 있는 파일을 공유한다는 아이디어는 미국 대학 캠퍼스를 넘어 전세계로 확산되어 갔다. 입에서 입으로 퍼져 가는 전형적인 바이러스 마케팅(viral marketing)의 모습이었다. 다운로드 닷컴(download.com)에서 냅스터의 다운로드 횟수가 30만을 기록하자 비로소 숀은 자신이 엄청난 일을 저질렀음을 깨달았다.

바로 그 때 빌 베일스(Bill Bales)가 냅스터의 사업성을 알아채고 숀에게 접촉했다. 빌이 자금을 투자하여 캘리포니아의 산마테오(San Mateo)에 사무실을 냈다. 이제 대형 사고를 칠 준비가 끝났다. 냅스터야말로 대형 사고가 아닌가! 빌은 애드리언 스코트(Adrian Scott)를 끌어들였는데, 그는 약관 20세에 박사학위를 받은 최고의 기술자였으며 찰스 슈왑, 휴렛패커드, 아메리칸 은행의 컨설턴트를 거쳐 당시에는 엔젤 투자자이면서 동시에 신생 기업들의 기술자문을 겸하고 있었다. 애드리언은 빌(Bill)이 냅스터의 자금 조달과 기술 개발을 위해 불러들인 최초의 인물인 셈이었다. "빌과 나는 냅스터를 이륙시키면서 굉장한 경험을 했습니다." 애드리언이 한 말이다. "P2P의 엄청난 위력을 실감한 것입니다."

법정 공방이 혁명의 불길에 기름을 붓다

냅스터가 나온 이후에 수많은 P2P 파일 공유 프로그램들이 등장했다. 만약 1999년 12월 미국 음반 산업 협회(Recording Industry Association of America, RIAA)가 저작권 위반으로 냅스터를 고소하지 않았더라면, 아무리 냅스터가 인기가 높았다 하더라도 그것이 역사의 일부가 되지는 못했을 것이다. 마이클 로버트슨(Michael Robertsons)의 엠피쓰리 닷컴(MP3.com) 디지털 쥬크박스(myMP3.com) 사이트는 2000년 봄에 5대 메이저 음반 회사 중에서 4개의 회사와 이미 법정 밖 화해를 했지만 냅스터 경영진들은 법정 싸움을 계속하였다. 이후에도 MP3.com은 파일서버에 음악 CD를 올리기는 했지만 그것은 단지 고객들의 시간을 절약해 주는 서비스에 불과했다. 쥬크박스 서비스는 이미 오프라인에서 CD를 구매한 고객들만 접속할 수 있었으며 단지 가장 인기 있는 곡이 무엇인지를 CD 포장지를 뜯지 않고도 들어볼 수 있을 뿐이었다.

냅스터 재판은 세인의 주목을 끄는 유명한 사건이 되었고 대형 투자자들의 눈길을 끌게 되었다. 하머 윈블라드(Hummer Winblad)라는 벤처 캐피탈 회사가 냅스터에 1500만 달러를 투자하였고 냅스터는 캘리포니아의 레드우드(Redwood)로 본사를 옮겼다. 하머 윈블라드에서 미디어와 기술을 담당하던 행크 배리(Hank Barry)가 임시 CEO가 되었고, 마이크로소프트와의 재판에서 승소한 바 있는 저명한 지적재산권 전문 변호사인 데이비드 보이즈(David Boies)가 변호를 맡았다. 냅스터의 변호사들은 캘리포니아 북부 지방법원에서 열린 재판에서, 냅스터를 폐쇄하라는 음반 산업 협회의 요구를 반박하기 위해 수정 헌법 1조(First Amendment)와 홈 레코딩 법령(Audio Home Recording Act)과 1984년의 베타맥스(Betamax) 판례를 인용했다. 보이즈는 소비자들이 냅스터 서비스에 대해 정당한 사용권을 갖고 있다고 주장하였다. ("노래를 미리 들어보기 위해 냅스터 서비스를 사용하는 것은, CD 구입 여부를 결정하기 위해서 방송을 듣거나 친구의 CD를 빌려서 들어보는 것과 다를 것이 없습니다.")

결과는 알려진 바와 같다. 페이털(Patel) 판사는 48시간 이내에 서비스를 중단하라는 명령을 내렸지만 보이즈 팀은 상급 법원에 항고하여 서비스 중단의 유예를 얻어냈다. (2001년 9월에는 결국 서비스를 중단한 채 유료화를 준비하게 되었다.—역자주)

이러한 소송 과정이 팬들에게는 어떤 영향을 미쳤는가? 전보다 훨씬 많은 팬들이 냅스터로 몰려들었다. 팬들이 미친 듯이 노래를 교환하면서 냅스터 사이트의 트래픽은 AOL, Yahoo, MSN을 모두 합친 것보다 많아졌다. 냅스터 지키기 운동에 참여하는 것이 바로 음악 애호가임을 나타내는 상징이 되었다. 냅스터 말고도 손쉽게 MP3 파일을 찾아 복사하는 방법이 많다는 사실이 알려졌지만 냅스터 열기는 꺾이지 않았다. 냅스터가 음반 산업의 혁명 기지가 된 것이다. 세계 각국의 잡지들이 숀 패닝의 사진을 표지에 실었다. 사이트 트래픽은 꾸준히 증가하여 2000년 가을에는 총 방문객이 3800만에 이르렀다. 이제 냅스터는 10대들만의 것이 아니었다. 사용법이 엄청나게 간단하고 쉽기 때문에 모든 세대로부터 인기를 누리고 있었다.

메이저 음반 회사의 하나인 베텔스만 BMG는 2000년 가을에 냅스터에 대한 소송을 취하하였다. 그 대신에 BMG는 냅스터를 인수한 다음에 합법적인 음악 배포 창구로 변화시키겠다고 했다. 무료로 교환하는 대신에 저렴한 월회비를 받겠다는 것이다.

기술 발전이 혁명을 조장했다

저작권 있는 음악을 복사, 전송, 공유하는 과정은 단순하고 조잡한 기술에서 시작되었다. 파일을 전송하는 인터넷과 압축된 디지털 오디오를 저장하고 재생하기 위한 파일 포맷인 **MP3**와 그밖에 몇 가지 간단한 툴로 충분했던 것이다.

그 후에 여러 신기술들이 속속 등장했다. 휴대형 **MP3** 플레이어, 효율적으로 음악을 다운로드할 수 있는 웹사이트(MP3.com), 개인의 **PC**에 있는 음악을 서버와 연결시킨 웹사이트(냅스터), 중앙 서버 없이 각자의 **PC**에 있는 음악을 공유하는 그누텔라(Gnutella)나 프리웨어(Freeware) 같은 **P2P** 프로그램들이 음악의 공유를 더욱 쉽게 만들었다. 무엇이 이러한 불법 복사의 범람을 조장하였는가?

음악은 자유로워야 하는가?

물론 인터넷에서 음악을 전송하는 일이 가능해진 것은 기술 발전의 덕분이다. 그러나 더욱 중요한 것은 대중들이 음악에 대한 지배력과 창의성을 갖게 되었다는 것이다. 음악팬들은 자신이 좋아하는 음악을 수집하여 자기만의 앨범을 만들 수도 있고 다른 사람들과 취향을 공유할 수도 있다. 그런 일을 하면서 죄책감을 느끼지도 않는다. 그것은 떳떳한 일이다. 나의 훌륭한 취향을 남들에게 보여주는 것은 일종의 자기 과시라고 할 수 있다. 더구나 디지털 복사의 경우에는 아무리 반복하더라도 닳아 없어지지 않는다는 장점이 있다. 사실은 더 많은 사람들이 사용할수록 위대한 것이 되기도 한다. 음악이나 기타 창조적 작품과 지적 재산권은 공유해도 닳지 않기 때문에 자유롭게 이용되어야 한다는 이런 주장이 음악적 소수파들의 슬로건이 되었다. 메이저 음반 회사를 거치지 않고는 팬들에게

다가설 수 없다는 사실에 절망한 많은 음악가들이 자유 음악(free music) 운동의 지지자가 되었다.

메탈리카의 라스 울리치(Lars Ulrich)를 포함한 일부 저명한 음악가들은, 다른 사람들은 모두 작업의 대가를 받는데 음악가들만 받지 못한다면 음악이 없어질 것이라고 반론을 제기한다. 음악 컨설턴트 짐 그리핀(Jim Griffin)은 1999년 말에 "음반 산업의 양극화"를 지적했다. 그의 설명에 따르면 한 쪽 극은 음반의 배포를 계속하여 지배하려는 메이저 음반 회사들이고 다른 극은 중개인이나 음반 회사 없이 디지털화와 인터넷에 의지하려는 자유 음악 지지자들이다. 자유로운 음악 다운로드를 지지해 온 척 디(Chuck D)는 "중개인의 전멸이 아니라 양측의 균형"이 이루어질 것이라고 예측했다.

이론적으로 보면 이러한 디지털 배포와 광범위한 공유의 흐름이 음반 산업에 이익이 될 수도 있다. 복사가 일반화된 이후로 사람들이 더 이상 CD를 사지 않는다는 결론을 보여주는 연구도 있지만 반대로 CD 판매가 증가했음을 보여주는 연구도 많이 있다.

그러나 메이저 음반 회사들이 주시하고 있는 대학생 집단의 경우에는 CD 판매가 분명히 감소하고 있다. 대학가에 있는 음반 가게들은 매출이 80퍼센트로 감소했다고 한다. 매주 한 장씩 CD를 구입했던 고객들이 이제는 같은 가게에서 MP3 저장용 공CD를 구입하고 있다. 그렇지만 2000년에 웹노이즈 리서치(Webnoize Research)에 발표된 연구에 따르면, 전국적으로 CD의 온라인 판매가 총 판매의 2.4%인데 비해 학생들의 온라인 구입율은 20%에 달한다고 한다. 이 연구에서는 또 학생들 사이에 엄청난 파일 교환이 횡행함에도 높음에도 불구하고 2000년 1/4분기의 CD 구매가 3년 전에 비해 30% 증가한 것으로 나타났다. 이와 같이 통계자료가 엇갈리기는 하지만, 어쨌든 음반 회사들의 생각으로는 최소한 학생 집단은 음반을 구입하지 않고 훔치는 집단이 되었다. 그에 따라 음반 산업의 모습이 바뀌고 있다.

얽혀 있는 문제들: 지적 재산권의 문제와 앞서가는 고객들

얽혀 있는 문제들을 분리해서 살펴볼 필요가 있다. 업종에 관계없이 비슷한 문제를 겪게 될 것이기 때문이다. 음반 산업이나 소프트웨어 산업, 출판업처럼 저작권과 밀접한 산업도 있고 그렇지 않은 산업도 있지만, 어떤 산업이든 중개인, 계약 관계, 마케팅 관행, 유통 관행, 제품과 서비스의 가치에 관한 암묵적 합의 등이 존재한다. 음반 산업은 지적 재산권 문제와 위에 열거한 사업 관행들의 문제 두 가지 면 모두에서 갱도 속의 카나리아 역할을 하고 있다.

지적 재산권의 보호

고객들은 어찌되었든 기업에게서 무언가를 훔칠 권리는 갖고 있지 않다. 그러나 저작권의 침해가 만연하고 있는 것은 엄연한 현실이며 골치 아픈 문제이기도 하다. 세계의 가장 가치 있는 자산들이 원자에서 비트로(from atoms to bits) 이동하고 있건만, 우리 사회와 산업계와 법률 제도는 거기에 제대로 적용하지 못하고 있다. 비즈니스의 역사에서 본다면 매우 당혹스럽고 고통스러운 단계라고 할 수 있다. 그러나 또한 우리가 극복해야 하는 단계이기도 하다.

몇 년 후에는 디지털 자산을 보호하는 능력도 향상될 것이고 범법자를 단속하는 능력도 향상될 것이다. 그러나 생각하기에 따라서는 정말 향상될지 의심스럽기도 하다. 법적 규제가 너무 심하면 경제 활동이 위축되고, 너무 약하면 해커들을 막기 어렵다는 딜레마가 있기 때문이다.

그럼에도 불구하고 필자는 몇 년 안에 해적들이 크게 줄어들 것이라는 낙관적인 생각을 하고 있다. 법을 준수하는 시민들은 자신이 사용하는 재화와 서비스에 대하여 정당한 가격을 지불할 것이다. 해커들이 하는 짓을 감시하는 것은 매우 중요한 일이다. 바보같이 울거나 변호사나 정부에 호소하는 정도로는 그들의 행위를 근절할 수 없다. 불법적으로 제공되는 것들을 대체할 수 있는 합법적인 서비스를 제공하는 것이 최상의 공격이다. 다시 말해서, 앞서가는 고객들이 하고 있는 일을 따라하는 것이 해결책이 되는 것이다.

앞서가는 고객들

음반 산업이 당면하고 있는 고객들의 요구는 새로운 매체를 최대한 이용할 수 있게 해 달라는 것이다. 일단 디지털 형태가 되기만 하면 음악을 학교로, 친구 집으로, 친구 컴퓨터로, 내 차로, 워크맨으로, 휴대폰으로 전송하는 것은 쉬운 일이 된다. 음악들을 재구성, 재분류, 재정리한 것도 하나의 새로운 창작물이 되고 그것들 역시 다른 사람들과 쉽게 공유할 수 있다. 디지털 음악은 조작이 간편하므로 고객들은 각자의 입맛에 맞게 주무르고 싶어한다. 원래의 목적이나 사용 방법과 다르게 사용하고 싶어하기도 한다. 예컨대 휴대폰 벨소리나 홈페이지 배경음악 혹은 쌍방향 게임의 일부로 사용하려고 한다. 그러나 가장 중요한 것은 자신의 열정을 다른 사람들과 공유하고 싶어한다는 사실이다.

좋아하는 음악을 수집하고 편집하여 자기만의 작품집을 만들어 남들에게 자랑하는 행위 자체는 인간의 자연스러운 성향이다. 그리고 그 성향은 앞으로도 없어지지 않을 것이다. 전통적인 음반 업계에서도 똑똑한 사람들은 이러한 사실을 이해하고 있다. 그러나 어떻게 대응해야 하는지에 대해서는 갈피를 잡지 못하고 있다. 아직도 그들은 "음반 회사가 트랙 단위로 음악을 팔아서는 돈을 벌 수가 없습니다. 수익을 올리기 위해서는 앨범 단위로 팔아야만 합니다." 라고 말하고 있다. 고객이 원하는 곡이 앨범 전체에서 단 3개의 트랙뿐이라도 그렇단 말인가? "물론입니다."

고객들은 앞으로도 자신이 좋아하는 음악을 수집하고 편집하고 공유하는 일을 계속할 것이다. 음반 업계가 해야 할 일은 고객들의 그러한 요구를 만족시키는 수익 모델을 찾아내는 것이다.

앞서가는 고객들은 어떤 일을 하는가?

냅스터 현상이 다른 산업 특히 디지털 상품의 유통과 관련된 산업에 미치는 영향을 이해하기 위해서는 음악 파일을 공유할 때에 고객들이 구체적으로 어떠한 행동을 하는지를 자세히 살펴볼 필요가 있다.

새로운 음악을 들어본다.

열정적으로 MP3 음악을 공유하는 사람들은 대부분 새로운 노래를 많이 받으려고 한다. 그리고 나서 한가한 때에 몇 곡씩 들어보며 새로운 밴드나 새로운 음악 경향이 있는지 찾아본다.

음악을 수집한다.

많은 사람들이 자기가 좋아하는 음악들만 모아 자기만의 앨범을 만들기 시작했다. 이것은 진짜 앨범의 형태가 아니라 자기가 좋아하는 음악들을 파일로 모아 가상의 앨범을 만들고 이 앨범을 자신의 하드디스크나 학교의 파일서버, 상업적 웹사이트가 운영하는 주크박스에 저장하는 방식이다. 갖고 있는 모든 음악 CD를 빠르게 복사해서 가정용 주크박스에 저장할 수 있게 해주는 (완전히 합법적인) 프로그램도 곧 나올 것이다. 그렇게 되면 디지털로 된 음악들을 고객 스스로 정리, 체계화, 재분류 할 수 있게 된다는 장점이 있다. 모든 CD를 열어보지 않고도 컴퓨터나 TV를 통해서 곡을 선택할 수 있는 것이다.

자기만의 편집 음반을 만든다.

이제는 누구든지 쉽게 디스크 자키가 될 수 있다. 여러 개의 CD에서 음악을 뽑아 자기만의 편집 음반을 만드는 일이 가장 인기 있는 취미 활동의 하나로 자리잡고 있다. 편집하는 기준으로는 가장 선호하는 곡, 특별한 분위기의 곡, 다른 CD에 있지만 같은 밴드가 연주한 곡, 같은 곡이지만 다른 사람이 부른 곡 등 수없이 많은 방식이 가능하다. 이렇게 편집한 것을 집에서 CD로 구워 친구에게 줄 수도 있고 웹사이트에 올릴 수도 있다.

개인 라디오 방송국

이렇게 개인이 편집한 음반들이 수천 개의 사이트에 모습을 드러냈고 그것은 곧 방송국으로 발전했다. 가장 인기 있는 MP3 사이트에 가보면 거기서 가장 활발한 곳이 "노래 구함/노래 있음" 게시판이라는 것을 알 수 있다. 대개 취미로 운영되는 수많은 인터넷 라디오 방송국들이 바로 여기에서 방송할 음악을 구한다. 아직 성공하지 못한 프로 음악가나 무명의 아마추어들이 틈새 방송에라도 자신의 음악이 방송되기를 바라면서 이곳에 곡을 올린다. Live365.com이라는 하나의 웹사이트에서 동시에 방송하는 인터넷 라디오 방송국만 해도 1만 개가 넘는다. Live365.com의 CTO인 피터 로스만(Peter Rothman)의 얘기를 들어보자. "1920년에 피츠버그에서 KDKA라는 최초의 상업 라디오 방송이 시작된 후에 현재의 라디오 방송 인프라가 구축되기까지 80년이 걸렸습니다. 똑같은 일이 인터넷에서는 9개월만에 이루어졌습니다." 이 인터넷 라디오 방송은 개인 편집 음반을 전세계의 음악 애호가들과 공유하고 싶어하는 사람들에 의해 만들어졌다. 여기서 방송되는 음악은 대부분 음악가들이 무료로 제공한 것들이다. 듣는 사람이 적다 하더라도 자기 음악이 전파를 탄다는 것을 좋아하기 때문이다.

이제 음반 산업은 엄청난 혼란에 빠져버렸다. 고객(즉 음악팬)들이 음악을 복사하고 공유하는 방법을 계속 발전시킨 나머지 이제는 몇 명의 친구끼리가 아니라 원하기만 하면 전세계 아무와라도 음악을 공유할 수 있게 되었다. 고객들은 자신이 좋아하는 음악들을 모아 자기만의 음반으로 만들고 그 결과물을 다른 사람들과 공유하기 위한 새로운 방법을 계속 찾아나가고 있다.

Live365.com: 혁명적인 비즈니스 모델

알렉스 샌포드(Alex Sanford)가 처음부터 라디오 방송의 혁명을 의도한 것은 아니었다. 단지 "뭔가 특이한" 일을 해보고 싶었을 뿐이었다. 14년 동안 국제법과 비즈니스 개발 분야에 종사했던 그는 프레쉬필드(Freshfields)라는 국제 로펌 소속으로 아시아 지역에서 일하고 있었다. 거기에서 그는 인수합병, 기업공개, 라이선스, 유통 등에 관련된 업무를 주로 담당했다. 1988년에 사업을 하기로 결심하고 캘리포니아로 옮기면서 그는 3차원 스트리밍 기술을 이용하여 콘텐츠를 제작하고 배포하는 최종 사용자들의 인터넷 커뮤니티를 만드는 데 승부를 걸기로 했다. 그는 나노코즘(Nanocosm)이라는 회사를 설립하고, 3D 스트리밍 기술개발의 선구자인 피터 로스만(Peter Rothman)을 포함한 최고의 멀티

미디어 기술자 집단을 고용했다. 나노코즘의 목표는 컴퓨터를 잘 아는 고객들이 (자사의 웹호스팅 서비스가 제공하는 특수효과와 결합된) 3D홈페이지를 만들 수 있도록 하는 것이었다.

1999년 초에 회사의 독점적인 3D 기술과 다운로드 가능한 디자인 툴이 nanohome.com에 등장할 무렵, 나노코즘 팀은 두 가지 사실을 알아챘다. 하나는 초고속 인터넷의 보급이 예상보다 늦어진다는 것이었고, 다른 하나는 음악팬들 사이에 비독점적인 새로운 기술, 즉 MP3가 퍼져가고 있다는 것이었다. 그들은 재빨리 팀을 재편성하고 사업 방향을 바꾸었다. 그들은 음악팬들이 인터넷에서 하는 일을 지켜보면서 행렬의 선두로 뛰어들기로 결정했다.

환상적인 독점 기술에 대해서는 잊어버리자. 커다란 공동체가 창조적 재능을 공유한다는 것은 멋진 일이 아닌가? MP3를 가지고 한번 해보자. 이 압축된 오디오 파일은 네트워크가 엄청 빠르지 않아도 전송할 수 있다. 우리가 음악팬들이 개인 라디오 방송을 할 수 있는 플랫폼을 제공할 수 있겠구나. 아무나 DJ가 될 수 있게 해주자.

1999년 6월에 Live365.com이 시험 서비스를 시작했다. 그들의 목표는 방송자와 청취자를 위한 최고의 인터넷 라디오 환경을 제공하는 것이었다.

처음에는 숍캐스트(Shopcast)를 이용하고 있는 600개의 인터넷 방송국들의 커뮤니티를 겨냥했다. 숍캐스트는 직원이 10명뿐인 널소프트(Nullsoft)라는 회사가 만들어낸 스트리밍 MP3 서버의 이름이었다. 널소프트의 또 다른 제품인 윈앰프(winamp)는 가장 인기 있는 MP3 플레이어였다. 널소프트는 1999년에 AOL에 인수되었으며, 2000년에 널

소프트 팀은 그누텔라 개발에 참여함으로써 AOL을 당혹스럽게 하기도 하였다.

　Live365.com은 1999년 7월에 정식으로 데뷔하였다. 3개월 만에 300명이 모여들었고 연말에는 6000명이 넘게 되었다. 시작한 지 9개월이 지난 2000년 4월에는 12,000개 이상의 방송국이 생겼으며, 1주년을 맞이한 7월에는 활동하는 방송국이 15,000개를 넘었고 75개국에서 하루 140만의 청취자가 방송을 들었다. 1년만에 Live365.com은 세계 최대의 라디오 네트워크가 된 것이다.

인터넷 방송

Live365.com을 통해서 방송하는 방법은 세 가지가 있다. 가장 일반적인 방법은 회사가 제공하는 손쉬운 도구를 사용하여 회사의 서버에 MP3 파일과 연주 목록을 업로드해 놓고 거기서 방송이 되게 하는 것이다. 두 번째 방법은 각자의 컴퓨터에서 직접 인터넷으로 생방송을 내보내는 것으로, CD에서 음악을 선곡하면서 해설을 한다거나 무선 모뎀을 이용하여 학교 농구 경기를 생중계하기에 알맞은 방식이다. 세 번째 방법은 기존의 상업 방송이나 지역 방송국들이 인터넷으로 재방송을 내보내는 것이다. 개인 방송국들이 Live365.com가 상당한 투자를 해서 구축한 소프트웨어나 전세계적인 웹 호스팅 서비스를 이용하는 것은 무료지만, 상업 방송이나 단체의 경우에는 요금을 받는다.

라이선스와 로열티

다른 라디오 방송국들과 마찬가지로 Live365.com도 미국의 ASCAP와 RMI 및 다른 나라의 비슷한 음악 저작권 단체에 로열티를 지불하고 있다. 방송을 탄다고 해서 음반 판매가 줄어드는 것은 아니므로 방송사들은 음반 판매상처럼 많은 로열티를 지불하지는 않는다. 그래서 방송의 경우에는 음악가들의 단체가 방송국과 협상을 하고 돈을 받은 다음에 저작권자들에게 분배하는 방식으로 로열티 문제가 해결된다.

수익모델

Live365.com이 생긴 첫해에는 광고가 주 수익원이었다. Live365.com을 이용하는 방송국들은 자기네 방송이 전세계로 퍼져나가는 대가로 Live365.com이 유치한 광고를 자기들의 연주 목록 안에 끼워 내보내는 것을 감수했다. 각 방송은 예컨대 맨해튼에서 공연된 1930년대 재즈, 랙타임(ragtime), 델타 블루스(Delta blues) 식으로 매우 세분화되는 것이 보통이므로 광고주들 입장에서는 표적 광고를 할 수 있다는 장점이 있었다. 1년이 지난 다음에 Live365.com은 전자 상거래를 시작했다. 광고주들은 제품 홍보뿐만 아니라 웹에서 판매할 수도 있게 되었고, Live365.com은 수수료를 받아서 방송국들과 분배했다. 그리고 과외 수입에 맞들인 방송국들도 청취자들이 좋아할 CD, 티셔츠, 콘서트 티켓 따위를 판매하기 시작했다.

2000년 가을에는 기업, 협회, 비영리 단체 등을 끌어들이는 일에 주력하기 시작했다. 많은 단체들이 직원이나 주주나 고객 등을 위한 맞춤형 방송 프로그램 만들어 내보내는 것이 쉽다는 것을 알게 되었다. 정치 단체들이 앞장섰고 교육과 계몽을 목적으로 하는 비영리 단체들이 뒤를 이었다. 곧이어 기업들도 Live365.com을 이용하면 전세계 어디로나 라디오 방송을 내보낼 수 있다는 것을 알게 되었다. 목표 고객들에게 URL만 알려주면 되는 것이다. 기업과 협회들은 Live365.com의 저렴한 요금에 만족하였다. 2000년 말에는 이러한 방송 수수료가 회사 수익의 50%

가 되었으며 광고와 전자 상거래 수수료가 나머지 50%를 차지했다.

쌍방향 라디오

인터넷 라디오의 가장 혁명적인 특징은 쌍방향성이다. 다음은 이미 실현되어 있는 것들이다. (내일 무슨 일이 일어날지는 아무도 모르는 일이지 않은가?)

· 컴퓨터와 무선 인터넷 장치를 통해 방송을 들으면서 동시에 다른 청취자나 음악가, DJ와 실시간 채팅을 할 수 있다.

· 팬들은 시간대별로 라디오 방송국을 달리 선택할 수 있으며 그것을 미리 프로그램으로 만들어 자동화할 수 있다.

· 위성으로 중계되는 방송을 인터넷에 연결된 컴퓨터나 이동 전화로 혹은 자동차 안에서 들을 수 있다.

· 인터넷을 통하여 라디오 프로그램을 다운로드한 다음 그것을 자기 취향에 맞게 편집하여 휴대형 MP3 플레이어에 저장한 다음에 아무 데나 들고 돌아다니면서 들을 수 있다. 실시간 접속이 꼭 필요하지 않은 경우라면 이런 식으로 컴퓨터가 없는 곳에서도 그리고 실시간 접속에 따른 비용 부담이 없이도 방송을 즐길 수 있다.

· 청취자들은 관심이 있는 광고만 골라서 듣거나 혹은 요금을 지불하고 아예 광고를 듣지 않을 수도 있다.

· 청취자들은 이메일이나 채팅을 통하여 실시간으로 방송에 응답할 수 있다. 클릭 한번이면 방금 들었던 노래를 구입할 수도 있다.

· 누구든지 쉽게 DJ가 되어 자신만의 노래 목록을 편집하여 전세계에 방송할 수 있다.

· 어떤 밴드든지 팬들에게 들려주고 싶은 음악을 인터넷 라디오 방송국을 통하여 연주할 수 있다.

· 인터넷으로 방송하는 사람들과 음악가들은 팬과 직접적인 관계를 맺을 수 있다. 익명의 청취자들을 향하여 방송을 하는 대신에 자기만의 청취자들의 취향에 맞게 방송할 수 있다.

라디오 방송의 주도권은, 최소한 인터넷 라디오 방송국의 주도권은 고객들의 손으로 넘어갔다.

음반 산업의 반응

미국 음반 산업 협회와 메탈리카를 비롯한 유명 밴드들은 음악의 불법 복사와 관련된 사이트들을 고소하기 시작했다. 그러자 주요 디지털 음악 공유 사이트들은 대개 법정 밖 화해를 통해 저작권을 인정하는 쪽으로 돌아섰다. 동시에 '합법적' 음악 공유 사이트들이 점점 늘어났다. Emusic.com을 비롯한 이들 사이트에서는 트랙 단위나 앨범 단위로 혹은 특정 음악가의 음악이나 특정 음반 회사의 음악을 묶어서 다운로드 방식으로 판매한다.

마침내 메이저 음반 회사들도 고객들이 먼저 음악을 들어본 다음에 구입 여부를 결정하고 싶어한다는 것을 알게 되었다. 고객들이 원하는 것은 디지털 음악을 즉시 접할 수 있고 편집과 공유가 가능해야 한다는 것이었다. 음반 회사들은 손해를 보지 않으면서 고객들이 원하는 대로 따라가는 방법을 찾기 위해 동분서주했다. 그들은 돈을 낸 사람만 들을 수 있도록 암호화하는 기술에 많은 투자를 했다.

메이저 음반 회사들이 고객들에게 항복하다

고객들의 그러한 요구에 항복한 최초의 메이저 음반 회사는 소니 뮤직이었다. 소니는 2000년 봄에 조용히 다운로드 방식의 판매를 시작하였다. 몰래 시작한 일이지만 즉각 소매업자들의 불평이 튀어나왔다. 소매 체인들은 '우리 영역을 침범하지 말라!'고 경고했다. 메이저 음반 회사 중역들은 이 문제에 공동대처하기로 비밀리에 약속했다. 기술적으로는 서로 달랐지만, 메이저 음반 회사들은 서로의 행보를 예의 주시하면서 소매상들을 자극하지 않고 고객들이 원하는 것을 제공할 수 있는 방법을 찾으려 노력했다.

소니 다음은 EMI였다. EMI는 2000년 여름에 대대적인 광고와 함께 유료 다운로드 기법을 도입하여 몇몇 온라인 소매업자들의 사이트에서 서비스를 개시했다. 그렇지만 요란한 광고에 비해 설익은 서비스였다. 초기에 Jamcast, TWEC.com, HMV.com 등의 온라인 소매 사이트에 구현되었던 EMI의 다운로드 기법은 복잡하고 어려운 것이었다.

7월에는 콜롬비아가 자체 인터넷 라디오 방송국을 열었고, 이어 8월에는 유니버설 그룹이 제한적이나마 다운로드 서비스를 시도하면서 흐름에 동참했다. 같은 8월에 BMG는 독일 최초의 다운로드 사이트를 개설했다. 그후 BMG는 유럽의 나머지 국가들과 아시아, 미국 등지에 다운로드 사이트를 잇달아 개설했다. 2000년 가을쯤에는 업계의 강자들 모두가 저작권이 있는 음악을 다운로드 방식으로 판매하게 되었다.

2000년에 시작된 온라인과 오프라인의 통합 경향은 앞으로 몇 년 동안 지속될 것이다. 음반 회사의 시도 중에서 가장 괜찮은 것 하나를 소개하자면(이 아이디어는 원래 MP3.com의 것이었다), 오디오 CD를 구입하는 고객이 동시에 디지털 형태로도 구입할 수 있게 하는 것이다. 가게에서 CD를 구입할 때 혹은 인터넷으로 구입할 때에 CD 안에 들어있는 음악을 인터넷으로 접근할 수 있는 계정이나 주크박스에 복사할 수 있게 하는 것이다. (사실은 그때마다 복사하는 것이 아니고, 이미 디지털 형태로 서버에 저장되어 있는 앨범에 링크만 걸면 된다.) 이 비즈니스 모델의 핵심은 고객들의 편의를 제공한다는 점이다. 고객들은 CD를 받으므로 언제고 음질 좋은 노래를 들을 수 있으면서, 동시에 손 하나 까딱하지 않고 디지털 복사본도 얻는 것이다.

디지털 음악 혁명의 배후에는

이러한 변화는 지금도 진행되고 있는 진짜 혁명이다. 우리는 원자에서 비트로, 아날로그에서 디지털로 세상이 변하는 것을 목도하고 있다. 앞서가는 고객들은 완전히 새로운 방식으로 음악을 감상하고 음악 파일을 다루는 실험을 하고 있다. 그러나 이렇게 밖으로 보이는 것이 전부가 아니다. 뭔가 다른 일이 벌어지고 있다. 과거에는 음반 회사들이 최종 고객이 누구인지 알 수 없었다. 설문조사나 인구통계학적 분류 정도는 할 수 있었지만 고객들과 직접 만날 일은 없었다. 지금은 고객들이 직접 음반 회사 홈페이지를 찾아와 새로 나온 CD에서 노래를 골라 받는다. 소매상의 웹사이트나 동네 가게에서 CD를 사는 경우라 해도 고객들은 노래에 관한 정보들을 전자적으로 저장하고 조작할 수 있게 되었다. 이렇게 고객들의 힘과 편의가 증가한 대신에, 음반 회사와 소매상과 음악가들은 고객들을 알게 되었다. 사상 최초로 음반 회사들이 자신의 최종 고객들을 알게 된 것이다.

음반 산업의 혁명으로부터 무엇을 배울 수 있는가?

음반 산업에서 일어난 변화를 정리하다가 필자는 그것이 남의 일이 아님을 깨달았다. 필자나 필자의 회사가 버는 수익의 절반은 결국 지적 재산권에서 나오는 것이 아닌가? 우리는 서점을 통하여 이 책과 다른 책들을 팔고 온라인으로 연구 보고서를 팔며, 기업 고객들에게 전략 기획을 판다. 기업 고객들이야 소비자 고객들처럼 쉽게 저작권법을 위반하거나 라이선스 계약을 어기지 않는다. 그러나 우리도 음반 산업을 강타한 회오리를 이미 경험하고 있다. 일부 고객들은 우리의 현행 비즈니스 모델과 다른 방식으로 거래하고 싶다는 의사를 비치고 있다. 우리 업계 전체로서도 마찬가지지만 우리 회사도 변화를 모색해야 한다. 두렵기는 하지만 불가피한 일이다. 다음과 같은 교훈들이 지적 재산권을 다루는 다른 기업들에게 도움이 되기를 바란다.

음반 산업으로부터 얻은 교훈

1. 고객들은 제품을 구입하기 전에 먼저 맛을 보려고 한다

자동차같은 내구재 상품을 팔 때에는, 고객들이 계약하기 전에 타이어를 툭 차보는 일이 이상하게 여겨지지 않는다. 소프트웨어를 비롯하여 반복적으로 사용할 정보 상품들을 팔 때에도 같은 일이 일어난다. 값을 지불하기 전에 먼저 다운로드해서 시험해보겠다고 주장하는 고객들이 점점 늘고 있다. 그렇지만 책이나 영화처럼 일회성 소비재의 경우라면 어떨까? 이런 경우에도 고객들이 상품의 가치를 알 수 있도록 충분한 기회를 제공해야 한다는 것이 정답이다.

2. 고객들은 제품을 부분으로 나누어서 구입하려고 한다

지적 재산권을 팔 때에는 그것을 작은 토막으로 나누어서 팔 필요가 있다. 소프트웨어의 경우에 고객들은 프로그램 전체가 아니라 일부 모듈을 구입하고 싶을지도 모른다. 투자 모델을 팔려고 하는 경우에도 고객들은 모델 전체가 아니라 공식 하나만을 사고 싶을 수 있다. 소설가 스티븐 킹(Stephen King)의 온라인 소설은 각 장별로 1달러에 팔렸다. 수백만의 팬이 있었기에 그것이 가능했을지도 모른다. 그렇다면 그렇지 않은 경우에도 가능할 것인가? 전체의 일부에 어떤 기준으로 가격을 매길 것인가? 고객들이 한두 부분만을 구입하는 일이 벌어지면 어떻게 할 것인가? 이것이 앨범 단위 판매와 트랙 단위 판매의 딜레마이다. 그러나 이미 음반 산업은 고객들의 이러한 요구에 항복하였으며, 다른 산업에서도 같은 일이 일어날 것이다.

3. 고객들은 여러 가지를 섞으려 한다

제품 생산자들은 하나의 제품을 통째로, 만들어진 모습 그대로 사용하는 것이 가장 효율적이라고 믿겠지만 고객들은 여러 기업 심지어 경쟁 기업의 제품으로부터 일부를 떼어 결합함으로써 새로운 것을 만들어낸다. 생산자들은 고객들의 그러한 요구에 맞추어 경쟁 기업의 제품과도 잘 결합될 수 있도록 제품을 디자인하여야 한다. 예를 들어 일본의 NTT 도코모 고객들은 대부분 벨소리, 애니메이션, 일정 관리, 정보 서비스, 각종 소프트웨어들을 각각 다른 업체로부터 공급받아 자기의 전화기에 결합함으로써, 자기만의 사용자 인터페이스를 디자인한다. 그러한 요소들을 공급하는 측에서는 그것이 전화기에서 상호 공존할 수 있도록 설계해야 한다.

4. 고객들은 제품의 모습과 용도를 바꾼다

디지털 정보에 접근한 고객은 생산자가 예측하지 못했던 방법으로 재사용하고 싶어할 수도 있다. 모든 제품과 정보는 새로운 형태로 변형될 수 있도록 디자인되어야 한다. 언제든지 그런 일이 일어날 것이라는 예상을 하면서 오히려 장려해야 한다. 게티 이미지즈(Getty Images)의 자회사인 포토디스크(PhotoDisc)는 이런 변화에 가장 일찍 적응한 회사의 하나다. 고객이 일단 사진을 구입하면 그것을 어떻게 변형하든 그것은 고객의 권리라고 인정하고 있다.

5. 고객들은 다른 사람들과 공유하고 싶어한다

일단 상품을 손에 넣게 되면 고객들은 그것을 다른 사람들과 공유해도 되는 것으로 생각한다. 이러한 자연스러운 성향을 이해하고 받아들일 필요가 있다. 저작권이 침해되지 않는 범위 안에서 고객들이 쉽게 공유할 수 있도록 도와야 한다. 일견 도둑질을 돕는 것처럼 보일 수도 있겠지만 사실은 바이러스 마케팅이다. 고객들의 합법적 공유가 쉬워지도록 노력하라.

6. 고객들은 자기가 재구성한 것을 공개하고 싶어한다

고객들이 지적 재산의 용도를 변경하고 거기에 가치를 부가하여 새로운 것으로 변형한 다음에는 남들에게 공개하고 싶어한다는 것을 알아야 한다. 여기에서는 새로운 혼합물을 만들어낸 고객들이 권리의 출처를 알아볼 수 있도록 하기 위해서는 지적 재산권과 관련된 브랜드와 품질의 우수성을 유지하는 것이 핵심 과제가 된다.

7. 고객들은 브랜드를 공유하고 싶어한다

음악의 불법 복제가 폭발적으로 증가하고 있지만 남의 음악을 자기 것인 양 속이는 사람은 거의 없다. 일반적으로 고객들은 원저자의 권위를 인정한다. 자기 나름의 추가 정보나 해설을 덧붙인 경우라 하더라도, 그것을 다른 사람에게 줄 때에는 권위 있는 원저자의 이름을 앞세우는 것이 보통이다.

3 장
고객들의 12가지 요구

음악 산업에서 일어난 소동은 대수롭지 않아 보이는 기술로 무장한 고객들이 업계의 오랜 관행들을 바꿔버리는 모습을 생생하게 보여준다. 이제 다른 업계의 뿌리깊은 관행들도 예외 없이 재검토해야 하는 상황을 맞이하고 있다. 자기 업계의 전통적인 사업 관행들이 앞으로 5년 안에는 바뀌지 않을 것이라고 생각하는 경영자가 있다면 당장 은퇴하기 바란다. 조금 기분이 나쁘더라도 어쩔 수 없는 일이다. 인터넷과 모바일 기술로 무장한 고객들이 현상 타파에 나선 것은 거스를 수 없는 대세이기 때문이다.

이제는 아무 것도 숨길 수 없게 되었다. 가격, 재고, 신제품 개발, 기업의 실수 따위를 고객들에게 숨길 수 없게 된 것이다. 고객들은 가격, 재고, 물류, 사업 정책, 유통 채널 등에 관하여 기업들이 더욱 투명해질 것을 요구하고 있으며 그렇게 되어가고 있다. 고객들은 자신의 사업이나 인생에 중요한 영향을 미칠지도 모르는 결정을 하기 위해서는 기업의 내부를 들여다볼 수 있어야 한다고 생각한다. 업계에 따라 아직 그런 요구가 없는 곳이 있을지도 모르지만 어차피 머지않아 모든 산업을 강타할 이런 고객들의 요구에 대해서 당장 대비하지 않으면 안 된다.

고객들의 12가지 요구

필자의 회사에 컨설팅을 의뢰하는 새로운 클라이언트들은 대부분 어떤 기술을 사용할 것인가에 많은 관심을 갖고 있다. 그들은 다음과 같이 말한다. "기존 고객들만이 지식 기반의 기술 지원을 받을 수 있게 해야 합니다. 잠재적인 고객들에게까지 그 정보를 공개할 필요는 없습니다." "지역별로 차등 가격을 유지하기 위하여 실시간으로 고객의 위치를 파악할 필요가 있습니다." "우리는 온라인으로 직접 판매할 수 없습니다. 그렇게 되면 대리점이나 유통 협력사들이 우리를 죽이려고 할겁니다." "고객 가까이 있는 상점에 고객이 찾는 물건이 있는지를 알려줄 수 없습니다. 우리도 모르거든요."

일단은 고개를 끄덕이며 동감을 표하지만, 결국에는 진실을 알려줄 수밖에 없다. 그런 식으로 고객들과 대충 선을 그으려 하다가는 오래지 않아 고객들이 용서하지 않게 될 것이라고. 업종에 상관없이 고객들이 공통적으로 원하는 것이 무언인지를 찾아보니 다음 12가지로 정리할 수 있었다.

1. 공개적이고 동등한 접근 (Open, Equal Access)
2. 실시간 정보 (Real-Time Information)
3. 전문적인 정보 (Specialist Information)
4. 편리한 접근 (Convenient Access)

5. 정보의 이동성 (Information Portability)

6. 업무의 투명성 (Process Transparency)

7. 물류의 투명성 (Logistics Transparency)

8. 가격의 투명성 (Pricing Transparency)

9. 평등한 가격 (Fair, Global Pricing)

10. 가격 설정권 (The Ability to Set Prices)

11. 유통 채널 선택권 (Choice of Distribution Channels)

12. 개인 정보 통제권 (Control over Their Information)

각각의 요구들에 관하여 검토하면서 각 산업에 어떻게 적용되는지를
살펴보기로 하자.

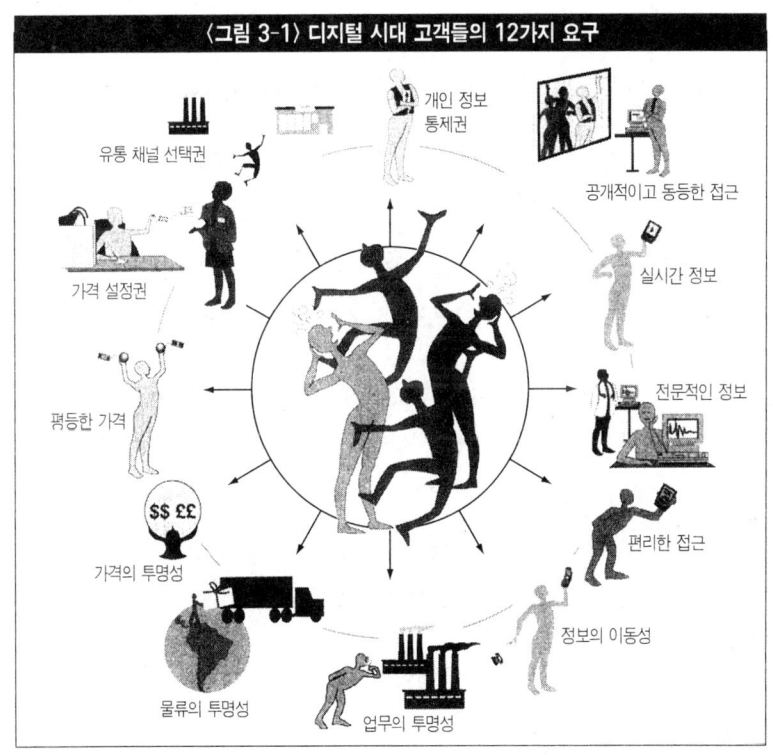

〈그림 3-1〉 디지털 시대 고객들의 12가지 요구

1. 공개적이고 동등한 접근

바야흐로 세계의 주식시장들이 고객들의 손에 넘어가고 있다는 것을 알고 있는가? 그것은 온라인 주식거래와 ECN(electronic communications networks；장외 전자 거래 시장)이라는 두 가지 힘이 결합된 결과다. 아키펠라고(Archipelago)나 인스티넷(Instinet)과 같은 ECN들은 1997년에 처음 생겨났다. 과거에는 지정가 주문(limit order) 제도 때문에 고객들이 가격을 주도하기가 어려웠다. (지정가 주문이란 주식을 매도하거나 매수할 때에 가격을 지정하여 내는 주문을 말한다.) 그러다가 1996년에 미국 증권거래위원회(SEC)가 지정가 주문 공시 요건에 관한 규정을 변경한 다음에, ECN들이 등장하고 주식 중개인들이 지정가 주문을 공시하게 되었다. 이런 과정은 자동화된 주식 거래 프로그램으로 이루어지므로 매도자와 매수자들은 전통적인 증권 거래소를 통하지 않고도 서로 연결될 수 있게 되었다. 고객들의 승리였다.

곧이어 고객들은 시간외 거래를 요구하였고 그 다음에는 주식 관련 정보의 실시간 제공과 전문가들이 사용하는 것과 똑같은 주가 분석 도구들을 요구했다. 아마추어 투자가들은 이제 과거에는 자격증이 있는 중개인들에게만 허용되었던 정보와 도구들을 자유롭게 사용하고 있다.

ECN의 등장은 세계 각국의 증권거래소를 압박하고 있다. 고객들이 각국 증권거래소의 역할과 거래 시간의 제한 등의 문제에 관하여 강력한 의문을 제기하고 있는 것이다. 조만간 전통적인 거래소들은 완전히 전자화된 거래소에 자리를 내주게 될 것이다. 기존 거래소들은 잘 거래되지 않는 주식들만 처리하는 곳으로 전락할 것이다.

고객들의 요구는 또 다른, 그러면서 똑같이 극적인 방식으로 미국 투자 커뮤니티의 모습을 바꿔버렸다. 강력한 온라인 투자 커뮤니티를 개발한 모틀리 풀(Motley Fool)의 CEO인 패트릭 가너(Patrick Garner)는 미국 증권거래위원회의 아더 레비트(Arthur Levitt) 의장으로부터 전화를 받았던 날을 기억하고 있다. "우리 회사가 잘못한 것이라도 있습니까?" 그러나 아더는 불평하기 위해서가 아니라 감사하기 위해서 전화를 걸었다고 했다. 미국 증권거래위원회는 여름 내내 "선택적 공표 (selective disclosure)" 문제에 관한 대중들의 여론을 수집하고 있었다. (선택적 공표란 개인투자자에 앞서서 기관투자자들에게 먼저 정보를 알려줄 수 있는 것을 의미한다.) 증권거래위원회는 이러한 불공정 행위를 비난하는 6천 통 이상의 편지와 이메일을 받았는데 그 중 절반 이상이 모틀리 풀의 커뮤니티 회원들에게서 온 것이었다. 아더는 나중에 모틀리 풀의 직원들 앞에서 다음과 같이 말했다. "워싱턴에 온 이후에 이렇게 강력하게 대중의 힘을 발휘하는 단체는 처음 보았습니다. 여러분들의 노력이 "공정한 공표(fair disclosure)" 규정을 만드는 데 큰 도움이 되었습니다."

2. 실시간 정보

고객들이 동등한 접근과 실시간 혹은 실시간에 가까운 정보 제공을 요구하는 곳은 주식시장만이 아니다. 에너지시장, 농업시장, 항공예약 시스템들도 이미 실시간으로 가격 정보를 제공하고 있다.

고객들은 또 재고 정보도 점점 많이 요구하고 있다. 무엇을 살 수 있는지, 어디서 살 수 있는지, 언제 살 수 있는지를 알고 싶어하는 것이다. 그에 관한 실시간 정보를 제공하지 않는다면 고객들은 떠나가고 말 것이다.

기업 측의 잘못에 대한 고객들의 반응은 어떻게 변했는가? 오늘날의 고객들은 공급자들이 문제를 발견한 순간 모든 문제를 솔직히 공개할 것으로 기대하며 또 그렇게 요구한다. 문제를 감추려 하거나 시간을 질질 끄는 기업들은 언젠가 고객들의 기억이 오래간다는 사실을 깨닫고 후회할 것이다.

3. 전문적인 정보

웹에서 가장 인기 있는 정보의 하나인 건강 정보를 이용하는 고객들은 의학 연구, 임상 실험 정보, 의약품 정보들에 대한 접근을 요구하고 있으며, 훈련받은 의사들만이 읽고 해석할 수 있는 정보들이 온라인으로 공개되어 누구나 접근할 수 있는 것이 현실이다. 이제 고객들은 웹에서 관련 정보와 질문거리를 준비한 다음에 의사를 찾아간다.

고객들은 유전공학, 판례, 가공되기 전의 기상 정보 등에 관한 상세하고 수준 높은 기술 정보를 갈망할 지경에 이르렀다. 전에는 훈련받은 전문가들의 여과와 해석을 거쳐야 했던 정보들을 이제는 풋내기들도 이용할 수 있게 된 것이다. 이렇게 특수한 영역의 정보를 이해하는 데 필요한 여과와 해석과 교육을 제공하는 전문 웹사이트들이 점점 늘어나고 있다.

4. 편리한 접근

오늘날 환자들은 이메일을 이용하여 의사에게 질문을 하거나 최신 정보를 받아보기를 원한다. 온라인으로 예약할 수 있기를 원하며 검사 결과와 자신의 진료 기록에 전자적으로(그것도 안전한 방식으로) 접근할 수 있기를 원한다.

전문가들에 의한 온라인 상담과 건강 지도, 검진을 받고 싶어하는 고객들의 요구에 따라 온라인 건강관리 서비스(e-health service)가 등장하고 있다. 예컨대 다이어트 리햅닷컴(Diet ReHab.com)은 웹을 통해 영양 문제를 상담하고 있으며, 라이프차트(LifeChart)는 당뇨병 환자들이 혈당 검사를 하면 그 결과가 인터넷으로 전송되어 의사들이 볼 수 있도록 하는 온라인 차트 서비스를 제공하고 있다. 천식 환자들이 어떤 장치에 대고 숨을 쉬면 결과 수치를 인터넷으로 전달하는 서비스도 있다.

무선 통신을 이용한 접근

세계 여러 나라의 고객들은 주식을 매매하고 티켓을 예약하고 최신 뉴스를 받아보고 배송 상황을 확인하는 등의 일을 이동 전화나 PDA로 해결할 수 있기를 원하고 있다. 그리고 그들은 위치 기반 서비스(location-based service)를 통해 예를 들어 현재 위치에서 가장 가까운 목욕탕, 커피숍, 현금자동인출기, 주유소, 레스토랑, 택시 정류장, 지하철역, 버스 정류장 등이 어디 있는지 알아낼 수 있기를 바란다. 일본에서는 2000년 말에 이미 NTT 도코모의 아이모드 서비스(i-mode service)를 사용하는 1600만 이상의 고객들이 무선으로 인터넷에 접속하고 있었다.

5. 정보의 이동성

고정불변의 시대는 끝났다. 전세계의 은행과 증권 회사와 보험 회사들은 급속한 변화를 경험하고 있다. 그들은 이제 고객들의 금융 포트폴리오를 놓고 ISP, 포털사이트, 식품점, 자동차 회사 등 전에는 금융 산업과 관련이 없던 수많은 업체들과 경쟁하고 있다. 고객들이 거래 업체 결정에서 중요시하는 것은 원스톱 자금 관리, 이자율, 자율적인 투자 관리, 결제 시기와 액수의 자율 결정권 등이다. 더 중요한 것은 이제는 고객들이 하나의 금융기관에 묶여 있지 않는다는 사실이다. 고객들은 쉽게 이동할 수 있기를 요구하고 있으며, 점점 그렇게 되어가고 있다. 고객들이 요구하는 이동성의 수준은, 모든 계좌를 한꺼번에 경쟁사로 옮겨갈 수 있는 정도다.

전화번호의 경우에도 사정은 같다. 이제 대부분의 나라에서 전화번호를 바꾸는 것이 합법적이다. 전화번호를 바꾸는 것이 불편하다면 다른 전화 회사로 옮겨가면 그뿐인 것이다. 모든 산업에서 거래처 전환 비용이 감소하고 있다.

6. 업무의 투명성

이제 고객들은 기업이 업무 과정을 숨기는 것을 용납하지 않는다. 고객들은 자기와 관련된 업무 과정의 상태를 언제든 확인할 수 있기를 원한다. 대부분의 제조업체들은 이제 생산라인의 많은 부분을 하청에 의존하고 있다. 노키아(Nokia)가 출시한 신형 이동 전화를 만드는 데에는 줄잡아 200여 하청업체와 부품 제조업자가 참여하고 있다. 각 업체들은 가치 사슬을 따라 상위 업체에게 부품들을 제공한다. 그리고 제조 공장들은 위험의 분산과 공급의 편리를 위하여 세계 각지로 분산되는 경향이 있다. 이렇게 상호 의존적인 생산 과정을 관리하기 위하여 과거에는 전화, 이메일, 팩스에 의존해야 했다. 지금은 컴퓨터와 인터넷으로 해결한다. 고객들은 각각의 하청 업체나 생산 부서들이 전자적으로 연결되어 한눈에 전체 과정을 볼 수 있어야 한다고 주장한다.

제조업뿐 아니라 건설업이나 제품 설계, 신약 시험 등 다른 분야에서도 업무의 투명성에 대한 요구가 제기되고 있다. 이제는 소규모 업체들도 모두의 눈에 드러나는 가치 사슬에 연결됨으로써 과거의 불리한 위치에서 벗어날 수 있게 되었다.

7. 물류의 투명성

투명성은 물류산업에서도 결정적으로 중요한 요소다. 운송 수단이 트럭이든 컨테이너든 비행기든 낙타든 상관없이, 이제는 모든 이해 당사자가 언제든지 각 화물의 위치를 알 수 있어야 한다는 것이 절대적인 요구가 되었다. 운송 도중에라도 화물의 일부를 다른 곳으로 보낼 수 있어야 한다. OOCL(Orient Overseas Container Lines)은 안팎으로 완벽하게 변신한 대표적인 물류업체다. 이 회사가 만든 새로운 정보 시스템의 중심에는 고객과 화물이 있다. 화물이 육해공을 가로질러 이동하는 동안 모든 이동 경로가 기록되고 추적된다. 고객들(화주와 수령인)과 그 대리인들은 언제 어디서나 실시간으로 운송 상태를 확인할 수 있다. 그리고 운송 과정을 고객들이 주도한다. 예컨대 홍콩에서 뉴욕으로 운송되던 화물을 캔자스시티로 목적지를 바꾸어야 할 필요가 생긴 고객이라면, 스스로 통관이나 관세 문제를 해결하면서 직접 운송 경로를 바꿀 수 있다.

기업 고객뿐 아니라 개인 고객들에게도 완벽한 고객 서비스를 제공하여야 한다. 개인 고객과의 관계는 보통, 주문을 받고, 제품에 관한 질문에 대답하고, 주문 받은 대로 제품을 꾸려서 선적하고, 배송 상황을 수시로 알려주고, 반품을 받고 환불해 주는 과정으로 이루어진다. 이 모든 단계에서 고객과 기업 양측이 상황을 파악할 수 있어야 한다.

8. 가격의 투명성

인터넷으로 제품과 서비스를 판매하기 시작하면 곧바로 전세계에서 동일한 가격을 유지할 수밖에 없게 된다. 델 컴퓨터(Dell Computer)는 1995년에 이 사실을 발견하였다. 게티 이미지즈(Getty Images)와 시스코 시스템즈 역시 그 무렵에 그것을 알아차렸다. 전에는 이들 기업의 제품 가격이 각 국가별로 달랐었다. 그러나 외국 사람들이 미국의 웹사이트에 들어와 손쉽게 미국에서의 가격을 알아볼 수 있게 되자 즉각 반발했던 것이다. 불공정한 가격에 대하여 불평만 늘어놓은 것이 아니고 그들은 그것을 행동으로 옮겼다. 그들은 미국의 웹사이트에서 물건을 주문했으며, 그 결과 선적과 관세와 국가별 특별소비세 등 여러 가지 복잡한 문제가 발생하였다. 결국 세계적으로 동일한 가격을 받는 것 외에 다른 대안이 없었다. 이제 지역별 유통망의 최소 이윤을 보장하기 위해서는 본사의 이윤 폭이 줄어들 수밖에 없었고, 수입 관세를 피하기 위하여 현지 공장을 세워야 할 필요성이 증대했다.

글로벌 가격 정책은 사업 내부에 어떤 영향을 미칠까? 그 파급 효과는 대단히 크다. 시스코의 CEO 존 챔버스(**John Chambers**)는 "글로벌 가격 정책은 엄청난 비용 압박을 의미합니다. 전면적으로 비용을 낮추어야 한다는 얘기지요. 운영의 효율성에 집중하지 않을 수 없게 합니다." 라고 설명한다.

제품간 혹은 제조업체간 가격 비교가 전보다 훨씬 쉬워졌다. 인터넷을 이용하면 잠깐 동안에 가격을 비교할 수 있다. 모뎀이 내장된 팜파일럿 (**Palm Pilot**)이나 인터넷에 연결되는 이동 전화만 있으면, 시드니나 보스턴의 상점에 앉아서 전세계의 온라인 상점 및 근처에 있는 물리적 상점들에서 같은 모델의 디지털 카메라를 얼마에 팔고 있는지 실시간으로 알 수 있다. 이제 고객들은 1분 단위의 최신 가격 정보를 가지고 있다.

9. 평등한 가격

최근 몇 년 동안 영국의 자동차 소비자들은 불평등한 가격에 반발해 왔다. 이제는 영국내 자동차 가격과 다른 유럽 국가들의 자동차 가격을 쉽게 비교할 수 있게 되었지만, 전통적으로 영국에서 자동차의 소비자 가격이 비쌌다는 것은 틀림없는 사실이다. 지금은 사라지고 있는 이 가격 격차의 이유로 두 가지가 거론되어 왔다.

첫째, 영국에서는 전체 자동차의 60%가 기업 고객에게 판매된다. 기업들이 종업원 보수의 일부로 자동차를 사주기 때문이다. 이런 기업 고객들은 주문 단위가 크기 때문에 자동차를 싸게 살 수 있다. 상대적으로 주부나 자영업자나 퇴직자 같은 개인 고객들은 더 비싸게 산다.

GM 복스홀(Vauxhall)에서 마케팅을 담당하는 폴 컨프레이(Paul Confrey)는 자동차를 비싸게 사야 했던 두 번째 이유를 다음과 같이 설명한다. "영국에는 독특한 자동차 금융 관행이 있습니다. 영국 소비자들은 매우 유리한 조건을 고집합니다. 예를 들어 0% 옵션이란 것이 있습니다. 그것은 계약금도 치르지 않고 자동차를 인수한 다음에 차종에 따라서 12, 24, 36개월을 타고 나서 차 값을 지불하는 것입니다. 50/50 옵션이란 것도 있는데, 처음에 차 값의 50%를 지불하고 3년 후에 나머지 차 값을 지불하는 방식입니다. 이런저런 옵션을 제공하기 위해서 우리 회사는 계열사인 GMAC에서 돈을 빌려야 하고, 그 금융비용을 자동차 소비자 가격에 추가할 수밖에 없습니다."

자동차 가격이 불평등한 이유가 무엇이었든 간에 이제는 자동차의 소비자 가격을 비싸게 받기 어렵게 되었다. 영국 사람들이 인터넷을 통해 즐기는 일 가운데 하나가 Oneswoop.com이나 Virgincars.com 같은 인기 사이트를 통해서 자동차 가격을 비교하는 것인데, 비교 대상은 온라인으로 주문하면 영국까지 배달해 주는 스칸디나비아의 자동차 판매상들이다. 그렇게 구입하면 최소한 30%를 절약하면서도 현관에서 차를 인수할 수 있으니 얼마나 편리한 일인가. 인터넷 서핑마저 귀찮아하는 소비자들을 위하여 모든 업무를 대행해 주고 집까지 차를 배달해 주는 자동차 중개상들도 있다(이렇게 해도 동네 판매소에서 구입하는 것에 비하여 20%는 싸다).

영국 소비자들의 반발은 결국 자동차 소매 관행과 정부의 정책에 중대한 변화를 일으키고야 말았다. 공정거래위원회가 자동차 소매 관행을 조사하기 시작했고 그 결과 영국에서 자동차를 구매하는 광경이 극적으로 바뀌고 말았다.

고객들의 승리였다!

10. 가격 설정권

미국에서는 Priceline.com이 소비자들의 가격 결정 관행을 개척했다. 호텔 객실들이나 비행기 좌석들과 같은 골치 아픈 재고를 판매하면서 가격을 고객들이 제시하도록 했던 것이다.

웬만한 주택이라 해도 융자금이 백만 달러가 넘어가는 싱가포르에서는, 소비자들이 온라인으로 단결하여 대금업자들과 이율이나 기간, 상환 조건에 관하여 협상할 수 있게 하는 서비스가 DollarDex.com에 의해 시작되었다. 전체적으로 가장 만족스러운 조건을 제시하는 대금업자를 찾아주는 서비스이다.

미국의 EqualFooting.com은 소기업들을 모아서 여러 가지 제품과 서비스의 구입 가격을 낮출 수 있게 해 주는 B2B 서비스를 제공한다. 세계의 여러 경매 사이트에서는 판매자와 구매자 모두에게 가격을 높여 부르거나 낮춰 부를 수 있는 기회를 제공한다.

비슷한 사례는 끝이 없이 많지만, 핵심은 같다. 가격 결정권이 점차 고객들에게로 넘어가고 있다는 것이다.

11. 유통 채널 선택권

기업들이 인터넷을 통해 직접 판매하기 시작했을 때, 대부분의 전문가들은 자동차 판매소, 보험 대리점, 소매 서점, 가전제품 매장 등과 같은 유통 채널들이 한물 갈 것이라고 생각했다. 제조업체나 도매상에서 싸게 구입할 수 있는데, 구태여 유통 채널을 통하여 구입할 사람이 있을까라고 생각했던 것이다.

직거래와 지역 유통 채널

그러나 고객들은 올바른 선택을 했다. 그들은 직거래와 유통 채널을 통한 거래가 모두 가능해야 한다고 요구했다. 웹사이트를 통해 자사의 모든 제품을 판매하지 않는 제조업체들은 고객들의 원성을 샀다. 시간과 수고를 들여가며 웹을 검색했는데 온라인 주문이 불가능하다는 사실을 알게 된 고객이 화를 내는 것은 당연하지 않겠는가? 제품의 판매를 대부분 소매상들에 의존하던 케즈(Keds)와 휴렛패커드가 웹으로 제품을 직판하기 시작한 것도 이러한 고객들의 요구 때문이었다. 휴렛패커드의 다중 채널 전략은 고객들에게 선택권을 제공한다. 사고자 하는 제품을 발견한 고객은 본사에 직접 주문할 수도 있고 온라인 소매상에서 주문할 수도 있으며 가까운 곳에 있는 오프라인 점포에서 구입할 수도 있다.

직거래 방식이 새로운 비즈니스 모델을 만들어 낸 경우도 있다. 자동차 관련 기업들을 고객으로 하는 스냅온 툴즈(Snap-on Tools)는 전통적으로 딜러를 통해서만 공구를 판매해 왔다. 그러나 취미로 자동차를 만지는 개인 고객들이 끊임없이 직거래를 요구했고 결국은 직거래를 시작하였다.

강력한 판매체인이나 소매상들이 유통망을 장악해 온 업계라면 사정이 다르지 않을까? 미국에서는 자동차 딜러들이 큰 영향력을 가지고 있다. 이들 독립 판매상들은 법률에 의하여 자동차 회사들로부터 보호를 받고 있다. 미국의 21개 주에서는 자동차 회사가 딜러를 거치지 않고 자동차를 직접 판매하는 것이 불법이다. 그렇지만 고객들은 차량의 옵션과 가격을 비교하여 마음에 드는 차를 찾기 위하여 인터넷으로 몰려들었다. 많은 고객들은 자동차 세일즈맨과 흥정하는 것보다 인터넷에서 정가제로 구입하는 것을 더 좋아한다. 그들은 Autobytel.com이나 Cars.com과 같은 자동차 쇼핑 사이트에서 정보를 얻고 Carsdirect.com 등 자동차 구입이 가능한 극소수 사이트를 찾아 자동차를 구입했다. 그러다 고객들은 결국 자동차 회사 웹사이트로 몰려와 불만을 터뜨리게 되었다. 그들은 수많은 딜러들의 홈페이지를 찾아다닐 수가 없으니 자동차 회사(포드나 GM 등)의 웹사이트에서 자동차를 판매하라고 요구하였다. 마침내 2000년 여름에 포드와 포드 차를 취급하는 딜러들이 자동차의 온라인 판매에 합의하기에 이르렀다. 판매는 포드 본사에서 하더라도 배달은 각 지역의 딜러가 맡는다는 조건이었다. 다른 업체들도 뒤를 따랐음은 물론이다.

음반 산업의 경우를 보면 처음에는 강력한 유통 채널인 대형 음반 소매점들이 음반 회사와 고객들의 직거래를 막으려 했다. 그러나 앞서가는 고객들이 음악을 온라인으로 구입하겠다는 의사를 명확히 하자 음반 회사들은 거부할 이유가 없었고, 내키지 않아 하던 소매점들도 어쩔 수 없이 받아들일 수밖에 없었다. 음반 산업이 걸어온 길을 모든 산업이 따라가게 될 것이다. 고객들의 선택권과 편의가 존중되는 가운데, 제조업체의 직접 판매와 유통 채널을 통한 판매가 병행될 것이다.

종합매장과 중개인의 역할

물론 제품에 따라서는 종합매장(aggregator)이나 중개인으로부터 구입하는 것이 편리하기도 하다. 사무용품을 조달하기 위하여 수십 군데의 제조업체를 찾아다닐 수는 없지 않은가? 여행 한번 하자고 웹사이트를 세 군데나 들러서 따로따로 예약할 수도 없는 일이고, 건물을 짓기 위하여 수백 군데 웹사이트에서 견적서를 받아볼 수도 없는 일이다. 여러 가지 제품을 함께 구입할 때나 구입과 관련하여 전문가의 조언이 필요할 때에는 제조업체와의 직거래보다 중개인이나 소매상을 통하는 것이 편리하다. 고객들은 여전히 이러한 중간 상인들을 필요로 하고 있는 것이다. 인터넷 시대가 펼쳐지기 시작하면서 기존의 "구 경제" 유통업자들과는 전혀 다른 새로운 중간 상인들이 거의 모든 산업에서 출현하였다. 새로 등장한 온라인 중간 상인들은 제품을 찾아 비교해 주는 역할을 함으로써, 제품의 품질과 가격과 재고의 투명도를 더욱 높이는 데 기여하고 있다. 그리하여 새로운 시장들은 상하기 쉬운 상품들의 실시간 경매, 능률적인 구매 조달, 물류와 위험 관리 등과 함께 편리한 원스톱 쇼핑을 제공할 수 있게 되었다.

그렇다면 중간 상인들 가운데 승리자와 패배자를 결정한 요인은 무엇인가? 고객의 편의가 성공의 요체였다. 고객들은 원하는 물건을 최대한 갖추고 있고, 업무 과정이 매끄러우며, 가장 편리하고 믿을 만한 배달 서비스를 제공하는 종합매장을 선호했다. 고객들이 맥마스터카(McMaster-Carr)나 알리안트(Alliant) 같은 종합매장으로 몰린 것은 그 사이트들이 최신의 인터넷 기술과 기존의 성숙한 고객 서비스를 결합하였기 때문이다. 그들은 기존의 창고들을 활용할 수 있었으며 또한 수만 가지 제품을 하루 만에 배달할 수 있는 능력을 갖추고 있었다.

정보는 제조업체에서 직접 얻으려 한다

칼자루를 손에 쥔 고객들은 제조업체와 유통업체 사이에 더욱 밀접한 관계를 유지할 것을 요구하고 있다. 고객들은 제품 정보나 기술 지원의 문제에서는 제조업체를 더 신뢰한다. 따라서 제조업체들은 제품 구매 전의 의사 결정으로부터 구매 후의 사후 지원과 업그레이드에 이르기까지 다양한 환경에서 제품 정보를 필요로 하는 고객들의 요구에 맞추어 제품 정보를 최적화해야 할 필요가 있다. 이러한 제품 정보는 제조업체의 온라인 카탈로그나 웹사이트에서 볼 수 있어야 함은 물론이고, 유통업체나 대리점들의 웹사이트를 통해서도 접근할 수 있어야 한다.

많은 고객들이 제조업체와의 관계를 원한다

많은 고객들이 익명으로 남기를 선호하지만, 예상 외로 많은 고객들이 제조업에 자신의 신상과 구매한 제품을 알리고 싶어한다. 휴렛패커드의 고객지원부에서는 다양한 유통 채널을 통하여 프린터, 스캐너, 디지털 카메라, PC 등을 구입한 고객들이 자발적으로 보내온 프로필을 받아 정리하는데, 휴렛패커드와 직접적인 관계를 맺고 싶어하는 고객들의 숫자가 1년에 2천만 명이 넘는다고 한다.

12. 개인 정보 통제권

고객들이 프라이버시 문제에 관하여 너무 민감하다고 생각하는 사람이 있을지도 모르겠지만, 사실 본격적인 프라이버시 논란은 이제 시작에 불과하다. 앞으로는 고객 정보를 모아 마구잡이로 다이렉트 마케팅에 사용하는 기업들은 고객들로부터 외면 당할 것이다.

고객 정보에 관해 생각해 보면 두 가지 반대 방향의 힘이 작용하는 것으로 보인다.

한편으로 고객들은 모든 유통 채널이나 고객 접점을 통해 이루어진 모든 상호작용과 거래 내용을 알아주길 기대한다. 웹으로든 상점에서든 뭔가 거래를 했으면 그 기록이 남아있기를 바란다. 딜러를 통해 컴퓨터를 구입한 고객은 제조업체가 그 컴퓨터의 사양을 기억했다가 패치나 업그레이드가 필요할 때에 통보해 주기를 기대한다.

반면에 고객들은 업체가 수집한 자신의 개인 정보를 철저하게 통제하고 싶어한다. 그리고 자신의 명백한 동의가 없는 한, 어떤 형태로든 자신의 정보를 다른 기업과 공유하지 말아야 한다고 생각한다.

개인 맞춤 정보나 특정 고객 집단을 겨냥한 맞춤 서비스를 제공하려는 경우에 특히 두 가지 힘의 절묘한 균형이 요구된다. 고객 세분화는 고객들과의 접촉을 최적화하고 고객 가치를 극대화하는 강력한 방법이다. 그러나 고객 세분화 모델과 그 원칙을 고객들과 공유하지 않으면 안 된다.

고객 세분화 모델을 효과적으로 사용하려면

· 가능한 한 많은 정보를 수집하되 고객에게서 직접 그리고 명시적으로 수집하라.
· 자신이 어떤 카테고리로 분류되는지를 고객이 알 수 있도록 하라.
· 차후에 고객의 행동이 어떻게 변할 것인지, 그리고 그것이 고객 세분화 모델에 어떤 영향을 미칠지 파악하라.

세분화 모델을 만들 때에는 명시적으로 해야 한다. 카테고리를 만드는 기준이 무엇인지 고객들이 알 수 있어야 하며, 고객들이 사정을 이해하면서 직접 자신의 정보를 제공하도록 해야 한다. 세분화 모델을 어떻게 사용할 것인지를 고객이 알 수 있도록 해야 하며, 자기의 개인 정보가 사용되는 방식에 관하여 고객들이 어떻게 생각하는지를 들어보아야 한다. 이와 같이 세분화에 관한 내용을 고객들과 공유함으로써 고객들의 정보를 회사가 얼마나 귀중하게 생각하고 있는지를 고객들에게 전달할 수 있으며, 그것은 또한 고객들과 강력한 관계를 확립하는 중요한 단계이기도 하다. 이 문제에서는 항공회사들이 표준이 되어 왔다. 그들은 고객들이 비행기를 이용하는 회수와 그들 사업상의 가치를 근거로 하여 단골 고객을 분류한다. 고객들은 자신이 어떤 카테고리에 분류되어 있는지를 알고 있으며, 다른 카테고리로 이동하려면 어떻게 해야 하는지도 알고 있다.

여기서 퍼미션 마케팅(permission-marketing)이 매우 중요해진다. 각각의 고객이 어떤 카테고리에 속해 있는지와 왜 거기에 분류되어 있는지를 설명하는 메일을 보내는 것은 어떨까? 그러면 고객들은 자신이 제대로 분류되어 있는지 아닌지를 알려올지도 모른다. 어쩌면 개인 정보가 어떻게 관리되기를 원한다는 답장을 받을 수도 있을 것이며 덕분에 그들의 프라이버시를 침해하는 일을 피하게 될 수도 있을 것이다. 그리고 또 환경이나 고객들의 취향과 욕구가 변할 수 있다는 것을 잊지 말아야 한다. 오늘은 유효한 세분화와 표적화가 3달 후에는 불합리하거나 모욕적이거나 짜증나는 것이 될 수도 있는 것이다.

다음 장 : 전자 시장의 혁명

2장에서는 정보의 디지털화에 따라 제품과 서비스를 생산하고 유통하고 가격을 매기는 방법들을 고객이 주도하게 되었다는 이야기를 했다. 3장에서는 비즈니스의 모습과 산업의 형태를 바꾸려는 고객들의 여러 가지 요구들을 검토했다. 4장에서는 고객 혁명의 또 하나의 요소인 전자 시장(e-market)의 등장에 관해 간략히 살펴볼 것이다.

4장
전자 시장의 혁명

인터넷 기반의 전자 시장(e-market)이 출현하기 이전의 세상을 생각해 보자. 기업 고객이든 소비자 고객이든 고객들은 가까운 지역 시장에서 찾을 수 있고 구입할 수 있는 상품과 서비스에만 접근할 수 있었다. 제품들이나 제조업체들 사이의 비교 쇼핑은 불가능했으며, 가능했더라도 매우 지루하고 곤란한 일이었다. 같은 제품이라 해도 시장별로 그리고 나라별로 가격이 천차만별이었다. 한마디로 판매자들이 고객들보다 우위에 있었다.

전자 시장이 고객들에게 유리한 이유

고객들의 시간은 귀중하다. 그런데 제품의 정보를 알아내는 것은 시간이 걸리는 일이다. 그러나 이제 인터넷 기반 전자 시장의 시대에는 강철에서 베어링까지, 서류 집게에서 컴퓨터까지, 계약자에서 컨설턴트까지 무엇이든 찾아내는 일이 갑자기 쉬워지고 있다. 전자 시장 덕분에 전세계의 수많은 기업들로부터 원하는 제품이나 공급자를 쉽게 찾을 수 있게 된 것이다.

기업 고객들의 경우에는 특히, 원하는 제조업자와 제품을 찾아내는 데 들어가는 비용이 제품의 총 구입비용에서 매우 큰 부분을 차지한다. 일반적으로 기업이 필요한 제품을 찾아내는 데 들어가는 비용은 총 구매 비용의 30%를 상회한다. 이런 비용을 절감하기 위하여 기업들은 그런 일을 잘하는 공급자를 찾아 계약하며 공급자가 기대를 저버리지 않는 한 거래를 지속하게 마련이다. 이러한 장기 계약이 존재하는(그리고 앞으로도 존재할) 이유는 두 가지가 있는데, 하나는 필요한 물품을 적절한 가격과 품질로 언제든지 조달할 수 있다는 것이며 두 번째는 여기저기 찾아다니는 비용을 절감할 수 있다는 것이다. 그러나 언젠가는 새 공급자를 찾을 필요가 생기게 마련이다. 이럴 때 전자 시장이 가장 가치 있는 역할을 한다.

한 번만 구입하면 되거나 어쩌다 구입하면 되는 제품과 서비스의 경우에는 그것을 찾아 결정하는 비용이 더욱 많이 든다. 그래서 기업 고객들은 비슷한 종류의 여러 제품들을 구비하고 있는 종합매장에서 제품과 서비스를 구입함으로써 그것들을 찾아다니는 시간을 절약하려는 경향이 있다. 이제는 전자 시장이 그런 역할을 하고 있다. 많은 유통업체들과 중간 상인들도 전자 시장을 운영하고 있다.

전자 시장의 모습

전자 시장이란 무엇인가? 그것은 공통의 필요를 가진 구매자와 판매자로 구성된 전자적 거래 커뮤니티다. 농기계 시장, 강철 시장, 공업용 다이

아몬드 시장, 전력 매매 시장, 컴퓨터 시장, 사무용품 시장 등 온갖 분야의 전자 시장이 이미 존재하고 있다. 지역과 부문을 막론하고, 필요가 있기만 하면 전자 시장은 언제라도 만들어진다.

전자 시장에서는 가격이 유동적일 것이며 가격 결정은 경매 방식(최고가 입찰자나 최저가 입찰자가 승리하는)이나 주식 거래 방식(구매자와 판매자의 가격이 일치하면 거래가 되는)이 중심이 될 것이다.

모든 전자 시장이 유동적인 가격을 제공하는 것은 아니다. 정가제로만 상품을 판매하는 전자 시장도 있을 수 있다. 그러나 그런 시장에서는 여러 회사에서 만든 다양한 제품들을 제공한다. 정가제 전자 시장은 귀중한 시간을 절약할 수 있도록 원스톱 쇼핑을 제공하는 것이다. 그들은 항상 조달 가능한 제품만을 제공하며, 구매자들이 원하는 제품을 쉽게 찾아내서 구입할 수 있도록 충분한 제품 정보를 제공한다.

많은 전자 시장들은 또한 구매자들이 RFP(Request for Proposal; 입찰 요청서)를 발행할 수 있게 함으로써 제조업자들이 쉽게 입찰에 응할 수 있게 해 준다. 전자 시장과 RFP가 결합됨으로써 소규모 전문 업체들로부터 입찰을 받을 수 있게 된 것이다. 이전에는 불가능했던 일이다.

전자 시장들은 이외에도 구매자와 판매자에게 필요한 여러 가지 부수적인 서비스를 제공한다. 여기에는 구매 승인(구매담당자가 제품을 선택한 후에 상부나 구매 부서의 승인을 얻는 과정), 위험 관리(상품의 인도뿐 아니라 그 품질까지 보증), 결제 서비스, 분쟁 해결 서비스, 물류 서비스 등이 포함된다.

1999년 말부터 2000년 사이에 세계 곳곳에서 말 그대로 수백 개의 대규모 **B2B** 전자 시장이 갑자기 출현하였다. 이러한 예기치 못했던 전자 시장 러시는 인터넷을 이용하여 구매 과정을 개선하려는 기업 고객들의 요구에 부응한 것이었다. 고객들은 항상 사용하는 제품이든 자주 사용하지 않는 제품이든, 필요한 제품을 찾아서 구입하는 데 들어가는 비용을 줄일 수 있게 되었다.

전자 시장 혁명이 제조업자에게 미친 영향

인터넷 기반의 전자 시장은 이미 기정 사실이 되었다. 기업 고객과 소비자 고객들은 수많은 제조업자들로부터 상품과 서비스를 찾아내고 비교하고 구입할 수 있어야 한다고 생각한다. 그러나 전자 시장이 생겼다고 해서 자동적으로 고객들이 다양한 방법으로 제품을 찾아 구매할 수 있게 되는 것은 아니다. 그렇게 할 수 있게 만드는 것은 제조업자의 몫이다. 고객들은 자기가 선호하는 전자 시장에서 제품을 찾으려고 할 것이다. 그러므로 제조업자들은 여러 개의 전자 시장에 참여해야 할 필요가 있다. 그리고 고객들과 예비 고객들은 인터넷을 통한 직접 판매도 계속되어야 한다고 주장할 것이다. 기업 고객들은 자기 회사를 위한 맞춤형 엑스트라넷 사이트가 계속 유지되어야 한다고 주장할 것이다. 또 그들은 자기네의 인트라넷 사이트에 제조업자가 직접 제품 정보와 가격 정보를 올려주길 원할 것이다. 그래야만 여러 제조업자들의 사이트를 찾아다니는 수고를 피할 수 있기 때문이다.

제조업자들은 이렇게 다양하고 일견 서로 충돌하기까지 하는 고객들의 요구를 어떻게 만족시킬 것인가? 전자 시장 혁명에서 살아남기 위한 열쇠는 전자 시장이 상품과 서비스를 매매하는 여러 길 중의 하나라는 사실을 깨닫는 것이다. 다른 길들도 사라지지 않고 여전히 유효하다. 이것은 모든 부가적 비즈니스 모델에 해당되는 이야기이다. 성공하기 위해서는 하나의 유연한 정보 아키텍처를 사용하여 제품 정보와 체계적인 가격 정책을 조직할 필요가 있다. 그래야만 제품 관련 정보의 모든 변화가 한 곳으로 모이고 한 곳에서 그것을 처리할 수 있는 것이다. 이와 같이 제품 정보는 중앙에서 관리되어야 비로소 다양한 인터넷 기반 비즈니스 모델에서 사용될 수 있게 된다.

고객들이 제품을 찾아내고 구매하는 여타의 방법들을 이해하기 위해서는 전자 시장의 진화 과정을 살펴볼 필요가 있다. 전자 시장의 진화를 연대기식으로 살펴보면서 어떤 비즈니스 모델도 사라지지 않았다는 사실에 주의하기 바란다. 모든 모델이 지금도 유효하다. 앞으로의 비즈니스 전략을 수립하는 데에 유용할 것이라는 말이다.

전자 시장 혁명에 불을 붙인 이베이

이베이가 생기기 전에도 온라인 경매가 존재하기는 했지만, 그들은 전자 시장 혁명의 씨를 뿌리지 못했다. 그것은 이베이의 몫이었다. 이베이가 생기기 전에는 소매와 기업간 거래는 전혀 다른 것이었다. 이베이는 처음에 C2C 경매 사이트로 출발했지만, 얼마 지나지 않아 B2C, B2B 전자 시장의 역할도 겸하게 되었다.

이베이 현상

처음에 이베이는 야구 카드나 바비 인형같은 수집품을 구하거나, 혹은 다락방에 버려진 야구 카드나 바비 인형들을 처리하기 위한 곳이었다. 그러나 이베이의 수백만 고객들은 새 디지털 카메라와 새 사무용 가구, 중고 가구, 대량의 재고품 따위도 경매에 내놓기 시작했다. 그러자 소기업들은 이 C2C 온라인 경매 사이트가 소비자와 소기업들이 어떤 물건이든 거래할 수 있는 세계 최대의, 그리고 세계에서 가장 비용 효율적인 시장이 되었다는 것을 알아차렸다. 이베이는 여전히 C2C 거래를 지원하고 있지만, B2C 거래도 지원하고 있고 점차로 B2B 거래까지도 지원할 예정이다. 이베이는 세계적 규모의 온라인 거래 커뮤니티이며, 최초의 대규모 전자 시장이다.

2000년에는 1600만 명이 이베이에서 적극적으로 판매와 구매에 참여하고 있었으며 그중 상당수는 매일 참여했다. 매일 5백만 개의 새로운 경매 물건이 올라왔으며 물건의 대부분은 보석에서부터 프린터 카트리지까지 다양한 물건을 판매하는 소기업들이 내놓은 것이었다. 이베이를 마케팅 채널과 판매 채널로 사용하는 기업들이 이베이에서 판매한 신상품의 액수가 분기별로 10억 달러가 넘었다. 각 분기별 경매 건수는 6300만을 넘었다. 이제 이베이 경매에 참가하기 위해서 반드시 컴퓨터 앞에 앉아야 할 필요도 없어졌다. 무선 인터넷 장치만 있으면 택시를 타고 가는 중에도 입찰에 참가할 수 있다.

이베이는 미국 전역에 걸쳐 52개의 지역별 경매 사이트를 개설하고 있으며 캐나다, 영국, 독일, 일본, 한국, 호주를 포함한 많은 나라에서 각국의 실정에 맞는 경매 사이트를 운영하고 있다. 2000년에 이베이는 하프닷컴(Half.com)을 인수하여 경매 외에 정가제 상품 판매도 할 수 있게 되었다.

이베이의 경험

이베이는 사실상의 가격 기준이 되었다. 소비자나 소기업 경영자가 중고
차나 복사기 혹은 최신형 디지털 카메라의 '현재 가격'을 알고 싶다면,
먼저 이베이를 방문하면 된다.

그리고 이베이에서는 고객 커뮤니티가 활발하게 돌아가고 있다. 이베
이 사용자들은 '자체 감시단(neighborhood watch)'을 조직하여 사이
트 에티켓이 지켜지도록 노력하고 있다. 그들은 또 휴가를 함께 보내기
도 하고 지역별로 소풍을 가기도 하고, 어려운 일을 서로 돕기도 한다.

이베이의 성공 요인은 무엇일까? 가장 중요한 요인 중의 하나는 고객
들이 판매자들을 평가할 수 있다는 점이다. 이 덕분에 알지 못하는 상대
방에게서 물건을 사면서도 고객들이 주도권을 가질 수 있는 것이다. 고
객들은 다른 구매자들로부터 좋은 평가를 받은 판매자들에게서만 구매할
수 있다. 어떤 판매자로부터 좋지 않은 일을 당하게 되면 다른 고객들에
게 경고할 수도 있다(이러한 힘을 남용하여, 호의적인 평가를 올리는 대
신에 물건값을 할인해 달라는 고객들도 있었다고 한다).

기업들이 이베이로 몰려드는 이유

2만 5천여 개의 기업들이 이베이 매출의 대부분을 차지하고 있다. 이베
이는 이들을 "파워 회원(Power Sellers)"이라고 부르며 거래 수수료를
할인해 준다. 파워 회원이 되기 위해서는 매달 2만 5천 달러 이상을 판
매해야 할뿐 아니라 고객들의 98％로부터 긍정적인 평가를 받아야만 얻
을 수 있는 평점 100점 이상을 획득해야 한다.

높은 이윤

품질 좋은 제품을 이베이에서 판매하는 기업들은 많은 수익을 올린다. 그리고 그들에게는 더 이상 할인 판매나 저가 마케팅이 필요하지 않다. 1%에서 5%에 이르는 수수료를 내는 대가로 상인들은 매일 수백만의 고객들과 접촉할 수 있다. 이베이를 이용하는 대부분의 상인들은 평균 40%의 이윤을 남긴다고들 한다.

낮은 고객 획득 비용

판매자의 입장에서 보면, 이베이의 낮은 수수료와 높은 트래픽 덕분에 좋은 구매자를 만날 가능성이 높아진다. 경매 사이트로 시작된 이베이는 C2C 경매와 B2C 거래를 겸하는 사이트로 변화했다. 이미 기업 고객과 개인 고객들이 이베이에 몰려들고 있는데 구태여 수십만 달러를 들여 야후에 광고를 할 필요가 있겠는가? 상품당 2달러만 내면 이베이의 경매 목록에 올라가고 수백만의 적극적인 고객들을 만날 수 있는데 말이다. 그리고 이베이를 통해 구매한 고객들은 다음부터는 이베이를 거치지 않고 직접 판매자와 거래한다. 이베이라는 전자 시장은 유통 채널의 새로운 대안일 뿐 아니라 비용 효율적인 고객 획득 도구이기도 하다.

제품과 가격에 대한 시장 테스트

신제품의 디자인이나 적정 가격을 테스트하고 싶다면 어떻게 하는 것이 좋을까? 그런 일을 하기 위하여 이베이보다 더 좋은 곳은 없을 것이다.

기업들이 이베이로부터 배운 것

이베이에서는

- 가격이 투명하다
- 재고 상황이 투명하다

· 경매가 실시간으로 진행된다

· 고객이 가격을 정할 수 있다

· 칼자루를 고객들이 쥐고 있다 ─ 고객들이 판매자를 평가하며 그 점수가 중요하다.

· 고객이 판매자가 될 수 있다

· 판매자가 고객이 될 수 있다

간단하게 말하면, 칼자루를 고객들이 쥐고 있다는 것이다. 그래도 판매자들은 많은 이윤을 남긴다. 이베이를 경험한 경영자들은, 인터넷 경매를 통하면 제품을 찾아 구매하는 일이 즉석에서 이루어지기 때문에 구매 비용을 대폭 절감할 수 있다는 사실을 깨달았다.

B2B 전자 시장이 출현한 이유

이베이는 전자 시장 혁명의 촉매였다. 기업들이 전자 시장에 관심을 갖게 된 것도 이베이 때문이었다. 그러나 대규모 B2B 거래에는 이베이 모델이 대개 적합하지 않았다. 대기업의 요구도 충족시킬 수 있는 새로운 전자 시장이 필요했다. B2B 거래 환경은 이베이 모델에 비해 훨씬 복잡하기 때문이다. 기업 고객들은 신용카드를 별로 사용하지 않는다. 대신에 구입 주문서나 당좌수표 등 다른 형태의 지불 수단을 사용한다. 그들은 가격과 기간과 기타 조건들에 관하여 직접 제조업자들과 협상하기를 원하며 한번 협상된 가격이 이어지는 다음 거래에도 적용되기를 기대한다. 기업에는 복잡하고 정형화된 구매 과정이 있다. 대기업에는 자동화된 구매 및 재고 관리 시스템이 있으며 그 시스템은 자기들이 판매자나 구매자로 참여하는 여러 전자 시장과 연결된다. (만약에 각각의 전자 시장 사이트마다 돌아다니며 구입 주문서를 작성해야 하고 또 내부의 조달 및 회계 시스템에서 똑같은 것을 다시 작성해야 한다면, 도대체 전자 시장의 원스톱 쇼핑으로 시간을 절약한다는 말이 무슨 의미가 있겠는가?)

현재의 **B2B** 전자 시장 열풍이 있기까지의 과정을 몇 가지 단계로 나누어 살펴보기로 한다. 그리고 나서 3년 후에는 어떤 모습이 될까 예측해 보고, 이어 그것이 기업에 미치는 영향에 관해서도 알아볼 것이다.

단계1: 기업 고객들이 맞춤형 웹사이트를 요구하다

1996년 무렵 델 컴퓨터, 마이크로소프트, 내셔널 세미컨덕터를 위시한 많은 기업들이 고객별 맞춤형 웹사이트를 만들어 달라는 기업 고객들의 요구를 수용했다. 처음에 프리미어 페이지(**Premier Pages**)라고 불렸던 이 사이트는 일종의 엑스트라넷으로, 제조업자가 고객 기업들이 원하는 제품들에 대한 정보만 모아 제공하는 방식이었다. 이러한 맞춤형 프리미어 사이트들은 약 2년 동안 인기를 누렸다.

그러나 기업 고객들은 얼마 지나지 않아서 맞춤형 엑스트라넷에 싫증을 내기 시작했다. 이러한 맞춤형 사이트에는 세 가지 문제점이 있었음이 드러난 것이다. 맞춤형 엑스트라넷은 기업 고객들에게 다음과 같은 요구를 하였다.

- 여러 사이트에 로그인하라. 직원들은 여러 제조업자의 엑스트라넷 사이트에 각각 로그인해야만 했다. 그것은 수많은 아이디와 패스워드를 기억해야 한다는 것을 의미했다.

- 원스톱 쇼핑을 포기하라. 제조업자마다 서로 다른 엑스트라넷을 가지고 있으므로, 직원들은 필요한 것들을 한번에 구입할 수

없었다. 가구 하나를 구입하려고 해도 여기저기 다른 사이트에 로그인해야만 겨우 구매 부서가 승인한 가격에 맞는 것을 찾을 수 있었다.

⇢ 회사 시스템과의 연결을 포기하라. 회사가 승인한 엑스트라넷에서 구매를 하더라도 대개는 회사의 구매 시스템이나 회계 시스템과 직접 연결되지 않았다. 그러므로 지출 내역을 자동으로 기록하거나 최종 고객의 경험을 개선하는 일이 쉽지 않았다.

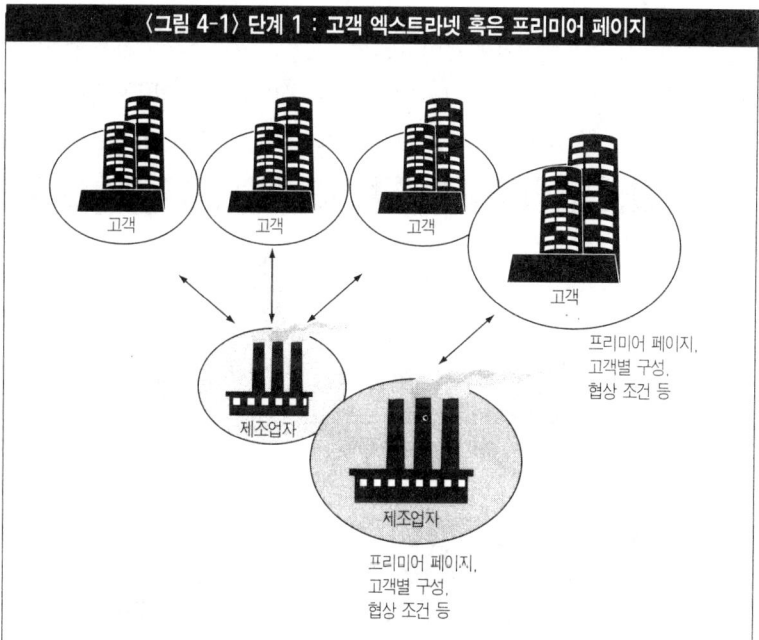

〈그림 4-1〉단계 1 : 고객 엑스트라넷 혹은 프리미어 페이지

고객

고객

고객

고객

프리미어 페이지,
고객별 구성,
협상 조건 등

제조업자

제조업자

프리미어 페이지,
고객별 구성,
협상 조건 등

다른 기업들이 재빠르게 따라오기는 했지만, 프리미어 페이지의 개념을 도입한 최초의 B2B 사이트는 델 컴퓨터가 만들었다. 고객 엑스트라넷은 제조업자가 덩치 큰 고객들을 위하여 그 고객 회사만 사용하도록 만들어 준 비공개 웹사이트이다. 이 웹사이트들은 일반적으로 원스톱 쇼핑을 제공하며 사전에 합의된 제품 사양들을 지원한다. 또 고객 엑스트라넷은 선택된 고객들에게 신제품을 미리 보여준다거나 제조업자와 고객이 공동으로 솔루션을 설계하는 데에도 사용될 수 있다.

단계 2 : 기업 고객들이 제조업자들을 자사의 구매시스템으로 모으려고 하다

1998년에서 2000년 사이에 대형 기업 고객들은 제조업자들이 자사의 방화벽 안으로 들어와서 제품 정보와 가격을 제시해 달라고 요구하기 시작했다. 각 제조업자들의 제품 정보가 인트라넷의 다양한 카탈로그로 통합될 수 있는 형태로 제공되기를 원한 것이다. 이 기업 고객들은 또 자체적인 구매승인 절차를 이용할 수 있기를 바랐으며, 자체 구매 프로그램을 이용하여 직접 주문할 수 있기를 원했다.

이렇게 하여 태어난 것이 아리바(Ariba)의 용어로 "펀치 아웃(punch-out; 뚫고 나가기)"이라는 개념이다. 또는 커머스원(Commerce One)식으로 "왕복 여행(round trip)"이라 부르기도 한다. 어떻게 부르든 이

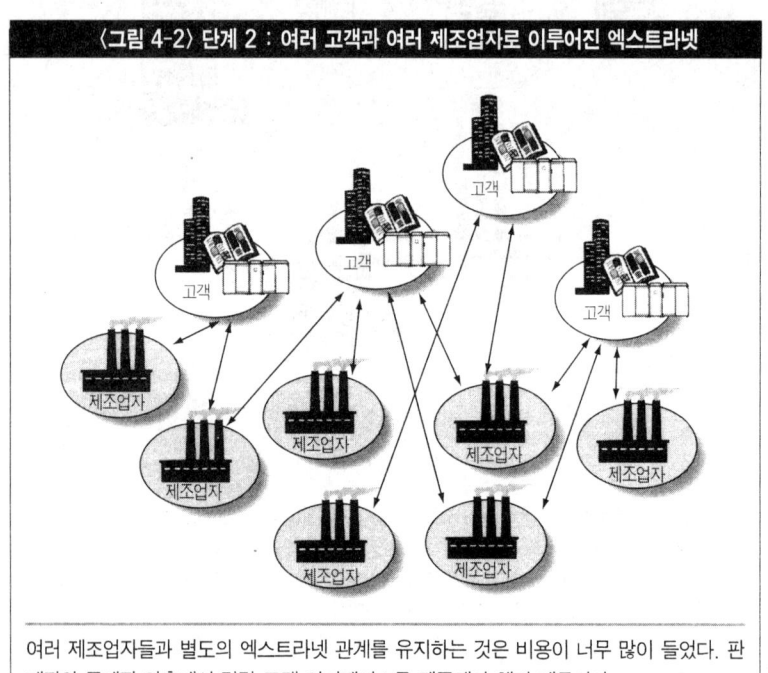

〈그림 4-2〉 단계 2 : 여러 고객과 여러 제조업자로 이루어진 엑스트라넷

여러 제조업자들과 별도의 엑스트라넷 관계를 유지하는 것은 비용이 너무 많이 들었다. 판매자와 구매자 양측에서 각각 고객 인터페이스를 제공해야 했기 때문이다.

전자 상거래 플랫폼은 기업 고객의 구매 프로그램과 제조업자의 엑스트라넷을 내부적으로 연결시켜 놓은 것이다. 제품을 찾아내고 주문하는 직원들은 자기 회사의 인트라넷을 벗어나 제조업자의 엑스트라넷으로 "뚫고 나갔다"는 것을 눈치채지 못한다. 그들이 아는 것이라고는 자기들이 보고 있는 제품의 사양이나 가격, 재고 정보 따위가 정확하다는 사실뿐이다.

이러한 방법의 단점은 기업 고객과 제조업자 모두 서로의 시스템을 연결하는 일이 너무 많은 비용이 든다는 것이었다. 더 나은 방법이 나와야 했다.

단계 3 : 주식거래 방식과 경매 방식이 관심의 초점이 되다

전자 시장 혁명의 다음 추진력은 역시 1998년과 1999년 사이에 출현한 인터넷 기반의 B2B 교환(exchange ; 여기서는 주식 거래의 경우처럼 판매자와 구매자가 각각 가격을 제시하고 일치하는 가격으로 거래하는 방식을 뜻한다)과 경매였다. 다양한 산업에서 이런 식의 인터넷 거래 허브가 빠른 속도로 등장했다.

주식거래 방식은 변질되기 쉽거나 시간의 제약이 있는 제품과 서비스를 현금으로 바꾸는 완벽한 장치임이 판명되었다. 오늘날 바닷가재나 전력 사용, 위성 사용 시간, 인쇄기 사용 예약 등을 매매하는 경우에는, 대부분 구매자와 판매자의 가격을 자동적으로 맞추어 주는 인터넷 기반의 디지털 교환 시스템을 이용하고 있을 것이다.

주식거래 방식이 가격 변동이 심하고 변질되기 쉬운 상품에 주로 이용되는 데 반하여, 과다 재고나 중고 장비와 같이 변질이 별로 문제가 되지

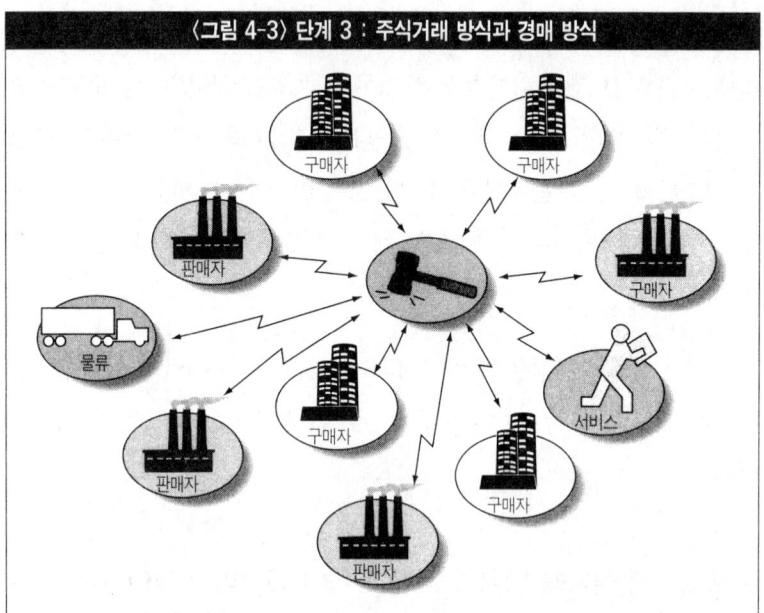

〈그림 4-3〉 단계 3 : 주식거래 방식과 경매 방식

구매자

구매자

구매자

판매자

물류

판매자

구매자

서비스

구매자

판매자

여기서 말하는 전자적 교환은 변질되기 쉬운 상품의 구매자와 판매자들이 부르는 가격을 자동적으로 맞추는 거래 방식으로, 주식 거래 방식과 똑같다. 경매에서는 입찰자들이 경쟁자들에 맞서서 가격을 올리거나 (역경매의 경우에는) 낮춘다. 어느 방식이든 참가자들이 판매자와 구매자의 입장을 수시로 바꿀 수 있다는 사실에 주의할 필요가 있다. 제조업자가 또 다른 제조업자에게 판매하게 될지도 모르고, 고객이 제조업자들에게 판매하게 될지도 모른다.

않는 상품의 경우에는 경매가 적합하다. 중고 생산 설비나 특수 화학약품이나 여성 속옷 한 트럭을 팔고 싶은 경우라면 인터넷 기반의 전문 경매 사이트를 이용하는 것이 좋을 것이다.

B2B 교환과 경매가 기업 구매자들의 관심을 사로잡기 시작했다.

단계 4 : 카탈로그 사이트와 종합매장 사이트가 등장하다

그러나 좀더 전자 시장다운 모습을 보여준 것은, 1999년과 2000년에 등장한, 여러 제조업자의 제품을 모아 놓은 카탈로그 사이트 혹은 여러 제

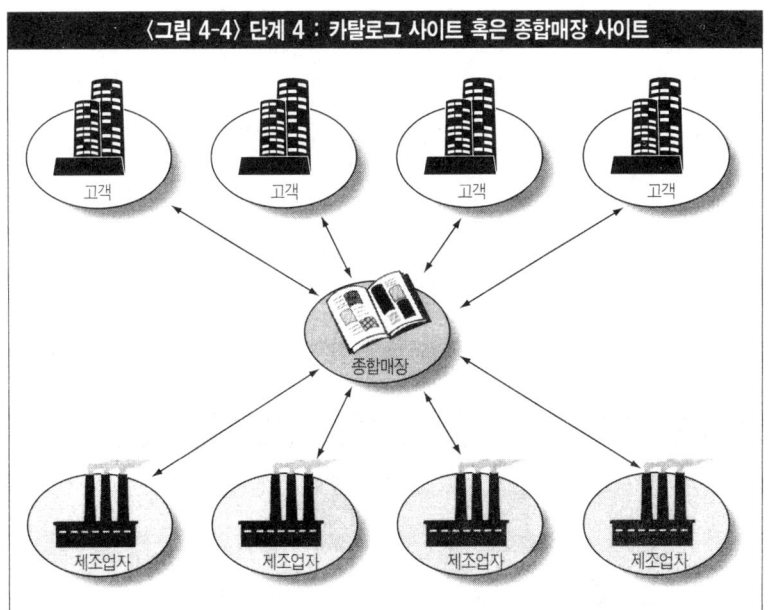

〈그림 4-4〉단계 4 : 카탈로그 사이트 혹은 종합매장 사이트

전자 시장의 가장 초기 형태는 여러 제조업자들의 제품을 정가로 판매하는 종합매장이나 카탈로그 사업자들에 의해 구현되었다. 그레인저(W.W.Grainger)가 초기 개척자 중의 한 사람이었다. 그레인저닷컴(Grainger.com)은 원자재 이외의 물품을 편리하게 구입하려는 기업 고객들을 겨냥하여 만들어졌다. 그레인저닷컴은 한 장의 주문서로 여러 제조업자의 제품을 주문할 수 있다는 점에서 진정한 전자 시장의 시초라고 할 수 있다.

조업자의 제품을 판매하는 종합매장의 웹사이트들이었다. 이러한 사이트들 덕분에 기업 고객들은 여러 제조업자의 제품을 한 장의 주문서로 주문할 수 있게 되었다. Grainger.com과 Electrocomponents.com이 이런 사이트의 선구적 역할을 했다. 이들은 공구나 전기 부품 특정한 분야를 취급하면서 매우 다양한 제품들에 관한 정보를 제공하고 고객들이 원하는 것을 찾아내기 쉽게 해 주었다. 그들은 고객들의 의사 결정을 위한 정보를 제공함은 물론, 그레인저(Grainger)의 모터매치(MotorMatch)와 같은 프로그램도 제공한다. 그들은 원스톱 쇼핑을 제공함으로써 고객들의 시간을 절약해준다.

단계 5 : 모든 산업에서 전자 시장이 출현하다

이와 같이 비즈니스 모델과 고객들의 요구가 수렴된 결과로 전세계에 걸쳐 수많은 B2B 전자 시장이 출현하게 되었다. 일부 전자 시장들은 돼지 농장, 병원, 헤지펀드 등 개별 산업의 요구에 부응하였고, 다른 전자 시장들은 사무용품, 컴퓨터, 전화 등 모든 기업들이 필요로 하는 것을 겨냥하였다. 고객들의 요구는 이러한 전자 시장들의 모습을 재빨리 변화시키기도 했다. 경매사이트로 시작한 전자 시장들은 오래지 않아 정가제 판

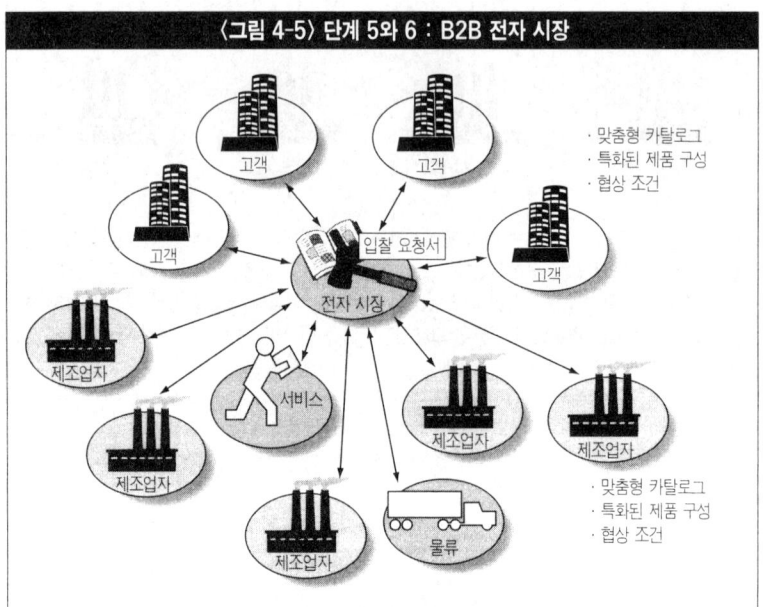

〈그림 4-5〉 단계 5와 6 : B2B 전자 시장

이것이 오늘날 많은 전자 시장들의 일반적인 모습이다. 처음에는 호텔 체인, 슈퍼마켓, 자동차 회사들과 같은 개별 산업의 요구에 따라 전자 시장이 만들어진 경우가 많았다. 정가제 판매로 시작한 이들 시장은 후에 교환과 경매를 추가했고, 그 다음에는 참가자들이 입찰 요청서를 발행하여 입찰을 받을 수 있도록 지원하였다. 금융 기관이나 운수 회사와 같은 서비스 업체들이 이러한 전자 시장에 적극적으로 참가하고 있으며 오늘날 B2B가 가장 뜨겁게 달아오른 곳이 바로 이러한 전자 시장들이다. 경쟁자들이 힘을 합쳐 산업별 전자 시장을 만들어가고 있는 상황에서, 이들 산업별 전자 시장에서 적극적으로 투자하고 활동하지 않는 기업들은 퇴출 당할 것을 각오해야 할 것이다.

매를 겸하게 되었고, 제품과 서비스의 목록을 제공하던 사이트들은 카탈로그 사이트가 되었다. 오늘날 대부분의 **B2B** 전자 시장은 가격이 변동하는 제품의 교환과 경매를 지원하면서 동시에 정가제 판매도 지원한다. 그리고 그들은 기업 고객들이 시장 전체에 대해서 혹은 대상을 국한하여 입찰 요청서를 발행하고 입찰을 받아 가격이나 조건을 협상하는 일들을 전자적으로 처리할 수 있도록 지원한다. 또 대부분의 전자 시장들은 재무 관리, 위험 관리, 갈등 해결 등 모든 산업에서 기업간 거래에 필요한 것들을 지원하고 있다.

단계 6 : 대기업 고객들이 구매자 중심의 업종별 전자 시장을 만들다

소용돌이치던 B2B 전자 시장의 풍경에 먼지가 앉기 시작한 2000년 초에, 고객들은 또 하나의 새로운 변화구를 던졌다. 특히 구매 담당 임원과 **CFO**들이 자기 회사의 전자 시장 전략에 영향력을 행사하기 시작했다. 원가와 시간과 간접비를 절감하는 것이 주요 관심사인 이들 재무 및 구매 담당 임원들은 경쟁사들과 힘을 합쳐서 효율적인 산업별 구매 허브 사이트를 만들기 시작했다.

대기업 고객들이 깨달은 것은 한 산업의 모든 대기업 고객들이 뭉쳐서 전자 시장을 만들면 모두에게 이익이 된다는 것이다. 제조업자들은 모든 구매자의 시스템에 개별적으로 연결할 필요가 없이 하나의 시스템에만 연결하면 되는 것이 이익이다. 구매자들은 여러 경쟁사들의 제품에 대하여 가격과 품질과 재고를 손쉽게 비교할 수 있으므로 이익이다. 그 결과, 제너럴 모터스, 다임러 크라이슬러, 포드 등 자동차 회사들이 모여 코비신트(Covisint)를 만들었고, 항공 우주 산업에서는 보잉과 록히드가 뭉쳐서 엑소스타(Exostar)를 만들었고, 철강 업계에서는 알코아(Alcoa)와 카이저(Kaiser), 레이놀즈(Reynolds), 티센(Thyssen) 등이 협력하여 메가익스체인지(Mega-Exchange)를 만들었고, CVS, 제이씨페니(JCPenney), 엘 코트 잉글스(El Corte Ingles), 로열 에이홀드(Royal Ahold), 테스코(Tesco) 등의 소매업체들은 월드와이드 리테일 익스체인지(Worldwide Retail Exchange)를 만들었다. 이상은 1999년 이후에 우후죽순으로 생겨난 업종별 전자 시장의 몇 가지 사례에 불과하다. "우리 업종의 전자 시장을 남들에게 만들어 달라고 하지 말라. 우리 업종에 대해서는 우리가 제일 잘 안다. 우리 힘으로 우리의 전자 시장을 만들자!" 이런 슬로건이 모든 산업으로 퍼져 나갔다. 그리하여 경쟁사들끼리 돈을 모아 거대한 전자 시장을 건설하는 힘든 과정이 시작되었다.

단계 7 : 고객 시나리오 네트

다음에 등장한 전자 시장의 변종은 소위 고객 시나리오 네트(Customer Scenario Net)라고 하는 것이다. 이 전자 시장은 고객이나 고객 집단의 특정 프로젝트 혹은 작업이나 업무 프로세스를 중심으로 돌아간다. 모든 고객 시나리오는 고객들이 수행해야 하는 작업, 예를 들어 건축 프로젝트를 관리하거나 재고를 보충하는 등의 작업과 함께 시작된다. 여타의 참가자들은 모두 고객의 작업에 맞추어진 서비스를 제공한다. 고객의 프로젝트는 시나리오에 따라 여러 참가자들을 거치면서 수행된다. 시나리오가 끝나는 지점은 고객이 원하는 결과가 나오는 곳이다. 예를 들어 건물이 완공되거나 재고가 보충되는 것이 시나리오의 끝이다. 때로는 하나의 전자 시장이 내부적으로 연결된 여러 시나리오를 지원하기도 한다. 예컨대 건물이 완공된 후에 가구와 조경과 유지보수라는 새로운 시나리오가 계속될 수 있는 것이다. 재고 보충의 경우에는 거의 비슷한 시나리오가 반복될 수도 있다.

고객 시나리오 네트는 고객별/프로젝트별로 달성해야 할 과제를 위하여 여러 당사자들이 인터넷을 통하여 관리하는 작업들의 집합이다. 이것은 전자 시장 중에서도 특별히 다이내믹한 형태이다. 누가 참여할 것인지와 어떤 서비스를 제공할 것인지는 고객의 상황에 따라 달라진다.

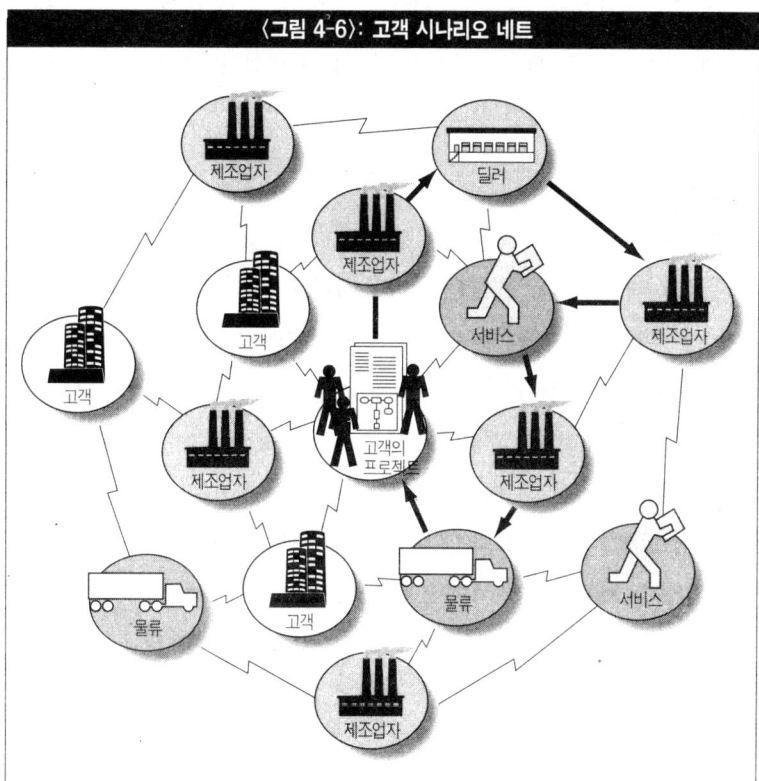

〈그림 4-6〉: 고객 시나리오 네트

고객 시나리오 네트는 고객들의 프로젝트와 작업과 업무를 핵심으로 하는 전자 시장이다. 고객 시나리오란 고객이 특정의 결과를 달성하기 위하여 수행되어야 하는 작업들의 집합을 말한다. 예를 들어, 새 컴퓨터를 선택하고 구입하고 설치하고 유지보수 서비스를 받는 것이 하나의 시나리오가 될 수 있다. 고객 시나리오 네트는 시나리오의 모든 단계에서 원스톱 쇼핑을 제공한다. 고객이 같은 시나리오를 재실행하거나 혹은 비슷한 시나리오를 실행한다고 해서 이전과 동일한 제조업자들이나 협력사들이 참여하는 것은 아니다.

고객 시나리오의 강점은 고객들에게 주도권을 맡긴다는 점이다. 동시에 그것은 제조업자들에게 매우 효율적인 시장 메커니즘을 제공한다. 제조업자들은 고객의 필요와 요구에 맞는 제품과 서비스를 제공할 수 있다. 그리고 그들은 고객 시나리오에 참여하면서 고객들의 또 다른 필요와 요구를 알게 되기도 한다.

이 책의 뒷부분에 건축 프로젝트를 관리하는 버즈소(Buzzsaw)와 건강 정보를 관리하는 메드스케이프(Medscape)의 고객 시나리오 네트 사례가 나오니 참고하기 바란다.

결론 그리고 예언

고객 시나리오 네트는 필자가 추천하는 B2B 전자 시장 모델이다. 이 모델을 구현하기 위한 사용하기 쉬운 도구들이 이미 많이 나와 있다. 어떤 산업에서든 고객 시나리오 네트를 창출할 필요가 있는 부분이 보인다면 바로 시도하라. 그러나 그렇다고 해서 고객을 묶어두거나 업계를 지배할 수 있다고 생각하면 곤란하다. 고객들은 자신의 정보를 소유하고 통제하려고 할 것이다. 고객들은 심지어 자신의 모든 프로필이나 프로젝트 관련 정보들을 외부의 전자 시장으로 쉽게 옮길 수 있기를 요구할 것이다. 그리고 그들은 완벽하게 호환되는 정보와 도구를 제공하라고 요구할 것이다.

전자 시장 혁명에서 살아남아 성공하려면

전자 시장 혁명의 힘을 이용하기 위해서는 무엇을 준비해야 할까? 필자가 추천하는 다음 단계들은, 대부분 기업 대상의 전자 시장뿐 아니라 소비자 대상의 전자 시장에도 유용한 전략이다.

1. 관계를 구축하고자 하는 표적 고객 집단을 설정하라.

2. 그 고객들에게 결정적으로 중요한 시나리오를 알아낸 다음 그 시나리오에 제품과 서비스를 어떻게 연결시킬 것인지를 결정하라.

3. 모든 제품 정보를 고객들의 의사 결정과 행동 개시에 맞추어 조직하라. 고객들이 관심을 갖는 부분(가격, 재고, 위치, 기술 사양, 성분 등등)이 상황에 따라 달라진다는 것을 알 수 있을 것이다.

4. 역동적이면서 일관성 있는 가격 정책을 수립하라. 그래야 각각의 기업 고객들에게 적합한 그리고 정확한 가격을 제시할 수 있을 것이다.

5. 제품 정보와 가격 정책, 재고 정보 등을 위에서 설명한 여러 비즈니스 모델들을 두루 활용할 수 있는 방식으로 조직하라. 똑같은 제품 정보나 가격 정보가 위에서 설명한 7가지 모델 혹은 단계에서 모두 재사용 될 수 있어야 한다.

6. 조금이라도 관계가 있는 전자 시장이라면 가능한 한 참여하라. 그래야 각자 선호하는 시장을 찾는 고객들에게 쉽게 발견될 수 있을 것이다.

7. 전자 시장에서는 독점 공급자가 되려고 노력하지 말라. 고객들은 선택권을 중요시한다.

8. 브랜드 구축에 도움이 되는 전자 시장에 참여하라. 어떤 시장에서 브랜드가 부시되면 다른 시장을 찾도록 하라.

9. 표적 고객들을 위한 고객 시나리오 네트를 만들어라. 현재 상황에서 고객들이 기꺼이 제공하려는 정보가 무엇인지 알아내라. 고객들이 자신의 작업을 개선할 수 있는 도구들을 제공하라. 고객들로부터 수집한 모든 정보는 당사자 고객의 접근과 통제가 보장되어야 함을 확인하라.

제2부

원칙2
고객 관계가 중요하다.
기업의 가치는 현재와 미래의 모든 고객 관계의 가치를 합친 것,
즉 고객 프랜차이즈의 가치에 달려있다.

5 장
고객 프랜차이즈와 핵심 고객 지표

기업 평가 방식의 변화와 관련하여 또 하나의 조용한 혁명이 일어나고 있다. 이것은 미묘한 변화이므로 적어도 5년 이상 걸려야 뚜렷한 모습이 드러날 것이다. 필자의 예상으로는 2005년 무렵에는 대부분의 기업들이 일관된 원칙에 따라서 고객의 수를 보고하게 될 것이다. 필자는 그것을 고객 가치 지수(Customer Value Index)라 명명할 것이며, 이것이 기업의 미래 수익을 평가하는 지표가 될 것이다.

2005년쯤에는 투자자들이 기업의 고객 관계(customer relationships)에 관하여 열심히 평가하고 있을 것이다. 이 고객들은 정말로 이 기업과 관계를 맺고 있는가, 아니면 단순한 웹사이트 방문객인가? 고객들이 기업에 대하여 친근감이나 충성심을 느끼고 있는가? 현재 기업에 돈을 지불하고 있는가? 앞으로도 계속 충성할 것인가?

몇몇 산업에서는 투자자들이 기업의 가치를 평가할 때 이미 고객 가치라는 개념을 도입하고 있다. 신문사, 케이블 TV 방송국, 이동통신업체,

ISP들은 종종 가입자 수를 근거로 평가된다. 도이치 텔레콤(Deutsche Telekom)에 있어서 이동 전화 가입자의 수는 어느 정도나 중요할까? 파이낸셜 타임스(Financial Times)의 구독자 수는 어느 정도의 가치가 있을까? 투자자들이 고객의 수를 계산할 때에는, 기업의 가치가 현재의 고객 수에 기초하여 계산한 미래 수익의 현재 가치에 비추어 적정한가를 따져보려는 것이다.

필자는 머지 않은 장래에 거의 모든 기업에서 고객 가치가 중요한 지표로 사용될 것이라고 믿는다. 머지않아 많은 기업들이 활동 고객(active customer)의 수와 고객 1인당 수익의 증가율을 발표하기 시작할 것이다. 1999년 10월에 게이트웨이(Gateway)의 CEO인 제프 웨이첸(Jeff Weitzen)에게 이런 얘기를 했더니, 그는 고객의 수가 얼마나 중요한가를 일깨워주는 보고서를 보여주었다. 그의 설명에 따르면, 게이트웨이의 고객 1명이 새 컴퓨터를 구입하는 비용은 평균 1000달러에서 1500달러지만, 5년에 걸친 총 비용은 평균 5000달러가 넘는다. 이렇게 비용이 늘어난 것은 업그레이드나 주변기기 구입뿐 아니라 소프트웨어 구입이나 인터넷 서비스, 교육 등에도 돈을 쓰기 때문이다. 제프가 정확한 활동 고객의 수를 밝히지는 않았지만, 대충 1700만의 온라인 고객들이 매달 19.95달러의 매출을 올려준다고 한다.

제프 말고도 오늘날의 많은 CEO들은 고객의 가치를 잘 알고 있다. 그들은 고객 가치를 세심하게 관찰한다. 5년 후에는 투자자들이 더욱 자세한 재무 보고를 요구하게 될 것이다. 예컨대 활동 고객은 모두 몇 명인가, 고객 1인당 수익은 얼마인가, 고객 유지 비율은 얼마나 되는가, 고객 1인당 수익의 증가율은 얼마인가, 신규 고객 증가율은 얼마인가 등을 알고 싶어할 것이며, 그에 따라 우리는 고객 프랜차이즈의 가치를 알 수 있게 될 것이다.

필자가 경제적 가치의 축이 변화하고 있음을 실감한 것은 AOL과 타임워너의 합병이 발표되던 날이었다.

고객 경제 시대의 도래

2000년 1월 10일 쌀쌀한 월요일 아침이었다. 평소와 마찬가지로 현관문을 열어 고양이를 내보내고 아침 신문을 가지고 들어왔다. 커피가 끓기를 기다리면서 뉴욕타임즈 1면을 훑어보는데 헤드라인이 눈에 확 들어왔다. "AOL이 타임워너를 1,650억 달러에 인수한다."

본문 기사를 읽으면서 이 사건이 새로운 분수령이 될 것이라는 생각이 들었다. 수익이 50억 달러인 AOL이 수익이 280억 달러인 타임워너를 이렇게 쉽게 인수하다니. 계산해 보니 AOL의 시가총액은 1640억 달러로, 타임워너의 시가총액은 970억 달러로 평가한 것이었다. 그것은 주가 프리미엄을 이용하여 신 경제 기업이 구 경제 기업을 인수한 것이라고 할 수 있었다. 그렇다면 주가 프리미엄의 배후에는 무엇이 있는가? 인터넷 관련 주식의 거품 현상일까, 아니면 보다 근본적인 이유가 있을까? 기사를 계속 읽으면서 두 기업 사이의 근본적인 차이를 생각하다 보니 답이 나왔다. 순간 뉴욕타임즈의 인터넷 경제 평론가인 사울 한셀(Saul Hansell)에게 고마운 마음이 들었다. 그가 쓴 해설 기사에서 필자가 가장 중요시하는 지표인 고객의 수를 발견한 것이다. 합병이 제안되었을 무렵에, AOL에는 2200만 명의 온라인 가입자가 있었다. 타임워너에는 1300만 명의 케이블 TV 가입자와 1475만 명의 잡지 구독자를 합쳐 2775만 명의 가입자가 있었다. (물론 여기에는 상당수의 중복 가입자가 있겠지만, 어쨌든 타임워너는 두 가지 데이터베이스를 합치지는 않았을 테니 정확한 내용은 알 수 없다.)

그렇다면 투자자들은 AOL의 고객 1인당 가치를 타임워너의 고객 1인당 가치 3495달러의 2배가 넘는 7455달러로 평가한 셈이다. 투자자들은 왜 AOL의 고객들이 훨씬 가치 있다고 평가했을까? 두 회사 모두 광고와 구독료와 콘텐츠 판매로 수익을 올린다. 두 회사 모두 인터넷 시대의 개척자들이다. 예컨대 타임워너의 패스파인더(Pathfinder) 사이트는 가장 오래된 온라인 출판물 검색 서비스의 하나다. 그밖에도 많은 공통점이 있지만, 두 회사의 고객 프랜차이즈 가치는 큰 격차가 있었다.

얕은 관계보다 깊은 관계가 가치가 크다

AOL과 고객들과의 관계는 살아있는 관계다. AOL은 누가 고객인지를 알고 있다. AOL의 고객들은 일주일에 몇 번씩 AOL의 서비스를 이용한다. AOL은 고객들이 온라인으로 무슨 일을 하는지 즉 무엇을 보는지, 무엇을 구매하는지를 알고 있으며 무엇에 관심이 있는지도 짐작할 수 있다.

반면 타임워너는 고객들과 소극적인 관계를 맺고 있다. 실제로 그들은 누가 고객인지 거의 알지 못한다. 타임워너는 어쩌면 필자가 포춘(Fortune)의 구독자라는 것을 알고 있을지도 모른다. 그리고 필자의 집에 자기네 케이블 TV가 들어온다는 것도 알고 있을지 모른다. 그러나 이 두 가지 고객 정보의 관련성에 대해서는 전혀 알지 못할 것이 거의 확실하다. 가장 중요한 것은, 타임워너는 필자와 같은 고객들에게 전혀 신경을 쓰지 않는다는 사실이다. 기껏해야 청구서나 계약 갱신 안내서를 보내줄 뿐이다. 필자의 브랜드 충성은 포춘이나 좋아하는 TV 프로그램들에 대한 것이다. 필자는 타임워너와는 아무 '관계'가 없다. 필자 자신이 스스로 타임워너의 고객이라고 생각한 적도 없다.

반면에 AOL의 고객들은 자기 자신이 AOL의 고객이라고 생각한다. AOL은 브랜드 이상의 것을 구축했다. 그들은 브랜드 기반의 경험을 구축한 것이다. 많은 AOL 고객들이 자신의 경험을 들려준다. 전형적인 사례 몇 가지를 인용하기로 한다.

- "나는 AOL의 인스턴트 메시지를 좋아해요. 내 친구들도 대부분 사용하고 있지요. 친구 목록을 만들어두면 친구들이 로그인하는지 알 수 있어서 편리해요. 조그만 창을 열어두면 로그인하는 친구들 이름이 거기에 나타난답니다."

- "5년 동안 AOL을 사용했습니다. 처음 가입했을 때 사용법이 정말 쉬웠습니다. 어려움 없이 AOL과 인터넷 양쪽을 돌아다닐 수 있었습니다. 직업별 채팅방을 만들어 친구들과 놀기도 하고, 인스턴트 메시지로 국내외 친구들과 얘기를 나누기도 합니다. 인스턴트 메시지 덕분에 장거리 전화 요금이 2로 줄었습니다."

- "나는 AOL의 기술 지원이 훌륭하다고 생각합니다. 컴퓨터는 잘 모르지만 걱정 안 해요. 문제가 생기면 AOL의 기술자들을 부르면 되니까요. 깔보거나 생색내는 일 없이 확실하게 해결해주거든요. 그들은 정말 아는 것도 많고 친절합니다."

- "AOL의 초기 화면이 마음에 듭니다. 나는 하루에 15번 정도 로그인하는 사람입니다만, 일하느라고 TV를 보거나 라디오를 들을 시간이 없을 때에는 접속할 때마다 새로운 뉴스와 날씨를 볼 수 있다는 것이 상당히 고맙지요."

타임워너를 대표하는 잡지의 하나인 포춘 또한 믿음직한 브랜드이다. 필자는 스스로를 '포춘 구독자'라고 생각한다. 포춘의 브랜드에 대한 생각이 그 정도이다. 그러나 AOL 가입자로서 필자는 스스로를 AOL의 '회원'이라고 생각한다. 그것은 회사나 브랜드와 '관계'를 맺고 있다는 말이다. "새 메일이 왔습니다."라는 상큼한 소리가 들릴 때나 인스턴트 메시지를 사용하여 사라와 온라인으로 채팅을 할 때, 필자는 AOL을 '경험'한다. 또 가족과 친구들도 AOL의 회원이라는 사실 역시 AOL 경험의 일부이다. AOL이 수년 동안 경쟁자들의 온라인 채팅 기능을 AOL에 직접 연결시키지 못하게 하기 위하여 사력을 다시 싸워온 것은, 친구목록과 인스턴트 메시지 기능이 AOL 경험의 결정적인 부분이기 때문이다.

필자는 AOL과 타임워너의 합병이 고객 경제 시대의 개막을 알리는 사건이었다고 생각한다. 분석가들은 두 기업의 합병으로 발생할 시너지 효과에 초점을 맞추었지만, 아무도 두 회사의 가치 차이가 고객 관계의 깊이에 유래함을 지적하지 않았다. 그러나 어째서 AOL의 고객들이 타임워너의 고객들에 비하여 2배의 가치가 있는 것인지 곰곰이 생각해 본다면, 결론은 하나가 될 것이다. 고객 가치가 중요하다! 결국 고객 가치가 기업의 가치를 결정짓기 때문이다.

고객 경제는 어려운 것이 아니다

'신 경제'는 갈피를 잡기가 어려웠다. 인터넷 기업이니 전자 상거래니 하이테크니 하는 용어들이 투자자들을 혼란스럽게 했다. 처음에는 매력적이었다가, 금방 회의적이 되곤 했다. 높은 수익을 바라며 끊임없이 유입되는 연금으로 자금이 풍부해진 벤처 캐피탈들은 유행을 따라 떼지어 몰려다녔다. 처음에는 B2C 전자 상거래 기업이 유행이었고, 다음에는 온라인과 오프라인에 걸쳐 사업을 하는 기업과 금융기관, 그 다음에는 C2C 경매 사이트, 그 다음에는 B2B 사업자와 업종별 전자 시장이 차례로 인기를 끌었다. 그 다음에 투자자들은 너무 많이 몰리기만 했지 성과는 기대에 미치지 못했던 B2B시장에서 슬그머니 빠져 나와, 전자상거래 시장을 떠받치는 인프라 즉 컴퓨터나 네트워크 장비나 소프트웨어를 판매하는 기업들에 대한 안전한 투자로 떼지어 이동했다. 다음에는 무선 모바일 사업으로 이동했으며, 그 다음에는 모두가 기술 산업으로 몰려갔다. 다음에는 또 새로운 유행으로 몰려갈 것이다.

이런 일들이 벌어지는 동안에, 다양한 산업에 걸쳐서 수많은 고객 중심 기업들이 장기적인 가치를 만들어내기 위해 열심히 노력했다. 유행을 따라다니다 지친 투자자들이 기본(fundamental)에 충실한 투자로 되돌아옴에 따라서 이제는 고객 중심 기업들이 각광받기 시작하고 있다. 고객 경제는 기업의 가치에 대한 모든 사람들의 혁명적인 인식 변화를 반영하고 있다. 투자자들이 기본으로 돌아옴에 따라, 즉 예측 가능한 수익과 그 증가율을 중시하게 됨에 따라서 수익의 원천인 고객에 더 많은 관심을 기울이게 된 것이다.

고객 경제 시대에는 기업의 시장 가치는 기업의 고객 관계의 가치와 비례한다. 그 이유는 다음과 같다.

고객 가치의 해부

투자자들은 기업의 가치를 어떻게 결정하는가? 정답은 기업이 벌어들일 미래 수익의 가치를 기준으로 한다는 것이다. 그 수익은 어디서 나오는가? 그 원천은 고객이다.

여기 구체적인 사례를 들어보자. 도이치 텔레콤은 미국의 이동 통신 업체인 보이스스트림(Voicestream)을 인수하기 위한 입찰가로 507억 달러를 제시하여 세계를 놀라게 하였다. 이것은 보이스스트림의 229만 고객의 가치를 1인당 2만2천 달러로 계산한 셈이었다. 1년 전에 보다폰(Vodafone)이 에어터치(AirTouch)를 인수했을 때에는 고객 1인당 7천 달러에 해당하는 금액을 지불했었다. 왜 차이가 난 것일까? 이들 이동 통신 업체의 인수 가격은 잠재적인 고객들의 가치를 근거로 한 것이었다. 보이스스트림의 지역적 영업 범위와 라이선스를 고려하여 미래 고객이 2억 2천만 이상이 될 수 있다고 판단한 도이치 텔레콤이 잠재 고객 1인당 265달러의 가치를 인정한 것이다. 현재의 229만 고객으로부터 나올 수 있는 수익뿐 아니라 미래의 2억 2천만 고객으로부터 나올 수 있는 수익에 대해서도 가격을 지불한 것이다.

기업의 가치는 현재 고객들로부터의 예상 수익인 고객 자본(customer capital)과 미래 고객들로부터의 예상 수익인 고객 모멘텀(customer momentum), 그리고 두 가지를 합친 고객 프랜차이즈의 가치에 따라 결정된다.

투자자들이 AOL 고객들을 타임워너 고객들보다 두 배 이상 가치가 있다고 평가했다고 해서, AOL의 2200만 가입자(합병 당시의 숫자)들이 미래에 제공할 수익의 현재 가치가 1인당 7455달러에 달한다고 생각한 것은 아니다. 그들은 AOL이 기존 가입자들을 상당한 비율로 유지할 수 있으며, 동시에 상당한 비율로 신규 가입자를 늘릴 수 있다고 보고 투자한 것이다. 그리고 또 고객의 숫자가 매년 늘어날 것은 물론 고객 1인당 수익도 매년 늘어날 것이라고 추정하였다. 간단히 말해서 투자자들은 AOL의 고객 프랜차이즈를 높이 평가한 것이다.

고객 프랜차이즈의 가치는 어떻게 계산하는가? 먼저 고객 자본은 현재 고객들의 평생 가치를 현재 가치로 환산한 것이다. 고객 모멘텀은 미래 고객들의 평생 가치를 현재 가치로 환산한 것이다. 이 두 가지를 합한 것이 바로 고객 프랜차이즈의 가치이다. 투자자들이 기업의 미래 수익을 추정하려면 바로 고객 프랜차이즈의 총 가치를 계산하면 되는 것이다.

기업 가치에 대해 이런 방식으로 생각하는 것이 주가 수익률을 계산하는 것보다 더 정확한가? 반드시 그렇다는 이야기는 아니다. 그러나 적어도 어떤 기업의 주가 수익률을 검증하는 좋은 방법이라고 할 수는 있다. 현재의 주가 수익률에 함축된 미래 이익을 창출할 수 있을 만큼 고객 프랜차이즈의 가치를 증대시킬 수 있을까? 가능하다면 거기에 걸리는 기간은 얼마나 될 것인가? 만약 그 기간이 너무 길거나 할인율이 너무 낮다면 그 회사에 투자하는 것을 재고해야 할 것이다.

자기 회사의 고객 프랜차이즈를 계산하는 것은 비교적 쉬운 일이다. 필요한 정보를 쉽게 구할 수 있기 때문이다.

고객 자본

고객 자본은 기존 고객들과의 모든 관계의 가치를 합한 것이다. 그것은 고객 관계의 수와, 현재와 미래에 수익을 창출할 수 있는 능력에 비춘 고객 관계의 깊이와 질, 고객 관계가 유지되는 기간, 관계의 수익성 등을 계산하면 구할 수 있다.

기업의 마케팅 당당 임원들은 어쩌면 고객 자본을 벌써 알고 있을지도 모른다. 그들이 말하는 현재 고객의 평생 가치가 바로 고객 자본이다. 다음은 고객 자본의 가치를 측정하는 방법과 관련되는 요소들이다.

· 활동 고객의 수

· 인구통계학적 기준과 행동 양식에 따라 나눈 고객 집단(segments)
  혹은 획득 시점을 기준으로 나눈 고객 분류(cohorts)

· 각 고객 집단의 고객 1인당 현재 평균 수익

· 각 고객 집단의 고객 1인당 획득 비용

· 각 고객 집단의 고객 유지 비율

· 각 고객 집단의 고객 1인당 수익의 예상 성장률 혹은 감소율

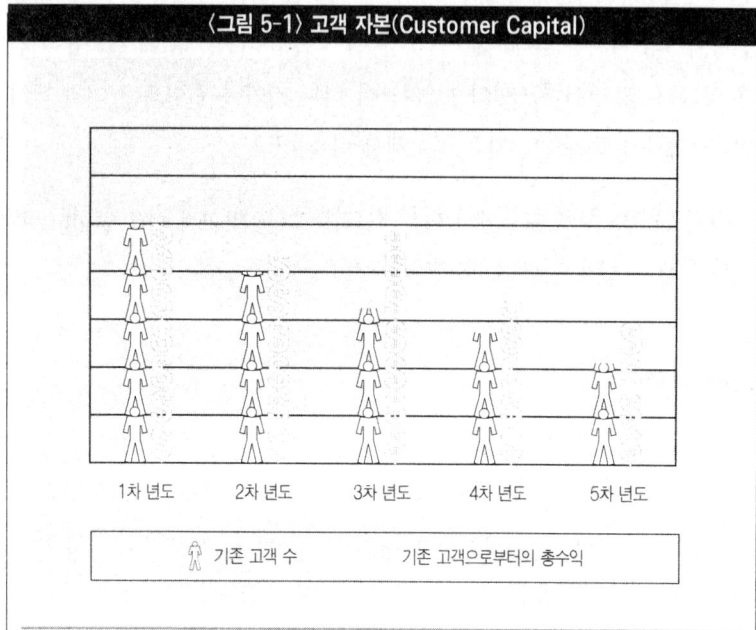

〈그림 5-1〉 고객 자본(Customer Capital)

이것은 현재의 고객들로부터 얻을 수 있는 수익을 보여주는 간단한 그래프다. 여기서는 고객 유지 비율이 80%이고, 고객 1인당 수익이 매년 10%씩 증가한다고 가정하였다. 고객 자본은 현재 고객들이 평생에 걸쳐 기업에 제공할 수익의 총합을 현재 가치로 환산한 것이다. 다시 말해서, 연도에 따라 적당한 할인율을 적용한 후에 그 값들을 모두 더하면 고객 자본이 되는 것이다.

마케팅 담당자들은 오래 전부터 이런 요소들을 사용하여 고객 집단별로 수익성을 계산해 왔고, 그에 따라 마케팅 전략을 수립해 왔다. 그들은 고객 집단별로 고객의 평생 가치(customer lifetime value)를 계산한다. 그들은 각 고객 집단별로 고객 획득 비용과 고객 1인당 수익과 고객 유지 비율이 얼마나 되는지를 알고 있으며 (그에 따라) 평균적인 고객 유지 기간도 알고 있다. 그리고 그들은 시간이 지나면서 고객들의 구매가 늘어나고 고객 유지에 필요한 비용은 줄어듦에 따라 고객 1인당 수익이 얼마만큼 증가할 것인지도 상당히 정확하게 파악할 수 있다.

이제 현재 고객의 평생 가치를 평가하는 것은 더 이상 은밀한 마케팅 기법이 아니다. 그것은 필수적인 경영 도구이다. 오늘날 수많은 CEO, CFO, 기타 고위 경영자들은 마케팅 담당 임원들 못지 않게 열심히 고객의 평생 가치를 계산하고 있다. 이제 기업 경영의 핵심은 고객 자본 즉 고객 관계의 가치를 최대화하는 것임을 많은 사람들이 깨닫고 있다.

다시 말하거니와 고객 자본이란 현재 고객들의 평생 가치의 현가이다. 기업가는 그 값이 얼마인지 알아야만 한다.

고객 모멘텀

고객 모멘텀이란 새로운 고객을 유치하고 유지할 수 있는 능력으로 정의된다. 현재 고객의 평생 가치를 계산하는 것만으로는 기업의 미래 수익이 얼마라고 말할 수 없다. 그것은 다만 지금 이상으로 고객 관계를 유지할 수 있다면 현재의 고객들로부터 그들의 평생 동안 얼마의 수익을 얻을 수 있는가를 말해 줄뿐이다. 여기에 앞으로 획득할 새로운 고객들로부터 기대할 수 있는 미래 수익의 가치를 추가할 필요가 있다. 그러기 위해서는 몇 가지 예상 수치가 필요하다.

- 미래의 고객 1인당 획득 비용
- 마케팅 예산에서 고객 획득 비용이 차지하는 비율
- 고객 1인당 획득 비용과 기간에 대한 1인당 평균 수익
- 앞으로 획득할 고객 집단별 유지 비율
- 고객 집단별 고객 1인당 수익의 증가율

다행히 마케팅 담당자들은 이미 위와 같은 수치들을 알고 있다. 그것을 가져다가 계산하기만 하면 되는 것이다. 모든 기업은 이러한 수치들을 근거로 해서 미래의 수익을 예측하고 있겠지만, 필자는 미래 수익의 성장률을 예측할 때에는 고객 모멘텀의 개념을 사용하라고 제안하고자 한다. 이것은 아주 유용한 점검 방식이다. 향후 1~2년간의 수익 증가율을 예상한다고 할 때, 그 수익은 어디서 나오는 것일까? 현재 고객들의 지출이 늘어남으로써 증가하는 수익은 어느 정도이며, 새로 획득해야 할 고객들로부터 얻을 수 있는 수익은 어느 정도일까? 신규 고객을 유치하는 데 필요한 비용은 얼마일까? 신규 고객들로부터 수익이 발생하는 것은 언제부터일까?

고객 모멘텀이라는 말로 새로운 고객을 유치하고 유지하는 능력을 강조하는 이유는 무엇일까? AOL, 아마존, 찰스 슈왑, 시스코, 이베이 등과 같이 높은 성장률을 보이고 있는 수많은 기업들을 분석하면서 알아낸 것은 그들이 고객 가치 엔진이 되었다는 것이다. 만족하는 고객들이 많아질수록, 더 많은 고객을 얻게 되는 것이다. 더구나 시간이 지남에 따라 고객 획득 비용은 점점 낮아진다. 왜 그럴까? 충성 고객들이 자신의 친구, 동료, 친척들을 몰고 오기 때문이다.

고객 모멘텀은 어느 정도의 기간을 기준으로 계산해야 할까? 매출과

수익의 증가율을 계산해 보려는 목적이라면, 1~2년 정도를 기준으로 계산한 다음에 차차 조정해 가면 될 것이다. 투자 및 인수 대상 기업의 미래 수익 흐름을 예측하는 것이 목적이라면, 여러 해에 걸친 고객 프랜차이즈의 가치를 계산해야 할 것이다. 그리고 보니 이것은 벤처 캐피탈리스트나 투자 분석가들이 기업의 미래 가치를 추정하는 방법과 다르지 않다. 차이가 있다면 수익 증가의 근거를 고객의 수의 증가에 두고 있다는 것뿐이다.

바이러스 마케팅을 통해 기업이 성장하는 경우 즉 입소문에 의하여 고객의 대부분을 획득하는 경우에는 고객 모멘텀이 정말 재미있는 결과를 보여준다. 버즈소나 냅스터에서 그랬던 것처럼 고객이 다른 고객들을 몰

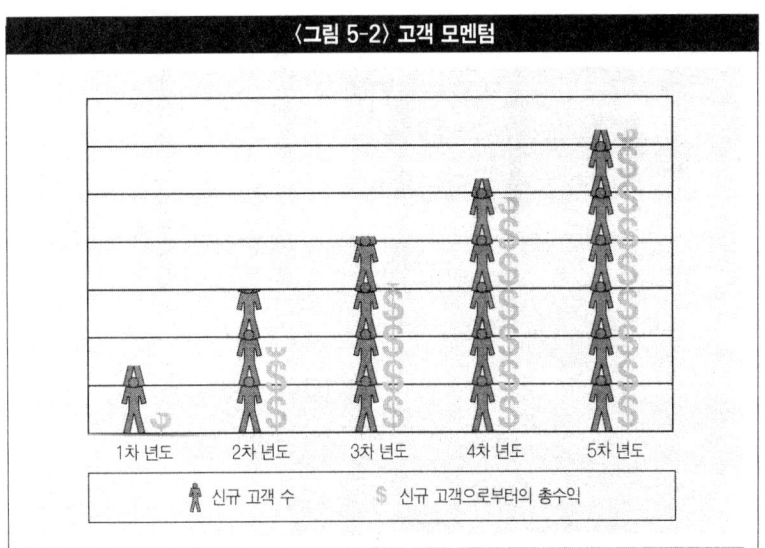

〈그림 5-2〉고객 모멘텀

1차 년도　2차 년도　3차 년도　4차 년도　5차 년도

🧍 신규 고객 수　　　$ 신규 고객으로부터의 총수익

이것은 미래 고객으로부터 발생할 수익의 증가율을 보여주는 간단한 그래프다. 매년 30%의 신규 고객을 유치하며, 첫해에는 1인당 수익이 낮다고 가정하였다. 둘째 해부터는 1인당 수익이 매년 10% 증가한다고 가정했다. 그리고 고객 유지 비율은 80%로 가정했다. 여기서 고객 모멘텀의 가치를 계산하려면, 각 년도 고객들로부터의 예상 수익을 현재 가치로 계산한 다음에 모두 더하면 된다.

고 오기 시작하면 고객 모멘텀의 가치가 기하급수적으로 증가하는 것이다.

고객 프랜차이즈

투자자들이 정말로 관심을 갖는 것은 고객 프랜차이즈이다. 그것은 현재와 미래 고객들로부터 발생할 총 수익의 현재 가치이며, 고객 자본과 고객 모멘텀을 합한 값이다.

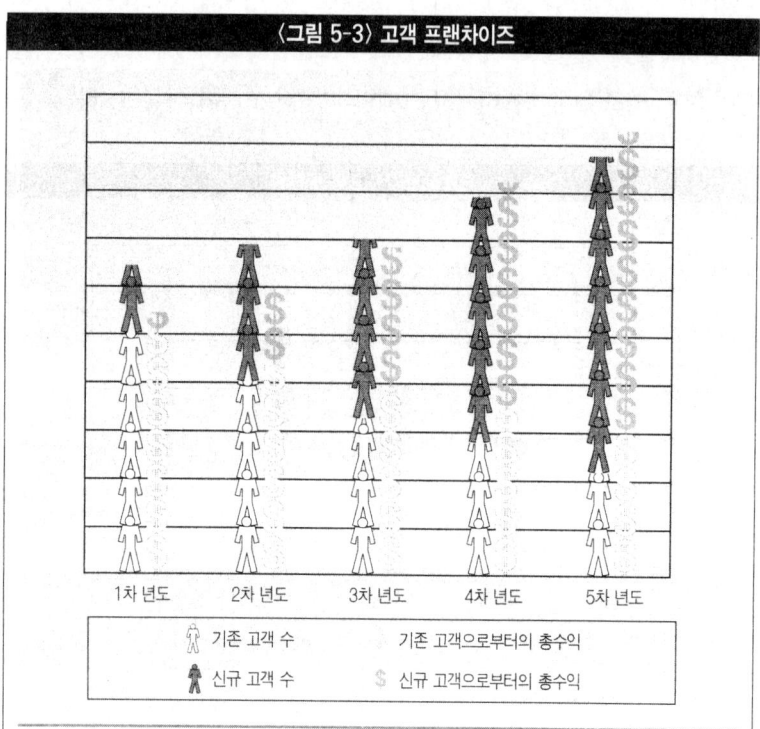

〈그림 5-3〉 고객 프랜차이즈

1차 년도	2차 년도	3차 년도	4차 년도	5차 년도

🚶 기존 고객 수　　기존 고객으로부터의 총수익

🚶 신규 고객 수　$ 신규 고객으로부터의 총수익

고객 자본과 고객 모멘텀을 합친 고객 프랜차이즈(현재와 미래 고객들로부터 얻을 수 있는 총수익의 현재가치)를 그림으로 나타낸 것이다. 고객 프랜차이즈를 계산하기 위해서는 고객 자본과 고객 모멘텀을 더하면 된다. 고객 프랜차이즈 개념을 사용하는 것은 기업의 미래 수익을 추정하는 데에 매우 유용한 접근법이라 믿는다.

그것을 프랜차이즈라고 부르는 이유는 고객이 기업과의 관계를 허락했다는 의미에서이다.

현재 수익과 미래 수익이 고객들로부터 발생한다는 필자의 생각에 동의하는 사업가라면 모두가 자기 회사의 고객 프랜차이즈의 가치를 계산하기 시작할 것이다. 고객 경제의 시대로 이동할수록 점점 더 많은 기업들이 평생 고객 가치를 경영 지표로 삼게 될 것이다. 다행히도 고객 가치를 산출하는 방법과 기술은 이미 각 기업의 마케팅 부서에서 잘 개발되어 있다. 그것을 마케팅 부서에 놓아두지 말고 이사회로 끌어오기만 하면 되는 것이다.

투자자를 위한 도구로서의 고객 프랜차이즈

자기 회사의 고객 프랜차이즈를 산출하는 것은 분명 어렵지 않은 일이다. 그러나 다른 회사의 고객 프랜차이즈를 산출하는 일은 쉬운 일이 아니다. 정확한 계산을 할 수 있을 정도로 충분한 정보를 접하기 어렵기 때문이다. 개별 고객이나 고객 집단별로가 아니라 전체 고객 수에 대한 평균 수익률만을 안다면 평생 고객 가치를 산출하기 어렵다. 그러나 기업들이 점점 많은 고객 정보를 발표하기 시작함에 따라서, 투자자들이 고객 가치 지수를 주가 수익률이나 시가총액과 비교 대조하면서 고객 가치를 계산하기 쉽도록 도와주는 편리한 공식이 등장하게 될 것이다. 기업들이 보고하는 전체 고객 숫자를 가지고 유의미한 결과를 산출할 수 있는 공식이 발견되면 곧바로 필자의 웹사이트 www.custommerrevolution.net에 소개할 것이다.

투자자와 고객 프랜차이즈의 가치

찰스 슈왑은 투자자들에게 가장 일찍부터 고객 프랜차이즈의 가치를 강조한 회사에 속한다. CFO인 크리스 도드(Chris Dodd)는 투자자들에게 주요 고객 관련 지표들을 제공하면서 투자 커뮤니티에 대한 정직성과 투명성을 강조한다. 제공되는 자료에는 총 고객 자산과 신규 고객 자산이 포함된다. 고객 수의 측면에서 보면 신규 계좌의 수와 활동 계좌의 수를 분기별로 보고하고 있다. 슈왑이 활동 계좌(active account)라고 하는 것은 최근 12개월을 기준으로 잔고나 거래가 있는 혹은 온라인 접속이 있었던 계좌를 말한다.

필자가 인터뷰했던 대부분의 CEO와 고위 경영진들은 투자자들에게 자기 회사의 고객 프랜차이즈 가치를 알리고 있었다. 휴렛패커드의 소비자 사업부 총책임자인 프라딥 조트와니(Pradeep Jotwani)는 휴렛패커드와 활동적인 관계를 맺고 있는 소비자 고객들의 가치를 주식분석가들에게 자주 설명한다. 이제 휴렛패커드의 2000만 고객들은 더 이상 익명이 아니다. 그들은 휴렛패커드와 관계를 맺기로 스스로 결정한 고객들이다. 그들 대부분은 휴렛패커드의 공급 흐름을 따라 제품을 구입하게 될 것이다. 프라딥에 따르면, 투자 커뮤니티에게 이와 같은 반복적 수익 흐름을 이해시켜야 한다는 것이다.

고객 관계는 중요한 무형 자산이다

고객 관계가 자산이라는 생각은 토지나 공장과 같은 고정자산을 평가하는 방법만을 알고 있는 회계사들이 보기에는 낯설지도 모른다. 물론 고객을 소유할 수 없다는 것은 누구나 알고 있다. 고정자산을 통제하는 방식으로 고객을 통제할 수는 없다.

기업이 매각되면서 무형자산도 이전이 되는데, 이 때 고객 명단은 영업권의 일부로 간주된다. 그러나 때로는 고객 명단이 이전될 수 없는 경우도 있다. 2000년 6월 토이즈마트(Toysmart)가 파산을 선언했을 때, 매사추세츠의 연방 지방법원은 토이즈마트의 고객들이 자기들의 이름을 판매할 권한을 토이즈마트에 허용하지 않았다고 하면서 고객 명단의 판매를 금지했다. 어쩌면 2000년 9월에 아마존이 프라이버시 보호 정책을 변경한 것은 이 재판 때문일지도 모른다. 당시에 아마존은 '온라인 상점' 중의 하나를 매각하는 경우에 고객 명단을 함께 판매할 권한을 보유한다는 것을 고객들에게 통보했다. 이러한 변화는 2000년 중반에 토이즈러스(Toys"R"Us)와 맺은 계약과도 관련이 있을 것이다. 계약의 내용은 아마존이 자사의 웹사이트에서 자체적으로 운영하고 있던 장난감 코너를 없애고, 대신에 토이즈러스 사이트를 링크한다는 것이었다. (동시에 아마존의 장난감 재고를 토이즈러스에 일괄 매각했다.) 현재 아마존 사이트에는 토이즈러스의 온라인 장난감 판매와 유지 관리 업무가 전부 들어와 있다. 아마존은 자사에서 장난감을 구입한 고객들의 정보를 토이즈러스와 공유하거나 판매하고 싶었는지도 모른다. 언젠가 아마존이 미래의 어떤 시점에서 경매 사업을 접게 된다면, 이베이에 고객 명단을 판매할 수 있는 권리를 보유하고 싶을 것이다. 기업들은 앞으로 고객 명단에 대한 소유권이나 판매권에 관하여 그리고 프라이버시 보호 정책에 관하여 점점 더 분명한 태도를 취하게 될 것이다.

고객 명단은 분명 가치가 있다. 그렇다면 고객 계좌는 어떻겠는가? 은행을 팔면 고객들의 예금도 함께 넘어가고, 잡지사를 팔면 정기구독자들에 대한 책임도 함께 넘어간다. 이런 경우에 자산과 부채는 한 회사의 대차대조표에서 다른 회사의 대차대조표로 그대로 이전된다. 그러나 실제로는 이전되는 자산은 큰 폭으로 할인되며, 또 할인되는 것이 당연하다. 그것은 고객 관계를 그대로 이전할 수 없기 때문이다. 새 소유자는 이전받은 계좌들의 충성을 바라는 수밖에 별 도리가 없다.

다시 말해서, 고객 명단의 가치와 고객 관계의 가치는 엄청난 차이가 있다는 말이다. 판매와 이전이 가능한 고정자산들과는 달리, 고객 관계는 그것을 만들어낸 회사에서는 가치가 크지만 인수 합병될 때에는 가치가 급속히 줄어들 수 있기 때문이다.

그러나 고객은 특히 고객 관계는 수익의 원천이므로 틀림없는 자산이다. 그것은 철로가 철도 회사 수익의 원천이고 광산이 연료 회사 수익의 원천이며 네트워크가 통신 회사들의 수익의 원천으로서 그들의 주요 자산인 것과 같은 이치다. 고객 관계가 없으면, 미래의 수익을 바랄 수 없다. 고객들에게 더욱 가까이 접근할 수 있는 좋은 방법을 계속하여 찾아나가야 한다. 매일같이 고객 관계를 새로 만들어가야 한다는 이야기를 처음으로 역설한 사람은 아마존의 제프 베조스(Jeff Bezos)가 아닐까 생각된다. 고객을 메일링리스트나 미수금 대장의 한 줄을 차지하는 대상이 아닌 사람으로 인식하고 그들이 좋아할 만한 경험을 제공해야만 고객들과 깊은 관계를 맺을 수 있다. 투자자들이 당신 회사의 고객 경험의 질을 모니터할 수 있는가? 아직 아니라면 지금부터라도 준비하기 바란다. 기업이 고객을 계속 유지할지 못할지를 결정하는 것은 바로 고객 경험의 질이기 때문이다.

기업들이 고객 수를 보고하기 시작하다

기업별로 산업별로 성공의 척도가 다르다. 항공 회사들은 비행거리 당 수익을 측정한다. 소매업체들은 매장 면적 당 수익을 측정한다. 통신판매업체는 카탈로그 페이지 당 수익을 측정한다. 제조업체는 생산라인별 수익을 측정한다. 금융 기관들은 관리중인 자산을 측정한다. 그런데 이 모든 기업들은 고객을 가지고 있다. 그리고 마침내 많은 기업들이 고객들의 수를 계산하기 시작했다.

현재 고객 수를 주기적으로 발표하는 기업은 그리 많지 않다. 이 점에서 찰스 슈왑과 아마존이 가장 앞서 있다. 그 다음에는 랜즈 엔드(Lands' End)와 같은 다이렉트 마케팅 업체들과 소매 금융을 위주로 하는 은행들이 있다. 이동 통신 회사나 케이블 TV 회사들도 대개 고객 수를 발표한다. 이동 통신 회사나 케이블 TV 회사가 매각될 때에는 고객 1인당 가치를 기준으로 거래되고 그것이 언론에 발표된다. ISP나 잡지사, 신문사도 마찬가지다. 위와 같은 가입자 기반 산업의 경우에는 고객 프랜차이즈의 크기와 가치에 따라 기업의 미래 수익을 추정할 수 있다. 기업이 확보하고 있는 고객의 수는 얼마인가? 고객 1인당 수익률은 얼마인가? 고객들을 유지할 수 있는 기간은 얼마인가? 얼마나 쉽게 신규 고객을 획득하고 유지할 수 있는가?

가입자 기반 산업이나 다이렉트 마케팅 분야가 아니라면, 분석가들이나 투자자들 혹은 주주들에게서 "얼마나 많은 고객을 확보하고 있습니까?" 또는 "고객 프랜차이즈의 가치는 얼마입니까?"라는 질문을 아직은 받아보지 않았을 것이다. 그러나 예언하건대 점점 많은 투자자들이 질문을 던질 것이고 그에 따라 점점 많은 기업이 그 숫자를 공개하게 될 것이다. 고객들이 과거 어느 때보다도 분명하게 기업의 운명을 좌우하게 되었기에, 고객 가치를 증대시키는 일은 매우 중요하다. 그러므로 이제 기업들은 주당 수익뿐 아니라 동시에 고객 가치도 모니터해야 한다.

분명 기업의 궁극적 가치 즉 현재와 미래의 예상 총수익은, 경영진이 품질 좋은 제품과 서비스를 제공할 수 있는가 그리고 고객 가치를 증가시킬 수 있는 방향으로 의사결정을 할 수 있는가에 달려있다. 수익은 고객으로부터 나온다는 것을 기억하라. 몇 가지 중요한 고객 관련 지표들을 알게 되고 기존 고객을 유지하고 신규 고객을 유치하는 기업의 능력을 알게 된다면, 기업의 성장 가능성을 더 정확히 예측할 수 있을 것이다. 현재의 고객 수, 고객 1인당 매출, 기업의 고객 증대 목표, 고객 1인당 수익, 충성 고객으로 남아있을 기간 등을 투자자들이 알게 되는 것이 중요하지 않겠는가?

누구를 고객으로 생각할 것인가?

필자가 스냅온 툴즈(Snap-on Tools)의 경영진에게 고객 수가 얼마냐고 물어봤을 때, 그들은 딜러의 숫자와 딜러 1인당 최종 고객의 추정치만 알고 있었다. 별로 이상한 일도 아니긴 하다. 많은 소비재 생산업체들이 소매업자를 고객으로 생각하는 것과 마찬가지로, 스냅온 툴즈의 경영진들도 딜러를 고객으로 생각한 것이다. 그렇지만 제품과 서비스를 직접 사용하는 최종 고객이 없다면 어떠한 수익도 발생할 수 없다는 것을 명심해야 한다.

최종 고객의 수를 세어라

어떤 기업이든 최종 고객이 누구인지를 알아내는 일에 최대의 노력을 경주해야 한다. 스냅온 툴즈가 딜러 지원 서비스를 개선하는 동시에 최종 고객과 직접 만나는 웹사이트를 개발하는 것도 그런 이유에서이다. 딜러는 그들 나름대로 고객 관계를 계속 관리해야 하겠지만, 고객 관계의 질을 개선하려는 목적을 가진 제조업자라면 딜러가 알아서 하도록 내버려 두어서는 안 된다.

찰스 슈왑은 의뢰인과 직접 상담하는 개인 고객 사업부와 의뢰인들의 계좌를 관리하는 독립적인 투자중개인들을 지원하는 투자중개인 사업부를 동시에 운영하고 있다. 슈왑은 투자중개인들이 관리하는 고객들을 후

방에서 지원하지만 그들과 직접 접촉하지는 않는다. 그렇지만 슈왑은 그들이 누구인지 알고 있다. 슈왑이 고객 수와 자산을 발표할 때에는 이렇게 간접적으로 관리되는 최종 고객들도 포함된다.

기업 고객은 계좌인가 사람인가

기업을 상대로 물건을 팔 때는 그 기업의 계좌가 고객일까, 아니면 그 기업의 사람이 고객일까? 답은 둘 다 고객이라는 것이다. 대부분의 선진적인 기업들은 상대방이 구매 담당자이든, 최종 사용자이든, 의사 결정권자이든, 다른 식으로 영향력을 갖고 있는 사람이든 간에 모든 거래 상대방을 알아야 한다는 사실을 명확히 인식하고 있다. 그 이유는 무엇일까? 관계라는 것은 회사가 아니라 사람들과만 맺을 수 있는 것이기 때문이다. 거래처 담당자가 회사를 옮긴다면, 그 사람과의 관계를 이용하여 새로운 회사와 거래(계좌)를 트려고 하는 것이 보통인 것이다.

중요한 것은 관계의 깊이라는 것을 기억하라. 관계는 사람과 사람 사이에 만들어지는 것이다. 그리고 아무리 견고한 관계라 하더라도 상대방의 신뢰를 저버리거나 상대방을 실망시킨다면 깨지게 마련이다.

실명 고객 vs 익명 고객

투자자들은 누가 고객인지를 모르는 기업보다 누가 고객인지를 알고 그들과 관계를 맺고 있는 기업을 한층 높이 평가한다. 정유, 제약, 건자재 등 일부 산업의 경우에는 고객이 중요하다는 사실을 비교적 뒤늦게 깨달을지도 모른다. 그러나 각 산업에서 적어도 하나의 기업 정도는 이미 그것을 알아채고 최종 고객들과 관계를 맺기 시작하고 있을 것으로 생각된다. 한 기업이 시작하면, 나머지는 따라가게 마련이다. 어떤 기업이 그

흐름을 외면할 수 있겠는가?

분명, 실명 고객들은 익명 고객들보다 가치가 크다. 그렇지만 아직도 최종 고객이 누구인지 모르는 기업들이 많다. 기껏해야 인구통계학적으로나 제품별로 혹은 지역별로 시장 점유율의 추정치를 알고 있을 뿐이다.

물론 익명으로 남기를 원하는 고객들이 많을 것이다. 그러나 기업과 기업의 브랜드에 충성하는 고객 역시 많을 것이다. 코카콜라를 광적으로 좋아하면서 코카콜라 회사에 대하여 자신이 고객임을 감추고 싶은 사람이 얼마나 될까? 어쩌다 우연히 특정 제품을 구입하는 고객들의 경우라면 어떨까? 그런 고객들을 알아야만 할까? 그렇지는 않을 것이다. 어떤 산업에서 시장 점유율 통계를 내더라도 익명으로 남는 고객들은 존재하게 마련이다. 그 비율은 산업별로 차이가 날 수 있다. 금융 기관, 항공사, 통신판매 등 몇몇 산업에서는 익명 거래가 불법이다. 전력 산업이나 전화 산업과 같이 어렵기는 하지만 익명이 가능한 경우도 있다. 그 밖의 많은 산업에서는 고객들이 익명으로 남는 것이 별로 어렵지 않다. 익명의 고객들과 관계를 맺고 싶다면, 먼저 고객들의 신뢰를 얻어야 하며 정보 제공을 요구할 때마다 더 나은 고객 경험을 제공할 수 있어야 한다.

우선은 실명 고객들의 수와 익명 고객들의 추정치(이것은 보통 시장 점유율로 추정한다)를 발표하는 것부터 시작하라. 머지않아 투자 커뮤니티가 고객 중심적인 새로운 보고 기준을 개발하여 모든 상장 기업들에게 공개를 요구할 것이라 예측된다.

지금 시작하라

어디서부터 시작해야 할까? 핵심 고객 지표들을 추적하는 것이 올바른 방향으로 가는 첫걸음이다. 이미 많은 고객 경제 기업들이 존재하고 있다. 아메리칸 항공, 찰스 슈왑, 시스코, 델 컴퓨터, 에그, 게티이미지, 그레인저, 휴렛패커드, IBM, 랜즈 엔드, 내셔널 세미컨덕터, 스냅온 툴즈, 웰즈 파고 등이 그런 기업에 속한다.

이들이 다른 기업들과 다른 점은, 적어도 2년 이상 고객 가치에 의해서 그리고 고객 가치를 위해서 경영을 해왔다는 것이다. 이들은 다음과 같은 사항을 알고 있다. (혹은 알기 시작하고 있다.)

· 최종 고객의 수
· 고객의 인적사항
· 고객 1인당 수익
· 고객 1인당 수익 증가율
· 고객들의 관심사
· 고객들을 만족시키는 방법
· 고객들의 충성도
· 고객들의 충성을 유지하기 위해 필요한 행동

다음 장에서는 선진적인 기업들이 고객 가치에 의한 그리고 고객 가치를 위한 경영을 어떻게 해나가고 있는지 더 자세히 살펴보기로 한다.

6장
고객 가치에 의한, 고객 가치를 위한 경영

기디언 새슨(Gideon Sasson)의 사무실에 들어서자, 소파와 회전의자 위에 울긋불긋한 공들이 눈에 띄었다. 마치 그의 파격적인 경영 스타일을 강조하는 듯이 보였다. 필자는 편안해 보이는 소파를 그냥 지나쳐 그의 책상 앞에 있는 업무용 의자에 앉았다. 진지한 얘기를 할 참이었기 때문이었다. 먼저 다음과 같이 물어보았다. "지난 3년 동안에 겪었던 가장 극적인 변화는 무엇입니까?"

4200억 달러 규모의 찰스 슈왑 온라인 사업을 총지휘하는 기디언은 다음과 같이 대답했다. "이제는 고객들이 칼자루를 쥐고 있습니다. 그리고 기업 내부가 고객들에게 더욱 투명하게 되었습니다. 인터넷이 생기기 전에는 고객들이 제품의 가치를 측정하거나 비교할 수 있는 방법이 없었습니다. 우리에게 돈을 내면 우리가 무언가를 주는 식이었지요. 이윤 폭이나 비용 같은 것을 고객들에게 숨길 수 있었습니다. 고객들은 우리의 비용이 얼마인지, 얼마를 남기는지 알 수 없었던 것입니다."

"물론 옛날에도 고객은 항상 중요했습니다. 그렇지 않고서는 사업을 할 수 없었겠지요. 그렇지만 과거에는 고객이 가장 중요하지는 않았습니다. 칼자루를 고객에게 넘겨준 것은 인터넷입니다. '당신 고객과 경쟁사와의 거리는 단 한번의 마우스 클릭에 불과하다'는 말이 돌았었지요. 사실 더 중요한 것은, 진짜 알짜 정보를 갖고 있는 다른 고객과의 거리도 한번의 클릭에 불과하다는 사실입니다."

"인터넷이 없었을 때에도," 기디언이 말을 이었다. "기업들은 고객의 중요성을 인식하고 있었습니다. 하지만 고객 중심적(customer-centric)이 되어야 할 필요는 없었지요. 이제는 선택의 여지가 없습니다. 인터넷이 새로운 행동 방식을 강요하고 있습니다. 전에는 '어떻게 하면 고객을 잡아둘 수 있을까?'가 관심사였습니다. 고객을 소유하려고 한 것이지요. 고객을 유인해서 끌어들인 다음에, '이 고객들에게서 수익을 내는 방법은 무엇일까', '어떻게 하면 그들이 이 제품을 사게 할 수 있을까'라는 궁리를 했었습니다. 그러나 이제는 아무도 그런 식으로 생각할 수 없게 되었습니다."

"사실 우리 회사에서는 인터넷이 생기기 전에도, 우리가 고객에게 제대로 하기만 하면 보상을 받을 것이라는 사실을 알고 있었습니다. 그렇지만 이제서야 뒤늦게 깨닫고 있는 회사들도 많은 모양입니다."

기디언은 일사천리로 얘기하고 있었지만, 슈왑이 업계의 변화를 주도하는 선진 기업인지 아니면 고객 혁명의 희생자로 전락할 것인지 아직은 가늠할 수가 없었다.

손익이 전부가 아니다

그런데 기디언의 그 다음 얘기가 그러한 의구심을 가라앉혀 주었다. "우리가 조직을 운영하는 방법은 동종 업계의 다른 회사들과는 근본적으로 다릅니다. 예를 들어, 나는 4200억 달러를 관리하는 총책임자입니다. 이 사회에도 참여합니다. 그러나 나에게는 손익(P&L)이라는 개념이 없습니다. 수익과 손실에 신경을 쓰지 않아도 됩니다. 우리 회사에서는 진짜 사업과 병행해서 장부만 관리하는 작은 중앙 부서에서만 손익을 따집니다."

고객 지표

"그렇다면 진짜 사업은 어떻게 평가합니까?"라고 질문했더니 아름다운 음악 같은 대답이 들려왔다.

"고객 지표(customer metrics)를 기준으로 평가합니다!"

"어떤 지표를 말씀하십니까? 고객 수익성인가요, 고객의 평생 가치인가요, 고객 획득 비용인가요?" 그러자 그가 되물었다. "당신도 슈왑의 고객입니다. 슈왑의 고객으로서 어디에 관심이 있으십니까?" 잠시 생각한 다음에 필자가 대답했다. "나는 만족스러운 경험과 재산 증가에 관심이 있습니다." "그렇겠지요. 우리의 평가 기준도 바로 그겁니다. 고객들이 얼마나 만족하는가와 고객들의 재산이 얼마나 빠르게 증가하는가를 측정합니다. 평가의 척도는 손익이 아니고, 고객의 재산 축적, 고객 만족, 고객 유지를 근거로 한 것입니다. 슈왑의 온라인 개인 고객 사업부 책임자로서, 나는 다른 경쟁자들보다 빠르게 온라인 고객의 수를 늘여야 하고, 더 빨리 고객의 재산을 증가시켜야 합니다. 그리고 고객의 만족을 보장하기 위해, 나는 또한 가장 빠르고 접근하기 쉬운 온라인 증권 정보 사이트를 운영해야 합니다."

기디언의 설명에 따르면, 구 경제에서는 경영 평가에 의해 기업들이 성장했다. 기업의 평가는 손익, 주가 수익률 따위를 기준으로 이루어졌었다. 지금도 그런 지표들이 여전히 유효하기는 하지만, 이전처럼 기업 행위의 유일한 근거는 아니다. "우리 직원들은 고객 1인당 수익이 얼마인지 알지 못합니다. 그들은 고객 포트폴리오의 자산 증가와 고객 만족에 근거하여 보상을 받습니다. 우리 회사의 지점장들은 다른 지점보다 수익을 올리고 있는지 어떤지를 알지 못합니다. 그들은 평방 미터 당 비용이 얼마인지 전기 요금은 얼마나 나오는지 알지 못합니다. 다른 지점과 비교하여 직원들의 연봉이 어느 정도인지도 모릅니다. 그들은 자신이 유치한 신규 고객이 몇 명인지, 자신의 모든 고객들이 얼마나 만족하고 있는지, 고객들의 재산이 얼마나 증가하고 있는지에만 관심을 갖고 있습니다."

고객 경험과 고객 가치를 위한 경영

다음에는 슈왑의 CFO인 크리스 도드(Chris Dodd)를 만나보았다. "우리는 항상 '어떻게 하면 고객에게 보다 나은 경험을 제공할 수 있을까?'라는 질문을 되뇌며 살아갑니다. 우리는 현재의 거래량이나 심지어 신규 고객의 숫자도 중시하지 않습니다. 우리는 신규 고객을 더 많이 유치하라고 직원들을 독려하거나 유인하지 않습니다. 우리가 중시하는 것은 최고의 고객 경험을 제공하는 것과, 고객의 재산을 증가시키는 것뿐입니다."

이러한 것이 실제로 운영되는 모습은 어떨까? 찰스 슈왑(Charles

Schwab)과 데이비드 포트럭(David Pottruck)은 슈왑의 공동 CEO 역할을 하고 있다. 그들은 매달 열리는 소규모 중역 회의에서 만난다. 슈왑에는 고객별로 5개의 커다란 사업부들이 있다. 국내 개인 고객 사업부, 국외 개인 고객 사업부, 주식중개인 관리 사업부, 자본 시장 사업부, 퇴직 설계 사업부가 그것이다. "우리는 각 사업부별 손익을 알고 있습니다. 수익과 직접 비용도 압니다." 크리스의 설명이다. "그렇지만 우리는 고객의 경험을 극대화하는 데 집중적으로 시간을 투자합니다." 슈왑은 개인 고객 사업부의 전체 수익에서 온라인 부문이 차지하는 비율에는 관심이 없다. 그러나 온라인 부문을 더 빨리 성장시키려 노력하고 있다. 왜냐하면 온라인 고객들이 가장 만족스러워하고 있기 때문이다.

"나는 매달 각 사업부의 책임자들과 회의를 하며, 월별로 엄격하게 결산을 합니다. 분기별로도 각 사업부를 평가합니다. 하지만 회의에서 재무에 관한 얘기는 20분밖에 하지 않습니다. 나머지 시간에는 고객들을 위해 무엇을 했는지를 평가하지요."

슈왑은 각각의 기업 고객들에 대하여 고객의 자산 축적, 고객 만족, 고객 유지, 직원 유지(고객 만족과 전체 수익성을 위해서 매우 중요하다)의 수치를 점검한다. 이것들은 또한 경영자와 직원들에 대한 성과급의 기준이 된다. 오로지 고객들의 성공에만 집중함으로써 슈왑은 고객 프랜차이즈의 가치를 지속적으로 증대시키고 있다.

실시간에 가까운 손익 관리

대부분의 고객 경제 기업들처럼, 슈왑도 장래의 수익을 예측하는 방법을 일찍부터 터득해왔다. 비밀의 하나는 고객 자산의 증가에 초점을 맞춘 것이었다. 또 하나의 요인은 크리스 도드와 각 사업부의 재무 담당자들이 수익 흐름과 비용을 지속적으로 점검한 것이었다. 직원들이 손익에 대해 걱정할 필요는 없지만, 그들은 모두 거래량과 총이윤 사이의 상관관계를 잘 알고 있다. 슈왑의 직원들이 가장 관심을 갖는 일일지수는 무엇일까? 그것은 거래량이다. "우리는 매일의 거래량을 주시하면서 그에 따라 지출 프로그램을 적절히 조정하고 있습니다." 슈왑의 고객 관계 관리 담당 부사장 제니스 루드나워(Janice Rudenauer)의 설명이다.

손익 계산을 철저히 하면서 지출을 조정하는 능력이 슈왑만의 독특한 것은 아니다. 누구든지 실시간에 가깝게 사업을 운영한다면, 거래의 폭주에서 자금 부족에 이르기까지 모든 '돌발 사건'을 실시간으로 포착할 수 있고 따라서 즉각 보완할 수 있게 될 것이다.

에그의 고객 가치를 위한 경영

가장 열심히 추적하는 핵심적인 지표가 무엇이냐는 질문을 하자, 에그(Egg)의 고객 및 포털 부문 책임자인 리처드 듀발(Richard Duvall)은 고객들의 평생 가치의 현재 가치(즉 고객 프랜차이즈)라고 했다. 그들이 가장 면밀하게 추적하는 수치는 고객 획득 비용이고 그 다음은 고객 1인당 보유 상품 수라고 했다. 에그의 금융 모델에 따르면 2.5개 이상의 상품에 가입하는 고객들에게서 수익이 발생한다. "우리는 전부터 상품 사이의 상승효과를 중시했습니다." 2000년 중반에는 신용카드가 가장 저렴한 고객 획득 수단임이 판명되었다고 한다. 에그 카드는 이자율이 낮고 연체 이자율은 특히 낮으며 카드로 물건을 구입하면 일부를 현금으로 돌려주는 캐시백(cash back) 서비스를 제공하고 있다. "카드 사업은 겨우 적자만 면하고 있는 형편입니다. 하지만 고객을 끌어 모으는 데는 최고지요." 카드를 이용함으로써 에그 브랜드를 경험한 고객들은 다른 상품도 이용하게 되고 그에 따라 에그는 수익을 올릴 수 있게 되는 것이다.

시스코의 고객 만족을 위한 경영

시스코 시스템즈는 인수합병 기계라고 불릴 정도로 많은 기업을 인수해왔다. 시스코의 엄청난 성장의 요인에는 효율적으로 다른 기업을 인수하여 통합하는 능력도 포함된다고 할 수 있다. 시스코와 관련하여 더 유명한 얘기는 매월 말일에 회계 장부를 마감하는 일명 당일마감의 전설이다. 이것이 가능한 것은 시스코의 모든 직원들이 인터넷을 이용하여 수주, 배송, 회계 등 거의 모든 사업 상황을 거의 실시간으로 파악할 수 있기 때문이다. 그것은 또한 실시간으로 고객 만족을 점검할 수 있다는 뜻이기도 하다.

시스코가 중시하는 두 가지 고객 지표는 온라인으로 거래하는 기업 고객들의 비율과 그들의 만족도이다. 온라인 기업 고객들의 수를 측정하는 이유는 두 가지다. 하나는 인터넷 덕분에 비용이 덜 들어간다는 것이고, 두 번째는 셀프서비스 고객은 만족도가 더 높다는 것이다. 시스코는 웹사이트와 콜센터에 대한 고객의 만족도를 매주 측정한다. 거래를 마친 고객들 중 일부에 대해서는 이메일이나 전화로 만족도를 조사한다. "우리는 일주일 단위로 이 지표들을 점검합니다. 그래야 흐름을 알 수 있고 즉각 대처할 수 있으니까요." 인터넷 상거래와 고객 서비스를 총괄하는 토드 엘리잘드(Todd Elizalde)의 설명이다. 그들은 지속적인 조사를 통해서 회사와의 거래 하나 하나에 대한 고객의 만족도를 측정하고 있으며, 고객들이 보내온 이메일에 대해서는 일일이 내용을 파악하고 감사의 답장을 보내며 만족도에 따라 분류한다고 한다.

그리고 시스코는 6개월에 한번씩 관계 조사(relationship survey)를 실시한다. 이 조사는 고객 기업의 실무자들이 아니라 의사결정권자들을 대상으로 한다. 관계 조사의 결과는 시스코의 성과급 정책에 반영된다. 시스코는 매년 고객 만족 목표를 설정한다. 목표를 초과하는 직원들에게는 상당한 보너스를 지급한다. 겨우 목표를 달성하는 것으로는 불충분하며, 목표에 미달한 직원들에게는 상당한 불이익이 돌아간다.

매우 작은 범위(각각의 거래나 접촉)에서부터 고객 만족을 점검함으로써, 시스코는 자칫 놓칠 수도 있었던 몇 가지 패턴을 알아냈다. 예를 들어, 주로 유통 협력사들과 거래하는 고객들은 시스코와 직접 거래하는 고객들보다 만족도가 낮았다. 그에 대한 대응으로 시스코는 모든 최종 고객들을 아우르는 고객 관계 관리(CRM) 시스템을 운영하고 있다. 이것은 유통 협력사들을 배제하려는 것이 아니고, 그들에게 부가 서비스를 제공하여 고객들의 요구를 만족시킬 수 있도록 하려는 것이다. 시스코에게는, 다른 기업들도 마찬가지지만, 고객의 총체적 경험의 질이 가장 중요하기 때문이다.

NCR의 고객 충성 관리

고객에 관한 기초 정보들은 기업의 행동을 이끌 수 있는 고급 정보로 변환되어야 한다. 연구실에 앉아서 느긋하게 조사하는 오프라인 시장조사로는 더 이상 그런 일이 불가능하다. 이제 비즈니스의 속도는 정보의 분석과 그에 대한 반응이 거의 실시간으로 이루어져야 하는 상황이다.

고객 정보를 실시간에 가깝게 처리하는 기술들이 더욱 빨라진 비즈니스의 속도를 따라잡고 있다. NCR는 회사의 고객 정보 관리에 많은 투자를 해온 여러 기업들 중의 하나다. 지난 10년 동안 NCR는 고객 정보

관리 시스템을 치밀하게 다듬어왔다. 처음에는 고객 만족을 모니터하기 위한 방법으로 시작했지만, 지금은 고객 충성 관리 시스템으로 바뀌었다.

NCR의 시스템은 면접과 조사와 설문지를 이용하여 고객의 만족도와 충성도를 측정한다. 거기서 두 개의 중요한 결과물이 나온다. 하나는 고위 경영진에게 만족도와 충성도를 보고하여 직원 보수와 기업 전략에 영향을 미치는 것이고, 다른 하나는 특정 고객의 정보를 현장 관리자에게 전달하여 조치를 취할 수 있도록 하는 것이다. 물론 고객 팀은 즉각 출동하며, 고객 만족도와 충성도는 모두 집계되어 경영진에 보고된다. 집계된 고객 만족도와 충성도는 제품 개발, 가격 책정, 마케팅 정책 등 기업의 전반적인 전략에 영향을 미친다. 또 만족도/충성도의 결과를 직원 보수에 연결시키고 있기 때문에, 직원들은 자신이 일한 결과를 확실히 알수 있다. 이렇게 다면적인 통계 운영 시스템이기에 NCR은 고객 경제 시대에 필요한 능력 즉 철저한 현장 조사와 지속적인 모니터링과 고객의 요구에 대한 신속한 대응을 구현할 수 있었던 것이다. 이렇게 고객에 주의를 기울임으로써 고객 충성도와 고객 가치를 증대시키는 결과를 낳았다. 무엇보다도, 고객들 스스로가 자신과 NCR과의 관계의 가치가 보다 높아지고 있다고 말하고 있다. 고객을 세심하게 대하는 NCR와의 거래에서 큰 가치를 느낀다는 것이다.

다음 장: 고객 경험을 모니터하라

고객 가치에 의한, 고객 가치를 위한 경영은 커다란 밑그림이다. 조종실의 항로제어장치로 비유하자면, 고객 가치를 통해서 비행기의 지나온 경로를 알고 있는 상황이라 할 수 있다. 비행기의 고도와 방향은 알고 있다. 그러나 아직 목적지를 향해 나아갈 수는 없다. 그러기 위해서는 고객 관계의 질에 관심을 기울여야 한다. 그것은 다시 말해서 고객 경제 시대에서 성공하기 위한 핵심 비밀 중의 하나인 총체적 고객 경험에 집중하라는 뜻이다.

제3부

원칙3
고객 경험이 중요하다
브랜드와 접촉할 때 느끼는 감정이 충성도를 결정한다

7장

총체적 고객 경험을 제공하라

거듭 강조하거니와 칼자루는 고객들이 쥐고 있다. 그리고 고객 관계가 중요하다. 그렇다면 고객 혁명에서 살아남아 성공할 수 있는 방법은 무엇일까? 어떻게 하면 고객들의 기대에 부응하고 고객들의 충성을 얻으며 고객들이 기업의 사업 방향을 좋게 이끌어가도록 할 수 있을까? 정답은 최고의 고객 경험을 제공하라는 것이다.

고객들이 기업의 브랜드와 스스로를 동일시하거나, 기업과 접촉할 때마다 좋은 경험을 얻거나, 브랜드를 대표하는 사람과 좋은 관계를 유지하고 있다면, 그린 때에는 고객의 충성을 확보하고 유지하는 일이 훨씬 쉬워진다. 그리고 일단 고객들이 상표의 의미를 직관적으로 알 수 있을 정도가 되면, 그 고객들은 브랜드의 가장 충성스러운 옹호자가 될 것이다 (반대로 기업이 브랜드의 이미지를 위반할 경우에는 가장 시끄러운 비판자가 될 것이다).

브랜드 경험이란 무엇인가?

다음은 필자가 경험한 브랜드 경험의 사례다. 몇 년 전에 필자는 런던에서 버진 아틀랜틱 항공(Virgin Atlantic Airways)을 이용한 적이 있다. 호텔에서 공항까지 데려다주는 옵션을 선택했는데, 놀랍게도 가죽옷을 입은 운전사가 할리 데이비슨(Harley Davidson)을 타고 나타났다. 물론 필자가 쓸 헬멧과 짐을 실을 사이드카도 가지고 왔다. 승용차 대신에 고급 오토바이라니, 정말 특이한 경험이었다. 비행기 안에서 생각해보니 생애 최초의 경험이었다. 분명 '버진의 경험＝처녀 경험'이라고 할 만한 것이었다.

버진의 브랜드 이미지 담당자들은 '품질과 혁신과 재미'라는 이미지를 주고 싶어한다. 또한 그들은 버진이라는 브랜드가 고객들에게 각인되기를 원한다. 그렇다고 로고나 표어를 반복하는 것으로는 부족하다. 버진 항공과 같은 기업들은 브랜드를 구축하고 강화하기 위해 막대한 규모의 광고비를 지출한다. 그러나 그들은 광고보다 고객들의 실제 경험에 더욱 집중하고 있다. 버진 항공을 이용하거나 버진 뮤직에서 CD를 사거나 버진카닷컴(VirginCars.com)에서 자동차를 찾아내는 등 어떤 식으로든 버진과 접촉하는 고객들은 '처녀 경험'을 할 것이라고 장담한다. 하나의 카테고리에서 '처녀 경험'을 해본 고객들은 다른 카테고리에서도 버진의 브랜드를 인정하게 마련이다. 실제로 고객들은 실망하지 않았다. 고객들은 새로운 카테고리에 대한 버진의 접근법이 새롭다고 느끼면서 품질과 혁신과 재미를 갖춘 고객 경험을 제공하리라고 기대한다.

총체적 고객 경험이란, 유통 채널이나 고객 접점에 상관없이 고객과 브랜드 사이의 정서적 연결과 관계에 관한 일관된 경험을 말한다. 잠시 생각해 보자. 고객들이 브랜드에 대해 가졌으면 하는 정서적 연결이란 무엇인가? 브랜드를 통해 유발시키고자 하는 감정은 무엇인가? 고객들이 전화, 면담, 인터넷, 매장 등 어떤 매체를 통해 접근하든지, 또 접근 통로가 직원이든 협력사든 상관없이, 브랜드를 통해 고객들이 느끼기를 바라는 그 감정을 언제든 느낄 수 있을 것이라고 고객들을 확신시키기 위하여 무슨 일을 하고 있는가?

고객 경제에서 브랜드 경험이 중요한 이유

이 책을 준비하는 동안에는 브랜드 자체나 브랜드 경험이 성공의 핵심 요인이 되리라고는 생각하지 않았다. 그렇지만 조사 결과 드러난 것은, 진정으로 고객 중심적인 기업은 고객이 소중히 여기는 고객 경험을 제공하고 있다는 사실이다. 그들은 제품을 통해 브랜드를 구축하는 것이 아니라, 기업과 고객의 접점에서 고객들이 느끼게 하고 싶은 그 무엇을 통해 브랜드를 구축한다. 찰스 슈왑의 데이비드 포트럭은 이렇게 말한다. "제품 중심의 브랜드보다 고객 중심의 브랜드가 오래갈 것입니다. 고객 경험이…… 가장 중요합니다."

브랜드 경험이란 개념은 필자의 책 『인터넷 시대의 기업전략』에서 '총체적 고객 경험을 소유하라'는 세 번째 성공 요인을 해부하면서 소개한 바 있다. 그 때 이후로 많은 기업들이 총체적 고객 경험을 중시하게 되었다. 그들은 경영진을 개편하여 고객 집단별 혹은 전체 고객들의 총체적 고객 경험을 고위 경영진이 관리하도록 하였다. 그들은 고립된 영지 안에서 e비즈니스를 운영할 수 없다는 사실을 깨달았다. 고객들이 접근 수단에 상관없이 언제나 일관성 있는 대우를 받고 싶다는 것을 분명히 밝혔기 때문이다.

브랜드 경험을 스스로와 동일시하는 고객들은 브랜드와 그 가치를 새로운 영역에서도 그대로 확장해서 인정한다. 실제로 고객들이 브랜드에 관해 너무 잘 알 경우에는 종종 브랜드에 대한 경찰 역할을 담당하기까지 한다. 온라인 경매 업체인 이베이에 좋은 사례가 있다. 이베이 고객들은 서로에게 높은 윤리적 기준을 요구한다. 그들은 이베이 브랜드를 미꾸라지 몇 마리가 망치는 것을 원하지 않는다. 그들은 이베이 브랜드 경험을 소유하고 있으며, 그것이 바로 고객 충성인 것이다.

브랜드 경험을 설계하는 데 필요한 것들

매혹적인 브랜드 경험을 창출하는 것은 간단한 일이 아니다. 그것이 브랜드를 반복해서 광고하는 것 이상의 어려운 일이라는 것은 초기 e비즈니스 붐으로부터 얻어낸 뼈아픈 교훈의 하나이기도 하다.

반복 광고만으로는 부족하다

1994년부터 2000년까지 많은 투자 자본이 신생 닷컴 기업으로 몰려들었다. 처음에는 미국 기업 중심이었지만 점차 세계 전역으로 범위가 커졌다. 투자자들과 벤처캐피탈들은 자기들이 투자한 기업이 '선발주자의 우위'(first-mover advantage)를 유지할 수 있기 위해서는 많은 광고가 필요하다고 역설하였다. 투자자들은 신생 벤처기업들의 경영진을 몰아쳐서 브랜드 구축을 위한 광고를 종용하였다. 광고비 지출은 하늘 높은 줄 모르고 치솟았다.

그러나 대부분의 투자자들은 높은 수준의 고객 경험을 제공하는 데 필요한 비용을 고려할 줄 몰랐다. 고객들이 자기들은 웹으로나 전화로나 똑같이 좋은 대우를 받고 싶으며 제품과 서비스에 대한 여러 가지 사전 사후 지원을 기대하고 있음을 분명히 하자, 투자자들은 겁을 먹고 말았다. e비즈니스라는 것이 투자자들이 기대한 대로 쉽게 부자가 되는 길이 아님이 드러난 것이다. 그 대신에 e비즈니스 역시 다른 비즈니스와 마찬가지로 개인별로 특화된 고객 서비스와 효율적으로 운영되는 매끄러운 관리 체계와 구석구석 놓치지 않는 세심한 주의력을 통해서만 고객을 유지할 수 있고 사업에 성공할 수 있음을 깨닫게 되었다.

2000년 봄의 닷컴 위기에서 얻은 교훈은 무엇인가? 그것은 기업들이 광고와 브랜드 작업에 너무 많이 지출하고 실질적인 업무에는 너무 적게 지출했다는 갑작스러운 깨달음이었다. 경영진들은 투자자들을 고객들과의 약속을 이행하기 위해 필요한 자본을 군말 없이 대주는 봉으로 생각했었다. 그러나 투자자들은 뒷 주머니에 손을 넣은 채, 계속적인 투자를 거부하였다. 2000년의 닷컴 위기에는 투자 커뮤니티의 다음과 같은 실수들도 한몫을 차지했던 것으로 보인다.

1. 사업 실행과 운영상의 효율보다 브랜드 구축과 광고에 지나치게 많이 투자했다.
2. 조급하게 수익이 발생하기를 기대했다. 벤처기업이 수익을 내려면 최소한 3년이 걸린다. 그런데 투자 커뮤니티는 18개월이나 24개월, 때로는 12개월 안에 수익이 발생할 것으로 기대했다.
3. 투자자들은 고객들이 브랜드에 충성하지 않는다는 점을 깨닫지 못했다. 고객들은 브랜드가 아니라 브랜드 경험에 충성한다. 고객 경험을 지속적으로 제공하고 그것을 끊임없이 향상시키기 위해서는 많은 시간과 비용이 필요하다.

고객들은 다양한 고객 접점과 채널을 원한다

지금도 많은 닷컴 성공 신화가 회자되고 있다. 그러나 성공한 e비즈니스의 사례로 거론되는 대부분의 기업들은 사실 e비즈니스 회사가 아니다.

그들은 다만 고객들에게 서비스를 제공하고 업무를 개선하기 위해서 인 터넷과 무선 이동 통신을 성공적으로 껴안았을 뿐이다. 동시에 그들은 e 비즈니스 채널과 여타 다른 사업 활동을 분리할 수 없다는 확고한 교훈을 배웠다. 요즘 고객들은 온라인으로 소개되는 제품에 관한 정보를 알지 못하는 매장 직원들을 결코 용납하지 않는다. 검색은 웹으로 하고, 구입은 가까운 매장에서 하는 일이 가능해야 하기 때문이다. 반대로 매장에 진열된 제품을 실제로 만져본 다음에 온라인으로 주문할 수도 있어야 한다. 간단히 말해서, 고객들은 유통 채널이나 고객 접점에 상관없이 어디서나 편안하고 만족스러운 고객 경험을 할 수 있기를 원하는 것이다.

총체적 고객 경험의 분석

고객들이 충성을 바칠 만한 총체적 고객 경험을 구축하는 데는 무엇이 필요할까? 다음 그림에는 고객을 획득하고 그들과 관계를 구축하는 데 필요한 모든 구성요소들이 들어있다. 그림의 아래쪽에서부터 논의를 시작하여 차차 위쪽으로 나아갈 것이다. 그리고 나서 아무 것도 없는 상태에서 브랜드 경험을 창출하기 시작한 영국계 기업 에그(Egg)의 구체적 사례를 설명하기로 한다.

고객들이 즐길 수 있는 브랜드 아이덴티티를 창출하라

많은 닷컴 기업들이 브랜드를 창출하는 데 너무 많이 지출하고 지속 가능한 고객 경험을 창출하는 데 너무 적게 지출한다고 지적하기는 했지만, 강력한 브랜드 아이덴티티를 확립하는 것이 성공의 출발점이라는 데에는 의문의 여지가 없다. 그러니 강력한 브랜드를 갖고 있는 회사가 부러움을 사는 것도 당연한 일이다. 그들은 이미 브랜드를 갖고 있으므로 브랜

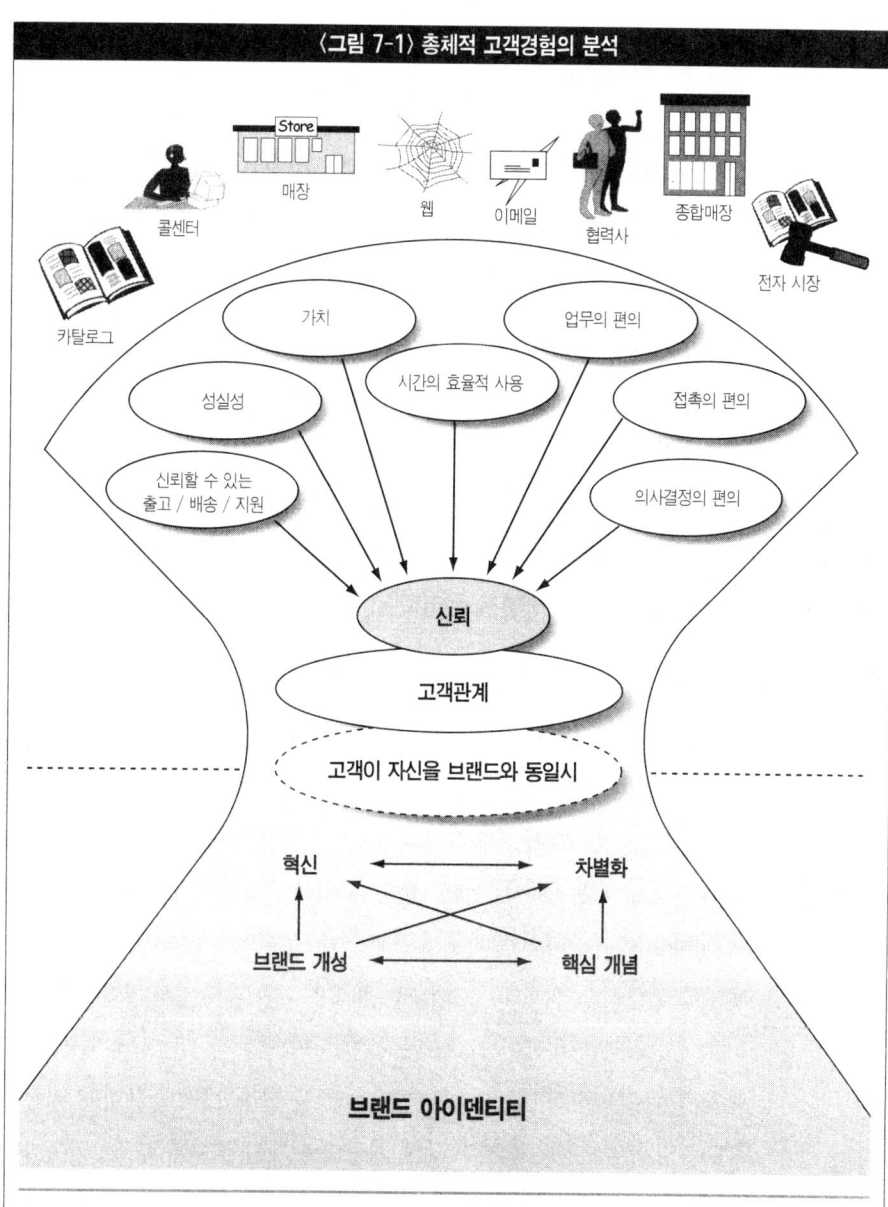

〈그림 7-1〉 총체적 고객경험의 분석

콜센터

매장 Store

웹

이메일

협력사

종합매장

카탈로그

전자 시장

가치

업무의 편의

성실성

시간의 효율적 사용

접촉의 편의

신뢰할 수 있는
출고 / 배송 / 지원

의사결정의 편의

신뢰

고객관계

고객이 자신을 브랜드와 동일시

혁신

차별화

브랜드 개성

핵심 개념

브랜드 아이덴티티

고객 경제의 시대에 성공하기 위해서는 모든 고객 접점과 유통 채널을 망라하여 브랜드 개성과 이미지에 어울리는 총체적 고객 경험을 제공할 수 있어야 한다. 고객 관계는 신뢰를 바탕으로 형성된다. 신뢰는 가치나 의사결정의 편의처럼 고객들이 중시하는 것들에 주의를 기울임으로써 형성될 수 있다.

드가 있다는 사실을 내세울 필요는 없다. 그렇지만 기업들은 고객들이 브랜드와 관계를 맺을 수 있어야 한다는 사실에 유념해야 한다.

그림의 아랫부분을 보자. 브랜드 개성, 고객과 관련된 핵심 개념, 다른 브랜드와의 차별화, 브랜드 내부의 혁신을 포함하는 강력한 브랜드 아이덴티티를 창조하는 것이 출발점이 된다.

버진(Virgin) 그룹의 경우에 브랜드 개성은 바로 현상유지에 과감히 도전했던 리처드 브랜슨 회장이다. 핵심 개념은 품질과 혁신과 재미의 가치다. 차별화는 무엇일까? 그것은 대다수의 고객들이 감당할 수 있는 가격으로 최고의 고객 경험을 제공했다는 것이다. 혁신은? 그것은 온라인 자동차 판매에서 항공 승객에게 제공하는 마사지 서비스에 이르기까지 예기치 않았던 새로운 방법을 끊임없이 찾아다녔다는 것이다.

브랜드를 중심으로 하는 총체적 고객 경험을 창출하라는 것은 소비자 고객을 상대하는 B2C 기업에만 해당되는 이야기가 아니다. 기업 고객을 상대로 하는 B2B기업들에게도 똑같이 중요하다. 위스콘신(Wisconsin) 주의 케노샤(Kenosha)에 본사가 있는 스냅온(Snap-on)은 작은 카센터에서 포드 자동차나 미 해군 같은 거대 조직에 이르기까지 모든 곳에서 일하고 있는 기술자들에게 공구와 기술 정보와 진단 시스템과 소프트웨어를 판매하는 회사다. 스냅온의 개성은 전문가적 솜씨이며, 핵심 개념은 고품질과 고성능이다. 스냅온은 매주 고객들의 사업장에 일일이 전화를 함으로써 경쟁사들과 차별화하고 있다. 그리고 80년 이상에 걸쳐서 스냅온의 기술자들은 회사가 업계 최고의 위치를 고수할 수 있도록 기능의 혁신에 노력을 기울여 왔다.

일상 생활용품에 대해서도 브랜드 경험을 창출할 수 있다. 고무장갑을 예로 들어보자. 댄 그린버그(Dan Grinberg)는 레스토랑과 호텔 등지에서 사용하는 고무장갑을 개발 / 생산 / 판매하는, 종업원 40명에 매출 4천만 달러인 회사의 CEO이다. 식품의 안전이 모든 나라에서 중요한 화제가 되고 있다는 것을 알게 된 그는 자신의 회사가 음식물 취급 전문가(food handling professionals)들에게 서비스를 제공하고 있다는 데 착안하여 회사의 이름을 아일랜드 폴리(Island Poly)에서 푸드핸들러(FoodHandler)로 바꾸었다. 그리고는 그 브랜드를 활용하여 기업 고객들이 자신의 제품을 더 높이 평가하게 만들기 위한 작업을 시작했다. 고무장갑을 판매하는 것 외에 음식물 안전에 관한 워크숍을 개최하거나 그에 관한 컨설팅 서비스도 함께 제공하였다. 푸드핸들러의 웹사이트는 음식물의 안전에 관한 최신 정보와 관련 법규에 관한 가장 믿을만한 사이트로 자리잡았다. 푸드핸들러의 고무장갑은 도매상과 전자 시장 양쪽으로 판매되었지만, 댄은 고객들이 음식물의 안전에 관해 푸드핸들러가 제공한 정보를 읽고 제품을 선택했을 것이라고 확신했다. 댄은 레스토랑 사장들이 고무장갑을 구입할 때 안전을 최우선으로 고려할 것이라고 믿었다. 푸드핸들러의 브랜드 개성은 음식 소비자들의 건강과 안전에 주의를 기울이는 것이며, 브랜드의 핵심 개념은 음식을 안전하게 조리하는 것이다. 차별화 포인트는 음식물의 안전에 관한 정보를 제공하는 것이고, 혁신은 음식물 안전 서비스의 중심에 자리잡고 있다. 댄은 유머러스한 광고를 통해서 푸드핸들러 브랜드를 홍보했다. 예를 들면 요란한 헤어스타일에 코걸이까지 한 소년이 주방에서 일하고 있는 장면에서 "대장균(E. coil)을 캐나다의 록밴드 이름인 줄 아는 모양이네요."라는 멘트가 나온다.

제품이나 서비스 혹은 기업 자체가 강력한 브랜드를 갖고 있다면, 고객들은 스스로를 브랜드와 동일시할 것이다. 그들은 스스로를 '볼보 가족', '노드스트롬(Nordstorm) 단골', '월스트리트저널 독자'라고 여긴다. 그것이 바로 브랜드를 통해 기업이 얻고자 하는 것이다. 고객들이 스스로를 브랜드와 동일시하게 되면, 그때부터는 더욱 강력하고 지속적인 관계를 형성할 수 있게 된다.

강력한 고객 관계를 구축하라

브랜드 아이덴티티를 만들어 가는 과정은 동시에 개별 고객들과의 관계를 창출하는 과정이기도 하다. 이전에는 매스컴을 이용하여 대중적인 브랜드를 만들고 고객들을 끌어 모을 수 있었다. 그러나 지금은 고객에게 제품과 서비스를 파는 것으로 만족할 수 없다. 이제는 고객과의 관계를 창출해야 한다. 다시 말해서 인터넷이든 전화든 직접 대면이든 어떤 매체를 통해서든 고객들이 원하는 방식으로 만나야 한다는 것이다. 고객 관계가 중요하다는 것을 이해하고 있는 기업들은 지속적 관계를 위해 요구되는 고객 지원 인프라에 많은 투자를 한다. 그러한 인프라와 함께 잘 훈련된 고객 서비스 요원들도 필요하다. 그리고 고객들과의 모든 접촉에서 얻어낸 정보를 관리할 수 있는 데이터베이스나 CRM 시스템이 필요하다. CRM에 투자하지 않고서는 강력한 총체적 고객 경험을 제공할 수 없다.

신뢰를 형성하라

관계는 신뢰를 바탕으로 형성된다. 고객들은 오랫동안 기업과 접촉하면서 신뢰를 쌓아간다. 다음은 성공적으로 최종 고객 및 유통 협력사들과의 신뢰를 형성하고 지속시킨 여러 기업들의 사례에서 추출한 공통점이다.

신뢰받는 기업들이 제공하는 것

꙰ 성실성. 고객의 기대를 만족시키고 약속을 지킨다.

꙰ 가치. 고객들은 훌륭한 가치를 제공받고 있다고 믿는다.

꙰ 신뢰할 수 있는 출고 / 배송 / 지원. 고객들은 주문한 제품을 제 시간에 받을 수 있을 것이라고 믿는다. 고객들은 필요할 때에 회사 가 알아서 신속한 서비스를 제공할 것이라고 믿는다.

꙰ 시간의 효율적인 사용. 고객들은 자신의 소중한 시간이 존중될 것 이라고 믿는다.

꙰ 접촉의 편의. 원하는 결과를 얻기 위해 여러 번의 전화나 방문이 필요하지 않다.

꙰ 업무의 편의. 고객들의 취향에 따라 매장 방문, 인터넷, 전화 등 여 러 방식으로 기업과 거래할 수 있다.

꙰ 의사결정의 편의. 어떤 제품과 서비스를 구입할 것인가에 대해 신 속하고 정확한 의사결정을 필요로 하는 고객들에게 모든 정보와 도 구를 제공한다.

고객들이 선호하는 접촉 방식을 지원하라

어떤 고객들은 전화로 주문하고 싶어한다. 다른 고객들은 카탈로그에서 찾기를 좋아한다. 또 다른 고객들은 웹 서핑을 선호한다. 또 다른 사람들 은 누군가가 방문해 주기를 원한다. 고객들의 마음을 사로잡기 위해서는, 전화/웹사이트/이메일, 매장/온라인/카탈로그, 대리점/백화점/직접 판 매 등 카테고리별로 최소한 3~4가지 방식으로 고객을 만날 수 있도록 투자해야 한다. 고객 혁명이 우리에게 가르쳐준 교훈 가운데 하나는 기업과의 접촉 방식을 고객이 결정할 수 있어야 한다는 것이다. 고객의 선택을 제한하는 것은 위험 부담이 큰 일이다. 전통적인 소매업자들이 웹 사이트를 개설하고 있는 이유가 바로 이것이다. 제조업자들이 직접 판매와 딜러를 통한 판매를 병행하고 있는 것도 이것 때문이다. B2B 거래가 전자 시장과 채널 협력사와 직접 판매 등 여러 방식으로 이루어지고 있는 이유도 마찬가지다.

브랜드 경험을 창출하는 방법

브랜드 경험이 고객 경제 시대에 성공하기 위하여 절대적으로 중요하다는 이야기는 이상으로 마치고, 이제부터는 아무 것도 없는 상태에서 브랜드 경험을 창출한 기업의 사례를 자세히 살펴보기로 한다. 영국의 대형 보험 회사인 푸르덴셜(Prudential)이 급속히 커지고 있던 고객 집단을 끌어들이기 위하여 새로운 브랜드를 만들고 그 브랜드 경험의 기초 위에서 비즈니스 모델을 발전시킨 과정을 만나보자.

에그의 사례에 대하여

예리한 관찰자라면 에그의 경험에서 많은 교훈을 얻을 수 있을 것이다. 에그는 고객들이 즐기고 동일시할 수 있는 브랜드를 만드는 것으로 시작했다. 에그는 모든 고객과 개별적인 관계를 구축하기 위하여 열심히 노력했다. 이어서 고객들의 신뢰를 얻고 지속시키기 위한 여러 가지 과제들을 해결했다. 결국 에그는 3년이라는 짧은 기간 동안에 수많은 비즈니스 모델을 개발할 수 있었다.

유연성은 최근의 고객 중심 기업에서 나타나는 특징 중의 하나다. 일단 강력한 브랜드 경험을 구축하고 나면, 비즈니스 모델을 변경하거나 추가하는 일은 상대적으로 쉬워지는 법이다.

에그의 사례: 브랜드 경험을 창조하다

예전부터 영국 사람들은 매우 충성스러운 소매 은행 고객이었다. 다른 나라 사람들도 그랬지만 영국 사람들도 수수료나 이자율을 따지지 않고 집에서 가까운 은행, 믿을 만하다고 생각하는 은행에 계좌를 개설했다. 그러나 그러한 풍경은 지난 몇 년 사이에 극적으로 변했다. 요즘 고객들은 요구하는 것이 많다. 요즘 고객들은 은행을 비교한다. 요즘 고객들은 시간에 쫓긴다. 요즘 고객들은 편리함과 동시에 가장 유리한 거래를 원한다. 영국의 유통업체들은 1990년대 후반에 금융 서비스를 시작하면서 이미 넓은 시장이 존재하고 있음을 발견했다. 시간에 쫓기는 고객들은 이자율만 좋다면 기꺼이 슈퍼마켓에 예금을 했다. 고객들은 식품점이 발행한 신용카드로 다른 상점에서도 제품과 서비스를 구입할 수 있다는 사실에 매우 만족스러워했다. 이와 같이 금융 서비스 분야에서 경쟁이 일어난 결과, 고객들은 급속하게 많은 요구를 하게 되었다.

에그는 이러한 새 종족을 겨냥하여 탄생한 브랜드이다. 셀프서비스와 맞춤서비스 및 가치를 소중히 여기는 새로운 표적 고객 집단에게 종합 금융 서비스를 제공하기 위한 완전히 새로운 브랜드로 창설된 것이다. 에그는 영국계 대형 보험 회사인 푸르덴셜의 자회사이다.

에그는 독특한 브랜드 경험, 틈새 마케팅, 개성, 합리적인 가격 정책 등으로 고객들과의 공감대를 형성하는 엄청난 성과를 거두었다. 창립 6개월만에 고객 수와 관리 자산의 양에서 애초의 목표를 넘어섰다. 지금 현재 에그의 과제는 기존 고객을 지속적으로 유지하고, 고객들의 자산을 증가시키며, 더욱 경쟁이 심해지고 고객의 요구가 거세지는 시장에서 신규 고객들을 획득하는 것이다.

에그는 개인별로 특화된 서비스와 공정한 거래를 제공함으로써 창출된 고객 경험 위에 좋은 평판을 구축하였다. 물론 어려운 환경에서 항상 훌륭한 고객 경험을 제공하는 것이 쉬운 일은 아니었다. 그러나 에그는 고객에게 누를 끼쳤을 경우에도 솔직하게 잘못을 인정함으로써 고객들의 기대를 저버리지 않았다.

배경: 푸르덴셜이 보험에서 은행업으로 사업을 확장하다

1990년대 중반에 영국 최대의 생명보험 회사인 푸르덴셜(동명의 미국계 보험 회사와는 다른 회사다)은 새로운 시장으로 진출하기 위한 방법을 모색하고 있었다. 뮤추얼 펀드와 그 밖의 비전통적인 생명보험 상품들의 인기가 경쟁을 심화시키고 있었다. 설상가상으로 1997년에는 연금 스캔들이 금융 산업 전체에 큰 타격을 주었다. 푸르덴셜을 비롯한 많은 보험 회사의 판매원들이 노동자들에게 회사에 연금을 불입하지 말고 퇴직 저축 보험에 가입하라고 부추긴 혐의로 기소되었다. 푸르덴셜과 다른 보험 회사들은 퇴직 저축 보험을 없앨 수밖에 없었다. 푸르덴셜은 유통망의 현대화를 모색하면서, 판매원을 3천 명 수준으로 줄였다. 보험 업계의 선두를 유지하기 위해서는 비상한 행동이 필요한 시점이었다.

1996년에 푸르덴셜은 은행을 설립하기 위해 마이크 해리스(Mike Harris)를 채용하였다. 마이크는 1980년대에 미들랜드 은행에서 영국 최초로 전화로 은행 업무를 볼 수 있는 콜센터를 만든 사람이었으며, 푸르덴셜에 오기 전에는 이동 통신 업계에서 일했었다.

마이크 해리스의 리더십 덕분에 푸르덴셜 은행은 예상대로 순조롭게 출범하였다. 푸르덴셜 은행은 영국에서 가장 빠르게 성장하는 다이렉트 은행(오프라인 지점이 없는 은행)이 되었다.

에그의 탄생

푸르덴셜 은행이 기존의 푸르덴셜의 고객들에게 훌륭한 서비스를 제공하고 있기는 했지만 푸르덴셜 그룹의 CEO인 피터 데이비스 경(Sir Peter Davis)은 그 정도로 성에 차지 않았다.

마침 마이크 해리스의 팀원 중 한 사람인 리처드 듀발(Richard Duvall)도 불안을 느끼고 있었다. 뭔가 잘못되었다는 느낌이 들었다. 영국 1, 2위를 다투는 슈퍼마켓 체인점인 테스코(Tesco)와 세인즈베리(Sainsbury)를 비롯한 여러 기업들이 은행업에 진출하고 있었던 것이다. 더구나 그들은 편리함을 중시하는 젊은 층과 맞벌이부부 집단에서 인기를 끌고 있었다. 리처드는 이러한 사실을 마이크에게 설명했다. 푸르덴셜 은행은 푸르덴셜의 전통적인 고객들(중년의 나이에, 중산층이고, 설계사의 조언을 즐겨듣는 생명보험 가입자들)에게 은행 업무를 서비스하고 있었지만, 능동적인 젊은 고객들에게는 매력이 없었다. 그들은 다른 은행을 찾아 떠났고, 푸르덴셜의 은행 사업은 성장하지 못하고 있었다. 이런 배경에서 피터 경의 추진력과 마이크와 리처드의 헌신이 동일한 목표를 향해 하나로 뭉친 결과, 새로운 인터넷 금융 서비스 회사가 탄생하게 되었다.

새로운 금융 서비스 회사의 출범

마이크와 리처드는 재빨리 작은 팀을 조직한 다음 새로운 다이렉트 은행 업무를 설계하는 프로젝트를 시작했다. 4월부터 9월까지는 고객 조사와 전략 수립을 하는 데 보냈다.

1997년 9월 18일 마이크와 리처드는 피터 경과 회합을 가졌다. 거기서 리처드는 푸르덴셜이 새로운 고객 집단에 대하여 가치 제안을 할 수 있게 되었다고 설명했다. 완전히 새로운 브랜드를, 즉 완전히 새로운 금융 서비스 회사를 설립하여 고객들이 투명하고 유리한 거래를 할 수 있도록 한다는 것이었다. 처음에는 전화로 나중에는 인터넷으로 서비스를 제공할 예정이라고 했다. "고객들은 은행을 싫어합니다. 우리는 소매업자들의 무기로 소매업자들과 싸워야 합니다. 고객들을 만족시킬 수 있는 가치 제안을 만들기 위해서는 테스코와 세인즈베리를 따라하지 않을 수 없는 것입니다."

"훌륭합니다. 계속 진행시키세요. 자금은 얼마나 필요합니까?" 피터 경의 반응이었다. 리처드와 마이크는 당초의 계획을 더 확장할 수 있을 만큼 많은 예산을 배정받았다.

고객들이 새로운 가치 제안을 하다

그들은 먼저 브랜드 컨설팅 회사와 계약을 맺었다. 그 회사는 가치 제안을 검증하고 발전시켜 브랜드를 구축하기 위해 요구되는 여러 가지 치밀한 고객 조사를 시작했다. 그들이 3만 여 소비자들의 자료와 반응을 모아 분석한 결과는 프로젝트팀이 사업 계획을 다듬는 데 요긴하게 쓰였다. 에그가 제공할 수 있었던 고객 경험들은 대부분 표적 고객들이 제안한 셈이었다. "우리의 가치 제안, 고객 경험, 기업 가치, 그리고 모든 상품들을 고객들이 설계했다고 해도 과언이 아닙니다." 리처드의 말이다.

고객들이 새로 생길 에그 은행에 바랐던 것은 다음과 같다.

- 더 유리한 예금. 리처드에 따르면, 당시 영국에는 두 종류의 예
  금이 존재했다. 하나는 이자율은 괜찮지만 인출하기가 까다로운
  통지예금(Notice Account)이고 다른 하나는 찾기는 쉽지만 이
  자율이 낮은 자유예금(Access Account)이었다. 고객들은 쉽게
  인출할 수 있으면서도 일정 수준 이상의 높은 이자율이 보장되는
  예금을 원했다. 그들은 또 단순한 이자율 체계를 요구했다. "예금
  액수가 많을수록 이자율이 높으면 안 된다. 예금액이 작더라도 같
  은 이자율을 적용해 달라. 250파운드 정도 하는 최소 예금액을 폐
  지하고 소액 예금도 받아 달라."

- 융통성 있는 대출. 고객들은 대출 기간에 융통성을 부여하여 각
  자의 사정에 따라 조정할 수 있기를 원했다. 그들은 현금이 부족
  할 때는 몇 달 동안 상환을 유예할 수 있고, 여유가 있을 때는 추
  가 부담 없이 미리 상환할 수 있기를 원했다. 그들은 또 추가 부
  담 없이 도중에 저당권 기간을 변경할 수 있기를 원했다.

- 더욱 편리한 서비스. 고객들은 24시간 지속되는 편리한 서비스
  를 원했다. 그렇지만 비인격적이고 자동화된 서비스는 좋아하지
  않았다. 사람 대 사람으로 대우받고 싶어했다. 마이크 해리스는
  다음과 같이 요약하였다. "고객들은 숫자가 아니라 하나의 인간
  으로 취급되기를 원합니다. 그들은 자기의 삶에 영향을 미칠 신택
  을 하는 데 있어서 도움이 될 누군가와 관계를 맺고 싶어하는 것
  입니다."

새로운 브랜드의 부화

푸르덴셜의 내부 연구원들과 함께 작업하던 컨설팅 회사가 브랜드 이름

을 에그(Egg)라고 하자고 제안하였다. 그들이 새 브랜드 이름에서 무엇이 연상되느냐고 고객들의 반응을 조사한 결과는 "참신하고 새롭다"는 것이었다. 경영진도 새 브랜드 이름을 좋아했다. 경영진들은 달걀에서 순수함과 원만함을 연상하면서 예비 고객들의 모습을 떠올렸다. 거기다가 에그는 매우 기억하기 쉬운 이름이었다. 에그는 세계적인 브랜드가 되기에 손색이 없는 이름이었다.

고객 경험을 기획하다: 고객과 춤을

에그 브랜드와 연관되는 고객 서비스 경험을 기획하던 고객 서비스 관리팀은 '고객과 춤을'이라는 아이디어를 생각해냈다. "고객들이 움직일 때마다 우리도 따라서 움직입니다. 그렇게 하면 고객들의 요구를 충족시킬 수 있을 것입니다." 1998년에 새로운 고객 센터를 짓는 동안에, '고객과 춤을'은 어디서나 들을 수 있는 슬로건이 되었다. 완전히 새로운 경험을 창조하기 위해서 그들은 푸르덴셜 본사에서 멀리 떨어진 더비(Derby)에 4천 평 규모의 고객 서비스 전용 커뮤니케이션 센터를 세웠다.

커뮤니케이션 센터는 고객들의 전화나 인터넷을 통한 요구를 처리하기 위한 최신 시설들로 구성되었다. 많은 기업들이 콜센터 관리비용을 줄이기 위해 인터넷을 통한 고객들의 셀프서비스에 주로 투자한 데 반하여, 에그는 콜센터 운영에 많은 투자를 했다. 에그의 커뮤니케이션 센터는 개인적인 경험을 원하는 고객들이 에그의 고객 경험을 접할 수 있는 주요 통로가 되었다. 처음에는 전화 기반으로 운영하기 시작했지만 곧바로 웹과 이메일을 통한 서비스가 추가되었다. 에그의 고객 서비스 관리팀은 센터의 시설 설계를 감독하였으며, 거기서 일하는 천여 명의 직원들을 위한 훈련 프로그램도 관리했다. 시설 설계는 직원들의 편안함과 사기 진작에 초점을 맞추었다. 작업장 안에는 직원들이 업무 시간 전에 이용할 수 있는 휴게실과 운동 공간을 갖추고 있었다.

고객 데이터베이스를 핵심으로

에그는 고객 관계 관리(CRM) 기술에도 많은 투자를 하였다. 커뮤니케이션 센터는 마케팅 DB의 지원뿐 아니라 특정 고객의 모든 기록이 들어 있는 전방위 고객 데이터베이스의 지원을 받는다. 처음부터 에그 팀은 제품별 혹은 고객 접점별 경계를 넘어서 일관된 고객 경험을 제공해야 함을 알고 있었으므로, 거기에 필요한 기술 기반에도 많은 투자를 한 것이다.

에그의 급격한 성장과 진화

1998년 10월 11일의 개점을 눈앞에 두고도 조사 연구는 계속되었다. 정식으로 서비스를 시작하기 전에 먼저 1000명으로 이루어진 고객 자문위원회가 시스템을 사용해 보았다. 이 상설 자문위원회는 에그의 제품과 서비스, 웹사이트, 전반적 고객 경험들을 설계하고 수정하는 일에 적극적으로 참여했다.

1998년 10월에 드디어 에그가 문을 열었다(가상의 문이지만). 6개월 만에 에그는 50만의 고객과 95억 달러의 자산을 확보했다. 1999년 8월에는 영국 최고의 인터넷 은행이 되었으며, 영국계 은행으로서는 유일하게 세계의 인터넷 은행 중 톱10에 들었다. 그러나 에그는 거기에서 멈추지 않았다. 에그는 종합 금융 기관이 되었고, 온라인 쇼핑몰이 되었으며, 소매점과 소매점의 고객들에게 통합된 금융 서비스를 제공하는 회사가 되었고, 강력한 브랜드의 종합매장이 되었다. 이 모든 것은 에그의 브랜드 경험의 우산 아래에서 투자와 보험과 기타 여러 가지 상품을 판매했기에 가능한 일이었다.

기대 이상의 수요가 몰려오다

1998년 가을에 홍보와 광고를 열심히 하면서도 에그 팀은 시장의 반응을 예상하기 어려웠다. 결과는 놀랄 만큼 엄청난 호응이었다. 사업을 시작한 지 1주일 만에 175만 명이 웹사이트를 방문하였으며, 매일 수천 개의 예금 계좌가 개설되었다. 콜센터에는 첫 8일 동안에 10만 통 이상의 문의 전화가 폭주하였다. "정말 엄청났습니다. 서비스가 마비될 지경이었지요. 통화 대기시간이 몇 분에 달하고, 통화 포기율이 하늘을 찌를 정도였답니다." 리처드의 감회 어린 회상이다.

에그는 전화 폭주에 대응하기 위해 재빨리 브리티시 텔레콤(British Telecom)과 아웃소싱 계약을 맺었다.

고객의 기대 수준을 재평가하다

높은 수준의 맞춤 서비스에 대한 고객들의 기대를 예상하기는 했지만, 고객들이 전화기를 들고 몇 분을 기다리는 예기치 못한 상황이 일어났다. 처음에는 단순한 문의전화가 대부분이었지만, 이윽고 자기 계좌의 처리 상황에 관한 보고를 요구하는 전화가 몰려오기 시작했다. "운영 요원들이 정말 힘들게 위기를 넘겼습니다." 리처드의 말이다. 그들은 서비스가 중단되지 않을 정도로 겨우 겨우 버텨냈다. 내부적으로는 계좌 개설 업무를 잔뜩 쌓아둔 채로 우선 예금을 받아 처리하는 식이었다. 8일째 되던 10월 19일부터는 상담원들이 "계좌 개설이 지연될지도 모릅니다."라고 고객들에게 알리기 시작했다. 최대 한 달을 기다려야 할지 모른다고 했지만 실제로는 보통 48시간이 걸렸다. 에그의 보도자료에 따르면, "다른 은행에서도 이자를 지급하니, 계좌가 개설된 다음에 천천히 입금해 달라"고 고객들에게 요청했을 정도였다.

고객들에게 모든 것을 공개하다

한 달이 다 되어 가는 시점에서도 여전히 예금과 대출 수요가 넘쳐 났다. 에그는 거래 항목별 업무 처리에 소요되는 시간을 웹사이트와 수신자부담 전화를 통해 공개하기 시작했다. 평균 업무 처리 시간이 매일 업데이트되었다.

고객들에게 모든 단계를 공개한 것은 에그의 성공 비결 중의 하나였지만, 당시에 에그는 폭주하는 업무에 완전히 압도당했었다. 사업을 시작한 지 한 달만에 33만 5천 통의 전화를 받았고 1억 파운드 이상의 예금을 유치하였다. 그렇지만 에그는 이러한 관심의 폭주를 이용하여 고객들의 동정과 인내를 얻어냈다. 예비 고객들은 전화를 통한 계좌 개설이 지연되고 있으며 개설 전에는 입금할 수 없다는 소식을 들으며 기다릴 수 있었던 것이다. 일단 전화 연결이 되면 인간적이고 친절한 상담원들을 만날 수 있었다.

11월 중순에 위기가 종료되었다. 업무 처리가 개선되었고 새로운 사업이 자리를 잡았다.

브랜드 충성이 유지되다

에그가 출범한 지 한 달이 안 되어서 영국 은행(Bank of England)이 기준 금리를 8% 아래로 인하했다. 이에 대해 에그는 예금 금리를 기준 금리보다 높은 8%로 유지했다. 에그는 고객들에게 약속한 이자를 유지할 수 있기를 원했다. 물론 신규 대출이든 기존 대출이든 모든 대출의 이자는 낮추었다.

"그해 10월에 우리는 재빨리 대출 금리를 인하했습니다. 그러나 기준 금리가 3번 내리는 동안에도 예금 금리는 8%를 유지했습니다. 고객들의 이자 수입이 줄어들지 않도록 하고 싶었기 때문입니다. 에그 고객들은 이자율이 떨어지는 시기에 기존의 예금 금리를 보장했던 일을 지금도 생생하게 기억하고 있습니다. 그것은 또한 모든 고객들을 동등하게 대우한다는 에그의 원칙을 보여주는 것이기도 합니다." 마이크 해리스의 설명이다.

출범한 지 10주가 지난 1998년 12월 16일에는 에그의 예금 잔고가 10억 파운드를 넘어갔다. 마이크 해리스는 고객들의 인내심에 감사를 표시하고 최고의 고객 서비스를 제공하는 은행이 될 것을 다짐하였다. "고객들은 기대 이상의 반응을 보여주었지만 에그가 제공한 서비스의 질이 항상 최고는 아니었음을 인정합니다. 그렇지만 신속한 행동과 시설 확충이 이루어지면 어떠한 지연도 가능한 한 빨리 해결될 수 있다는 것을 알게 되었습니다. 1999년에 에그는 최상의 고객서비스를 제공하는 것을 최우선과제로 삼을 것입니다."

불만을 공개함으로써 고객 경험을 지속시키다

에그는 웹사이트의 공개 게시판을 통해 고객들의 피드백을 받은 최초의 금융 기관이었다. 1999년 초에 만들어진 게시판은 "에그 자유지대"(Egg Free Zone)라는 이름이 암시하듯이 에그가 고객들 사이의 접촉을 통제하거나 토론에 영향을 주지 않겠다는 의지를 담고 있었다. 실제로 에그는 고객들 사이의 접촉에 개입하지 않으려고 노력하고 있다.

대다수 고객들의 글은 형편없는 고객 서비스에 대한 불만이었다. 에그의 고객 서비스 담당자는 게시판을 모니터하면서도, 고객들이 제기한 문제를 시인하는 것 외에는 일절 간섭하지 않았다. 처음에는 에그의 무반응 정책이 많은 고객들을 당황스럽게 했다. 대신에 에그의 다른 고객이 자신의 경험을 바탕으로 고객의 불만을 반박하기도 했다. 몇 달 뒤에 에그는 게시판에서 목소리를 높이는 것보다 문제를 해결하는 것이 중요하다고 생각하는 고객들이 고객 서비스 담당자에게 직접 이메일을 보낼 수 있는 기능을 추가했다.

브랜드 경험의 초점을 개인별 맞춤 서비스에 두고 있는 에그가 고객들의 불만을 웹사이트에서 공개함으로써 고객 서비스의 문제점을 드러낸 이유는 무엇일까? 다음 세 가지 이유를 보면 그것이 훌륭한 아이디어임을 알 수 있을 것이다.

고객들이 에그의 웹사이트에서 공개적으로 불만을 제기할 수 있다는 사실은 굳이 다른 곳을 찾아가 불평할 이유가 없다는 것을 의미한다. 칼자루를 쥔 고객들이 에그에 관해 나쁜 소문을 내기라도 하면 신규 고객을 획득하기 어렵게 되지 않겠는가? 그렇지만 이런 식으로 불만을 모니터하면서 에그는 개별 고객의 문제들을 해결할 기회를 확보하고 있었다. 만약에 고객들이 불만을 제기하기 위해 에그가 아닌 다른 웹사이트를 찾아나선다면 에그로서는 그러한 고객의 불만을 해결할 수 있는 통제력을 완전히 상실하게 될 것이다.

고객들은 게시판을 이용하는 사람들의 숫자가 많다는 이유만으로도, 에그와의 거래에서 자기들이 더 많은 주도권을 쥐고 있다고 믿는다. 웹사이트에 불만 사항을 등록하기만 하면 자기에게 유리한 쪽으로 해결된 것이라는 기대를 할 수 있다.

다수의 예비 고객들은 에그가 고객 서비스의 단점을 공개하는 것을 보고 에그를 신뢰하게 된다. 그들은 자신이 에그의 고객 서비스에 관해 모르는 것이 없다고 생각한다.

인터넷 브랜드를 지향하다

에그는 웹사이트의 지속적인 개선과 함께 콜센터도 그대로 유지할 예정이었다. 그러나 표적 고객들의 인구통계학적 특성과 인터넷의 열기를 고려하면, 인터넷을 공격적으로 활용하는 것이 에그가 제공하려는 브랜드 경험과 일맥상통하는 것이었다. 곧 알게 되겠지만, 에그가 인터넷을 적극적으로 활용한 것은 특별히 빠르거나 특이한 일은 아니었다. 한 가지 특별한 것이 있었다면 인터넷이 각광을 받는 시점에서 대중들이 에그는 인터넷 은행이라고 생각하게 할 수 있었다는 사실이다.

사실 에그는 인터넷 은행으로서 후발주자에 속한다. 북미에서는 이미 수년 전부터 웰즈 파고(Wells Fargo), 몬트리올 은행(Bank of Montreal), 아메리카 은행(Bank of America), 퍼스트 유니언(First Union) 등 여러 은행들이 온라인으로 모든 서비스를 제공하고 있었다. 영국에서는 스코틀랜드 왕립 은행(Royal Bank of Scotland)이 1997년 6월부터 PC통신을 통해 금융 서비스를 제공했고, 1999년 4월에는 바클레이즈(Barclays) 은행이 웹 기반의 인터넷 금융 서비스를 시작했다. 그러나 1999년 중반쯤에 이미 에그는 고객들과 은행가들 사이에서 최고의 인터넷 은행으로 여겨지고 있었다.

어떻게 에그는 6개월만에 세계에서 가장 존경받는 인터넷 은행이 될 수 있었는가?

인터넷 브랜드가 되다

처음부터 에그는 자발적이고 기술에 밝은 고객들을 겨냥한 현대적 은행을 추구했다. 그러나 그때까지의 경험으로는 전화기를 통한 거래 모델에서 벗어날 수 없었다. 경영진은 인터넷과 전화를 통해 거래하는 은행으로 만들고 싶었지만, 고객들이 인터넷을 얼마나 빨리 이용하게 될지 자신이 없었던 것이다.

에그의 초기 웹사이트는 본질적으로 미완성 페이지일 수밖에 없었다. 고객들은 웹에서 정보를 얻고 계좌 개설 신청서를 작성할 수 있었다. 그러나 대출 신청서는 양식을 프린트한 다음에 내용을 채우고 서명을 하고 필요한 추가 서류를 첨부하여 우편으로 보내야만 했다. 또 초기 웹사이트는 금융 뉴스, 온라인 시세표, 예금 정산서, 그리고 재테크, 유언장 작성, 자녀 교육 등에 관한 다양한 정보를 제공하였다. 그러나 이제는 고객들이 스스로 계좌를 관리할 수 있는 능력을 제공해야 할 시기가 되었다.

단순한 기능부터 시작하다

1999년 초 에그의 기술팀은 더욱 강력한 웹사이트를 구축하는 것을 포함하여 에그의 인프라를 대폭 업그레이드하기 시작했다. 그러나 에그의 예상 거래량을 처리할 수 있는 기술 인프라를 뜯어고지는 데에는 상당한 시간이 걸릴 것으로 예상되었다.

1999년 2월에는 에그의 관리팀은 인터넷 플랫폼에 전력을 투구했다. "1999년 말까지는 기존의 비즈니스 모델을 온라인 모델로 바꾸고 그 분야에서 선두가 되겠다고 결심했습니다." 리처드 듀발의 회상이다.

1999년 2월 25일, 에그는 일련의 웹사이트 업그레이드 중 첫 번째 업그레이드를 선보였다. 거기에는 다음 세 가지가 포함되어 있었다.

- 예금 계좌를 보유한 고객을 위한 온라인 고객 서비스. 고객들이 잔고를 알 수 있게 되었으며, 온라인으로 입출금을 할 수 있게 되었다.

- 온라인 서점. 금융 관련 도서를 취급하는 온라인 서점을 유치했다. 온라인 소매업자와의 최초의 제휴였다.

- 에그 자유 지대. 고객들이 자유롭게 접근할 수 있는 공개 게시판

고객의 온라인 접속을 지원하다

일단 인터넷을 통해서만 거래할 수 있는 은행이 되기로 결정하자, 첫 번째 과제는 기존 고객들과 예비 고객들이 쉽게 인터넷을 사용할 수 있도록 돕는 일이었다. 1999년 3월 24일, 에그는 고객들을 위한 온라인 접속 패키지를 발표했다. 패키지에는 무료 인터넷 접속과 저렴한 컴퓨터와 무료 설치 및 교육 서비스가 포함되어 있었다. 리처드는 이것을 "회사 역사상 가장 대담한 시도"라고 말했다.

에그는 고객들에게 인터넷 접속과 이메일을 무료로 제공하기 위해 ISP와 제휴를 맺었는데, 거기에는 MSN의 정보 채널을 통해 뉴스, 컴퓨터, 사업, 축구, 채팅, 쇼핑 및 여행에 대한 정보를 제공하는 것도 포함되어 있었다. 그러자 영국에서 MSN의 점유율을 높이려고 애쓰던 마이크로소프트가 ISP의 비용을 분담했다.

에그의 고객들에게 제공된 컴퓨터는 후지쓰(에그의 제휴사인 ICL의 모기업)가 만든 최신형 펜티엄3 멀티미디어 PC였으며, 컬러프린터와 여러 가지 소프트웨어가 함께 제공되었다.

이렇게 ISP와 PC를 무료로 제공한 것은 또 하나의 마케팅 쿠데타였다. 신규 고객이 엄청나게 늘어나기도 했지만 그것은 에그가 인터넷 선두 기업으로 인정받은 홍보 가치에 비하면 오히려 빛이 바랠 정도였다. 사실은 에그의 이런 전략은 딕슨(Dixon)의 전략을 베낀 것이었다. 당시 딕슨의 프리서브(Freeserve)는 영국에서 처음으로 무료 인터넷 접속을 제공함으로써 최고의 인기 ISP가 되어 있었다.

목표를 공언하다

1999년 4월말에는 웹사이트가 한층 개선되어 더 많은 기능을 제공하면서도 더 많은 트래픽을 감당할 준비가 되어 있었다. 무료로 ISP와 PC를 제공하는 업무도 웹으로 처리할 수 있게 되었다. 그러자 마이크 해리스는 목표를 공언하기에 이르렀다. 그는 에그의 1차 목표였던 5년 후 50만 고객과 50억 파운드 자산이 6개월 만에 달성되었다고 하면서 5년 후인 2004년에 200만 고객을 확보하는 것을 새로운 목표로 설정한다고 발표했다. "개인별 맞춤서비스를 받는 인터넷 고객 2백만 명"이란 말이 에그의 슬로건이 되었다. 에그가 인터넷 강자가 되려고 그렇게 애쓴 이유는 무엇일까? 첫째는 고객들의 셀프서비스가 많은 비즈니스 모델이 수익성이 많기 때문이었다. 둘째는 온라인 뱅킹이 에그의 중점 사업인 새롭고 세련된 브랜드 경험의 제공이라는 목표에 적합한 형태였기 때문이다.

계좌 개설은 온라인으로만

공언한 목표를 달성하기 위한 조치로 마이크 해리스는 다음 단계의 온라인 뱅킹 전략을 발표했다. 1999년 4월부터 예금 계좌의 개설 신청은 온라인으로만 받는다는 것이었다. 계좌가 개설된 후에는 종전처럼 전화와 우편으로 거래할 수 있기는 했다. 하지만 에그는 이제 온라인 서비스에 전념하는 쪽으로 방향을 잡고 있었다. 인터넷을 통해서만 계좌를 개설할 수 있게 한 것은 그 첫걸음이었다.

에그는 전화와 우편으로만 거래하려는 기존 고객들에게도 계속하여 서비스를 제공했다. 마이크 해리스는 "우리는 온라인 거래에 관심이 없는 고객들도 있다는 것을 알고 있습니다. 그분들에게도 전화와 우편으로 이용할 수 있는 많은 서비스를 계속하여 제공할 것입니다."라는 말로 기존 고객들을 다독거렸다. 인터넷만 이용하는 200만 명의 고객을 유치하려 한다고 해서 50만 명의 기존 고객을 포기하고 싶지는 않았던 것이다.

높은 금리로 인터넷 고객들을 유인하다

1999년 6월 무렵에는 매일 1천여 건의 온라인 전용 예금 계좌 개설 신청서가 접수되고 있었다.

그런데 고객들은 정말 영악했다. 인터넷 고객들은 자기들이 인터넷을 이용하여 스스로 업무를 처리하므로 에그는 비용이 절감될 것이라며, 그만큼 보상해 달라고 요구했던 것이다. 이메일과 게시판을 통해 이런 주장이 쏟아져 들어왔다.

한편 에그의 경영진은 콜센터를 통한 고객 서비스에 들어가는 고객 1인당 비용이 상대적으로 높다는 것을 우려하고 있었다. 인터넷에 익숙하고 능동적인 고객들을 끌어들이는 노력을 하면서 동시에 비용을 줄일 수 있는 방법을 찾고 있었던 것이다. 이때가 바로 능동적인 고객들에게 혜택을 줌으로써 '인터넷 금융 서비스 회사' 라는 에그의 이미지를 한 단계 격상시킬 시기였다.

1999년 7월에 에그는 인터넷 뱅킹의 새로운 개념을 개척하였다. 인터넷으로만 거래하는 예금 계좌에 대해서는 당시 기준 금리보다 0.75%가 높은 5.75%를 제공하겠다고 발표한 것이다. 개설 신청뿐 아니라 모든 거래를 온라인으로 하는 계좌에 대한 이야기였다. 인터넷으로만 거래하는 고객들에게 그렇지 않은 고객들보다 높은 이자를 주겠다고 약속한 것이다.

대출 신청도 온라인으로

1999년 8월에는 대출 신청서를 온라인으로 제출하는 기능을 추가하면서 담보 대출의 기준 금리를 0.2% 인하했다. 에그의 선전 문구에 따르면 대출 신청서를 온라인으로 처리함으로써 절감된 비용으로 금리 인하가 가능했다고 한다. 사실은 그게 아니더라도 어차피 에그는 금리를 낮추려고 온갖 노력을 다하고 있었다. 온라인 신청과 금리 인하를 연동시킨 것은 단지 에그의 브랜드 경험을 강화시키는 방법이었을 뿐이다.

대출 신청서를 온라인으로 제출하는 고객에게는 두 가지 이득이 제공되었다.

· 전화 고객이나 우편 고객들에게 부과하는 신청 수수료를 면제받았다.
· 대출 가능 여부를 빨리 알 수 있었다. 온라인으로 신청서를 제출하면 그 자리에서 가능 여부를 알 수 있다. 최종 승인을 위해서는 여전히 종이 서류들을 제출해야 하지만. 그에 비해 전화 고객들은 예비 승인

을 얻기까지 보통 24시간을 기다려야 한다.

인터넷 신용카드 사업을 시작하다

개점 이전부터 계속되어온 소비자 조사의 결과를 바탕으로 에그는 다양한 상품을 준비하고 있었다. 소비자들이 계속 요구해 온 상품 중에서 신용카드를 출시할 차례였다. 신용카드를 출시할 준비가 된 시점에서 이미 에그는 선도적인 인터넷 브랜드로 자리잡고 있었다.

고객들의 요구 사항

1999년에 소비자들이 선호하던 신용카드는 어떤 것이었는가? 그 당시 영국에는 두 가지 인기 있는 방식이 있었다. 하나는 금리가 낮은 표준형 신용카드였고 다른 하나는 고객 충성과 관련되는 카드로서 마일리지나 포인트를 적립해 주는 방식이었다. 에그는 고객들이 두 가지 방식의 장점을 모은 카드를 원한다는 것을 발견했다. 금리가 낮으면서도 사용할 때마다 뭔가가 생기는 카드를 원했던 것이다. 이러한 고객들의 요구를 만족시킬 수 있는 카드로 내놓은 것이 에그 카드였다.

그리고 에그는 인터넷 금융 서비스 브랜드였으므로, 에그 카드는 당연히 인터넷 카드가 되어야 했다. 여기서 인터넷 카드란 온라인으로 쉽게 신청할 수 있고, 온라인으로 서비스가 제공되며, 오프라인에서와 마찬가지로 온라인에서도 안전하게 사용할 수 있는 카드를 말한다.

에그 카드의 출시

에그 카드는 출시와 함께 고객들을 사로잡았다. 온라인 계좌를 개시했을 때 그랬듯이, 카드 신청의 폭주 때문에 원활한 고객 서비스가 불가능할 정도였다. 다른 점은 이번에는 콜센터가 아니라 웹사이트가 폭주했다는 것이었다. 고객들과 예비 고객들은 부족한 시스템 성능 때문에 불편해했는데, 그 사실이 언론 보도를 타면서 그렇지 않아도 폭발적이던 관심과 수요에 부채질을 한 결과가 되었다.

요란하게 팡파르를 울리며 1999년 9월 19일에 출시된 에그 카드는 온라인 상품 구매에 사용할 수 있는 영국 최초의 신용카드였다. 모델은 1996년 미국에서 시작된 최초의 인터넷 기반 신용카드인 넥스트카드(NextCard)였다.

에그 카드를 '인터넷' 카드라고 하는 이유는 무엇일까? 우선 온라인으로만 카드 발급을 신청할 수 있다. 그리고 온라인으로만 계좌를 관리할 수 있다. 또 에그 쇼핑몰에서 구입한 금액에 대해서 최고 2%까지 현금을 되돌려 받는다. 그밖에 에그 카드가 제공하는 것들은 다음과 같다.

· 시장 최저인 9.9%의 대출 금리—금리 수준이 20%인 은행들도 있었음을 참고
· 최초 6개월 동안은 4.5%의 예금 금리 적용
· 모든 오프라인 구입에 대하여 최고 1%의 캐시백
· 수수료 없음
· 24시간 온라인 계좌 관리 서비스
· 인터넷 사기로부터 고객을 보호

또 한번의 폭주

에그의 경영진은 에그 카드가 출시가 고객들의 폭발적 반응을 불러오기를 기대하면서도 그에 대한 준비는 충분하다고 생각했다. 피트 마스덴

(Pete Marsden)이 이끄는 기술진이 기존의 웹사이트를 재구축하면서 훨씬 강력하고 안정적인 플랫폼으로 바꾸었으니 그럴 만도 하였다. 그러나 그들은 폭발적인 요구에 대응할 수 있도록 새 시스템을 튜닝하기가 쉽지 않았다. 이미 시스템 부하가 최고에 이른 시점에서는 튜닝이 쉽지 않다. 그렇지만 부하가 커지기 전에는 어떻게 튜닝을 해야 할지 알 수가 없는 것이다. 에그의 웹사이트에는 하루 3~4만 명의 방문객들이 수백만 번의 접속 수를 기록하였다. 에그에 소프트웨어를 공급한 사람들은 이렇게 엄청난 접속 수를 본 적이 없었다. 이번에는 병목 현상이 몇 주일만에 해결되었다. 그 동안에 에그의 전자 상거래 시스템이 튜닝되었고 현저한 성능의 향상이 이루어졌다.

고객들의 기대

지난번과 마찬가지로 에그의 경영진은 서비스 처리가 지연되는 이유를 에그 카드의 높은 인기 때문이라고 하면서 고객들에게 참아달라고 호소했다. 단 한 명의 고객의 기대라도 놓치지 않으려는 이러한 노력은 확실히 효과가 있었다. 4개월 만에 17만 5천 명이 에그 카드를 발급 받았다. 그 중 15%는 기존의 에그 고객이었지만 나머지 85%는 신규 고객이었다. 1년 동안에 40만 명이 에그 카드의 고객이 되었다.

고객 가치에 의한 경영

대부분의 금융 기관과 마찬가지로 에그의 경영진도 평생 고객 가치를 성공의 기준으로 삼았다. 차이점이라면 복잡하게 혼합된 상품과 서비스들을 제공한다는 점이었다. 에그에는 소매 금융과 금융 상품 중개와 비금융 거래 포털이라는 3 가지 핵심 사업 라인이 있다. 그래서 에그의 고객 가치나 포트폴리오 가치를 평가하는 일이 간단하지가 않다. 그렇지만 원칙은 같다. 고객을 유치하고 유지하며, 수익이 생기는 서비스를 제공하고, 금융 상품이든 비금융 상품이든 많이 팔아야 하는 것이다. 세 가지 핵심 사업의 목표는 똑같다. 그것은 고객을 획득하고, 고객 관계를 구축하고, 그 관계를 확장하는 것이다.

브랜드 경험의 가치가 현금으로

에그의 창업비용 및 그에 관련된 비용이 모기업인 푸르덴셜의 1999년 상반기 경상수익을 대폭 감소시켰다. 그러나 푸르덴셜은 투자를 계속했다. 푸르덴셜은 6개월 동안에 에그에서 6천 9백만 파운드의 손실이 발생하였지만, 이사회가 처음에 예상했던 6개월 손실액 1억 파운드에 비하면 양호한 것이라고 발표했다.

그들의 여유는 신규 브랜드의 성공, 다이렉트 뱅킹 모델의 수익성, 새로운 인터넷 기반 비즈니스 모델로의 추가 진출이라는 세 가지 믿는 구석이 있기 때문이었다.

2000년 6월 12일, 에그는 일부 주식을 공개하였다. 주식은 에그 주식을 갈망하던 에그 고객, 기관투자가, 에그와 푸르덴셜의 종업원들에게 공모가인 1.6 파운드로 판매되었다. 이 가격은 에그의 가치를 13억 파운드로, 즉 고객 1인당 가치를 1300 파운드로 평가한 것이었다. 알다시피 그 때는 전세계적으로 주가가 30%나 폭락한 직후였다. 예정되어 있던 기업 공개가 대부분 취소되던 시기였다. 그러나 푸르덴셜과 투자은행들은 에그의 브랜드 경험의 가치를 시장이 높이 평가할 것이라고 확신했다. 결과는 그들이 옳았음을 보여주었다. 공개 첫날 에그의 주식은 주당 1.9 파운드까지 치솟았다가 1.775 파운드로 장을 마쳤다. 종가로 환산하면 에그의 가치는 14억 6천 파운드이고, 고객 1인당 가치는 1460 파운드인 셈이었다.

<table>
<tr><td>∷</td><td>에그가 비즈니스 모델을 다각화하다</td></tr>
</table>

⊕ 모델1
비금융 서비스를 중개하는 거래 포털

금융 서비스와 온라인 쇼핑을 결합하다

에그의 경영진은 콜센터를 통해 계좌를 개설한 고객과 인터넷을 통해 계좌를 개설한 고객들 사이에 차이가 있다는 것을 발견하였다. "인터넷으로만 거래하는 고객들은 매우 활발하게 거래를 합니다." 리처드 듀발의 설명이다. "이 인터넷 고객들은 보통 여러 개의 계좌를 개설합니다. 아이들용 계좌, 휴가용 계좌, 크리스마스용 계좌를 따로 만드는 식이지요. 그리고는 자신의 계좌들 사이에서 이리저리 이체를 합니다. 다른 은행으로부터 우리 은행 계정으로 이체하기도 합니다." 인터넷 고객이 활발하게 거래한다는 사실은 에그에게 상당히 중요한 단서가 되었다. 온라인 거래를 선호하는 그들의 성향을 이용하면 더 많은 고객들을 유인할 수 있으리라 생각된 것이다.

온라인 신용카드는 온라인 쇼핑몰을 필요로 한다

신용카드 출시와 더불어 에그는 또 하나의 거대한 계획을 추진하고 있었다. 그것은 에그 브랜드의 온라인 쇼핑몰 겸 포털 사이트였다. 이 무렵부터 에그 경영진은 에그 브랜드의 성공을 확신할 수 있었다. 쇼핑몰은 에그가 벌인 몇 가지 '중개형' 비즈니스 모델 중 최초의 모델이었다.

온라인 쇼핑몰을 출범시키다

금융 기관인 에그는 왜 온라인 쇼핑몰을 제공하게 되었을까? 언뜻 생각하면 자연스럽게 보이지 않을 수도 있다. 자산 관리를 원하는 고객은 금융 서비스 사이트를 방문하고 쇼핑을 원하는 고객은 쇼핑몰을 찾게 마련이 아닌가? 리처드의 설명은 다음과 같았다. "온라인으로 구매할 상품을 갖추고 있지 않으면 인터넷 신용카드의 장점이라고 내세울 것이 거의 없습니다. 그런데 우리가 보기에 당시의 쇼핑몰들은 별로 매력적이지 못했습니다."

에그 카드의 출시에 맞추어 100개의 상점이 입점한 쇼핑몰을 구성하였다. 에그 숍(Egg Shop)으로 이름 붙여진 쇼핑몰은 본질적으로 에그의 브랜드 아래에 분야별로 상점들이 모여있는 포털사이트였다. 홍보/검색/주문 등의 서비스는 상점별로 따로 제공하고, 어느 상점에서든 에그 카드로 결제하면 자동적으로 2%를 되돌려 주는 식이었다.

고객의 쇼핑 경험을 향상시키다

하나의 우산 아래에 상점들을 모아놓고 어디서 쇼핑을 하든 동일한 현금 보상을 제공한 것은 일단 훌륭한 시작이었다. 그러나 그 정도로는 시간과 비용을 절약하려는 고객들의 요구에는 미치지 못했다. 1999년 12월 에그는 '스마트 검색' 기능을 구현함으로써 고객들의 쇼핑 경험을 개선시키는 첫걸음을 내딛었다. 에그의 스마트 검색에서 '귀걸이'라고 입력하면 수십 곳의 상점에서 판매하는 300여 가지 상품의 목록이 나타난다.

'음악' 카테고리를 선택한 다음에 '로비 윌리엄스'(Robbie Williams)로 검색하면 상점별로 앨범 목록과 가격 정보가 나타난다.

에그 고객들의 온라인 쇼핑 경험을 크게 개선할 두 가지 요소는

1. 저장된 고객 프로필을 에그 숍 안의 모든 상점들이 공유한다.

   프로필에는 상품 배달을 위한 주소 정보나 신용카드 정보 등이 포함되는데, 에그 숍에서 구매할 때마다 매번 새롭게 입력할 필요 없이 이미 저장되어 있는 정보를 재사용할 수 있다는 의미다.

2. 한 장의 주문서로 여러 상점에서 동시에 구매한다.

   아마존과 같은 온라인 백화점이 에그 숍과 같은 단일 쇼핑몰에 비해 압도적으로 유리한 점이 이것이다. 한 번에 여러 상점에 걸친 검색을 할 수 있다는 것은 대단한 일이다. 그러나 여러 상점의 상품을 한 번에 주문할 수 있다는 것은 더 대단한 일이다.

결과

첫해에는 간단한 비즈니스 모델을 사용하였다. 입점 업체들로부터 거래 1건당 소액의 수수료를 받는 식이었다. "수익성 면에서 보면 별 것이 없었습니다." 리처드의 말이다. 그러나 리처드의 설명에 따르면, 에그 숍뿐 아니라 영국의 모든 온라인 쇼핑몰들이 1999년 크리스마스 시즌 동안 재미를 보지 못했다고 한다. 1999년 4사분기의 온라인 매출액은 영국 전체 소매 매출의 0.7%에 불과했다. 방문객 기준 톱10에 들었음에도 불구하고 손익에는 별 영향을 주지 못한 것이다.

비즈니스 모델의 발전

온라인 쇼핑몰의 매출이 다소 실망스럽기는 했지만, 리처드는 온라인 쇼핑몰 모델이 성공할 것이라고 확신하였다. 꾸준한 트래픽 덕분에 소매업자들과 유리한 거래를 할 수 있다는 것 하나만으로도 그런 확신을 가질 수 있었다고 한다. 그러므로 소매업자들에게 입점료, 클릭 당 수수료 및 거래 수수료를 결합한 복잡한 비즈니스 모델을 제시하기는 쉬운 일이었다. 혼합형 비즈니스 모델은 상당한 수익을 창출할 것으로 기대되었으며 실제로 이 새로운 모델이 적용된 2000년 3사분기에는 수익이 4배로 증가하였고, 4사분기에는 매월 20만 파운드의 수익이 발생했다.

⊕ 모델2
금융 상품 중개

1단계: 투자 슈퍼마켓

미국에서는 찰스 슈왑이 1996년부터 온라인을 통해 다양한 뮤추얼펀드에 접근할 수 있는 서비스를 제공하기 시작했다. 영국에서도 많은 금융기관들이 이미 온라인 투자자들을 자사의 뮤추얼펀드로 유인하고 있기는 했지만, 온라인으로 거래할 수 있는 인기 펀드들을 모아 놓은 회사는 에그가 처음이었다.

2000년 3월 13일, 168개의 펀드(12개의 유명 기관이 제공하는)를 갖춘 에그 인베스트(Egg Invest)가 출범하였다. 2000년 11월에는 21개 기관이 제공하는 300여 펀드로 증가하였다. 제공되는 펀드의 종류도 인덱스 펀드에서부터 종합 펀드, 업종별 펀드, 지역별 펀드에 이르기까지 다양했다. 고객들은 각 펀드별로 성과와 전망을 살펴면서, 마음에 드는 아무 펀드에나 자유로이 가입할 수 있었다. 전제 조건이라면 에그의 예금 계좌를 보유하고 있는 고객이어야 한다는 것뿐이었다.

에그 인베스트의 두 가지 목표는 다음과 같다.

· 기존 에그 고객들의 포트폴리오 점유율을 높인다.
· 예금이나 신용카드보다 투자에 관심이 많은 신규 고객들을 유인한다.

리처드 듀발의 설명에 따르면, 영국의 세금 마감은 매년 4월 5일이다. 마감 전 달에는 많은 사람들이 합법적인 절세 방법을 찾아다닌다. 그런 금융 상품들을 개인저축예금(ISA)이라고 하는데, 'ISA 센터'야말로 가장 유명한 에그의 특징이었다. 2000년 무렵에는 납세자 1인당 연간 7천 파운드까지 ISA에 투자할 수 있었다.

그러나 에그는 2000년에 ISA 시장에서의 돈벌이 기회를 많이 놓치고 말았다. "출범하기 전에 모든 것이 완벽해야 한다고 너무 조심하다보니 마감 2주일 전에야 겨우 서비스를 시작했거든요."라고 리처드가 설명했다.

투자 슈퍼마켓의 비즈니스 모델은 어떤 것인가? 에그는 고객들의 투자에 대하여 수수료를 받는다. 에그 인베스트는 온라인 투자의 전 과정을 자동화함으로써 업무 처리에 들어가는 비용을 크게 줄였다. 에그는 또한 자사의 구매력을 이용하여, 펀드 제공 기관들과도 유리한 거래를 한다. 이런 식으로 비용을 절감한 에그는 선납 수수료와 연간 수수료를 업계 평균의 절반 수준으로 낮추는 방식으로 고객들에게 돌려준다. 나아가 에그는 영국 최초로 '수수료 없는 펀드'(no-load funds)를 만들기에 이르렀다.

2단계: 보험 슈퍼마켓

다음 단계의 금융 서비스 중개 사업은 보험 슈퍼마켓이었다. 리처드 듀 발은 그것이 "멋진 고객 유치 수단"이 될 것이라고 믿고 있다. 자동차 보험은 누구나 들어야 하고 생명 보험도 대부분 가입하고 있지 않은가? 더구나 저축이나 투자와는 달리 보험 상품은 매년 새로운 것이 나온다. 예상대로 에그 인슈어(Egg Insure)의 출발은 매우 순조로웠다. 출범 두 달만에 30만 명 이상이 관심을 표했던 것이다.

에그 인베스트의 경험에서 배운 것들이 그대로 에그 인슈어에 적용되고 있다. 에그 인슈어는 푸르덴셜의 보험 상품뿐 아니라 푸르덴셜과 경쟁 관계에 있는 보험회사의 상품들도 취급하고 있다. 그리고 유용한 조언을 곁들여 상품별로 조목조목 비교해주기 때문에, 에그를 통해 보험에 가입하거나 갱신하는 고객들은 공정하다는 생각을 하게 된다.

수익은 어디서 발생하는가? 물론 보험 상품의 판매와 갱신 시에 발생하는 수수료에서 발생한다.

⊕ 모델3
금융 서비스 브랜드를 이용한 아웃소싱 제공

보석을 재활용한다

에그의 경영진은 이 새로운 비즈니스 모델을 위에서 언급한 금융 서비스의 하나로 생각할지도 모르지만, 필자는 별도의 모델이라고 생각한다. 이것은 제품만이 아니라 관련되는 핵심 업무 과정까지 협력사에 제공하는 방식을 말한다. 고객들에게 서비스를 제공하는 것에 머물지 않고, 그 서비스 제공 방식에 브랜드 이름을 붙여서 다른 회사에 제공하는 것이다. 그렇게 되면 브랜드를 경험하는 새로운 고객들을 지속적으로 확보할 수 있게 된다. 그리고 이것은 새로운 투자가 아니라 이미 존재하는 보석(브랜드)을 재활용하는 것이다.

에그 카드가 바로 이러한 보석 역할을 했다.

에그와 부츠: 강력한 브랜드 결합

1999년 가을에 에그 경영진은 영국 최대의 약국 체인인 부츠(Boots)의 경영진을 만나 건강관리 포털사이트를 함께 만들자고 의중을 타진해 보았다. 당시 부츠는 관심을 표시했지만 바로 행동으로 들어갈 정도는 아니었다. 그런데 2000년 2월 지나는 길에 부츠를 방문했던 리처드 듀발은, 부츠가 당시 인기 만점이던 고객 카드에 신용카드 기능을 추가하려는 프로젝트를 진행중인 것을 발견했다. "마침 그들은 신용카드 협력사를 고르는 중이었습니다. 공동 브랜드로 카드를 만들자고 제안했지요." 포털사이트 문제로 이미 에그를 잠재적 협력사 명단에 올려놓은 바 있었던 부츠는 기꺼이 그 제안을 받아들였다. 2개월 후에 양사는 '부츠/어드밴티지' 고객 카드를 '에그/부츠 어드밴티지' 고객 카드 겸 신용카드로 전환하기 위한 계약에 합의하였다.

부츠의 고객 카드

부츠가 단골들에게 어드밴티지 카드를 발급하기 시작한 것은 1997년이었다. 에그와 계약을 맺은 시점에서 총 가입자는 1천 2백만 명이었고 활동적인 회원만 해도 850만 명에 달했다. 카드 회원은 부츠에서 구매할 때 1파운드 당 4펜스를 되돌려 받는다. 부츠 카드의 고객 중에는 여성이 압도적으로 많다. 그래서인지 부츠가 제공해 온 고객 경험의 전형적인 모습은 "부츠 어드밴티지 카드 소지자들만을 위한 맘껏 먹고 노는 축제"다. 그리고 적립된 포인트로 구입하는 상품을 보면 아기용품 같은 필수품보다는 향수나 로션과 같은 고가품이 많다.

에그의 공헌

에그는 웹사이트를 개발하였으며 기존의 인프라를 이용하여 신용카드의 신청/관리/운영 및 신용도 점검 등의 일을 하고 있다. 에그가 부츠에 제공하는 것은 이미 만들어져 있는 신용카드 인프라와 온라인 쇼핑몰이다. 그 대가는 수백만 명의 부츠 고객들이 에그의 브랜드와 마주치게 되는 것이다.

비즈니스 모델은 어떻게 작동하는가? "우리는 부츠에게 고객 한 명당 얼마씩으로 정해서 지불합니다. 위험을 분산하기 위하여 일부는 가입할 때 지불하고 나머지는 고객 관계가 지속되는 전 기간에 걸쳐 분할해서 지불하지요."

부츠 고객들은 인터넷을 통해 카드 발급을 신청할 수 있게 되었다. 그러나 전화를 선호하는 고객들은 여전히 전화를 이용할 수 있다. 온라인으로 카드를 신청하고 온라인으로 결제하는 부츠/에그 카드 고객들은 정상적인 에그 카드 고객들과 마찬가지로 가장 낮은 금리를 적용받는다. 그러나 전화와 우편을 선호하는 고객들은 여전히 전화나 우편을 사용할 수 있다. 다만 그들에게는 약간 높은 금리가 적용된다.

부츠의 고객들이 새 카드를 사용함으로써 발생하는 이익으로 추가 할인이 있다. 기존에는 부츠에서 쇼핑할 때에만 4포인트(1파운드 당 4펜스)의 혜택이 있었지만, 이제는 어디서 쇼핑을 하든 1포인트의 혜택이 주어지고 온라인 에그 숍에서 쇼핑을 하면 2포인트를 받는다. 이렇게 받은 포인트는 오프라인 부츠 매장에 있는 어드밴티지 키오스크에서 현금으로 돌려 받을 수 있다.

결과

에그의 성공 여부는 아직 결정되었다고 할 수 없다. 그렇지만, 출범 초기부터 인기도와 시장 점유율을 확보한 것은 대단한 일이었다. 그들은 새로운 비즈니스 모델을 공격적으로 시도했다. 그 중에서도 부츠와의 공동 브랜드 사업이 가장 매력적으로 보인다. 그것은 기존의 정보 기술과 고객 지원 인프라 및 고객 경험을 활용한 결과였으며, 장기적으로 수익을 올려줄 커다란 고객 집단을 유치할 수 있는 좋은 기회이기도 하다.

2000년 가을 무렵 에그는 빨리 수익을 올리라는 투자자들의 압력을 받고 있었다. 에그는 3사분기의 손실을 10% 줄였지만, 그렇게 하기 위해서는 브랜드 이미지를 손상시킬 수밖에 없었다. 예금 이자를 낮춘 결과 상당한 규모의 예금이 빠져나간 것이다. 손해를 무릅쓰는 이자율 정책을 포기하기 시작한 7월부터 9월 사이에 4억 파운드가 빠져나갔다. 신규 고객의 증가도 2사분기의 11만 4천 명에서 3사분기에는 10만 7천 명으로 줄었다. 2000년 말의 고객 수는 133만 명이었다.

2000년 11월에는 마이크 해리스가 오프라인 지점을 추가해야 한다고 말하기 시작했다. 전화나 인터넷뿐 아니라 직접 대면하는 것을 선호하는 고객들도 많다는 것을 알게된 것이다. 다행히도 오프라인 지점을 열기 위해서 부동산에 투자해야 하는 부담은 없다. 모기업인 푸르덴셜의 지점을 활용하면 되는 것이다. 그리고 부츠 매장을 선별하여 그 안에 간이 지점을 설치할 수도 있을 것이다.

교훈

에그의 사례에서 우리는 고객 경험을 창출하고 유지하는 방법에 관해 많은 것을 배울 수 있다. 에그가 고객들의 기대 수준을 설정하고 관리하는 데 성공한 일과 실패한 일 모두가 유익한 교훈이 되는 것이다. 에그가 비즈니스 모델을 확장하면서 1년에 두 번 꼴로 인프라를 재구축해야 했던 일은, 비행 도중에 엔진을 교체해야 한다는 e비즈니스 특유의 모습을 보여준 대표적인 사례이다.

처음에 에그는 고객 경험을 제대로 제공할 수 있도록 조직되어 있지 못했던 것 같다. 처음에는 모든 고객 접점에서 일관되게 제공할 고객 경험을 총괄하는 책임자도 없었다. 그러나 지금은 리즈 그래턴(Liz Gratton)이 고객 경험 책임을 맡고 있다. 리즈는 에그의 커뮤니케이션 센터를 운영하면서 동시에 온라인과 오프라인을 통한 고객 경험 전반을 책임지고 있다.

에그도 나름대로의 고객 가치 지표를 관리하고 있다는 사실을 덧붙인다. 임원들이 면밀하게 고객 관련 지표들을 모니터하고 있다. 그러나 슈왑과는 달리, 에그는 아직 고객 만족도와 직원의 보수를 밀접하게 연계시키지 않고 있다.

제4부

경영 전략
고객 가치를 측정하라
고객 경험을 모니터하라
총체적 고객 경험을 제공하라

8 장
고객조종실을 구축하라

기업과의 관계에서 칼자루를 쥐게 된 고객들은 과거 어느 때보다도 많은 것을 요구하고 있다. 그렇지만 다행스럽게도 고객들의 변덕스러운 요구를 충족시킬 수 있는 도구와 노하우도 개발되어 있다. 더욱 놀라운 사실은 말 그대로 수백만 명의 고객들과 개별적인 관계를 맺는 것도 가능해졌다는 것이다. 고객들이 필요로 하는 정보를 적시에 제공할 수 있고, 전세계 어디에 있는 고객에게라도 서비스를 제공할 수 있으며, 고객들이 선호하는 방식으로 고객들과 접촉할 수 있는 시대가 되었다. 또한 그렇게 정보와 서비스를 제공하는 일을 얼마나 잘하고 있는지를 모니터할 수 있는 시대이기도 하다. 고객들의 기대를 충족시키고 있는가? 고객들이 기대하는 수준의 서비스를 제공하고 있는가? 고객들의 요구에 제대로 응답하고 있는가? 간단히 말하면, 고객 가치를 모니터할 수 있으며, 고객들에게 중요한 것을 측정할 수 있다는 것이다.

이 책의 나머지 부분에서는 고객 충성을 획득하고 고객 프랜차이즈를 증대시키는 데 필요한 총체적 고객 경험을 창출하는 방법론과 실례들을 제시할 것이다. 이 장에서는 우선 어떤 지표들을 측정해야 하는지를 생각해 보는 틀로서 고객조종실(Customer Flight Deck)이라는 이름의 계기판에 관해 설명할 것이다. 그 다음에 기업들이 총체적 고객 경험을 창출하는 데 사용한 몇 가지 사업 방식들을 제시하고, 마지막으로 그것들을 하나의 고객조종실로 묶어서 상호관련성을 보여줄 생각이다.

고객 경제 시대로의 이륙

필자에게는 조종사 훈련을 받은 후에 20년 동안 우주비행사로 일했던 조 앨런(Joe Allen)이라는 친구가 있다. 그는 외계 우주 여행을 두 번이나 했으며 지구 궤도를 208번 선회했다고 한다. 208회의 궤도 선회 비행 중에서 서너 차례는 우주선 밖으로 나가서 인공위성을 붙들고 있어야 했는데, 그것은 인공위성을 우주선 위로 옮기는 장치가 고장났기 때문에 임시 처방을 모색하기 위한 것이었다고 한다. 그는 지금 데이터 보안 회사인 베리디안(Veridian)의 이사회 의장으로 있다. 필자는 그에게 일반적인 조종실 모양이 어떻게 생겼는지 물어보았다. 조종사들은 어떤 계기들을 사용하는지 궁금했던 것이다. 한참을 생각하더니 그는 계기들과 조종 장치를 네 개의 카테고리로 나누어 설명했다. 그것들은 각각 항해를 위해 사용되는 것, 성능을 모니터하기 위해 사용되는 것, 운전을 위해 사용되는 것, 비행기 안팎의 환경을 모니터하기 위해 사용되는 것이라고 했다.

비행 지표들의 비유를 통해 기업의 행로를 추적하는 데 사용할 고객 지표들을 설명하기 전에, 친구 조의 또 하나의 통찰력을 소개하려고 한다.

그의 설명에 따르면 요즘의 조종사들은 조종실 안에 부착되어 있는 계기들만 사용하는 것이 아니고 점차 휴대 장치를 많이 사용하는 추세에 있다고 한다. GPS와 정교한 소프트웨어들 덕분에, 그들은 노트북을 이용하여 비행기의 상태와 비행 경로를 모니터할 수 있다는 것이다. 고객조종실을 컴퓨터 화면에 있는 하나의 제어판으로 생각하지 말고, 항상 들고 다니면서 비행 궤도를 모니터하고 또 변경하는 데 사용하는 휴대 장치들의 집합으로 생각하기 바란다. 그리고 모든 직원과 협력사들은 회사의 고객조종실에 대한 나름대로의 개별 버전을 가지는 것이 이상적이라는 사실을 유념하기 바란다.

고객조종실에 들어가는 고객 지표들

비행기의 조종실에 앉아 있다고 상상해 보자. 비행기에는 고객들이 타고 있다. 조종사가 제어할 수 없는 기상이변이나 기류이상, 장비불량 등의 요인이 있음에도 불구하고, 고객들은 조종사가 최고의 경험과 적절한 방법을 동원하여 자기들을 목적지까지 데려다 줄 것이라고 믿는다. 이러한 비행을 더욱 어렵게 만드는 요인은 승객들이 자신이 타고 있는 비행기를 재설계하고 있다는 사실이다. 물론 어떤 경우든 조종사의 궁극적인 임무는 능숙하게 이륙해서 비행하다가 안전하게 착륙하는 것이라는 사실을 잊어서는 안 된다.

조종사가 앉아 있는 의자는 안락한 것일 수도 있고 아닐 수도 있다. 설령 안락하지 않다 하더라도 금방 익숙해져야 할 것이다. 앞으로의 여정이 멀다는 것을 알기 때문이다. 조종사 앞에는 각기 의미와 목적이 다른 다이얼과 계기와 지시등들이 배열되어 있어서 비행기를 조종하는 일을 돕고 있다. 눈을 들면 보이는 더 넓은 풍경은 때로는 밝은 대낮이고 때로는 어두운 밤중이며 때로는 언제 폭풍우가 휘몰아칠지 모르는 고요한 바다일 수도 있다.

비행을 시작하기 전에 우선적으로 해야할 일은 목적지를 결정하고 거기에 도달할 계획을 세우는 것이다. 모든 것이 제대로 작동하고 있는지 이륙 전에 점검을 한다. 준비가 끝나면 관제탑의 승인을 받아 활주로를 이륙한다. 비행이 시작되는 것이다. 어려운 고비를 넘겼다고 숨을 돌리기 전에 조종실을 찬찬히 들여다 보라. 진짜 중요한 일은 이제부터라는 것을 깨닫게 될 것이다. 올바른 방향으로 날고 있는지를 확인하기 위해서는 〈항해〉를, 모든 시스템이 정상적으로 작동하는지를 확인하기 위해서는 〈성능〉을, 필요한 경우에 언제든지 조정할 수 있기 위해서는 〈운영〉을, 불의의 일격을 맞지 않기 위해서는 〈환경〉을 모니터해야 한다.

이와 같은 은유가 기업의 고객 지표 측정을 설명하기 위한 것이라는 것은 독자들도 알고 있을 것이다. 여기서 말하는 비행 계획은 물론 기업의 전략을 뜻한다. 그리고 항해는 그 계획을 향한 과정을 말한다. 성능과 운영은 프로세스 전후의 측정을 의미하며, 환경은 사업의 방법과 방향에 영향을 미치는 외부 요인들의 집합을 가리킨다.

그러면 도대체 무엇을 측정하는가? 기업이 기존 고객과 신규 고객들에게 어떻게 하고 있는가를 측정함으로써 고객 프랜차이즈의 가치를 최대화시키는 것이 목표다. 그리고 이것을 통해서 기업이 고객들에게 제공하는 총체적 고객 경험의 질에 관해서 많은 것을 알 수 있다는 것도 중요하다.

그렇다면 이것은 최근에 유행하고 있는 균형성과표(BSC, Balanced Score Card)의 변형에 불과한 것이 아닌가 하고 생각하는 독자들도 있을지 모르겠다. 물론 BSD도 나름대로의 장점을 갖고 있으며 오래 전부터 필자는 모든 기업들이 정기적으로 그리고 일관된 방법으로 사업 효율을 평가해야 한다고 생각해 왔다. 그러나 BSD와 고객조종실은 두 가지 점에서 결정적으로 다르다고 생각한다. 첫째 고객조종실은 고객을 최우선으로 한다. 고객조종실은 기업의 가치는 고객 관계의 평생 가치에서 나온다는 원칙을 충실히 구현한다. 둘째 고객조종실은 그 자체가 고객 경험의 질에 영향을 줄 요인들을 측정하고 관리하는 일을 돕도록 기획되었다.

그렇다면 고객조종실에는 어떤 종류의 고객 지표들이 포함될 것인가? 그것들을 네 개의 카테고리로 나누어 살펴보기 전에, 먼저 고객 관계의 깊이를 결정하는 기본적인 요소들이 무엇인지 생각해 보자.

- 회사가 보유하고 있는 활동 고객의 수. 〈항해〉에서는 이 수치가 활동 계좌, 개인, 가구의 숫자 혹은 익명 고객의 수가 될 것이다. 부차적인 지표로서 〈성능〉과 〈운영〉에 포함되는 입소문에 의한 신규 고객, 신규 계좌의 증가, 기타 전체 고객의 수와 관련되는 모든 측정값들이 포함된다.

- 오랫동안 충성 고객으로 남아있는 고객의 수. 고전적으로 이것을 유지 비율(retention rate)이라고 하며 비관론자의 용어로는 이탈 비율(attrition rate)이라고도 한다. 고객 집단별 유지 기간도 유용한 지표다.

- 고객 경험이 얼마나 적극적인가. 이 지표는 보통 고객 만족도 조사를 통해 알 수 있다. 인터넷을 주요 고객 접점으로 사용하는 기업들은 버려진 장바구니의 비율이나 방문자 대비 구입액 등 여

러 가지 지표들을 개발하고 있다.

⚙ 고객들이 회사의 제품과 서비스에 얼마나 많은 돈을 지출하는가. 전형적인 지표는 거래 1건당 액수, 고객 1인당 매출이나 수익, 지출 점유율(shares of wallet) 등이다. 부차적인 것으로는 계좌별 혹은 개인별 매출과 수익, 그리고 그것들의 성장률이 포함될 수 있다.

이러한 고객 관련 요소들을 비행기 조종실의 비유에서 묘사한 것과 같은 식으로 정리해 보자. 예를 들어, 어떤 회사의 고객 증대 목표가 3년 동안 소기업 고객을 25% 늘리는 것이라고 가정해 보자. 그러면 그것은 고객의 수라는 요인을 중심으로 하는 비행 계획이 될 것이다. 여기서 비행 도중에 무언가를 조정할 수 있는 많은 계기들이 달린 네 개의 계기판을 상상해 보자. 소기업 고객을 25% 늘린다는 목표를 위하여 측정해야할 것들은 다음과 같은 것들이 될 것이다.

⚙ 항해. 목표를 향하여 올바른 방향으로 날고 있는지를 확인하기 위하여 고객 수의 정기적인 점검이 필요할 것이다. 절대적인 고객수도 괜찮고, 목표치와 비교할 수 있는 퍼센트 값도 괜찮다. 〈항해〉에서는 우리가 어디 있는지, 목표를 향하여 얼마나 빨리 가고 있는지, 올바른 방향으로 가고 있는지를 알 수 있다.

⚙ 성능. 〈성능〉에는 "무엇이 〈항해〉의 지표들을 변화시켰는가?" 라는 질문의 답들이 들어간다. 우리의 예에서는 판매의 성공과 실패 같은 것들이 여기에 해당될 수 있을 것이다.

⚙ 운영. 〈성능〉의 지표를 변화시키는 것은 무엇인가? 어떤 고객에게는 성공하고 다른 고객에게는 실패하는 이유는 무엇인가? 〈운

영〉에서는 프로세스의 내부 작용, 즉 판매 노력, 재고 확보, 출시에 걸리는 시간, 생산라인의 지속적인 가동 등이 문제가 된다.

⚬ 환경. 조종사가 돌풍이나 폭설을 걱정하는 것과 마찬가지로, 기업 경영자들에게도 그런 돌발 사태가 문제가 된다. 경쟁사가 더 좋은 제품을 내놓거나 더 좋은 가격을 제시함으로써 우리가 고객을 잃지는 않을까? 새로 제안된 법령이나 규제가 전체 시장에 영향을 미칠 것인가? 인구통계학적 분포의 커다란 변화는 없었는가?

이런 정도면 다음 사례와 같은 고객조종실 지표들을 개발할 수 있을 것이다. 여기서는 앞에서 사례로 소개한 영국의 인터넷 기반 금융서비스 회사인 에그를 위한 고객조종실 초안을 다뤄보기로 한다. 에그의 장기(3년) 전략 목표는 다음과 같다고 임의로 가정하였다.

· 총 고객 수 200만 명
· 조회와 예금 이외의 서비스를 이용하는 고객의 비율 75%
· 자산 300억 파운드
· 연간 고객 예금 증가율 25%

내부 인과관계와 예측 가능성

위의 예에서 우리는 〈성능〉이 〈항해〉에 미치는 영향과 〈운영〉이 〈성능〉에 미치는 영향을 "무엇이 그것을 변화시켰는가?"라는 식으로 물었다. 똑같은 질문을 〈운영〉에 적용하면 또 다른 차원의 인과관계가 드러난다. 업무 프로세스의 개선이라는 개념이 적용될 수 있는 차원이 바로 이곳이다. 모든 외부 측정값들은 하나 이상의 내부 프로세스에 어떤 방식으로든 연동된다. 이러한 연동 관계는 어떤 내부 프로세스가 고객 경험과 고객 만족과 고객 유지와 고객 지출에 가장 큰 영향을 미치는가를 드러내

	항해	성능	운영	환경
고객 수	· 인터넷 고객의 수 · 다른 고객의 소개(입소문)로 획득한 고객의 수	· 온라인 활동 고객의 수 · 입소문의 증가와 감소 · 두 가지 이상의 제품을 사용하는 고객의 수	· 웹사이트 방문자 수 · 전환 비율 · 웹을 통해 제출한 신청서의 수 · 웹을 통해 승인된 신청서 수	· 동종 업체 내에서의 고객, 자산, 제품의 순위
고객 유지	· 고객 유지 비율	· 제품별 고객 유지 비율 · 고객 집단별 고객 유지 비율 · 마케팅 캠페인별 고객 유지 비율	· 신제품이나 신규 서비스를 사용하는 고객의 비율 · 고객 집단별 거래 빈도	· 업계 평균과 비교한 상대적 지표
고객 경험	· 고객 만족도 순위 · 에그 자유지대의 고객 불만 비율	· 고객 접점별 고객 만족도 순위 웹사이트/이메일/전화 · 제품별 고객 만족도 순위 · 업무별 고객 만족도 금리와 수수료/청구서/온라인 오프라인 신용카드 사용법/제품 제공	· 통화대기 시간 · 웹사이트 반응 시간 · 가장 일반적인 고객 시나리오의 실행 시간 · 웹을 통한 거래의 평균 클릭 수 · 고객 지원이 원타임으로 이루어지는 비율	· 경쟁사의 서비스와 비교한 상대적인 만족도 통화대기 시간/웹사이트 반응 시간/작업별 고객 시나리오 실행 시간/가장 이란적인 고객 시나리오 실행 시간/웹을 통한 거래의 평균 클릭 수
고객 지출	· 관리하고 있는 총 고객 자산 · 고객 집단별 수익 · 고객의 평생 가치	· 고객 자산의 증가와 감소 · 고객 획득 비용과 유지 비용 · 고객 집단별 지출 점유율	· 반복 구매와 연결 구매를 하는 고객의 비율 · 회수 불가능한 대출의 비율 · 접점별 고객 서비스 비용과 지원 비용	· 경쟁사들의 수수료와 금리 구조

에그를 위한 고객조종실 초안

기 때문에 매우 유용하게 활용될 수 있다. 이런 식으로 보면 〈운영〉 지표들은 고객 행동을 예측할 수 있는 내부 예언자의 역할을 할 수 있다. 진행중인 프로세스의 성능으로 프로세스 종료 후의 결과를 예측할 수 있듯이, 프로세스 종료 후의 성능을 보면 고객 획득 여부를 예측할 수 있게 되는 것이다. 예컨대 고객은 배달 시간을 중히 여기고 있고 배달 시간에는 고객의 주문을 받아 처리하는 시간이 포함된다고 할 때, 그러한 내부 처리 시간을 절약하는 것은 고객을 더 만족스럽게 하는 일이다.

그러나 고객조종실의 예측적 성격은 수평적인 방향(즉 〈운영〉 — 〈성능〉 — 〈항해〉)으로만 작용하는 것이 아니다. 고객 경험과 고객 유지와 고객 지출을 수직적으로 연결하는 인과관계를 알아낼 수 있으면 조종실의 위력은 더욱 커질 것이다. 다시 말해 엄밀한 인과관계에 근거한 고객조종실을 만들면 특정 서비스 개선이나 제품 업그레이드의 현금 유입 효과를, 최소한 개략적으로는, 계산할 수 있게 된다는 뜻이다.

고객만 중요한가?

이쯤해서 회사의 재무를 담당하는 독자들은 고개를 젓고 있을지도 모르겠다. 고객조종실 모델에는 비용, 자산, 부채 등의 용어가 등장하지 않기 때문이다. 인사관리를 담당하는 독자들도 손을 내젓고 있을 것이다. 이 모델은 직원들에 대하여 아무런 고려를 하지 않는 것으로 보일 것이기 때문이다. 실제로 현금흐름을 측정하고 직원 만족도를 모니터하기 위한 균형 잡힌 접근법을 제공하는 도구들은 많다. 그럼에도 불구하고 필자가 고객조종실을 강조하는 것은 그것이 고객들에게 가장 중요한, 그리고 고객 프랜차이즈의 가치를 증가시킬 핵심 지표들을 측정할 수 있게 해주기 때문이다.

고객조종실을 만드는 방법

고객조종실을 만드는 방법은 세 가지가 있다.

· 전략적 목표에서 시작하여 그에 따른 〈항해〉 지표들을 결정한다. 이어서 인과관계를 찾아가며 〈성능〉과 〈운영〉 지표들을 결정한다. 이 방법의 장점은 밖에서 안으로 즉 고객으로부터 프로세스를 향하여 고객조종실을 만든다는 것이다.

· 이미 측정하고 있는 지표들을 모은 다음 적절한 위치를 찾아 배열하는 방법이다. 이 방법의 장점은 이미 알고 있는 유용한 지표들을 재활용할 수 있다는 것이다.

· 프로세서 중심의 회사라면 프로세스 체계를 중심으로 거기에 이미 알고 있는 지표들을 덧붙이는 방식으로 고객조종실을 만들 수 있다. 이것은 특히 내부 프로세스들과 그것들 사이의 관계를 잘 파악하고 있는 회사에 유리한 방법이다.

어떤 방식을 사용해도 되지만 중요한 것은 극단으로 치닫지 말라는 것이다. 이것은 물론 어디서나 들을 수 있는 평범한 진리이지만 여기서는 특별히 중요한 의미가 있다. 고객조종실은 쓸모 있는 분석 및 진단 도구가 되어야 하지만, 한계를 긋지 않으면 한없이 복잡하게 될 것이기 때문이다. 고객조종실에는 고객 프랜차이즈 목표와 고객 경험의 질에 가장 직접적이고 가장 강력한 영향을 주는 지표들만 들어가야 한다.

그렇다면 고객조종실 하나에는 몇 개의 지표가 포함되어야 하는가? 중요한 문제이기는 하지만 정확한 숫자는 필자도 모른다고 고백할 수밖에 없다. 여기서 제시한 고객조종실 초안은 16칸으로 되어있고 칸마다 평균 3개의 지표가 있으니 총 48개의 지표가 들어있는 셈이다. 48이면 이미 너무 많을지도 모른다. 여기에서 칸마다 하나씩 더 추가하면 64개가 될 것이고, 직원용이나 협력사용으로 변형할 경우에는 더 늘어날 테니 말이다.

그렇다고 해서 어떤 조직에서든 48개의 지표만 측정하면 된다는 뜻은 아니다. 때로는 그 이상이 필요할 수도 있다. 중요한 것은 고객조종실이 조직의 모든 측정값들을 모아 놓은 것은 아니라는 것이다. 고객조종실은 고객 가치를 창출/유지하고 훌륭한 고객 경험을 제공하려는 회사의 노력이 어디까지 와 있는지를 모든 직원들이 정기적으로 돌아볼 수 있게 만드는 계기판들의 집합이다.

하나 이상의 고객조종실이 필요한가?

물론이다. 명확성과 집중성을 위하여 고객 집단별로 예컨대 기업 고객과 소비자 고객으로 나누어 별도의 고객조종실을 만들어야 할 경우가 있다. 혹은 스스로 거래하는 고객 집단과 전문가에게 위임하는 고객 집단으로 나누어 별도의 고객조종실을 만들고 싶은 경우도 있을 것이다. 이상적인 경우라면 직원 집단별로도 별도의 고객조종실을 만들어, 회사 전체에서 고객 가치와 고객 충성 목표가 달성되고 있는지를 모니터함과 동시에 자기 팀이 고객 관련 업무를 잘 처리하고 있는지를 모니터할 수 있어야 한다.

협력사들의 행동도 고객 경험의 질에 영향을 미친다. 따라서 협력사들도 본사의 전략적 목표 및 고객들의 우선 순위에 연결된 나름대로의 고객조종실을 갖고 있어야 한다.

고객조종실을 사례 연구에 적용하다

앞으로 소개할 사례 연구에 나오는 회사들은 여기서 설명하는 식의 고객조종실을 명시적으로 구현하고 있지는 않다. 그러나 그들이 무엇을 모니터하고 측정하는지를 보면 고객조종실과 거의 비슷하다는 것을 알 수 있을 것이다. 각각의 사례 연구에서는 회사가 조사팀에게 공개한 측정 항목들(세상에 알리고 싶지 않은 항목도 있었을 것이다)을 자유롭게 재배치하여 고객조종실의 형태로 만들어 보았다. 독자들은 여러 업계의 많은 기업들이 어느 정도까지 고객 가치에 의한, 고객 가치를 위한 경영을 하고 있으며 고객에게 중요한 것들을 측정하고 있는지를 알게 될 것이다. 마지막으로 각각의 사례마다 각 회사에게 필요하다고 생각되는 추가적인 지표 몇 개씩을 임의로 추가해 보았다.

총체적 고객 경험을 위한 8가지 과제

고객들의 마음을 사로잡는 최고의 방법은 훌륭한 고객 경험을 제공하고 고객들의 소리를 경청하는 것이다. 다음 장부터는 여러 대륙, 여러 업계의 특징적인 회사들에 대한 사례 연구를 차례로 소개할 것이다. 이 회사들은 한결같이 총체적 고객 경험을 제공하는 방법을 잘 알고 있다. 대부분의 회사들은 벌써 고객 관계를 육성하고 훌륭한 고객 경험을 제공하는데 들어간 투자의 효과를 보기 시작하고 있다. 소개된 회사들은 도중에 여러 가지 어려움을 겪었지만 결국에는 모두 이겨내고 말았다.

이 회사들이 선정된 이유는 무엇인가? 고객들의 힘이 점점 커지고 있는 사업 환경에서 볼 때, 이 회사들은 모두 고객을 사업 전략의 핵심에 놓았다는 공통점이 있다. 그리고 모두가 배울 만한 교훈을 주는 회사들이다.

2년여에 걸쳐 조사를 한 다음에 필자의 팀은 이 회사들과 아직 고객 혁명의 와중에 엉거주춤하고 있는 회사들과 다른 점이 무엇인가를 곰곰이 생각해 보았다. 그 결과 고객 혁명 시대에 성공하기 위해서는 다음과 같은 8 가지 과제를 수행해야 한다는 것을 발견했다.

총체적 고객 경험을 제공하기 위한 8가지 과제

1. 강력한 브랜드 개성을 창조하라

2. 채널과 고객 접점을 뛰어넘는 일관된 고객 경험을 제공하라

3. 고객들과 그들이 얻은 결과에 관심을 기울여라

4. 고객들에게 중요한 것을 측정하라

5. 고객 관련 업무를 개선하라

6. 고객들의 시간을 귀중히 여겨라

7. 고객 DNA를 핵심에 놓아라

8. 비즈니스 모델을 다각화하라

다음 장부터는 실제 경영에 적용해 볼 수 있도록 각 과제를 소개하고 설명할 것이며 과제마다 하나 이상의 사례 연구를 덧붙일 예정이다.

모든 사례 기업들은 8가지 과제 중에서 최소한 5가지는 수행했다는 것을 알게 될 것이다. 그리고 모든 사례 기업들은 이미 고객 가치와 고객 경험의 핵심 요소들을 측정하고 있다. 사례 연구의 말미에는 고객조종실 초안을 덧붙여서 각 기업들이 사용하는 지표들을 찾아보기 쉽게 하였다.

각각의 과제와 사례를 읽어가면서 스스로 질문을 던져보길 바란다. 나는 이 중 몇 가지 과제를 수행하고 있는가? 우리 회사의 고객 지표와는 어떻게 다른가?

9장

과제1 : 강력한 브랜드 개성을 창조하라

새로운 브랜드를 창조할 때나 기존 브랜드를 보완하기 위해 고객 경험을 창조할 때에는, 고객이 스스로와 동일시할 수 있을 정도의 강력한 브랜드 아이덴티티가 가장 중요하다. 그리고 브랜드 개성과 핵심 개념이 모두 고객에게 매력적이어야 한다. 에그(Egg)의 브랜드 개성은 앞에서 설명했듯이 배려와 공정성이다. 에그 브랜드의 핵심 개념은 개인별 맞춤 서비스, 고객 중심의 상품, 공정한 거래이다. 앞으로 소개할 다른 기업들의 사례들과 에그의 브랜드 구축 과정 사이에는 상당한 유사점이 있음을 알게 될 것이다. 홍콩의 무선 이동 통신 업체인 선데이(Sunday)는 에그와는 지구 반대쪽에 있다. 그러나 선데이의 브랜드 개성 역시 고객이 시간에 구애받지 않고 마음놓고 볼일을 보게 하기 위한 '배려'다. 차이점이라면 에그가 '공정한 거래'의 전도사를 자처한 반면에 선데이는 고급스럽다는 이미지를 중시한다는 것이다.

에그의 차별화 정책은 어떤 것이었던가? 항상 에그는 새롭고 획기적인 제품을 제일 먼저 고객들에게 선보이려고 했다. 그리고 재빠르게 인터넷 브랜드로 자리잡았다. 온라인으로 능숙하게 거래를 처리하는 고객들에게 수수료를 낮춤으로써 에그는 능동적이고 기술 친화적인 고객들의 마음을 사로잡았다. 선데이 역시 현대적이고 세련된 고객들을 겨냥하고 있다. 제일 먼저 신제품을 내놓는 데서 자부심을 느낀다는 점에서도 에그와 비슷하다. 그러나 선데이의 차별화 전략은 대리점을 늘리고 개성적인 서비스를 제공하는 것이었다. 선데이의 브랜드 혁신 과제는 고객들의 개별적인 라이프 스타일에 어울리는 서비스를 제공하는 것이었다.

이제 선데이가 어떻게 생필품 시장에서 브랜드를 구축하고 유지해왔는지를 살펴보기로 하자. 단지 브랜드를 구축한 것이 아니라 브랜드 경험을 구축했다는 데에 주목하기 바란다.

선데이의 사례: 브랜드 개성과 일관된 고객경험을 결합

이동 전화는 이제 세계 어디서나 생활필수품이 되었다. 서비스에 가입하면 전화기는 무료로 주는 곳도 많을 정도다. 선데이는 브랜드 개성을 일관된 고객 경험과 결합함으로써 경쟁이 치열한 생필품 시장에서 차별화에 성공한 대표적인 사례이다.

홍콩의 소비자 고객들과 기업 고객들은 세계적으로도 요구사항이 많고 까다롭기로 유명하다. 한편 오랫동안 세계 무역의 중심지에서 사업을 해온 홍콩의 사업가들은 무슨 일이든 몇 시간 안에 끝낼 수 있어야 한다고 생각한다. 이동 전화는 홍콩 경제에서 없어서는 안 될 활력소이다. 그것은 또한 신분의 상징이며 기본적인 생활 방식의 일부다. 홍콩의 젊은이들도 부모들만큼이나 바쁘다. 그들은 학교에 있을 때나 쇼핑할 때나 놀

때나 상관없이 상시적으로 친구들과 연락을 주고받으며 지낸다. 과거에는 이동 전화 회사들이 환불 불가능한 장기 계약으로 고객들을 묶어 놓을 수 있었다. 그리고 고객들도 이동 전화 회사를 옮기는 것을 꺼려했다. 이미 수백 명에게 알려준 전화번호를 포기할 수 없었기 때문이다. 그런데 1999년 3월부터 홍콩에서는 번호를 바꾸지 않고 이동 전화 회사를 바꿀 수 있게 되었다.

홍콩의 이동 전화 시장과 데이터 서비스 시장은 점점 경쟁이 심해지고 있다. 앞서도 말했지만 홍콩의 고객들은 세계에서 가장 요구사항이 많고 까다롭다. 그렇다면 유행에 민감하고 품질과 서비스 수준과 가격에 대해 요구사항이 많은 고객들의 마음을 얻기 위하여 이미 경쟁이 심한 시장에 진입할 필요는 없지 않을까? 크레이그 에릭(Craig Ehrlich)이 이끄는 선데이 팀에게 위와 같이 물어 보면, 세계에서 제일 까다로운 고객들의 마음을 사로잡을 수 있는 방법이 있다고 대답할 것이다. 그 방법은 강력한 브랜드 개성과 고객 경험을 창출하는 것이다.

선데이의 역사

홍콩에는 15년 이상 함께 일해 온 이동 통신 전문가들의 집단이 있다. 그들이 처음 설립한 허치슨 텔레콤(Hutchison telecom)은 한때 1억 5천만 달러의 수익을 올리면서 아시아 최대의 이동 전화 및 무선 호출기 회사로 군림했었다. 허치슨 텔레콤이 유럽 시장으로 진출하여 영국에서 크게 성공한 오렌지(Orange) 무선 이동 통신 회사를 설립한 것도 그 당시의 경영진이 주도한 것이었다. 그들은 1990년에 아시아 최초의 민간 위성 회사인 아시아새트(AsiaSat)를 설립했고, 1991년에는 리처드 리(Richard Li)와 합작하여 최초의 아시아권 위성 TV 회사인 스타(Star)

TV를 설립하였다.

1993년에 대부분의 경영진들이 회사를 떠난 것은 허치슨 텔레콤의 성장 전망에 대하여 허치슨 왐포아(Hutchison Whampoa) 회장과 생각이 달랐기 때문이었다. 그들은 1995년에 만다린 커뮤니케이션즈(Mandarin communications)라는 이름으로 다시 뭉쳐, 경쟁이 심한 홍콩 시장에서 2세대 GSM 서비스 사업을 벌이기 위한 허가를 신청했다.

"우리는 시장 상황이 크게 변하고 있음을 깨달았습니다. 홍콩에서 이동 전화가 생필품으로 자리잡기 시작하고 있다고 판단한 것이지요." 선데이의 경영진 중의 한 사람인 크레이그 에릭의 말이다. "그러나 더 중요한 것은 무선 통신과 인터넷이 하나로 수렴되고 있다는 것이었습니다. 인터넷으로 주식 투자를 하거나 이동 통신 기기로 게임을 하려는 선진적인 고객들에게서 새로운 고부가가치 시장의 가능성을 발견한 것입니다."

브랜드 이름을 짓다

"오렌지의 성공을 통해서 우리는 브랜드 개성을 강조하는 정도로는 부족하다는 생각을 갖게 되었습니다. 경쟁이 심한 이 시장에서 갑자기 확 튀고 싶었기에, 1996년에 사업 허가가 나온 다음에도 일부러 조용히 있었습니다. 준비가 끝나가던 1997년에야 비로소 홍콩의 유명 그래픽 디자이너인 앨런 찬(Allen Chan)을 고용하여 기업 로고를 만들게 했습니다." 에릭의 말이다.

그러나 문제가 하나 있었다. 앨런이 보기에 만다린 커뮤니케이션즈라는 이름이 새 회사의 이미지와 어울리지 않았던 것이다. 마감 시간이 다

되어갔지만 이름 없는 회사의 로고를 만들 수는 없었다. 토요일에 이 문제로 고심하고 있을 때 매니저를 겸하고 있던 그의 아내가 쇼핑하러 가자고 했다. "안 돼요, 일을 해야 하거든요."라고 대답했다. "일요일까지만 기다려요. 일요일에는 당신이 원하는 대로 뭐든지 해줄 테니." 그 순간 다음날까지는 밖에 나가 즐길 수 없다는 생각으로 풀이 죽어있는 그의 머리를 치고 지나가는 단어가 있었다. 그것이 바로 일요일, 선데이였던 것이다. 브랜드 이미지는 마음놓고 즐기는 것이었다. 브랜드가 만들어지자 광고 작업이 시작되었다. "우리는 일요일이라는 느낌을 토대로 브랜드 이미지를 구축했습니다." 그렇게 만들어진 선데이 브랜드의 개성은 무엇인가? 젊음과 활기와 혁신이다. "물론 통화 품질과 가격 경쟁력을 확보해야만 했습니다. 당연한 얘기지요. 그런데 경쟁사들은 대개 회사의 외형이나 능력을 중심으로 브랜드를 구축하더군요. 우리는 그들과 차별되는 독특한 브랜드를 만들어야 할 필요가 있었습니다. 우리는 현상 타파를 원하고 있었으니까요."

공식적으로 서비스를 개시하기 2주일 전부터 홍콩의 많은 신문과 버스와 지하철에 정체를 밝히지 않고 호기심을 자극하는 티저 광고(teaser ad)를 시작했다. 광고의 배경은 화사한 파란색이었고 그 위에 밝은 오렌지색으로 글씨가 써 있었다. "몇 주 동안 못하신 것 같군요", "금요일에도 못하면 어쩌지요?", "남자들은 하루 평균 스무 번은 생각한다고 합니다", "지금 이 순간에도 생각하고 있나요?" 일부 시민들이 이 광고에 불만을 제기하였고, 교통 당국은 광고를 금지시켰다. 광고 문구가 외설적이라는 것이 이유였다. 선데이는 기회를 놓치지 않고 '금지된 광고'라는 제목으로 신문 광고를 냈다. 내용은 교통 당국이 금지한 이 광고의 정체를 알려면 9월 21일까지 기다려야 한다는 것이었다. 이런 식으로 사람들의 관심을 끌어올린 결과 모든 사람들이 광고의 정체를 궁금해하기에 이르렀다.

다음 단계의 광고 문구는 "일요일 같은 느낌"이었다. 이 광고에는 사람들이 일요일에 가장 즐겨하는 일들의 모습을 담았다. 뛰어 노는 아이들, 늦게까지 침대에서 빈둥거리는 부부, 기념일을 축하하는 가족, 땀에 젖은 옷을 입고 의사당 앞에서 태극권을 하는 남자 등.

선데이가 도대체 무엇인지 그것이 무엇을 하는 회사인지 완벽하게 비밀에 부쳐졌으므로, 선데이 직원들마저도 그것이 자기 회사 광고인지 모르고 있었다. 크레이그는 공식적인 서비스 개시를 앞둔 금요일이 되어서야 직원들에게 회사 이름이 선데이로 바뀐다고 발표했다. 직원들의 반응은 놀라움과 흥분 그 자체였다.

브랜드와 어울리는 고객 경험을 창출하다

선데이는 1997년 9월 21일 일요일에 새로운 형태의 이동 전화 서비스를 개시했다. 기존 업체들과 무엇이 달랐는가 하면, 첫째로 전화기 구입이 매우 편하고 즐거워졌다. "홍콩의 다른 회사 매장에 가보면 아주 딱딱한 느낌을 받을 것입니다. 판매원들은 정장을 입고 카운터 뒤에 서 있습니다. 고객들은 의자에 앉아서 차례를 기다립니다. 전화기들은 유리 진열장 안에 들어있습니다." 크레이그의 설명이다. "반면 우리 매장들은 밝은 오렌지색과 파란색으로 되어 있지요. 판매원들은 카운터 뒤에 서있지 않고 고객들 사이를 돌아다닙니다. 그들은 계절별로 바뀌는 멋진 캐주얼을 입습니다. 전화기들은 잘 보이는 곳에 놓여 있고, 만져볼 수도 있습니다." 선데이의 매장들은 고객 친화적이다. 선데이가 제공하고 있는 서비스는 고객의 생활을 편하게 해주기 위해 설계된다. 예를 들어 선데이는 '모바일 어시스트'(Mobile Assist)라는 이름으로 홍콩 최초의 위치 기반 검색 서비스를 제공했다. 언제든지 다이얼 *66을 누르기만 하면 현재 위치에서 가장 가까운 주유소, 레스토랑, 구두 가게, 현금자동인출기 등이 어디에 있는지 알려주는 서비스이다. 선데이의 표적 고객 집단인 젊은이들에게 최고로 인기가 있는 것은 '모바일 큐피드'(Mobile Cupid) 서비스다. 이것은 자신의 이상형과 가까운 사람이 근처에 있으면 알려주는 일종의 짝짓기 프로그램이다. '모바일 주크박스'(Mobile Jukebox) 서비스를 이용하면 다른 전화번호로 직접 노래를 보낼 수 있고, 노래나 벨소리를 다운로드할 수도 있다. 선데이는 즐겁고, 자유 분방하고, 편리하며 삶에 재미를 더해주는 브랜드로 빠르게 자리잡았다.

가격 경쟁을 버텨내다

이동 전화와 데이터 통신 분야에 있어서 홍콩만큼 경쟁이 치열한 시장도 없을 것이다. 경쟁사가 너무 많다. 더구나 전화번호를 바꾸지 않고도 서비스 회사를 바꿀 수 있게 되었으므로 고객들은 아무 때고 원하기만 하면 손쉽게 다른 회사로 가버릴 수 있다. "일부 경쟁사의 경우에는 손실을 생각하지 않고 시장 점유율에만 매달립니다." 크레이그의 말이다. "우리는 수익을 올리기 위해 노력하고 있지만, 홍콩에서는 사업에서 체면이 중요한 역할을 하는 경우도 있습니다. 그런 이유로 반드시 시장 점유율 1위를 고수해야 한다고 생각하는 회사가 하나 있는데, 그들은 우리보다 40~50% 싼 요금을 받습니다." 그만큼 경쟁의 압력이 크다는 얘기다.

홍콩은 남의 눈을 많이 의식하는 사회다. 그리고 선데이는 바로 그 점을 노리고 있다. "우리의 표적 시장인 18세부터 35세 사이의 고객들은 평균 9개월마다 전화기를 교체합니다. 그들은 멋진 옷을 자랑하고 싶어하듯이 전화기도 자랑하고 싶어합니다. 브랜드에 매우 민감한 층이지요."

선데이의 마케팅 전문가인 마빙제트(Mah Bing Zet)가 한 말이다.

홍콩에서 이동 전화에 가입할 때에는 단말기 가격과 1~2년간의 서비스 요금을 합쳐 300~800 홍콩달러를 선불로 내는 것이 보통이다. 중간에 이동 통신 회사를 바꾸게 되면 선불금은 돌려 받지 못한다. 그런데 선데이의 표적 고객들은 대부분 6~9개월 안에 최신 모델로 바꾸고 싶어한다. 그래서 선데이는 좀더 융통성 있는 서비스를 만들었다. 기본 서비스에 대해서만 200 홍콩달러 선불을 요구하며 그것도 1년 후에는 되돌려준다는 것이다. 나머지 부가서비스에 대해서는 선불을 요구하지 않는다. 그리고 고객들은 선데이의 어느 대리점에서든 전화기나 서비스 옵션을 바꿀 수 있다.

고객에게 중요한 것을 측정한다

선데이의 마케팅팀은 브랜드를 창조하고 개선했을 뿐만 아니라 출범 후 2년 동안은 고객 서비스센터를 맡아 운영하기도 했다. "고객들은 우리 서비스의 품질을 두 가지 영역별로 판단합니다. 통화 품질(업계 평균 통화 실패율이 3%인데 비하여 선데이는 1%에 불과하다)과 별도로 고객 서비스의 품질을 판단합니다. 그러므로 우리는 고객 서비스와 관련된 모든 수치를 측정합니다. 그 중에서도 가장 면밀하게 추적하는 것은 직원의 응답을 기다리다 포기하는 고객 수와 직원들의 응답에 걸리는 시간입니다." 크레이그의 말이다.

직영 판매점에 대해서는 암행 감사를 실시한다. 한 달에 10여 차례씩 각 매장에 고객을 가장하고 나타나서 판매원들의 제품에 관한 지식이나 친절도 등을 평가하는 것이다. 이 결과는 직원들에게 공개되며 그에 따라 재교육 여부가 결정된다. 기준을 초과하는 경우에는 특별 보너스가 지급된다.

회사와 브랜드에 대한 고객의 태도를 측정하기 위한 본격적인 고객 조사는 1년에 두 차례 시행된다. 그리고 브랜드 인지도와 선호도를 조사하기 위하여 매년 48주에 걸쳐 매주 50명의 고객을 방문하고 있다. 조사원들은 어떤 회사가 가장 매력이 있는지, 어떤 회사가 요금에 비해 가장 높은 가치를 제공하는지, 어떤 회사가 가장 혁신적인 서비스를 제공하는지를 조사한다.

지속적인 혁신

선데이의 현대적이고 세련된 브랜드의 핵심은 혁신이었으므로, 회사는 공격적으로 새로운 서비스를 개척해왔다. 선데이의 브랜드 혁신 사례를 모아보았다.

· 1997년 세계 최초의 위치 기반 서비스인 모바일 '인텔리전트 네트워크'를 출시했다.

· 혁신적인 '고급 서비스'들을 출시했다. *28 제트소(Jetso), *66 모바일 어시스트, *80 모바일 리포터, *88 모바일 문지기 등.

· 선데이 고객들이 세계 어디서나 통화할 수 있도록 전세계 130여 업체들과 로밍서비스(roaming service) 계약을 맺었다.

· 1998년 말 '체이스인피니티'(CHASEinfinity Smart Credit Card)와 제휴해서 아시아 최초로 모바일 뱅킹과 모바일 전자상거래를 제공하기 시작했다.

· 2000년 1월, 은행과 경마장 등 39개의 서비스 공급자를 묶어 '소

왑'(So WAP)이라는 이름의 무선 인터넷 서비스를 시작했다.

· '고급 서비스'를 확장하여 22 모바일 큐피드, 33 모바일 주크박스, *88 모바일 문지기, *168 모바일 경마장 등의 음성 서비스 및 무선 데이터 서비스를 제공했다.

· 인터넷 전화 및 서비스 포털사이트 Sunday.com을 열었다.

· 2000년 2월 아시아 최초로 모바일 주식 거래 서비스를 시작했다.

· 위치 기반 광고 서비스를 시작했다. 이것은 자신이 선택한 브랜드나 제품의 광고를 받아보게 하는 서비스로, 예컨대 슈메라 화장품 매장 근처에 있는 여성에게 쿠폰이 포함된 슈메라 광고를 보내주는 식이다.

휴렛패커드 홍콩 지사와 제휴하여 홍콩 최초의 전자상거래 플랫폼인 왑(WAP)을 개설했다.

결과

선데이는 시장 점유율 1위 업체보다 높은 품질의 서비스를 제공해 왔다. 1998년 선데이의 고객 이탈 비율은 시장 평균치 50% 보다 훨씬 낮은 35% 수준이었다. 1999년에는 가입자가 10만 명이 늘어나 총 30만 명이 되었다. 경쟁이 더 치열해졌기 때문에 이탈 비율도 45%로 증가하였다. 그렇지만 2000년 10월에는 가입자가 거의 40만 명으로 늘어났다. 선데이의 가장 인상적인 성공은 고객 프랜차이즈를 조심스럽게 늘려가면서 수익성 있는 모바일 서비스를 제공할 수 있었다는 것이다. 선데이의 경영진은 시장 점유율에 매달리지 않는다. 그들은 고품질의 서비스를 제공하면 돈을 벌 수 있다고 생각한다.

이러한 전략은 투자자들에게도 좋은 평가를 받았다. 2000년 3월 선데이는 홍콩 주식거래소와 나스닥에 상장되었고 그 결과 38억 달러의 신규 자본을 유치하게 되었다.

가장 주목할만한 것은 선데이의 브랜드 인지도이다. 아시아 광고업계의 권위지인 미디어 매거진(Media Magazine)은 선데이를 1999년 홍콩 최고의 소비자 브랜드로 선정했다. 2000년에는 홍콩에서 가장 권위 있는 마케팅 상이라고 할 수 있는 HKMA/TVB의 최고 마케팅 부문에서 금상을 받았다.

교훈

선데이 경영진은 브랜드 개성과 독특한 고객 경험과 고객들의 생활 방식에 맞는 제품과 서비스를 만들어내면 이동 전화 시장에서 성공할 수 있다는 것을 알았다. 경쟁사들이 신규 고객을 유치하기 위해 자금을 낭비하는 동안에 선데이 경영진은 브랜드 구축과 고객 경험의 향상과 업무 처리의 개선에 집중했다. 다시 말해서 최고의 고객 경험을 제공하려고 노력하였다. 현재 선데이는 나름대로의 시장 점유율을 그럭저럭 유지하고 있는 형편이지만 고객 1인당 수익은 점점 증가하고 있다. 전략이 제대로 맞아떨어지고 있는 것이다.

패티의 제안

선데이는 시장에서 밀려나지 않도록 조심할 필요가 있다. 고객들은 승리자와 거래하고 싶어한다. 적절한 수준의 시장 점유율을 확보하지 못한다면 훌륭한 고객 경험을 제공하고도 시장에서 버티지 못할 수도 있는 일이다. 선데이 경영진은 홍콩의 모바일 무선 데이터 서비스 업체와의 제휴를 통해 고객 유치와 시장 점유율의 문제를 해결하려는 시도가 필요하다. 패킷 교환 방식의 차세대 무선 데이터 서비스 업체와 제휴하는 것도 고려해야 한다. 선데이는 독특한 고객 경험을 장기적으로 발전시킬 계획도 갖고 있어야 한다.

물론 브랜드를 더욱 발전시키기 위해서는 현대적이고 세련된 브랜드 개성을 확고히 해야 한다. 유행에 민감한 고객들에게 그들이 선데이 덕분에 유행의 첨단을 걷고 있음을 확신시킬 필요가 있다. 그리고 제품과 서비스의 성능 중에서도 고객들이 당연한 것으로 생각하는 것들은 절대 경쟁사에 뒤지지 말아야 한다.

브랜드 개성은 기발한 광고 문구에서도 표현될 수 있다. 광고 효과를 측정하는 데에는 최소한 두 가지 척도가 있다. 하나는 순수한 브랜드 인지도이고, 다른 하나는 고객들의 연령별 분포이다. 고객들이 아무런 힌트 없이 선데이의 이름과 이미지를 떠올릴 수 있다면, 선데이의 미래는 든든하다고 할 수 있다. 그리고 평균적인 고객 계층이 젊고 부유하다면, 장기 전망이 좋다고 할 수 있다.

그러나 그런 고객 집단은 대개 혁신적인 서비스에 매료되어 가입하였을 것이다. 그러므로 개발 부서에는 항상 생기가 넘쳐흘러야 한다. 빠른 시간 안에 많은 서비스를 개발하여 출시해야 한다는 이야기다. 그것은 또한 다른 경쟁사보다 먼저 신제품을 출시할 수 있도록 이동 전화 단말기 제조업자와 강력한 관계를 구축해야 한다는 것을 의미한다. 한 가지 방법은 고객들이 얼마나 자주 전화기를 바꾸는가 혹은 업그레이드하는가를 측정하는 것이다. 그러나 그것은 역으로 선데이가 업그레이드를 얼마나 자주 제공하는가에 달려있는 문제다. 그것은 다시, 단말기 제조업자들의 생산 및 출시 능력에 달려있기도 하다.

물론 선데이가 가장 기본적인 것, 즉 통화 품질이나 고객 서비스에서 경쟁력을 잃는다면 이 모든 것들은 물거품이 되고 말 것이다. 통화 실패율 1%로도 경쟁에서 우위를 지킬 수 없을 정도로 기술이 발전하고 있다. 요즘에 자주 보이는 표어 '다섯 개의 9'는 99.999%의 성능을 의미한다. 그 정도를 목표로 삼아야 실패하지 않는다는 이야기다.

고객서비스에 대한 기대 수준은 점점 높아진다. 오늘날의 고객들은 항상 높은 수준의 서비스를 기대하고 있으며 선데이의 고객들 역시 다를 게 없다. 고객 서비스가 99.999%에 달하지 못하더라도 기업 브랜드의 다른 측면들이 그것을 보상할 만큼 강력한 경우도 있을 수 있겠지만, 단언하건대 그런 상황이 오래 가지는 못할 것이다. 지금은 암행 감사를 통해 판매원들이 방심하지 않게 하는 것으로 버틸 수 있겠지만, 아마도 곧 고객 서비스의 기준을 높이지 않으면 안 될 것이다. 보너스를 지급하는 서비스 기준치를 올려서 판매원들이 더욱 수준 높은 고객서비스를 제공할 수 있도록 해야 할 것이다.

선데이의 고객조종실을 만든다고 하면 다음과 비슷한 모양이 될 것이다. 여기에 들어있는 지표들은 브랜드 개성을 추적하는 데 도움이 되는 것들이다. 물론 고객 조종실을 완성하려면 이보다 훨씬 많은 지표들이 필요하지만, 나머지 지표들은 선데이의 장기 전략 목표와 비전을 모두 알아야만 채울 수 있을 것이다.

고객 유지 항목을 보면 선데이가 단말기 신제품이나 새로운 서비스를 출시하는 데 걸리는 시간이 중요하다는 것을 알 수 있다. 선데이의 표적

	항해	성능	운영	환경
고객 수	·고객 수 ·고객 1인당 제품과 서비스의 수	·고객 집단별 고객 수의 증가/감소 ·고객 집단별 고객 1인당 제품과 서비스의 증가/감소	·신규 서비스 계약 건수 ·서비스 업그레이드 건수	·경쟁사의 고객 수 ·비고객의 수(무선 인터넷을 사용하지 않는)
고객 유지	·고객 유지 비율 ·업그레이드 속도 ·신제품과 신규 서비스의 개발 속도	·고객 집단별 고객 유지 비율 ·신규 서비스 제공 빈도 ·신규 서비스의 인기도 ·업그레이드에 걸리는 시간 ·신모델의 접근 가능성	·신종 서비스를 업계 최초로 출시하는 비율 ·신모델 생산에서 출시까지의 접근 가능성	·회사별 신종 서비스의 최초 출시 비율
고객 경험	·순수 브랜드 인지도 순위 ·고객 만족도 ·암행 감사 점수	·통화 품질 만족도 ·서비스 품질 만족도 -단말기 지원 -문제 해결 -정확한 청구서 -매장에서의 경험	·고객 상담 시간 ·서비스 관련 지표(원스톱 문제 해결, 친절, 지식, 융통성 등)	·비교 만족도 -이동 통신 회사 -모든 서비스 회사
고객 지출	·고객 1인당 평균 지출 ·고객 1인당 수익 ·고객의 평생 가치	·고객 집단별 고객 지출의 변화율 ·고객 집단별 고객 수익의 변화율	·고객 수익으로 계산한 광고와 마케팅의 효과 ·고객 서비스 및 고객 지원 비용	·이동 통신 관련 총지출 ·통신 관련 총지출

선데이를 위한 고객조종실 초안

고객들은 신제품을 맨 먼저 갖고 싶어하므로, 그런 요구를 지속적으로 만족시킬 수 있도록 주의를 게을리하지 말아야 할 것이다.

선데이 사례에 관한 고찰

방금 지적한 것처럼 선데이의 위치는 약간 불안정할지도 모른다. 선데이가 투자자를 안심시킬 만큼 빠른 속도로 고객 프랜차이즈를 성장시킬 수 있을지 확실하지는 않다. 그렇다면 선데이가 브랜드를 만들고 발전시킨 과정들이 잘못되었다는 이야기인가? 아니면 새 브랜드를 만드느라 비용이 너무 많이 들어서 감당하기 어려웠다는 뜻인가? 필자는 그렇게 생각하지 않는다.

필자는 선데이가 브랜드를 구축하는 과정을 지켜보면서 많은 것을 배웠다. 선데이 사람들을 만나기 전에는 하나의 브랜드가 자리잡는 과정이 어떤 것인지 감을 잡지 못했었다. 선데이의 브랜드 이미지를 창출한 마빙제트와 그녀의 홍보팀은 세계적인 수준이었다. 그들은 고객들을 사로잡을 수 있는 브랜드와 고객 경험을 만들어내는 방법을 알고 있었다. 그들이 만든 브랜드는 편안하면서도 약간은 선정적인 것이었다. 그리고 무엇보다도 그들은 더 높은 가치를 제공하기 위해 지속적으로 노력했다.

물론 선데이의 브랜드 개성과 브랜드 이미지 창출 방식이 모든 제품과 브랜드에 그대로 적용될 수는 없을 것이다. 그러나 지금까지의 선데이의 경험에서 얻을 수 있는 확실한 결론은, 고객들은 가격보다 품질을 중시하고 있다는 사실이다.

선데이의 경험들 중에서 일반적인 브랜드 창조와 확대에 적용할 수 있는 것으로는 무엇이 있을까? 새로 브랜드를 창조하든지 있는 브랜드를 개선하든지, 혹은 그것이 소비자 브랜드이든지 기업 브랜드이든지를 막론하고 과제1의 교훈은 다음과 같이 정리할 수 있다.

1. 고객들은 제품과 서비스의 사용자가 됨으로써 기분이 좋아질 수 있는 브랜드를 선호한다. 브랜드는 고객 스스로가 원하는 이미지에 근거해서 만들어야 한다.

2. 처음 브랜드를 출시할 때에는 요란을 떨 필요가 있다. 하지만 광고나 홍보의 양보다는 좋은 방법을 찾아내는 것이 더 중요하다.

3. 브랜드 이미지와 광고는 고객 경험을 강화시키는 쪽으로 만들어져야 한다. 즉 그 제품이나 서비스를 접하게 되면 어떤 느낌이 드는지를 집중적으로 알려야 한다.

4. 매장의 조명이나 전화 받는 태도와 같이 고객 경험에 영향을 미칠 수 있는 것들에 대해서는 세심하게 설계해야 한다. 이것은 광고 문구와 유니폼과 건물의 외관으로 해결되는 간단한 문제가 아니다. 직원 교육이나 경영자의 정책, 경영진의 언행들과도 관련되는 문제다.

5. 그리고 고객 경험의 질을 세심하게 모니터할 필요가 있다. 선데이는 암행 감사 제도를 이용하여 매장 판매원들이 브랜드 이미지를 제대로 전달하고 있는가를 점검했다.

6. 물론 일관된 고객 경험을 구현하기 위해서는 웹사이트와 콜센터와 매장이 모두 제대로 만들어져야 한다. 그렇다고 웹사이트의 그래픽이 아름다워야 한다는 얘기는 아니다. 검색의 편의와 간편한 사용법, 그리고 고객들의 다양한 요구를 얼마나 제대로 예측했는가를

말하는 것이다.

7. 제품의 진열 방식과 설명 방식도 매우 중요하다. 고객들은 제품과 서비스를 만지고 느끼고 사용해볼 수 있기를 원한다. 그리고 고객들은 구매 결정을 하기 전에 많은 정보를 얻고 싶어한다. 필요한 모든 정보를 확보했다고 생각할 때에 고객들은 비로소 만족스러운 결정을 내린다.

10장

과제2: 채널과 접점을 뛰어넘는 일관된 고객 경험을 제공하라

오늘날의 고객들은 점점 더 선택의 편의와 자유의 확대를 요구하고 있다. 고객들은 전화를 거는 것이 편리한지 지점을 방문하는 것이 편리한지를 스스로 결정하고 싶어한다. 그리고 고객들은 대부분의 회사에서 볼 수 있는 고객 지원 부서들 사이의 불협화음에 관대하지 않다. 웹 지원팀의 전화번호와 전화 지원팀의 전화번호가 왜 달라야 하는가? 오프라인 상점에 들어서는 고객은 웹에서 본 상품들을 거기서도 볼 수 있기를 기대한다. 웹으로 물건을 구입하려는 고객은 오프라인 상점에 들러서 그것을 만져 보고 시험해 볼 수 있기를 기대한다. 요컨대 오늘날의 까다로운 고객들은 자신이 어떤 방식으로 회사와 접촉하는가에 상관없이 일관된 고객 경험을 그것도 훌륭한 고객 경험을 원하고 있다.

이 과제와 관련된 방법론이나 문제점을 살펴보기 전에 먼저 몇 가지 용어부터 정리하고 넘어가기로 하자.

용어의 정의: 채널과 고객 접점

고객 접점

고객 접점(touchpoint)이란 용어는 고객들이 회사나 회사의 대리인과 접촉할 때 사용하는 매체의 형태를 말한다. 고객 접점에는 매장, 전화, 우편, 팩스, 키오스크, 현금자동인출기, 웹 등이 포함된다.

일반적으로 접점의 선택권은 고객에게 있다. 예를 들어 은행과 거래하는 고객은 지점이나 현금자동인출기나 폰뱅킹이나 인터넷뱅킹 중에서 자유로이 선택할 수 있다. 어떤 접점을 택하는가는 고객들의 사정에 따라 달라진다. 현금이 필요한 경우라면 잔고를 조회하거나 자동이체를 할 때와는 다른 방식으로 접촉해야 할 것이다. 그리고 시간과 장소와 그때 그때의 기분에 따라서도 달라질 수 있다.

채널

채널(channel) 혹은 유통 채널(distribution channel)이란 용어는 기업이 고객들에게 제품과 서비스와 정보를 제공하는 사업적 관계를 설명하는 데 사용된다. 채널은 직접 채널(기업과 고객 사이의 직접 거래)과 간접 채널(하나 이상의 협력사를 통한 거래)로 분류된다.

과거에는 유통 채널 전략의 선택권을 기업이 보유하고 있었다. 그렇지만 사업 관행에 대한 고객들의 영향력이 점점 커지고 있는 오늘날에는 사정이 변하고 있다. 그 동안 도매상과 소매상을 통해서만 최종 고객과 만나던 기업들도 이제는 고객들이 직거래를 원하고 있다는 사실을 배워가고 있다.

많은 기업들이 다중 채널 전략을 가지고 있다. 주로 기업을 대상으로 물건을 판매하는 기업들은 대부분 소수의 거래처에 대해서는 직접 서비스하고 다수의 작은 거래처들은 유통 채널을 통해 서비스한다. 기업 고객의 입장에서 보면 여러 제조업체의 상품을 보유하고 있는 종합매장을 통하는 것이 더 편리한 경우가 있다. 예를 들어 레스토랑 체인점은 시스코(Sysco)에 한 장의 주문서를 보냄으로써 블라식(Vlasic)에서 만든 피클과 푸드핸들러(FoodHandler)의 위생 장갑을 동시에 구입할 수 있다.

소비자 고객 위주의 기업에서 다중 채널 전략을 사용하는 것은 보스(Bose)와 동네 목장의 경우를 생각해 보면 이해하기 쉬울 것이다. (보스의 제품은 보스 대리점과 가전제품 체인점 양쪽에서 구입할 수 있으며, 목장들은 가정집에 우유와 치즈를 배달하면서 동시에 슈퍼마켓을 통해서도 판매한다).

채널과 고객 접점은 별개

채널을 선택하는 것과 고객 접점을 선택하는 것은 별개의 일이므로 채널과 고객 접점은 다양한 방식으로 결합될 수 있다. 은행은 다중 접점과 직접 채널을 통해 거래가 이루어지는 전형적인 예다. 반대로 웹으로 휴렛 패커드의 프린터를 구입하되 HP.com과 Circuitcity.com 양쪽을 이용할 수 있다면 그것은 다중 채널/단일 접점의 예가 된다. 재미있는 것은, Circuitcity.com에 주문을 하는 경우에 또 한번의 접점 선택이 가능하다는 것이다. 프린터를 집으로 배달시킬 수도 있고, 동네 상점을 지정하여 거기서 직접 가져올 수도 있다.

전통적으로 간접 채널 전략을 채택해 온 많은 기업들이 웹서비스를 제공하면서 직접 채널을 병행하게 되었다. 컴팩 컴퓨터와 깁슨(Gibson guitars)이 좋은 예다. 그 결과 고객들은 유통 채널을 통해 구입할 수도 있고 제조업체로부터 직접 구입할 수도 있게 되었다.

다중 접점 전략을 창조하다

많은 고객들은 직접 만지고 느낄 수 있는 거래 방식을 선호한다. 그들은 또한 유명하고 믿을 수 있는 브랜드와 거래하기를 좋아한다. 2000년에 클릭 앤 모르타르(clicks and mortar) 비즈니스 모델이 화두가 되었던 것도 바로 이 때문이다. 전통적인 굴뚝 산업의 소매상들은 종래의 소매 전략에 웹이라는 접점을 추가하기 시작했다. 그리고 일부 닷컴 기업들은 오프라인 소매점을 열기 시작했다. 클릭 앤 모르타르는 소비자 시장만의 이슈가 아니었다. 산업용 기자재 종합매장인 그레인저(W. W. Grainger) 같은 기업들은 오랫동안 다중 접점 유통 전략을 자랑해 왔다. 대부분의 회사들이 그레인저 대리점으로부터 30분 이내의 거리에 있음에도 불구하고, 고객들은 전화로 혹은 온라인으로 주문할 수 있다.

채널 사이의 충돌

이와 관련하여 가장 골치 아픈 문제의 하나는 오랫동안 회사의 제품과 서비스를 취급해 온 협력사들과의 관계를 어떻게 재정립하는가 하는 것이다. 이 문제에 관하여 고객들의 입장은 단호하다. 고객들은 자기들에게 가장 편리한 유통 채널을 이용할 수 있어야 한다고 요구한다. 그러면서 동시에 웹이나 전화를 통한 직거래도 언제든지 가능해야 한다고 요구한다. 고객들이 원하는 것은 판매 전 서비스에서부터 판매, 기술 지원, 판매 후 서비스, 수리, 배달, 부속품 제공에 이르기까지 전과정에 걸쳐 일관된 고객 경험이다. 그리고 고객들은 제조업체가, 즉 그 제품의 브랜드를 소유한 회사가 제품과 관련된 모든 고객 경험을 책임지기를 바란다.

제품의 판매와 지원을 딜러나 도매업체에 의존해 왔던 제조업체들은 인터넷 시대가 도래한 이후에는 조심스럽게 유통 협력사들의 눈치를 보고 있다. (전에도 눈치를 보기는 했지만, 인터넷이 생긴 이후에 부쩍 심해졌다.) 문제는 수익 마진과 고객에 대한 소유권이다. 딜러와 소매상들은 고객들과의 관계를 소유하고 싶어한다. 그들은 제조업체에 고객 관계나 고객 정보를 넘겨주는 일을 두려워한다. 그렇게 되면 제조업체가 고객과 직거래를 하게 되고 따라서 고객들과 자기들과의 관계가 줄어들고 수익 마진도 줄어들 것으로 생각하기 때문이다.

그러나 고객 관계의 소유권은 고객에게 있다. 어떤 식으로 거래할 것인가를 결정하는 것은 고객이다. 좋은 소식은, 고객들이 여전히 딜러나 소매상 등의 중간상인들과의 거래를 원하고 있다는 것이다. 또 하나의 좋은 소식은 고객들이 제조업체와의 직거래도 원한다는 것이다. 자신이 고객임을 알아보지 못하는 제조업체에 대하여 고객들은 점점 더 화를 내고 있다. 대부분의 고객들은 자기가 어떤 제품을 구입했는지를 제조업체가 알고 있기를 바란다. 그리고 많은 고객들은 자기들이 신경 쓰지 않아도 되도록 제조업체가 고객 정보를 잘 관리하기를 바라고 있다.

협력사와의 협력

웹이 생기기 전에는 제조업체들이 딜러와 중개인과 대리점에 고객 관계를 일임했었다. 그들이 고객 관리를 더 잘한다는 것을 알고 있었기 때문이다. 여기에 대해서 과거에는 아무도 이의를 제기하지 않았었다. 지금도 대부분 맞는 말이라고 인정되고 있다. 달라진 것이라면, 오늘날의 고객들은 제조업체와 유통 협력사 양쪽 모두와 일관되고 투명한 관계를 맺고 싶어한다는 것이다. 고객들은 목적에 따라 다른 전화번호로 전화하기를 귀찮아한다. 전화 한 통, 로그인 한 번으로 필요한 일을 처리할 수 있기를 바란다. 업무 과정과 보상 체계를 정리하고 고객들에게 최상의 경험을 제공하는 것은 제조업체와 협력사 모두의 몫이다.

유통 협력사도 협력사의 일부일 뿐이다. 앞으로 이어지는 사례 연구를 통하여 협력사와의 관계에 관해서 생각해 보기 바란다. 일부는 장기적인 관계가 될 것이며 다른 일부는 단기적인 임시 관계로 끝날 것이다. 그렇지만 어떤 경우라도 다음과 같은 동일한 원칙이 적용될 것이다.

신뢰

신뢰는 가장 중요한 문제다. 그리고 신뢰는 오랫동안 얼굴을 맞대는 개인들 사이에서 가장 잘 형성된다. 새로운 시대에는 어떻게 하면 신뢰를 빨리 형성하고 온전하게 유지할 수 있는지를 알아야 한다. 그것은 법률적 계약의 문제가 아니다. 그것은 가치와 윤리의 문제다. 윤리적이고 신용 있는 사람들은 자기와 가치를 공유하는 회사를 위하여 열심히 일한다. 그렇지만 믿었던 사람이 개인적으로나 조직적으로 무능력함을 보여 실망했던 사례도 많다. 신뢰는 명확하고 성실하고 직접적인 소통을 통해서 구축되고 유지된다. 인터넷도 이 원칙을 바꿔놓지는 못했다. 다만 인터넷은 우리의 습관과 관행의 변화를 요구하고 있을 뿐이다.

인터넷이 제공하는 최상의 신뢰 유지 도구는 투명성과 가시성이다. 일단 협력관계가 형성되고 무언가 행동이 시작되면, 양 당사자는 진행중인 업무의 상태를 완전히 파악하고 있어야 한다.

통제

통제권을 빼놓고 관계의 형성이나 유지를 논하는 것은 무의미하다. 고개 관계를 누가 통제하는가? 누가 돈주머니를 통제하는가? 누가 명령을 내리는가? 누가 스케줄을 통제하는가? 먼저 알아야 할 것은 협력사들이 고객 관계를 통제할 수는 없다는 것이다. 그것은 고객 혁명이 날려버린 한

229
제10장

물간 개념이다. 구식을 고집하다가는 고객 관계를 전혀 통제하지 못하게 된다.

그렇지만 그걸로 문제가 끝나는 것은 아니다. 누가, 어디서, 얼마의 가격으로, 얼마나 독점적으로, 어떤 서비스를 제공하는가가 여전히 문제가 된다. 결론은 협력사들 역시 자신의 미래에 영향을 미칠 문제들에 관하여 가능한 한 많은 통제권을 유지하고 싶어한다는 것이다.

고객 정보의 공유

이제 모든 고객 정보는 공유되어야 한다. 고객 경제의 시대에는 그렇게 하지 않을 도리가 없다. 고객들은 어떤 종류의 정보를 어떤 회사에 제공할지를 스스로 결정한다. 그리고 어떤 고객 정보를 수집할 수 있으며 그것을 어떤 식으로 보유할 것인지를 규정하는 법률들이 존재한다. 고객에게 서비스를 제공하는 협력사라면 그것이 겉으로 드러나지 않고 뒤에서 서비스하는 회사라 하더라도 빠짐없이 고객들에게 공개되어야 한다. 그리고 또한 모든 고객 관련 정보는 고객들이 들여다볼 수 있어야 한다. 고객을 포함한 모든 당사자들이 고객 관련 최신 정보에 접근할 수 있어야 한다.

고객 정보를 구축하고 공유하기 위한 가장 좋은 방법은 고객의 입장에 서서 고객이 사용할 수 있는 고객 정보 시스템을 설계하는 것이다. 과거의 고객 정보 시스템은 판매팀과 마케팅부서와 고객 센터와 유통 협력사를 위해 설계되었었다. CRM 시스템을 이용하여 고객 정보를 처리하는 기업들조차도 아직은 외부보다 내부를 우선시하고 있다. 예를 들어 GM 복스홀(Vauxhall)의 사례에서 소개할 GM 커스톰(Custom)은 영국에서 처음 개발되어 지금은 유럽 전역에서 사용되고 있는 고객 데이터베이스인데, 그것은 처음에 마케팅 데이터베이스로 출발했다가 지금은 고객 경험을 향상시키는 도구로 발전하였다. 그렇지만 고객들이 자신의 모든 자동차 관리 기록을 온라인으로 볼 수 있기 전에는, 딜러나 보증보험회사나 제조업체 등 모든 당사자들이 고객 정보를 투명하게 공유할 수는 없을 것이다.

수수료와 정보 교환

복스홀과 스냅온의 사례 연구에서 보게 되겠지만, 인터넷을 통한 직거래의 수수료를 처리하는 일반적인 방법은 협력사와 위험부담을 공유하는 것이다. W.W. 그레인저는 주문 하나 하나의 수익성에 따라서 판매원들에게 보수를 지급한다. 리즈(Lids)는 점포 판매인들에게 그 지역에서 발생하는 웹 주문에 대한 수수료를 지급하고 있다. 인터넷 판매에 대해서 비교적 낮은 수수료를 지불하는 복스홀은 수수료를 받으려면 자동차를 고객의 집까지 배달한다든가 하는 특별한 일을 맡으라고 딜러들에게 요구한다.

스냅온은 소비자용 웹사이트가 딜러들의 매출을 깎아먹는지 혹은 온라인으로 구입하는 사람들이 모두 딜러와의 관계를 필요로 할 만큼 대량의 거래를 하는지 신경 쓰지 않는다. 잘 동작하는 시스템이 이미 구축되어 있기 때문이다. 온라인으로 세 번 주문하는 고객이나 일정량 이상을 주문하는 고객들은 자동으로 딜러들의 방문 고객 명단에 등록된다. 그리고 딜러들은 자기의 고객이 웹으로 구입하는 금액에 대해서는 수수료를 받는다. 스냅온의 초창기 웹사이트 구조에서 마음에 들지 않는 점은 등록하지 않은 고객들은 가격을 볼 수 없다는 것이었다. 그리고 고객들이 웹사이트에 등록할 때에는 딜러의 번호(거래하는 딜러가 있는 경우에)를 적어야 했다. 이것은 너무 복잡한 일이었다. 스냅온은 다른 회사들과 마찬가지로 웹에서 자유롭게 가격 목록을 볼 수 있게 해야 한다는 것을 깨달았다. 그리고 고객들은 어떤 딜러가 방문할지 신경 쓸 필요가 없어야 했다. 고객과 딜러의 연결은 보이지 않는 뒤편에서 이루어질 필요가 있었다.

가격 정책

물론 최종 고객이 지불하는 가격과 딜러가 지불하는 가격이 같을 수는 없다. 딜러라는 직업이 존재할 수 있는 것은 마진이 있기 때문이다. 일반적으로 말해서 온라인으로 구입하는 고객들은 정가로 구입하거나 혹은 미리 책정된 할인율만큼 할인 받기를 기대한다. 지난 5년 간의 경험에 비추어보면 고객들은 모든 상품과 서비스의 정가를 볼 수 있기를 원하며 그것이 전세계에 걸쳐 동일하기를 기대하고 있다(지방세나 관세에 따른 차이는 물론 논외다).

제품 정보의 공유

협력사와 고객들의 의사결정을 쉽게 해줄 수 있는 완벽하고 정확한 최신 제품 정보를 제공하는 것은 제조업체의 책임이다. 그러나 오늘날의 제품 정보는 웹페이지나 온라인 카탈로그 수준이 아니다. 그것은 역동적으로 변화하는 가격과 재고 상황과 제품 사양이 포함된 데이터베이스의 형태로 조직된다. 일반적으로 제조업체가 유지 관리하는 제품 정보에는 조정용 애플리케이션, 전문가 시스템과 같은 기획 도구, 건축사와 엔지니어를 위한 CAD 프로그램, 투자자를 위한 재무 계획 도구, 설계자들을 위한 소프트웨어 시뮬레이션 등이 포함된다. 협력사들은 거기에 가격, 재고, 특징, 제품간 비교 등 협력사별 정보를 덧붙인다. 그리고 제조업체는 판매 전 고객 지원이나 판매 후 고객 지원을 제공할 수 있다.

채널을 뛰어넘는 일관된 고객 경험

영국의 GM 복스홀(Vauxhall)은 고객의 소리에 귀를 기울이고 고객 관계를 소유하는 일에 있어서 가장 공격적인 GM 지사였다. 그리고 스냅온은 최근에 인터넷을 사용하여 고객 경험을 온라인으로 확장하기 시작한 B2B 기업이다. 스냅온은 최종 고객들과 직접적인 관계를 구축하면서 동시에 딜러들도 만족할 수 있는 방법을 모색하고 있다. 스냅온은 이와 함께 소비자 고객이라는 새로운 고객 집단을 인터넷을 통해 만날 수 있게 되었다.

GM 복스홀의 사례:

채널과 접점을 뛰어넘어 고객 경험을 관리하다

영국의 소비자들은 오래 전부터 화를 내고 있었다. 그들이 화를 내는 이유는 불평등한 가격 때문이었다. 그들의 주장에 다르면 유럽의 다른 나라에 비하여 영국의 소비재 가격은 비정상적으로 높다. 그리고 그 이유는 뿌리깊은 업계의 관행과 공정 가격에 관한 정부 정책의 부재라고 한다. 소비자들은 특히 자동차 가격이 상대적으로 비싸다는 데 화를 내고 있다. 앞에서 살펴본 바와 같이 영국에서 자동차 가격이 비싼 이유의 하나는 전체 자동차 판매량의 20%만이 소비자 고객들에게 팔리기 때문이다. 나머지는 기업이 구입하여 직원들에게 나눠준다. 기업들은 당연히 대량 구매에 따른 우월한 위치에서 가격 협상을 한나. 개인 소비자들은 디 높은 가격으로 구입할 수밖에 없었으며, 소비자들은 더 이상 참을 수 없는 한계가 왔다고 생각했다. 정말로 그 끝이 보였다. 2000년 10월에 정부의 한 위원회가 영국에서 소비자에게 자동차를 판매하는 방식과 가격에 대한 전면적인 수정을 요구한 것이다.

최소한 하나의 회사는 이미 이 요구를 받아들일 준비가 되어 있었다. GM의 현지법인인 복스홀이 1년 전부터 가격 정책을 재검토하고 있었던 것이다. 복스홀은 인터넷을 통해 신차를 판매한 세계 최초의 자동차 제조회사였다. 그러기 위해서 복스홀은 그때까지 유일한 유통 채널이었던 자동차 딜러들과 부딪칠 수밖에 없었다. 고객들은 인터넷으로 직접 구입하기를 원하고 제조회사는 온라인으로 직접 판매하기를 원할 때 딜러들에게는 어떤 일이 일어날까? 복스홀이 새 역사를 열었다. 딜러들도 인터넷으로 판매하면서 온라인 고객들에게 서비스를 제공할 수 있게 되었다.

현명한 복스홀 경영진은 모든 고객과 강력한 브랜드 관계를 구축하는 것이 가장 중요하다는 사실을 깨달았다. 그렇지만 수백 개의 독립적이고 강력한 딜러들과 관계를 맺고 있는 자동차 제조회사가 어떻게 딜러들을 따돌리지 않고 고객들과 밀접한 관계를 구축할 수 있을까? 복스홀은 GM 안에서 딜러를 비롯한 다양한 협력사들과 새롭고 밀접한 관계를 구축한 최초의 사업체다. 복스홀이 고객 관계의 문제를 극복해 온 과정은 다음과 같다.

고객 경험을 향상시키다

1998년에 저돌적인 GM 이사회 의장 닉 레일리(Nick Reilly)와 판매 마케팅 책임자인 얀 쿰버(Ian Coomber)는 31세의 마케팅 간부 폴 컨프레이(Paul Confrey)에게 새로 설립된 관계마케팅 부서를 맡으라고 했다. 폴은 10년 동안 독일과 영국의 복스홀에서 마케팅, 브랜드 관리, 다이렉트 판매 등의 업무를 경험했다. 이 새로운 부서의 목표는 고객들과의 관계를 더욱 긴밀히 하면서 동시에 크고 작은 450여 딜러들의 수익을 증가시킬 수 있는 서비스를 제공하려는 것이었다. 복스홀 경영진은 시장 점유율을 높이고 장기 수익을 늘리기 위해서는 고객 충성의 증대가 필수적임을 알고 있었다. 당시 영국 내에서 복스홀의 시장 점유율은 13%였다. 고객 충성도를 나타내는 가구별 재구입율은 영국 신차 시장의 평균치에 해당하는 50%를 기록하고 있었다. 닉과 얀과 폴은 고객들이 여러 고객 접점에서 좋은 경험을 얻어야 충성도가 높아질 것이라고 생각했다. "우리는 많이 파는 것만이 돈을 버는 유일한 길이 아니라는 것을 깨달았습니다. 보험, 액세서리, 보증 수리, 중고차, 사고 차 수리 등으로 담요처럼 고객들을 감싸안으려 했습니다. 자동차를 굴리다 생길 수 있는 골칫거리들을 최대한으로 해결해 주다보면 매출은 자연히 늘어날 테니까요."

복스홀 경영진은 기존의 서비스 관행이 고객들의 시간을 절약해 주지 못한다고 생각했다. 지금까지도 그들은 고객 관계를 향상시키고 고객 충성을 강화하는 일에 매달려 왔다. 그렇지만 고객들에게 가장 중요한 문제들과 씨름하면서 비로소 그들은 고객들의 시간을 절약해 주게 되었다. 그들은 어떤 협력사를 통하는 고객이든 간에 일관된 경험을 제공받을 수 있도록 업무 과정을 재설계했다. 복스홀은 고객 경험의 질을 더욱 잘 관리하기 위하여 고객과 관련된 모든 업무 과정을 조정하는 책임을 맡았다. 다양한 협력사들을 통하여 고객들에게 전달되는 총체적 고객 경험의 질을 복스홀이 책임진다는 뜻이다.

고객들은 제조업체와의 관계를 원한다

이미 관계를 맺고 있다고 생각한다

대부분의 제조업체들과 마찬가지로 복스홀도 딜러를 제치고 고객들과 직접 관계를 맺는 것은 매우 불안한 일이었다. 딜러들이 아니면 자동차를

235
제10장

판매하고 서비스하고 유지 보수해 줄 방법이 없기 때문에 딜러에 대한 의존도가 매우 높았다. 그런데 고객들에게 제조업체와의 관계를 원하느냐고 물었더니 고객들은 이미 관계를 맺고 있다고 응답하였다. 그리고 고객들이 생각하는 복스홀과의 관계는 별로 좋은 것이 아니었다. 고객들은 큰소리로 분명하게 대답했다. "귀사의 행동을 보면 고객을 소중히 여기지 않는 것 같습니다. 귀찮게 졸라댈 뿐이지요. 쓸데없는 전화나 걸어서 시간을 낭비하게 하는군요." 이 이야기의 교훈은, 브랜드 제품을 판매할 경우에는 그것이 유통 채널을 통하는 경우라 하더라도 고객들은 브랜드와의 관계로 인식한다는 것이다. 브랜드와 관련된 고객의 총체적 경험의 질을 관리하지 못한다면 기차를 놓치는 우를 범하고 말 것이다. 제조업체가 고객 경험에 무심한 것을 알아챈 고객들은 떠나갈 것이기 때문이다.

복스홀의 고객들은 복스홀의 고객 경험의 일부를 전달하는 다섯 개 이상의 회사와 거래하고 있었다. 그러나 복스홀은 자동차 소유자나 예비 소유자와 직접 접촉하지 않고 있었다. 딜러가 차량 구매와 서비스의 1차 접점이었으며, 제3의 회사들이 보증보험이나 자동차보험에 관여하고 있었다. GM의 자회사인 GMAC는 할부 금융을 취급하고 있었다.

고객 관계 관리의 기초를 구축하다

협력사들을 뛰어넘는 일관된 고객 경험을 제공하기 위하여 폴 컴프레이는 복스홀의 고객 마케팅 데이터베이스를 업그레이드하기로 했다. 그는 고객들이 복스홀이나 협력사들과 거래할 때의 경험을 향상시킬 수 있는 통합 CRM 시스템을 구축하는 일에 매달렸다. 협력사들은 각자의 역할을 계속 수행하면서도 모두가 하나의 마스터 CRM 시스템으로 연결될 것이므로 더욱 밀접한 협력이 가능하게 될 것이었다.

복스홀의 마케팅 부서는 이미 1980년대 후반부터 기본적인 고객 정보를 수집하고 있었지만, 복스홀은 그 정보를 다이렉트 메일을 보내는 데 사용했을 뿐이다. 복스홀의 CRM 프로젝트가 이륙하기까지는 그로부터 여러 해가 걸렸다. 이제 갑자기 고객 경험을 향상시키는 것이 중요한 임무가 되었고 만만치 않은 과제로 떠올랐다.

1년 만에 오라클 기반의 새로운 CRM 데이터베이스가 완벽하게 작동하기 시작했다. 세 데이터베이스에는 기존의 마케팅 데이터베이스로부터 얻어낸 550만의 기존 고객과 예비 고객 명단, 자동차 소유권 기록, 최근의 판촉 행사의 결과 등이 들어갔다. GMAC, GM Card, CGU 보험, GTT(다이렉트 마케팅 업체), 다이렉트 다이얼로그, 슈어가드 보증보험(SureGuard) 등 복스홀의 모든 협력사들이 동일한 데이터베이스를 이용하게 되었으며, 고객들의 요구에 기반을 둔 마케팅을 공동으로 펼치기 시작했다.

복스홀의 CRM 시스템은 GM 유럽 사업부의 전략적 교두보가 될 것이다. 유럽 여러 나라의 GM 지사에서도 똑같은 고객 데이터베이스 도구가 채택되고 있는 것이다.

딜러들을 설득하다

가장 어려웠던 문제는 독립적인 딜러들에게 복스홀이 그들과 그들의 고객 사이에 끼어들지 않을 것이라고 설득하는 것이었다. 1998년에 복스홀 딜러 협의회와 만난 폴은 회사의 방침을 설명하면서 협조를 구했다. 그는 고객들이 서비스를 받으러 차를 가져오거나 할부 기간이 끝날 때에 딜러들과 접촉하게 될 것이며 따라서 딜러들에게 더 많은 기회가 생길 것이라고 설득했다. 딜러 협의회는 결국 잉글랜드 남부 지역(전체 450명의 딜러 중에서 12명의 활동 영역인)에서 1년 동안 시험 운영하는 계획을 승인했다.

새로운 CRM의 시험 운영

복스홀의 CRM 팀과 협력사들은 시험 운영 지역의 고객들에 대하여 매우 적극적인 공세를 펼쳤다. 그들은 서로 긴밀한 협력을 유지하면서 일련의 핵심적인 조치들을 취했다.

- 신차가 첫 서비스를 받을 때(12개월 혹은 주행거리 12000마일)가 되면, 복스홀의 텔레마케팅 대행사인 다이렉트 다이얼로그의 직원이 고객에게 전화를 걸어 서비스를 받을 때가 되었다고 알려준다. 서비스 일정을 잡기 위해서 딜러가 전화를 걸어도 되겠느냐고 물은 다음에, 고객이 허락하는 경우에는 가장 편리한 날짜와 시간을 묻는다. 이 정보는 곧바로 딜러의 서비스 부서로 넘겨진다. 다이렉트 다이얼로그 직원은 또 보증 기간이 곧 만료될 것이라는 것을 알려주고 기간을 연장하고 싶은지를 묻는다.

- 할부 기간이 끝나고(보통 3년 후) 새로 할부 계약을 하거나 차를 바꾸거나 결정할 때가 되면, 텔레마케팅 회사가 고객에게 전화를 걸어 최신형 자동차 시승 서비스를 제안한다. 고객이 동의하면 딜러의 대리인이 최신형 자동차를 고객에게 가지고 와서 이틀 동안 시승하게 한다. 그리고 고객의 기존 자동차는 깨끗하게 닦아 오겠다며 가지고 간다. 이틀 후 말쑥해진 기존 자동차를 가지고 올 때에는 새 차 계약서도 함께 가지고 오는데, 거기에는 예컨대 "한 달에 45파운드만 더 들이면, 이 멋진 새 차를 계속 몰 수 있습니다."는 식으로 새 차를 사도 비용이 별로 증가하지 않는다는 내용

이 강조되어 있다.

9개월 동안의 시험 운영 결과는 대단했다. 시험 운영 지역 안에서 보증보험에 가입한 고객의 비율이 11%에서 30%로 늘어났다. 그리고 딜러의 서비스 수익은 60%나 늘어났다. 그러나 정말 대단한 성과는, 자동차 시승 서비스를 이용한 고객의 90%가 새 차를 구입했다는 것이다. 2000년 10월에는 100명의 딜러가 활동하는 지역으로 시험 운영 지역이 넓어졌고 2001년 초에는 영국 전역으로 확대될 예정이었다.

인터넷을 통해 직접 판매하다

폴의 전략은 다이렉트 마케팅, 텔레마케팅, 인터넷 등 모든 고객 접점을 포괄하는 것이었다. 당시에 복스홀은 이미 웹사이트를 갖고 있었다.

사실 복스홀은 영국 최초로 웹사이트를 만든 자동차 제조회사다. 1996년에 출범한 복스홀의 웹사이트는 신차와 중고차에 관한 가격 정보와 금융 옵션을 비롯한 핵심 정보들을 제공해 왔다. 1997년과 1998년에 걸쳐서 고객들의 재방문을 유도하기 위한 많은 개선과 개혁이 이루어졌다. 예를 들어 '트래픽마스터'(TrafficMaster) 섹션에서는 주요 고속도로에서의 교통량 정보를 제공했다. 그것은 1분 단위로 업데이트되었으므로 운전자들은 출발하기 전에 도로 사정을 확인할 수 있었다. 또 하나의 섹션은 영국 스키클럽의 후원을 받았는데, 복스홀의 4륜구동 자동차인 프론테라(Frontera) 소유 고객과 예비 고객들을 겨냥한 것이었다.

또 하나의 웹 애플리케이션인 복스홀 바이파워(BuyPower)는 1999년 여름에 출범했다. 이것은 예비 고객들이 옵션과 가격을 선택해 가면서 미리 자동차의 사양을 구성해 보게 하는 프로그램이었다. 여기서 예비 고객으로 등록한 고객들의 정보는 딜러들에게 전달된다. 이 전략은 잘 먹혀들었다. 3만 명이 예비 고객으로 등록하였고 그중 5천 명이 딜러들에게서 자동차를 구입하기에 이르렀다. 그러나 딜러들은 바이파워를 달가워하지 않았다. 딜러들에게는 바이파워가 복스홀이 딜러들을 배제하려는 계획의 일환으로 보였기 때문이었다.

닉 레일리는 1999년 7월이 되어서야 비로소 온라인 판매를 진지하게 고려하기 시작했다. "얘기 좀 하자고 닉이 사무실로 부르더군요." 폴의 회상이다. "닉은 인터넷을 잘 알고 있었고, 1등을 향한 집념이 매우 강한 사람이었습니다. 그가 나더러 고객들이 인터넷으로 우리 자동차를 구입할 수 있는 방법을 강구해 보라고 하더군요. 방법에 관해서는 일언반구도 없이 말입니다. 물론 닉도 딜러들이 큰 장애물이 될 것이라는 것을 알고 있었습니다. '소매상들을 어떻게 우리편으로 만드는지 봅시다.' 라고 하더군요."

프로젝트팀을 가동하다

폴은 재빨리 여러 부서에서 20명 정도를 뽑아 프로젝트 팀을 구성했다.

팀은 온라인으로 복스홀 자동차를 판매하는 최선의 방법은 차종별로 인터넷으로만 판매하는 특별한 모델을 만드는 것이라고 결론을 내렸다. 이 닷컴 자동차들은 인터넷을 통해서만 주문할 수 있지만 배달과 서비스는 고객과 가장 가까운 딜러를 통해 이루어지는 방식이었다. 딜러들은 닷컴 모델에 대해서도 여전히 수수료를 받을 수 있는 것이다. 팀은 현재의 생산라인 구조를 고려하여 3개의 인기 모델을 인터넷으로 판매하기로 결정했다. 그것들을 판매하는 사이트는 모델 이름을 따서 각각 Corsa.com, Vectra.com, Astra.com이라 이름 붙였다. 세 가지 차종은 가장 일반적인 옵션으로 판매되는 표준 차종이었다. 그러나 인터넷으로만 판매되는 특별 모델에 대해서는 할인 가격이 적용되었다. 이 모델들은 인터넷을 통해서만 주문할 수 있었다. 그리고 차량 옆부분에는 그 차의 소유자가 닷컴 세대라는 것을 누구나 알 수 있도록 크롬으로 도금된 선명한 닷컴 로고를 붙였다.

딜러들을 끌어들이다

처음에는 기획 과정에 딜러 몇 사람을 포함시키려고 했었다. 그러나 그렇게 하면 프로젝트의 비밀 유지가 불가능한 것이 문제였다. 비밀 프로젝트로 진행되어야 했던 것이다. 폴의 팀은 계획이 완성되기 전에 딜러들에게 내용이 새나가지 않도록 조심했다. 1990년대 중반에 판매원으로 일했던 경험이 있는 폴이 팀 안에서 딜러를 옹호하는 역할을 대신했다.

작전 성공 여부는 딜러들의 참여를 얻는 데에 달려있었다. 그것 없이는 프로젝트가 익사할 판이었다. 그러나 최후의 순간에 프로젝트가 실패할지도 모른다는 것을 알면서도 1999년 11월 1일로 예정된 출범일에 맞출 수밖에 없었다. "소매상들에게 영향을 미치는 일들은 모두 딜러 협의회의 승인을 얻어야만 합니다." 폴이 설명했다. "내부적인 프로그램 완성 날짜는 10월 5일입니다. 언론에 발표하는 것은 19일에 열리는 버밍엄(Birmingham) 국제 모터쇼를 겨냥하여 15일로 정했습니다."

딜러 협의회와의 회의에서 폴은 인터넷과 관련한 마케팅 전망을 보고했다. 그의 보고에는 복스홀의 표적 고객 중 어느 정도가 인터넷을 사용하고 있는지 혹은 곧 사용하게 될지를 나타내는 인구통계학적 자료와 회사에 가장 많은 수익을 주는 평생고객들 대부분이 인터넷 초기 사용자들이라는 사실이 포함되어 있었다. 이어서 미국에서의 사례를 보여주었다.

미국에서는 Autobytel.com이나 CarsDirect.com 같은 중개 사이트가 고객들의 자동차 구입 관행에 가장 큰 영향을 미치고 있다는 것이었다. 그리고 그 '양키적' 관행이 영국을 강타할 것이 틀림없다고 주장했다.

폴의 어조는 직설적이었다. 그는 고객들이 누구에게서 자동차를 살 것인지를 결정할 권력을 갖고 있다고 단언했다. 그러므로 회사는 이러한 고객들의 권력에 순응해야 한다는 것이었다. "우리가 할 일은 가만히 앉아서 중개 사이트가 고객 경험을 소유하는 것을 지켜보거나, 총체적 고객 경험을 우리가 만들어가거나 둘 중에 하나입니다. 우리는 인터넷으로 복스홀만의 특별한 경험을 제공할 수 있습니다. 그렇다고 여러분을 배제하려는 것은 아닙니다. 절대로 소매상을 배제하는 직접 판매를 실험하겠다는 이야기가 아닙니다. 우리는 여러분과 전쟁을 하려는 것이 아닙니다. 우리는 수익성 높은 고객 집단이 우리와의 관계에서 행복을 유지하기를 바랄 뿐입니다. 그리고 그러기 위해서는 여러분의 도움이 절대적으로 필요합니다."

닷컴 모델에 대해서는 소매상의 마진이 3% 정도 적지만 소매상들은 최소한 오프라인 판매와 같은 수준의 수익을 올릴 수 있을 것이라고 했다. 자동차 가격이 더 높고 할인이 되지 않았으므로 사실상 같은 수준의 수수료를 받는 셈이라는 것이었다. 다만 수수료를 받기 위하여 해야하는 역할이 달라질 것이라고 했다. 고객이 원하는 경우에는 고객의 집으로 시험주행용 자동차를 갖다 주어야 할 것이다. 전과 마찬가지로 고객들의 중고차를 대신 팔아주어야 하는 경우도 있을 것이다. 그리고 새 차를 배달하고 헌 차를 치워주는 일을 하게 될 것이다. 그러나 시간이 많이 걸리는 다른 일들(고객과 만나서 자동차의 특징과 성능을 설명하는)은 웹사이트나 콜센터의 전문가가 대신해 줄 것이다.

"고객이 온라인으로 자동차를 주문한 다음에 마음이 변한다면 어떻게 됩니까?" 딜러들이 물었다. "그런 일이 생겨도 여러분은 아무런 손실을 입지 않습니다." 폴이 딜러들에게 확신을 심어주었다. "잘못되는 일들은 우리가 책임집니다. 부당하게 발생한 비용에 대해서는 무엇이든 변상하겠습니다. 우리는 이 계획이 성공할 수 있도록 모든 노력을 기울일 것입니다."

3시간 동안 활발한 토론이 오간 후에, 1년 동안 닷컴 자동차를 웹사이트에서 시험 판매하자는 폴의 제안이 통과되었다. 결과는 1년 후에 평가하기로 했다.

결과

공식 출범에 앞서 언론에 미리 공개한 결과, 최초의 인터넷 구매 고객이 되고 싶다는 60세 여인이 고객 지원센터로 전화를 걸어왔다. 전화의 주인공인 태브너(Tavner) 여사는 특별히 인터넷을 잘 다루는 사람은 아니었다. 다만 소매상을 찾아가서 차를 몰고 집으로 오는 수고 없이 자동차를 구입할 수 있다는 아이디어가 좋아서 전화를 걸었다고 했다. 낯선 사람들이 보는 앞에서 낯선 차를 운전하는 일이 부담스러웠던 그녀는 집 앞의 도로에서 먼저 운전해 본 다음에 대로로 나가는 것이 편했던 것이다. 11월 1일 정오에 사이트가 문을 열었고, 태브너 여사는 최초의 닷컴 자동차 고객이 되었다.

9개월 동안에 복스홀은 1천 대의 닷컴 자동차를 팔았는데, 그것은 그 기간 동안 전체 소매 판매의 2%에 해당하는 수치였다. "이것은 4명의 고객 지원센터 요원들이 무리하지 않고 일한 결과입니다." 폴이 덧붙였다. "닷컴 프로그램에 참여한 4명의 요원들은 한 사람이 한 달에 50명의 고객을 상대할 수 있습니다. 그러나 1년 동안 시험 운영하는 것이니만큼 1주년이 되기 전에 무리한 실적을 올릴 생각은 없습니다."

자동차 구입의 룰이 바뀌다

영국의 자동차 산업은 분노한 고객들의 크나큰 압력을 받고 있다. 2000 년 가을에는 영국 공정거래위원회가 자동차 가격 책정과 판매 방식에 중대한 변화가 이루어져야 한다고 요구했다. 닷컴 계획 덕분에 복스홀은 경쟁사들에 비하여 새로운 룰에 적응할 준비가 비교적 잘 되어 있었다. 2000 년 10월에는 딜러 협의회가 복스홀의 모든 차종을 온라인으로 판매하는 것을 승인하였다. "이런 일을 가능하게 했던 열쇠는 회사와 소매상들 사이의 협력관계입니다. 우리는 그들을 배제하지 않았습니다. 룰을 바꾸었을 뿐입니다." 이것은 숨겨진 비용(예컨대 가격에 포함된 금융비용)이 줄어든 새로운 가격구조로의 이동을 의미하며 인터넷 판매량으로 승부를 겨루는 새로운 경기 규칙으로의 이동을 의미한다. 복스홀은 모든 차종을 인터넷으로 판매한 세계 최초의 자동차 제조회사가 되었다.

교훈

복스홀의 경험에서 무엇을 배울 수 있는가? 복스홀은 채널간의 충돌을 딜러 협의회에 대한 설득과 참여 유도를 통해 해결했다. 복스홀은 1년 동안 인터넷을 통한 직접 판매를 시험 운영했다. 그 결과 온라인 자동차 판매량뿐 아니라 고객에 대한 여러 가지 서비스의 판매량에서도 큰 성과가 나타났다. 고객들은 인터넷을 통하여 제조업체로부터 직접 자동차를 구입하고 싶어한다. 그러나 동시에 고객들은 딜러들이 제조업체의 대리인 자격으로 자동차를 배달하고 서비스를 하기를 바란다. 고객들은 집안에 앉아서 자동차를 구입할 수 있다는 데에 점수를 많이 준다. 그리고 고객들은 흥정이 필요 없는 정가로 자동차를 구입하고 싶어한다. 딜러들은 판매 전과 판매 후의 서비스를 제공하기만 하면 종전과 같은 수준의 수익을 올릴 수 있다.

제조업체가 여러 관련 서비스 업체들을 끌어 모으는 것이 복슬홀 딜러들에게 이득이 된다. 여러 업체의 서비스를 받으면서도 복스홀이라는 브랜드의 일관된 고객 경험을 누리는 고객들에게도 이득이 돌아간다.

복스홀의 협력적 고객 정책은 브랜드에 대한 그리고 실제로 서비스를 제공하는 딜러들에 대한 고객들의 충성도를 높이는 결과를 가져왔다.

마지막으로 주목할 것은 복스홀이 고객 시나리오 기법을 이용했다는 점이다. 모든 제안이 고객들에게 중요한 결과물('할부 기간의 연장'이나 '새 차로 교환')로 연결될 분수령이 되는 사건('할부 기간 만료')을 중심으로 조직되고 있다는 점에 주목할 필요가 있다.

패티의 제안

복스홀의 다음 과제는 무엇일까? CRM과 인터넷 판매는 모두 시험 운영 수준이었다. 전자는 제한된 지역 안에서만 실시되었고 후자는 일부 차종에 대해서만 실시되었다. 이제 폴과 그의 팀이 힘들여 수행한 기초 작업들이 빛을 보아야 할 때다. 복스홀의 영국 내 경쟁자들이 빠른 시일 안에 인터넷으로 자동차를 판매하게 될 것으로 보이지는 않는다. 복스홀은 인터넷에서의 선도적 위치를 고수하려고 적극적으로 노력하고 있으며 2000년 11월에는 모든 차종을 인터넷으로 판매하기 시작했다.

그리고 복스홀의 경쟁사들이 빠른 시일 안에 복스홀의 야심적인 통합

CRM 시스템을 따라잡기는 어려울 것이다. 전자상거래 계획과 고객 경험 관리 계획이 결합한 위력은 대단해서 여간해서는 패배하지 않을 것으로 보인다. 이제 복스홀은 인터넷과 CRM이라는 두 방향으로 힘차게 나아가기만 하면 될 것이다.

독일 쪽에서 주도하는 GM 유럽 사업부는 나름대로의 CRM과 인터넷 시험 판매를 계획중이다. 그리고 GM의 미국 본사도 영국에서의 경험으로부터 많은 것을 배우고 있다. 필자는 세계 각지의 GM 조직들이 복스홀의 교훈을 받아들임으로써 제대로 방향을 잡기를 바란다. 고객의 반응은 각국의 시장 사정에 따라 다르겠지만, 모든 고객들이 지금보다 더 좋은 대접을 원한다는 것은 확실하다. 그리고 다른 자동차 제조회사들도 마찬가지겠지만, GM 역시 딜러 체제를 유지하면서도 고객들이 온라인으로 자동차를 편리하게 구입할 수 있는 방법을 찾아내야 한다. 복스홀의 경험을 중심으로 세계 각지의 조직들이 협력하는 것이 GM으로서 쉽지는 않은 일이겠지만, 노력할 만한 가치가 있는 일임에 분명하다.

사례를 통해 우리는 웹을 고객 접점으로 사용하고 싶지만 정착된 소매 관행이 있어서 부담스러워 하는 모든 기업들을 위한 간단한 교훈을 찾을 수 있다. 회사와 협력사들이 정말로 협력할 의지만 있다면 두 개의 고객 접점이 공존하지 못할 이유가 없다는 것이다. 자동차 산업에서는 이미 좋은 결과를 보여주기 시작했다. e-GM 회장인 마크 호건(Mark Hogan)이 예언한 대로 자동차를 사려는 사람들이 구매 결정을 하기 전에 모두 인터넷으로 가게 된다면 그럴 수밖에 없지 않겠는가?

여기에 제시하는 고객조종실은 복스홀을 위한 것으로는 부족한 점이 많다. 딜러를 중심으로 하면서 각 지표들이 어떻게 영향을 주고받는지를 보여줄 수 있는 비슷한 모양의 고객조종실들이 필요할 것이며, 그렇게 해

복스홀을 위한 고객조종실 초안				
	항해	성능	운영	환경
고객 수	· 복스홀 자동차를 소유한 고객과 가구의 수 · GM/복스홀과 거래가 있는 고객과 가구의 수 -보험 -보증보험 -기타 서비스	· 복스홀 고객과 가구 수의 증가/감소 · 온라인으로 프로필을 확보한 예비 고객의 수 · Vauxhall.com에 등록한 사용자의 수 · 온라인으로 구매한 고객의 수 · 오프라인으로 구매한 고객의 수	· 웹사이트 방문자 수 · 온라인으로 견적을 받아 본 예비 고객의 수 · 시험 주행을 해본 예비 고객의 수 · 전환율 -온라인으로 견적을 받은 후에 구매한 고객의 비율 -시험 주행을 해본 후에 구매한 고객의 비율	· 복스홀 자동차를 소유하지 않은 가구의 수 · 복스홀의 자동차를 소유하고 있으면서, 다른 회사의 자동차도 소유하고 있는 가구의 수
고객 유지	· 고객 유지 비율 · 가구 유지 비율	· 현재 소유자들의 재구매 비율 · 구매 후 다른 서비스를 구매한 고객의 비율 · 동일 가구 내에서 신규 구매 비율	· 할부 만료 시점에서 구매한 고객의 비율 · 평균 자동차 보유 기간	· 다른 모델과의 교환 조건으로 복스홀 자동차를 구매한 고객의 비율
고객 경험	· 고객 접점별 만족도 · 유통 채널별 만족도	· 접점별/채널별 만족도의 변화 · 구입 후 고객 만족도(13개월 후/25개월 후)	· 고객 만족도 -시나리오별 -업무별 -접점별 -채널별 · 고객 시나리오별 총 소요 시간	· 상대적 만족도 -경쟁사에 대한 -모든 자동차에 대한 -다른 제품과 서비스에 대한
고객 지출	· 고객 1인당/가구당 평균 지출 · 고객 1인당/가구당 평균 수익 · 고객의 평생 가치	· 고객 집단별 고객 지출의 변화율 · 고객 집단별 수익 변화율 · 고객 1인당 보험 등 기타 서비스 판매 비율	· 고객 집단별 다른 서비스 판매 성공률 · 접점별/채널별 고객 지원 비용 · 접점별 수수료	· 상대적 고객 평생 가치

야만 회사는 회사와 딜러와 고객들 사이의 관계를 포괄적으로 이해할 수 있을 것이다.

스냅온의 사례:

브랜드 경험은 온라인으로, 딜러의 충성은 그대로

스냅온의 밴이 거리로 나가면 물건을 사려는 사람들이 거리로 뛰쳐나와 차를 세우려고 장사진을 이룬다. 운전사는 예비 고객들을 다치지 않도록 조심해야 한다. 이것은 스냅온의 딜러들에게는 항용 있는 일이다. 스냅온의 전문 공구와 진단 장비를 너무나 좋아하는 아마추어 자동차 기술자들이 스냅온의 밴을 세우고 제품을 사려고 몰려들기 때문이다. 왜 이런 일이 일어날까? 2000년 중엽까지는 고객들이 스냅온에서 직접 구입할 수 없었기 때문이다. 스냅은 오로지 기업 고객들에게만 물건을 팔았다. 그리고 프랜차이즈 딜러들에게만 물건을 공급했다. 일반 소비자들이 탐나는 스냅온의 공구를 사기 위해서는 딜러들의 방문 고객 명단에 올라야만 했었다. 지금 스냅온에서 진행중인 변화는 최종 고객들이 주도하고 있지만, 딜러들도 밀접하게 관련되어 있다.

어떻게 스냅온이 프랜차이즈 딜러들과의 관계를 훼손하지 않으면서 소비자 고객들이 직접 구입할 수 있게 편의를 제공할 수 있게 되었는지 간단히 살펴보기로 하자. 그리고 또한 어떻게 딜러들을 소외시키지 않으면서도 전문가 고객들과 관계를 형성할 수 있게 되었는지도 살펴보기로 하자. 마지막으로 스냅온이 접점과 채널을 뛰어넘는 일관된 고객 경험을 제공하는 단일 기술 인프라를 창조한 과정도 살펴보기로 하자. 스냅온은 기업 고객의 인트라넷에 참여하고 딜러들에게는 엑스트라넷을 서비스하며 소비자 고객들에게는 직접 판매 채널을 제공하는 식으로 새로운 환경을 잘 활용하고 있다.

스냅온 브랜드

스냅온은 전세계의 기술자들에게 널리 알려진 유명한 브랜드다. 스냅온이 여러 사이즈의 렌치를 바꾸어 낄 수 있는 소켓렌치를 처음 개발한 것은 1919년이었다. 처음에 전문적인 자동차 기술자들에게 직접 판매하면서 내세웠던 슬로건은 "5개로 50가지 일을 한다"였다. 회사는 점점 성장했고 그에 따라 생산라인도 많아졌다. 81년 후인 2000년에는 전체 생산라인 중에서 손공구가 차지하는 비율이 40%를 차지하고 있었다. 그 외에 스냅온은 진단 시스템, 자동차 리프트, 얼라인먼트 시스템, 진단 소프트웨어, 차량 서비스 정보, 교육 자료, 기타 자동차 기술자들을 위한 온갖 서비스를 판매하고 있다.

스냅온 브랜드는 기술자들과 공구 애호가들 사이에 매우 강력한 인지도를 갖고 있다. 오랜 세월에 걸쳐 회사는 브랜드를 살아 숨쉬게 하기 위한 여러 가지 노력을 해 왔다. 회사는 고객들이 어떻게 일을 하며 무엇을 필요로 하는지를 알고 있다. 그리고 무엇보다도 스냅온은 고급 제품을 만들어낸다.

자동차 기술자들은 시간당으로 임금을 계산하는 바쁜 사람들이다. 그들은 물건을 사러 다니는 시간 낭비를 싫어한다. 스냅온 딜러가 기술자들이 필요로 하는 공구를 가지고 방문한다는 것은 스냅온의 가치 제안에서 매우 중요한 부분이다. 스냅온의 프랜차이즈 딜러들은 밴에 공구들을 가득 싣고 일주일마다 고객들의 일터로 방문한다. 고객의 관점에서는 이런 식의 방문 판매가 가장 편리한 것이었다. 전문가가 일터로 찾아오니 얼마나 편리하겠는가? 판매자는 고객이 무엇을 필요로 하는지 알고 있으며, 문제를 진단하고 해결책을 제시하기도 한다. 그리고 물건을 직접 가지고 오니 만져볼 수도 있고 시험삼아 사용해 볼 수도 있다. 그렇지만 오늘날의 고객들은 요구하는 것이 더 많아졌다. 일주일에 한번으로는 부족하다. 그 사이에도 필요한 것이 생길 수 있지 않은가? 그리고 야근하는 날인데 딜러가 낮에 방문하면 곤란하지 않겠는가?.

비전: 편리한 원스톱 쇼핑

회사 로고를 붙인 밴에 인기 상품들을 가득 싣고 고객들을 방문하는 전통은 스냅온의 초창기부터 내려온 것이었다. 그러나 스냅온은 1991년에 판매 방식을 프랜차이즈 딜러 형태로 바꾸었다. 당시 미국의 거의 모든 스냅온 딜러들은 회사가 고객 경험의 표준화를 책임진다는 내용의 새로운 프랜차이즈 계약서에 서명했다. 각 프랜차이즈 딜러들은 적절한 양의 제품을 자기 소유의 스냅온 밴에 싣고 팔러 다닌다. 스냅온은 각 딜러에게 방문 고객 명단(매주 방문할 자동차 수리 공장)을 제공했으며 당장 돈이 부족한 딜러와 고객들에게는 신용 판매를 확대했다. 스냅온은 이러한 프랜차이즈 딜러 방식을 미국과 캐나다와 영국과 호주와 일본에서 시행했다.

스냅온의 CEO 밥 코녹(Bob Cornog)은 1990년대 중반에 새로운 비전을 발견했다. 그는 스냅온의 사업 영역을 개별 수리공과 수리 공장으로부터 기업 고객 및 새로 떠오르고 있는 DIY(Do It Yourself) 시장으로 확대하고 싶었다. 그는 회사의 지역적 한계를 넓히고 싶었고, 공구만 생산하던 생산라인을 진단 시스템과 소프트웨어, 나아가 기술자들이 일할 때 필요로 하는 모든 것 예컨대 윤활유에서 물티슈에 이르기까지 기술자들이 필요로 하는 모든 것을 생산하는 곳으로 발전시키고 싶었다. 밥은 이 새로운 개념을 '벽 없는 상점'(store without wall)이라 이름 붙였다. 1995년에 밥은 자신의 비전을 제시하면서 딜러들의 의중을 떠보았다. 어떻게 하면 매출도 늘고 딜러들에게도 이익이 될까? 어떤 제품을 고객들에게 제공해야 할까? 도구와 정보가 점점 전자적이 되어 가는 시대에 어떤 신규 서비스를 고객들에게 제공해야 할까? 고객들이 하루 24시간 우리와 접촉할 수 있게 하려면 어떻게 해야 할까?

딜러들을 온라인으로 연결하다

스냅온의 경영진은 딜러들이 본사와 편리하게 거래할 수 있는 방법을 찾아내기 위하여 딜러 자문위원회에 자문을 구했다. 결과는 프랜차이즈 딜러들이 노트북으로 접근할 수 있는 온라인 판매 시스템이었다. 하루 일이 끝난 후에 밴 안에서 스냅온의 실시간 재고 데이터베이스에 접속하여 주문을 하고 고객들에게 보낼 견적서와 송장을 작성하고 업데이트된 제품 카탈로그와 가격표를 다운로드할 수 있는 시스템이었다.

　스냅온의 기술팀은 딜러들과 고객들이 편리하게 제품 정보를 찾아볼 수 있도록 시디롬 카탈로그를 만들어 배포했다.

고객들과 접촉하다

1998년 초에 밥 코녹은 인터넷과 전자상거래가 자신의 '벽 없는 상점' 비전을 빨리 실현시켜 줄 수 있다는 사실을 발견했다. 고객들이 24시간 내내 제품에 접근할 수 있게 하려는 밥의 비전에 매료된 알 빌란드(Al Biland)가 부사장 겸 CIO로 합류했다.

알은 회사의 각 사업 단위별로 사람을 뽑아서 전자상거래 전략팀을 만들었다. 그는 스냅온의 진단 소프트웨어 팀이 일하고 있는 산호세(San Jose)에 인터넷 상거래 센터(ICC)를 세우기로 결정했다. 알은 엔지니어 그룹의 젊고 똑똑한 기술자인 브래드 루이스(Brad Lewis)에게 팀을 맡겼다. 브래드는 인터넷 전문가이기도 했지만, 더욱 중요한 것은 그가 혼다(Honda) 수리공 출신이라는 사실이었다. 그 덕분에 스냅온의 고객들이 스냅온의 공구를 어떤 식으로 사용하는지 정확하게 알고 있었던 것이다. 1998년에 알이 브래드를 처음 발견했을 때, 브래드는 여가를 활용하여 기술자들을 위한 웹기반의 토론 그룹을 설계하고 있었다. 알은 한눈에 자기가 찾고 있던 사람임을 알아차렸다.

일단 ICC가 모습을 드러내자, 알과 리처드 캐스키(Richard Caskey ; 스냅온의 마케팅 부사장)는 전자상거래가 회사에 미칠 충격을 경영진들이 제대로 받아들이게 할 목적으로 유명한 전자 마케팅 컨설턴트인 짐 스턴(Jim Stern)을 고용하였다. 1998년 11월에 만들어진 그들의 전략 기획서에는 다음과 같은 5개의 전략 과제가 나열되어 있다.

1. 밴 방문 날짜 사이에도 딜러들이 고객들과 만날 수 있는 딜러 포털을 개발함으로써 딜러/고객/회사 관계를 지원하라. 고객들이 스냅온의 제품 정보에 24시간 접근할 수 있게 하고 딜러들과 고객들 모두가 자신의 주문이나 관계를 더 잘 관리할 수 있도록 하라.

2. 웹을 이용하여 다른 유통 채널을 육성하라. 대형 고객들을 위한 셀프서비스를 제공하라. 고객들과 직접 접촉하라.

3. 스냅온의 소프트웨어 기반 진단 제품을 웹으로 이용할 수 있게 하라.

4. 웹을 이용하여 스냅온의 모든 내부 업무를 개선하라.

5. 우리의 전자상거래 계획을 감독하고 조정하기 위하여 지역과 생산 라인을 뛰어넘는 전세계적인 웹기반 협의체를 만들어라.

전자상거래를 이끌 책임은 계속하여 알 빌란드가 맡기로 했다.

통합 전자상거래 계획을 설계하다

진군 명령을 받자마자 알과 브래드는 새로운 전략들을 시행하기 시작했다. 알은 스냅온의 모든 고객 집단과 채널 협력사들과 접촉하기 위한 단일 전자상거래 인프라를 구축하기로 결정했다. 그는 스냅온의 제품 정보가 고객 집단과 채널을 불문하고 누구에게나 필요한 핵심 자산임을 깨달았다. 그는 또 고객들과 딜러들을 회사의 새로운 ERP 시스템 안에서 직접 연결시키면, 그들에게 재고와 가격에 관한 실시간 정보를 제공할 수 있으며 그들이 온라인으로 주문하고 주문 처리 상태를 점검할 수도 있다는 것을 발견했다.

제품 정보를 핵심에 놓다

제품 정보를 담을 도구를 구상하던 알과 브래드는 '벽 없는 상점'이 밴에서 물건을 구입하는 방식과 최대한 비슷해야 한다는 것을 깨달았다. 고객이 딜러에게 무엇이 필요하다고 말하면 딜러는 언제든지 그의 작업에 적합한 공구를 추천할 수 있고, 그 일과 관련하여 부수적으로 필요하게 될 다른 공구나 재료도 추천할 수 있다. 수리공 출신인 브래드는 이러한 요구를 정확하게 이해하고 있었다. "고객이 소켓렌치를 구입하고 싶다고 하면, 딜러는 렌치 세트 전체를 설명할 수 있어야 합니다. 고객이 톱니바

퀴를 원한다면 그것에 딸린 부속품이 있다는 사실을 알고 있어야 합니다." 관건은 비슷하거나 관련이 있는 것들을 링크시켜서 모든 스냅온의 제품이 검색될 수 있도록 하는 것이었다.

브래드는 온링크 테크놀로지(OnLink Technologies; 나중에 시벨에 인수됨)라는 회사에서 이 목적에 맞는 최신 소프트웨어를 개발했다는 말을 들었다. 그리하여 스냅온은 온링크의 첫 고객이 되었다. 그리고 온링크의 제품 개발 방향은 브래드의 요구에 많은 영향을 받았다. "7달 동안 일주일에 2~3일은 그 회사로 출근했습니다. 이 도구가 우리의 목적에 맞도록 하기 위하여 그 회사의 개발자들과 같이 일을 했습니다." 브래드의 말이다. 1999년 봄에는 온링크의 애플리케이션이 브래드가 만족할 만한 수준까지 완성되었다. 드디어 출발 시간이 된 것이다.

첫 단계는 스냅온의 카탈로그를 인쇄하고 시디롬 카탈로그를 제작하는 회사인 RR 도널리(Donnelley)로부터 모든 카탈로그 정보를 다운로드하는 것이었다. 두 번째 단계는 고객들이 온라인으로 쇼핑하면서 관련 제품의 정보를 잘 볼 수 있도록 제품 정보를 재조직하는 것이었다. 브래드는 자동차 관련 전문가들을 고용하여 콘텐츠 재조직과 링크 작업을 맡겼다. 그는 두 명의 전직 자동차 기술자를 찾아냈는데, 그들은 모두 스냅온의 고객들이었으며 자바스크립트와 HTML과 온링크의 스크립트 언어를 배우고 싶어하는 사람들이었다. 두 명의 전문가는 세 달에 걸쳐 스냅온의 제품 정보를 온라인으로 접근할 수 있도록 작업했다. 작업은 어려웠지만 결과는 성공적이었다. 이제는 신제품이 추가되거나 업데이트될 때에만 정보를 업데이트하거나 링크를 손보면 된다.

기업 고객들을 겨냥하다

1999년 9월에는 스냅온의 전자상거래 시스템이 이미 고객들의 테스트를 받을 준비가 되어 있었다. 브래드는 먼저 가까운 곳에 있는 대형 거래처 중에서 샌디에고에 있는 미 해군 조달국을 선택했다. 해군은 스냅온의 공구를 구입하지만, 해군 고유의 부품번호를 사용하며 가격과 계약조건도 일반 거래처와는 다르다. 브래드는 간단한 변환표를 만들어 해군의 부품번호와 스냅온의 부품번호의 관계를 알 수 있도록 하였고, 가격과 재고 상황은 스냅온의 CRM 시스템을 통해 알 수 있도록 했다. 두 달 만에 샌디에고의 구매 담당자는 전화 주문에서 온라인 주문으로 주문 방식을 바꾸었다. 주문만 온라인으로 할 수 있게 된 것이 아니고 주문 처리 상태와 배달 상태도 실시간으로 볼 수 있게 되었다. 해군과의 성공적인 시험 운영을 마친 뒤에 브래드의 팀은 다른 기업 고객들에게도 온라인 주문 기능을 제공하였다. 1년 만에 100개 이상의 기업이 온라인 주문으로 전환했다.

전자 시장에 전자상거래 인프라를 연결하다

스냅온이 미국에서 대기업 고객들에게 온라인 주문과 서비스를 제공하기 시작할 무렵에 구매 측의 분위기도 변하기 시작했다. 제조업체의 웹사이트에서 온라인으로 주문하는 것이 편리하다는 것을 알게 된 구매자들이 반란을 일으키기 시작한 것이다. 그들은 원스톱 쇼핑을 요구했다. 그들은 내부 조달 시스템과 새로운 전자 시장을 연결시키고 싶어했다. 알이 이런 조짐을 알아챘다. 스냅온의 기업 고객들이 전자 시장과의 연결을 요구하기도 전에 알은 이미 인기 높은 전자 조달 소프트웨어 제작사이자 전자 시장 공급자인 아리바(Ariba)와 협의를 하고 있었다. 두 회사는 스냅온의 기존 전자상거래 인프라를 아리바의 전자 시장 환경에 직접 연결할 수 있다는 것을 발견했다. 작동 방식은 다음과 같다. 기업 고객은 내부 조달 시스템을 사용하여 다양한 제조업체가 만든 다양한 제품을 구입할 수 있는 전자 시장에 접근한다. 고객이 전자 시장의 스냅온 링크를 클릭하면 전자 시장은 고객의 로그인 정보를 스냅온 시스템으로 넘기고 고객은 스냅온의 온라인 상점으로 뚫고 들어오게 된다. 그러면 스냅온의 카탈로그를 검색할 수 있고 필요한 공구를 선택할 수 있으며 정확한 가격을 알 수 있고 스냅온과 관련된 모든 주문을 처리할 수 있게 된다. 스냅온에 대한 주문을 담은 장바구니는 도로 전자 시장으로 넘어간다. 고객이 자신의 조달 프로그램에서 구매 인증을 받은 다음에 최종 주문은 전자 시장을 거쳐 스냅온으로 돌아온다. B2B 열풍이 최고조에 달했던 2000년 봄에 두 회사는 조용히 스냅온의 전자상거래 인프라와 아리바의 전자 시장 환경의 통합을 마무리지었고 덕분에 스냅온의 기업 고객들은 그 혜택을 누릴 수 있게 되었다.

딜러들에게 소비자 판매를 이해시키다

스냅온의 경영진에게는 프랜차이즈 딜러들에게 온라인 직접 판매 시대의 도래를 이해시키는 일이 매우 조심스러울 수밖에 없었다. 공식적인 소비자용 웹사이트인 Snap-on.com이 전문가보다는 아마추어 수리공을 겨냥하여 설계되기는 했지만, 스냅온의 전통적인 고객들인 전문 기술자들이 웹사이트에 들어가서 온라인으로 구매하지 않으리라는 보장은 전혀 없었다. 딜러 담당 부사장 닉 로프레도(Nick Loffredo)와 사업개발 담당 이사 클락 제이미슨(Clark Jamison)은 딜러들의 이해를 구할 준비를 시작했다. 그들은 딜러 자문위원회와의 대화를 통해 자기들의 계획을 설명했다. 그들이 딜러들에게 했던 약속은 다음과 같은 것이었다.

· 소비자용 웹사이트에서는 정가로 판매한다.

· 딜러의 기존 고객이 웹사이트에서 구매한 경우에는 딜러에게 수수료를 지급한다.

· 세 번 이상 웹에서 구매하거나 2천 달러 이상을 구매한 고객은 딜러의 방문 고객 명단에 오르게 한다.

닉과 클락과 알은 웹사이트가 딜러들과 고객들 모두를 위한 것이라고 하면서 딜러들의 참여를 설득했다. 딜러 자문위원회는 두 개의 항목으로 된 전략을 승인했다. 1) 소비자에게 직접 팔되 소비자 정보는 딜러들에게 넘긴다. 2) 고객들과 온라인으로 만날 수 있는 딜러별 웹사이트를 제공한다.

닉과 클락은 딜러 지점장들도 만나서 이해를 구했다. 그들은 소비자 웹사이트와 딜러 웹사이트가 담긴 비디오 테이프를 만들어 소비자 사이트를 열기 전에 모든 딜러에게 배포했다. 그리고는 숨을 죽이고 기다렸다. 이토록 면밀하게 준비한 덕분에, 소비자 웹사이트가 출범했을 때 딜러들은 아무런 항의를 하지 않았다.

웹을 통해 소비자에게 판매하다

2000년 7월 스냅온의 전자상거래 인프라는 대형 기업 고객들과 거래하는 데 별 문제가 없었다. 그러나 거래처가 크다 하더라도 실제로 이용하는 사람은 얼마 되지 않는 실정이었다. 이제 다수의 사용자들에게 웹 주문을 허용하면 어떤 일이 일어날지를 알아볼 수 있는 시기가 되었다.

오랫동안 아마추어 기술자들은 스냅온의 공구를 사려고 여러 가지 노력을 해왔다. 스냅온의 밴을 따라다녔을 뿐 아니라 회사의 수신자부담 전화번호로 전화를 걸어 공구를 사게 해달라고 간청을 하기도 했다. 스냅온은 언제든지 준비를 갖추고 직접 구매하려고 하는 애호가 시장이 존재한다는 것을 알아차렸다. 그것은 틀린 생각이 아니었다.

2000년 8월 18일 아무런 광고나 홍보 없이 조용히 소비자 웹사이트를 출범시켰다. 스냅온의 CIO인 알 빌란드는 즉각적인 반응에 깜짝 놀랐다. "10일 동안에 2천명이 등록했고 127명이 주문했으며 총 판매고가 1만 8천 달러에 달했습니다. 텍사스 오스틴에 사는 한 물리학자는 두 가지 공구를 구입했는데 합쳐서 3천 달러가 넘었습니다. 70년대에 BMW 수리공이었던 그는 스냅온 제품의 가치 제안을 이해하고 있던 것입니다. 아들에게 20번째 생일 선물로 준다고 하더군요. 웹이 없었다면 이런 고객을 만날 수 없었을 것입니다."

스냅온 딜러 사이트를 출범시키다

스냅온은 2000년 가을에 딜러 웹사이트의 첫번째 버전인 'My Snap.com'을 선보였다. 처음에는 딜러들의 업무를 지원하기 위한 일종의 엑스트라넷이었다. 그것은 딜러들이 갖고 있는 소프트웨어를 사용하여 입력한 주문 내역을 확인하고 업데이트하는 기능을 갖추었으며, 추가 주문 정보를 입력하거나 기존 주문을 수정할 수 있는 기능도 제공했다. 딜러들은 또한 신제품과 홍보 활동에 관한 모든 최신 정보를 얻을 수 있었다.

다음 단계는 딜러들에게 스냅온 공식 사이트의 개인 버전을 제공해서 고객들과 공유할 수 있도록 하는 것이었다. 이로부터 딜러들과 스냅온 양자에게 실질적인 이득이 생기게 되었다. 딜러의 고객들은 24시간 온라인으로 주문하거나 주문 상태를 확인할 수 있게 되었다.

결과

3700에 달하는 미국 내 스냅온의 딜러들은 매달 1백만 명의 자동차 기술자들과 직접적인 관계를 맺고 있다. 백만 명이면 전체 시장의 80%에 육박하는 큰 수치다. 영국과 캐나다에서는 시장의 70% 정도를 점하고 있다. 호주와 뉴질랜드에서는 좀 낮지만 그래도 50%가 넘는다. 그리고 일본에서는 딜러들을 통하여 시장의 25%를 점유하고 있다. 전체적으로 계산하면 스냅온은 전세계 자동차 기술자의 40%를 고객으로 확보하고 있는 셈이다.

처음 석 달 동안에 무려 9만 명이 스냅온의 소비자 웹사이트인 Snap-on.com에 등록했다. 알은 온라인 판매에 관한 자신의 예상이 맞아들어 갔다고 이야기한다. 그런데 소비자 웹사이트에는 애초에 예상하지 못했던 고객들도 드나들고 있었다. 그들은 딜러들의 방문 명단에는 있지만 야근을 하느라 밴을 만나지 못하는 전문 수리공들이었다. 그들이 필요한 공구를 찾을 수 있고 주문도 할 수 있는 웹사이트를 좋아한 것은 당연한 일이었다. 그래서 Snap-on.com에서는 새벽 2시에서 3시 사이가 가장 바쁜 시간대의 하나다. 물론 이러한 야간 판매분에 대해서도 그 고객을 관할하는 딜러에게 수수료가 지급된다. 딜러들은 이제 24시간 내내 제품을 팔 수 있게 되었다.

교훈

스냅온이 한 일 중에서 따라할 만한 가치가 있는 것은 무엇인가? 비즈니스 전략의 측면에서 보면 스냅온은 전세계의 전문 기술자들에게 일관된 브랜드 경험을 제공하겠다는 하나의 비전을 향해 질주했다. 그리고 스내온은 인수합병을 통해서 전세계의 자동차 수리 공장에서 지출 점유율을 높이려는 시도와 경쟁사의 브랜드가 더 알려져 있는 지역의 고객들에게 접촉하려는 시도를 동시에 하고 있다.

스냅온이 새로운 시장에 진출하면서 기존의 프랜차이즈 딜러들을 배제하지 않았다는 점도 중요하다. 총체적 고객 경험의 지속적인 성공을 위해서는 딜러들의 불만이 없어야 한다. 많은 고객들은 밴을 몰고 오는 딜러가 바로 스냅온이라고 생각한다. 매일같이 수백 명의 베테랑 판매 요원들이 고객을 방문하는 것은 일견 구식이고 비용이 많이 드는 것으로 보일지도 모르지만, 그것은 대부분의 기업들이 부러워하고 있는 모델이다. 현재 스냅온은 고객들에게 더할 나위 없는 편의를 제공하고 있다. 주문은 온라인으로 하고 배달은 우편으로 받거나 혹은 딜러가 정기적으로 방문할 때에 받을 수도 있다. 온라인으로 구입한 물건이 마음에 들지 않으면 밴을 몰고 온 딜러에게 반품할 수도 있다. 물건을 손으로 만지고 설명을 들어가면서 밴에서 구입할 수도 있다. 한밤중에 딜러에게 이메일을 보내 조언을 구할 수도 있다. 스냅온의 총체적 고객 경험은 사람 냄새가 물씬 풍기는 다중 접점/다중 채널 경험이기 때문에 더욱 강력하다.

스냅온은 또한 모든 채널과 접점을 하나로 통합하는 단일 인프라를 구축했다는 점에서 높이 평가되어야 한다. 현재로서는 스냅온의 온라인 카탈로그에 스냅온 제품만 올라와 있지만, 곧 미첼(Mitchell) 정보 서비스가 거기에 통합될 것이다. 그 다음에는 다른 생산라인들이 추가될 것이다. 스냅온의 경영진은 영리하게도 여러 제품들 사이의 판매 상승효과를 볼 수 있도록 하나의 제품 정보 데이터베이스를 사용하였으며, 거기에 실시간 재고관리 시스템과 주문 및 가격관리 시스템을 통합했다. 스냅온은 기업 고객으로부터 시작해서 소비자 고객, 딜러와 딜러의 고객들, 전자 시장, 기타 유통 협력사 등 모든 채널에 대해서 하나의 통합 데이터베이스를 사용했기 때문에 단일한 구조를 유지할 수 있었다. 어떤 채널을 통해 접근하는 어떤 고객이라 하더라도 스냅온의 제품과 서비스에 대하여 똑같은 고객 경험을 갖게 될 것이며, 각자에게 맞는 가격 정보를 만나게 될 것이다.

패티의 제안

아직도 스냅온이 해내지 못한 일은 무엇일까? 현재 스냅온의 전략에서 최대의 문제점은 딜러들에게 너무 집착하고 있다는 점이다. 스냅온 직원들은 '고객' 이란 단어를 들으면 최종 고객이 아니라 프랜차이즈 딜러를 연상한다. 물론 스냅온이 딜러들과의 관계를 원만하게 유지하고 있는 것은 대단한 일이다. 그러나 고객들은 스냅온과 더 긴밀한 관계를 맺고 싶어한다. 스냅온의 딜러 중심적인 기업 문화가 최종 고객들과의 관계를 강화하는 일에 장애가 되고 있다.

스냅온은 강력한 최종 고객 데이터베이스를 구축하여야 한다. 먼저 국내 거래처와 외상 고객과 전자상거래 고객부터 시작하되, 딜러들의 고객이 온라인을 통해 접근해 오면 그들도 최종 고객 데이터베이스에 추가해야 한다. 포괄적인 고객 데이터베이스를 확보하면 스냅온과 협력사 모두가 고객 관계를 더욱 잘 관리할 수 있게 될 것이며 총체적 고객 경험을 제공하는 데에도 많은 도움이 될 것이다. 알도 필자의 이런 생각에 동의하고 있다. 그는 2001년에 CRM 시스템을 재구축하려는 계획을 밝힌 바 있다.

그 시스템이 구축되면 스냅온은 다음과 같은 물음에 대한 답을 알 수 있게 될 것이다. 이 고객은 지금까지 어떤 제품을 구입했는가? 그가 외상으로 구입한 것은 무엇인가? 외상 금액은 얼마인가? 그가 제품이나 서비스에 관하여 겪는 애로점은 무엇인가? 회사에 바라는 것은 무엇인가? 현금으로 결제하는 고객들도 많기는 하지만 딜러들은 여전히 많은 고객들과 외상거래를 하고 있다. 그 정보를 공유하기 위해서는 딜러들에게 어떤 인센티브를 제공해야 할까? 딜러들의 고객이 딜러 포털을 통해 온라인으로 접근하게 되자, 스냅온은 온라인 공구 박스라는 것을 만들어 놓고 고객들이 지금까지 구입한(스냅온 제품이 아닌 것도 포함하여) 공구들을 등록하게 하였다. 고객들이 자기의 공구 재고 상황을 쉽게 파악할 수 있도록 도와주는 장치다.

현재 스냅온이 보유하고 있는 인프라와 경영진을 고려하면 훨씬 많은 발전이 예상된다. 최종 고객들이 발전의 선두에 설 것이다. 최종 고객들이 선두에 서면, 그리고 스냅온이 그들을 선두에 세운다면, 스냅온은 이전에는 생각할 수도 없었던 커다란 고객 및 제품 정보의 광맥을 캐내게 될 것이다.

채널과 접점을 뛰어넘는 일관된 고객 경험을 제공하라: 두 사례 연구에 대한 고찰

복스홀과 스냅온

두 사례가 외견상 유사점이 있기는 하지만—둘 다 자동차와 관련되어 있으며 배타적인 딜러 관계를 보유하고 있다—두 사례가 보여주는 전망은 서로 다르다. 스냅온의 전망은 기본적으로 사람 냄새가 나는 B2B 사업이며, 국제적인 사업을 펼치고 있기는 하지만 현재는 주로 북아메리카에 역량이 집중되어 있다. 여기서 집중적으로 소개한 복스홀의 사업 영역은

스냅온을 위한 고객조종실 초안			
	항해	성능	운영	환경
고객 수	· 활동적인 최종 사용자 전문가 고객의 수 · 활동적인 기업 고객의 수 · 활동적인 소비자 고객의 수	· 딜러별/수리공장별 활동적인 최종 사용자 고객의 수 · 수리공장별 활동 고객 수의 증가율 · 웹사이트를 통해 늘어난 최종 사용자 고객의 수 · 온라인으로 구매한 고객의 수 · 오프라인으로 구매한 고객의 수	· 소비자용 웹사이트 방문자 수 · 전환율 -온라인으로 구매한 고객의 비율 -딜러의 방문 고객 명단에 추가된 고객의 비율 -딜러의 사이트를 통해 구매한 전문가 고객의 수	· 전체 수리공장의 수 · 전체 수리공의 수 · 취미로 자동차 수리를 하는 사람의 수
고객 유지	· 고객 유지 비율 · 거래처 유지 비율 · 월간 고객 1인당 구매액	· 월간 고객 1인당 신제품 구매액 · 월간 고객 1인당 부속품 구매액 · 월간 고객 1인당 서비스 구매액	· 웹사이트를 활발하게 이용하는 고객의 비율 · 딜러와 이메일로 접촉하는 고객의 비율	· 고객들이 소유하고 있는 타사 제품
고객 경험	· 접점별 고객 만족도 · 유통 채널별 고객 만족도 · 제품/서비스별 고객 만족도	· 접점별/채널별 만족도의 변화 · 원하는 제품을 검색할 수 있는 능력에 대한 만족도 · 제품에 대한 만족도의 증가/감소	· 서비스별 고객 만족도 · 웹 검색의 정확도 · 제품 반품 및 환불 요구	· 경쟁사와 대비한 상대적 만족도 -고급 공구에 대한 -모든 공구에 대한 -모든 제품과 서비스에 대한
고객 지출	· 최종 고객 1인당 평균 지출 · 최종 고객 1인당 평균 수익 · 고객의 평생 가치	· 전체 매출에 대한 신제품 매출의 비율 · 전체 매출에 대한 기존 고객들의 신규 지출액 비율 · 지불 수수료	· 고객의 공구 박스에서 스냅온 제품이 차지하는 비율 · 접점별/채널별 고객 지원 비용	· 기술자들이 공구와 관련 서비스에 지출하는 총액

B2C 소매 사업이다. (실제로는 복스홀 전체 매출의 20%를 차지한다).
그리고 모회사인 GM이 미국 기반의 다국적 기업이기는 하지만 복스홀
은 미국의 e비즈니스 전략 기획팀의 간섭을 거의 받지 않고 있으며 많은
영역에서 자율권을 갖고 있다. GM의 전략팀은 각 지역의 사업부가 미
국 본사보다 앞서갈 수 있다는 것을 인정하고 있다. 그 덕에 복스홀은 많
은 자유를 부여받았다.

두 회사 모두 딜러 협의회의 승인을 받기 전에 작업을 시작했다는 점
을 주목하라. 두 회사 모두 가장 영향력이 큰 딜러들을 설득하고, 딜러들
과 회사의 진로를 협의하고, 그들의 참여를 유도했다. 두 회사 모두 프로
젝트를 시작하기 전에는 딜러들을 참여시키지 않았다. 어차피 자기 회사
의 일이라는 것을 알고 있었던 것이다. 프로젝트를 가동한 다음에 딜러
들을 회의장으로 초대했다. 딜러들의 신뢰를 유지하기 위하여 두 회사는
초기 단계에서 딜러들에게 계획의 전모를 보여주어야 했으며 수수료 구
조나 역할과 책임의 변화와 같은 예상 가능한 문제점들에 관하여 함께 토
론할 필요가 있었다. 두 회사 모두, 딜러들을 이해시키고 참여를 이끌어
내기까지는 많은 연구와 노력이 필요했다.

최종 고객의 정보를 수집하고 통합된 CRM 시스템을 구축하는 일에
서 GM은 분명 스냅온보다 앞서 있다. 스냅온이 GM 수준의 고객 정보
시스템을 구축하려면 좀더 시간이 걸릴 것이다. 그러나 스냅온은 늦게 출
발했기 때문에 오히려 고객의 관점에서 보아 더 훌륭한 CRM 시스템을
구축할 수 있을지도 모른다.

쉬운 일은 아니다

두 사례의 가장 두드러진 특징은 채널과 접점을 뛰어넘는 일관된 총체적
고객 경험을 고객들에게 제공하는 데 몰두했다는 것이다. 그것이 쉬운 일

은 아니다. 두 기업의 사례에서 볼 수 있듯이 구체적인 부분에 수많은 어려움이 존재한다. 그러나 두 기업은 채널과 접점을 뛰어넘는 일관된 총체적 고객 경험을 제공한다는 올바른 방향을 향해 열심히 달려가고 있다.

11장

필자라면 자기의 고객이 누구인지 모르거나 알아도 별로 관심을 기울이지 않는 기업에는 절대로 투자하지 않을 것이다. 당신이라면 어떻겠는가? 고객 경제 시대에 올바로 대처하고 있는 기업들의 공통점은 기업 문화와 기업의 핵심 가치들의 중심에 고객에 대한 관심이 자리잡고 있다는 점이다. 그들은 고객을 수익 창출의 수단이나 혹은 광고를 하면 끌려오는 대상으로 보지 않고 사람으로 생각한다.

고객 충성과 평생 고객 가치는 고객 경제 시대에서 성공하기 위한 두 가지 핵심 지표다. 고객들에게 진정으로 관심을 기울이지 않는다면 둘 중 하나도 얻을 수 없을 것이다. 고객들은 싼 가격이나 편리함만을 따라다니지 않는다. 소비자 고객이든 기업 고객이든 모든 고객들은 자기에게 진실한 관심을 기울여 주는 기업과 거래를 계속하고 싶어한다.

그렇다고 해서 고객들에게 관심을 기울이는 것으로 성공이 보장된다는 것은 아니다. 토이즈마트닷컴(Toysmart.com)의 직원들은 고객들에게 깊은 관심을 기울였으며 그들의 쇼핑이 즐겁고 보람있는 경험이 될 수 있도록 최선을 다했다. 그렇지만 모회사인 디즈니(Disney)는 2000년 5월에 토이즈마트에 대한 재정 지원을 중단했다. 디즈니로서는 가끔씩 자사 제품의 판매를 거부하는 (무기를 비롯하여 토이즈마트 고객들이 좋아하지 않는 제품들에 대하여) 작은 온라인 업체에 자금을 지원하고 싶지 않았던 것이다. 이런 결말은 처음부터 어느 정도 예견될 수 있는 것이었다. 두 회사의 정책이 다른 방향을 향하고 있었으니 말이다.

여기서 우리는 고객에 관심을 기울이는 기업 문화만으로는 성공을 위한 충분조건이 되지 못한다는 것을 알 수 있다. 건전한 현금 흐름과 영업 수익이 필수 전제조건인 것이다. 그러나 대차대조표 상으로는 건실하지만 고객 경제 시대에 성공하지 못할 것으로 보이는 기업들도 많다. 그들은 고객들에 대하여 관심을 기울이지 않는다. 그들은 고객이 누구인지를 알아내고, 고객이 무엇을 원하는지를 파악하고, 고객이 기분 좋게 느끼도록 만드는 일에 시간을 투자하지 않는다.

어쩌면 우리 회사 정도면 상당히 고객 중심의 문화를 갖고 있는 셈이라고 생각하는 독자들도 있을 것이다. 그런 독자들을 위하여 가장 훌륭한 사례들을 소개하려고 한다. 다른 앞서가는 회사들이 직원들과 협력사들에게 고객 중심의 가치를 심어주기 위해서 어떤 일을 하고 있는지 보게 될 것이다.

잠시 후에 고객 중심의 기업 문화를 강화하고 피드백 시스템을 제공하기 위해 슈왑이 기울였던 노력을 보게 될 것이다. 그렇지만 잠깐, 고객과 그들의 성과에 관심을 기울이는 것에 관련된 기본 원칙을 먼저 살펴보기로 한다.

∷ 고객에 대한 깊은 배려

언젠가 필자는 찰스 슈왑의 구내 식당 계산대 앞에서 양 어깨에 가방을 멘 채, 한 손에는 쟁반을 들고 다른 손으로는 가방에서 지갑을 꺼내려고 버둥거린 일이 있었다. 그 때 계산대에 있던 직원이 웃으면서 두 손으로 필자의 쟁반을 받아들었다. "제가 도와드리지요." 그 순간 이 회사 직원들은 진정으로 고객을 배려하고 있다는 생각이 들었다. 45년 이상 줄을 서 봤지만 이런 식으로 도움을 받은 것은 처음이었다. 식당 직원에서 CEO에 이르기까지 슈왑의 모든 사람들은 고객과 고객이 하려는 일에 대하여 열심이었다. 나중에 슈왑에서 컴퓨터 관련 전화 상담을 맡고 있는 기술 지원팀의 직원들이 주식 중개인 자격증을 갖고 있다는 사실을 알고도 놀라지 않은 것은 이런 경험을 겪은 다음이었기 때문이다. (그들은 웹브라우저의 호환성 문제를 상담하다가 고객과의 대화 전개에 따라서는 풋과 홀드의 차이점을 설명해 줄 수도 있다.)

슈왑의 고객 중심 문화는 가히 전설적이다. 감동적이기까지 하다. 슈왑의 경쟁자인 피델리티(Fidelity)는 CRM 시스템 재구축을 통해 슈왑을 따라잡을 수 있을 것이다. 메릴린치(Merrill Lynch) 증권은 편리한 온라인 거래 사이트를 개발함으로써 슈왑을 위협할 수 있을 것이다. 이 트레이드(E-trade) 그룹은 저렴한 수수료와 신규 상장회사에의 투자 편의를 무기로 활동적인 투자가들을 유혹할 수 있을 것이다. 그러나 그중 누구도 고객을 위하는 일에서는 슈왑을 앞서지 못할 것이다. 왜냐하면 슈왑의 기업 문화에는 고객의 성공을 위한 열정이 뿌리를 내리고 있기 때문이다.

슈왑의 CEO인 데이비드 포트럭(David Pottruck)은 그의 저서 『클릭 앤 모르타르』(세종서적, 2000년 10월, 원제 Clicks and Mortar)에서, 인터넷이 회사의 구조를 크게 바꿔 놓은 1995년과 1999년에 기존의 고객 중심 문화를 부흥시켰던 과정을 설명하고 있다. 슈왑에는 지금도 고객 중심의 가치를 강화시키기 위한 행사들이 벌어진다. 거기에는 회사의 비전과 가치를 직원들에게 내면화시키기 위한 워크숍에서부터 거래 폭주 상황에 대비하여 모든 직원들이 전화기에 매달리는 훈련 등이 포함된다. 어려운 처지에 빠진 사람들을 도왔다는 영웅담이나 전설도 직원 교육에 활용된다. 슈왑은 고객 중심의 가치(공정성, 책임감, 존경심)를 진정으로 공유하는 사람만 채용한다.

고객 점유율 대 시장 점유율

이 책을 집필하기 위한 조사를 끝내고 나서 필자는 이 책에 소개하기로 결정한 회사들과 탈락시킨 회사들과의 차이점에 대하여 곰곰 생각해 보았다. 시장 점유율의 증대가 최우선 관심사가 되면서 제품 중심의 기업들이 고객 중심의 기업으로 변하고 있다는 사실이 먼저 떠올랐다. 그렇지만 시장 점유율을 높이는 일과 진정으로 고객을 위하는 일이 똑같은 것은 아니다. 결국에는 고객들이 그 차이를 알아챌 것이다. 예를 들어 하이테크 산업에서는 오라클과 마이크로소프트가 시장 점유율을 높이기 위해 치열한 경쟁을 하고 있다. 그러나 두 회사 모두 진정으로 고객을 위하는 기업이라는 이미지는 얻지 못하고 있다. 고객 경제 시대에 살아남으려면 반드시 고객을 위하는 기업이 되어야 한다. 거만함과 자만심을 가진 기업은 고객 혁명의 와중에서 도태되고 말 것이다.

영혼의 교감

고객과 영혼의 교감을 형성하는 방법을 배우기 위해서 아일랜드의 갈웨이(Galway)로 여행을 떠나 케니(Kenny) 서점을 방문해 보자. 모린(Maureen Kenny)과 그의 남편 데시(Desi)는 고객과의 깊은 교감을 바탕으로 가족 사업을 발전시켰다. 좋은 서점이 지역 사회에서 좋은 평판을 얻는 것은 놀라운 일이 아니다. 놀라운 사실은 이 서점의 팬클럽 회원들이 세계 구석구석에 살고 있다는 것이다. 케니 서점의 고객들이 서점에 대하여 느끼는 강한 연대감은 영혼의 교감이라 할 만하다. 그것은 서로를 존중하는 마음으로부터 나오는 감정이다. 그러나 고객을 위하는 것만으로는 부족하다. 고객의 요구를 충족시킬 수 있어야 한다. 케니 서점이 충족시켜야 할 고객들의 요구는 아일랜드의 훌륭한 소설과 논픽션과 시를 찾아내는 것이다.

모린의 아들인 데시(Desi)는 방문객들의 얘기를 듣고 나서 그 사람이 좋아할 만한 책 서너 권을 골라내는 데에 탁월한 재능을 가지고 있었다. 그는 이러한 재능을 이용하여 수익을 창출할 수 있는 서비스를 시작하게 되었는데, 저간의 사정은 다음과 같다. 비가 내리던 어느 날, 한 미국인 방문객이 서가를 뒤지다가 갑자기 화를 냈다. 서점 중앙에 앉아있던 데시의 어머니는 못 들은 척했고, 데시가 손님에게 다가가 불편한 일이 있느냐고 물었다. "당신들에게 화낸 것이 아닙니다." 손님이 대답했다. "나는 부자가 아니라서 2년에 한 번밖에 아일랜드에 오지 못합니다. 그런데 여기 와서 이 책들을 보면 다 사버리고 싶단 말입니다." 그 순간 데시의 어머니가 끼어들었다. "원하신다면 자주 소포를 보내드릴 수 있다오." "정말로 그렇게 해 주실 수 있겠습니까?" "그렇습니다. 저는 손님이 어떤 책을 좋아하시는지 알고 있습니다. 아까부터 지켜보고 있었거든요."

이렇게 말하며 데시는 서가로 가서 3권의 책을 꺼내왔다. "이 책들 맞지요?" "대단하십니다! 3개월마다 책 4권씩 보내주세요. 보내주신 책이 마음에 들면 구입하고, 그렇지 않으면 돌려보내는 걸로 하고요." 이렇게 하여 탄생한 케니 북클럽(Kenny's Books Club)은 현재 전세계에 걸쳐 3천명 이상의 회원을 확보하고 있으며, 그들은 서점을 방문하지 않고도 자기 손으로 직접 고른 (것이나 마찬가지인) 책을 받아보고 있다.

어떻게 데시 케니는 고객들, 특히 만나본 적도 없는 고객들(인터넷으로 들어온)이 어떤 책을 좋아하는지를 알 수 있을까? "전화나 이메일로 대화를 나누고 그 내용을 기록합니다. 고객 파일에는 그 고객과의 대화 내용이 적혀 있습니다. 고객과 대화할 때에는 특정한 책을 거론합니다. '이 책을 좋아하실 거라고 생각합니다.' 혹은 '이 책의 내용에 관심이 있으실 겁니다.' 그리고 나서 피드백을 받으며 고객이 오케이할 때까지 다른 책으로 바꾸어 제시합니다. 발송된 책은 고객들이 반품할 수도 있습니다. 선택권은 고객에게 있습니다. 1주일에 150건을 발송한다고 하면 그 중에서 4~5건 정도가 돌아옵니다. 우리는 책이라는 매체를 통해 이야기를 시작하고 서로를 알아갑니다. 나는 출생이나 사망과 같은 고객들의 가족사도 알고 지냅니다. 언젠가는 어떤 고객이 사망했을 때에 내가 보내준 책을 같이 묻은 적도 있습니다."

고객 중심의 기업 문화

고객 중심의 문화를 구성하는 가치들은 대개 회사의 지도자로부터 시작되며, 이야기나 전설의 형태로 계승된다. 시스코의 존 챔버스(John Chambers)와 슈왑의 찰스 슈왑과 아마존의 제프 베조스(Jeff Bezos)의 고객에 대한 열정은 우열을 가리기 어려울 정도로 대단하다.

카탈로그(지금은 e카탈로그)를 통한 다이렉트 마케팅 업체인 W. W. 그레인저와 랜즈엔드(Lands' End)의 창업자들인 윌리엄 그레인저(William W. Grainger)와 개리 코머(Gary Comer)는 각자의 회사에 고객에 대한 책임감을 깊이 각인시켜 놓았다. 그들의 계승자들도 고객 중심의 전통을 이어가며 인터넷 시대로 진입하였다. 두 회사 모두 직원들에게 고객을 만족시킬 수 있는 일이라면 뭐든지 할 수 있는 권한을 부여하고 있다. 주문에 예상치 못했던 문제가 있으면 미리 고객에게 전화를 한다거나, 추가 비용 없이 빠른 배달로 변경해 준다거나, 회사가 취급하지 않는 품목을 구해주는 등의 일을 직원들이 자발적으로 알아서 하고 있는 것이다. 항상 고객이 원하는 결과를 달성하기 위해 한 걸음 더 나아가는 이러한 습관이 바로 고객 경제 시대에 승자와 패자를 가르는 요인이 된다.

아무 것도 없는 상태에서 고객 중심의 문화를 형성하려면 어떻게 해야 할까? 직원들에게 고객의 가치를 인식시키는 일부터 시작해야 한다. 앞서 소개한 에그는 고객을 핵심 가치로 삼고 있는 기업의 대표적인 사례다. 에그는 고객에게 양질의 서비스를 제공하고 고객을 존중하였으며, 항상 고객이 이해하기 쉬운 공정한 거래와 고도의 맞춤 서비스를 제공하였다.

제품 중심에서 고객 중심으로

1999년 7월에 휴렛패커드의 CEO가 된 칼리 피오리나(Carly Fiorina)는 고객에 대한 흔들리지 않는 헌신을 강조했다. 그 당시 휴렛패커드의 제품과 서비스는 고객들로부터 괜찮은 평판을 받고 있었다. 그러나 칼리는 취임한 지 얼마 안 있어 제품 저장고가 완벽한 고객 경험을 제공하는 데 방해물이 되고 있다는 것을 깨달았다. 11월에 칼리는 휴렛패커드를 5개의 사업부로 재편했는데, 2개의 고객 담당 사업부(각각 소비자 고객과 기업 고객을 담당하는)를 3개의 제품 생산 사업부가 뒷받침하는 구조였다.

처음부터 칼리는 휴렛패커드 개혁의 궁극적인 목표가 고객 경험 관리를 핵심 업무 과정으로 만들고, 나아가 회사의 경쟁력을 제고하는 강력한 원천이 되게 한다는 것임을 분명히 밝혔다.

과거에는 경영진을 평가하고 보상하는 기준이 재무 목표의 달성 여부였다. 칼리는 재무 목표와 시장 점유율 목표 외에 새로운 척도가 도입될 것이라고 선언했다. 휴렛패커드는 고객 만족, 고객 경험, 고객 충성이라는 3가지 새로운 평가 기준을 도입할 것이며, 목표 달성 여부에 대하여 경영진이 책임을 질 것이라고 했다.

칼리의 접근 방식은 고객을 우선시 하여 제품 생산 활동은 두 고객 담당 사업부의 목표를 만족시킬 수 있도록 뒤에서 지원하는 방식으로 회사를 개편하는 총체적인 개혁이었다. 그녀는 회사의 성과 측정 시스템을 변화시켜 고객 지표에도 재무 지표와 동등한 가치를 부여했다. 그리고 그녀는 총체적 고객 경험의 제공을 전략적 핵심 업무에 추가했다.

기업 문화를 변화시키기 위한 방법

제품 중심의 문화를 가진 기업 즉 CEO가 고객 관계의 구축과 점검에는 소홀한 채 생산라인과 총수익에만 매달리는 기업으로부터 고객 중심의 문화로 이전하기는 쉬운 일이 아닐 것이다. 그렇지만 방법은 있다. 새로운 e비즈니스 프로젝트를 벌이면서 제품 중심 문화에서 고객 중심 문화로 바꾸기 위한 시도를 병행하는 것이다. 휴렛패커드의 프라딥 조트와니(Pradeep Jotwani)가 이러한 접근 방법을 사용했다. 그는 인터넷을 변화의 촉매로 사용했다. 필 깁슨(Phil Gibson)도 그렇게 했다.

필 깁슨은 내셔널 세미컨덕터의 웹 비즈니스 및 판매 자동화 담당 부사장이다. 그는 인터넷 사업을 이용하여 7년 동안 서서히 기업 문화를 변화시켰다. 고객의 시간을 절약해주기 위해 e비즈니스 프로그램을 꾸준히 개선한 결과, 고객 충성과 고객 마음 점유율(mind share)의 증가라는 보상을 받았다. 그렇지만 "우리는 고객들에 대하여 많은 것을 알고 있기는 하지만 여전히 평범한 부품 회사일 뿐입니다."라고 필은 이야기한다. 필과 그의 소규모 팀은 고객들의 거의 모든 의사 결정 단계에서 고객들의 정보를 입수하여 활용했다. 그들은 얼마나 많은 고객들이 각각의 장치에 대한 정보를 검색하는가, 얼마나 많은 사람들이 데이터를 다운로드받고 있는가, 얼마나 많은 사람들이 샘플 부품을 주문하는가, 얼마나 많은 사람들이 그 부품에 관련된 소프트웨어 시뮬레이션을 수행하는가, 부품별 주문량은 얼마나 되는가 등을 측정하여 보고한다. 이러한 정보는 생산라인 별로 매일 보고된다. 내셔널 세미컨덕터의 전세계 생산라인을 총괄하는 임원들은 매일 보고되는 제품별 정보를 이용하여 생산라인의 상태를 점검하며, 대륙별 책임자들은 그 정보를 이용하여 그 대륙에 어떤 제품이 모자라고 어떤 제품이 남는지를 알아낸다. 직원들에게 매일 보고서를 공개함으로써 내셔널의 체질이 많이 바뀌었다. 그러나 아직 고객 중심 문화로 바뀌었다고 할 정도는 아니다.

고객 정보를 고객 관리팀과 유통업체에 제공하다

그렇지만 고객 정보를 수집하여 고객 경험을 개선하는 데 사용하는 필과 그의 팀이 회사의 판매 활동과 나아가 회사의 문화에 충격을 주고 있는 것도 사실이다. 대리점과 외부 유통업체를 막론하고 내셔널의 모든 판매 조직들은 필의 팀이 수집한 고객 정보에 크게 의존하고 있다. 필의 팀이 유용한 고객 정보들을 계속 제공하는 것으로 미루어, 오래지않아 이 회사 전체가 고객 중심의 문화로 이동할 것이라고 예상할 수 있다.

고객들이 내셔널 세미컨덕터와 접촉하면 모든 기록이 고객 데이터베이스에 저장된다. 웹사이트에서 등록을 마친 고객이 이메일을 보내거나 기술지원 센터로 전화를 걸거나 유통업자의 엑스트라넷을 방문하는 등의 일을 하게 되면 자신을 드러내게 되는 것이다.

내셔널의 매출의 45%는 세계 각지에 있는 유통업자들의 고객 10만여 명으로부터 나온다. 대륙별 판매 책임자들은 관할 내 유통업자들에게 고객 활동 정보를 제공한다. 어떤 고객이 어떤 제품에 관심이 있었는지, 어떤 데이터를 다운로드 받았는지, 기술지원 센터에는 무엇을 물어보았는지 등을 유통업자들에게 알려준다. "유통업자들에게 기존 고객이나 예비 고객들이 무엇에 대해 관심을 가지고 있는지 자세한 정보를 제공하면 매우 좋아합니다. 그리고 유통업자들에게 그런 가치 있는 것을 제공할 수 있다는 점에서, 우리의 대륙별 판매 책임자들에게도 역시 귀중한 것입니다." 필의 설명이다.

내셔널의 고객 관리팀은 주요 고객들의 웹트래픽에 관하여 일주일마다 요약된 정보를 제공받는다. 거기에는 그 고객이 어떤 제품을 보았는지, 어떤 시뮬레이션을 실행했는지, 어떤 정보를 다운로드했는지에 관한 정보가 포함된다. 이러한 정보는 회사의 프라이버시 보호 정책을 환기시켜 주는 강력한 경고 문구('이 정보는 고객 경험 및 고객 관계를 증진시키는 데에만 이용해야 하며 제3자에게 넘겨서는 안 됩니다.')를 앞세워 고객 관리팀에게 메일로 전달된다. 필은 또 판매 부서에 대하여 다음과 같은 몇 가지 후속 조치를 권하고 있다.

이 고객들과 접촉할 때에는 접촉을 통해서 가치를 향상시킬 수 있는 방법을 모색하십시오. "부품을 찾았습니까? 어디에 사용하십니까?"라고 물어보는 것으로는 절대 부족합니다. 더 가치 있는 접촉이라면 예를 들어 고객이 요청한 장치와 함께 사용되기 쉬운 장치를 추천하는 것입니다. 아니면 시뮬레이션 소프트웨어를 찾아 제공하는 것도 좋겠지요.

물론 내셔널은 고객들의 프라이버시를 침해하지 않으려고 한다. 특히 높이 평가할 수 있는 것은, 내셔널이 고객들에 대하여 혹은 고객들이 웹에서 행하는 활동에 대하여 무엇을 알고 있는지를 고객들에게 공개하고 있다는 사실이다. 내셔널의 고객들은 자신의 활동과 관련하여 서버에 기록되어 있는 정보를 열람할 수 있다. 내셔널은 고객들에 관하여 어떤 정보를 알고 있는지를 고객들에게 공개하고 있는 몇 안 되는 회사 중의 하나다. 내셔널의 고객이 내셔널의 웹사이트에 접속하여 자신의 프로필을 점검해 보면 웹에서의 활동에 관하여 회사가 기록해 놓은 내용을 한 눈에 볼 수 있다.

그리고 고객들의 선택에 따라서는 개인 정보의 제공을 거부할 수 있고, 자신의 정보가 내셔널의 다른 직원이나 대리점들과 공유되어서는 안 된다고 요구할 수도 있다.

누가 고객인가

고객 중심의 기업 문화를 형성하는 과정에서 가장 큰 장애물은 누가 고객인지에 대한 뿌리깊은 혼동이다. 제약회사는 환자 대신에 의사를 집중공략한다. 신문사는 독자 대신에 광고주에 초점을 맞춘다. 자동차 회사는 차를 살 사람을 제쳐놓고 딜러들에게만 신경을 쓴다. 자, 근본부터 다시 생각해보자. 고객이란 제품과 서비스를 사용하는 사람이다. 소비자용 제품과 서비스라면 그것을 사용하는 개별 소비자가 고객이고, 기업용 제품과 서비스라면 그것을 사용하는 기업 내부의 사람이 고객인 것이다. 회사 안에 있는 모든 사람이 누가 최종 고객이며 그들에게 무엇이 가장 중요한지를 알기 전에는, 제대로 된 총체적 고객 경험을 만들어내지 못할 것이다.

그렇다고 해서 제약회사에 의사들이 중요하지 않다거나 신문사에 광고주가 중요하지 않다는 뜻은 아니다. 여기서 지적하고자 하는 것은 만족스러워하는 환자나 독자가 없이는 장기적으로 제약회사나 신문사가 살아남을 수 없다는 얘기다. 결론은 최종 고객에게서 눈을 떼지 않으면서 동시에 협력사나 주주나 기타 다른 고객들과의 관계도 증진시키는 것이다.

이제부터 찰스 슈왑의 고객 중심 경영에 대해 자세히 살펴보기로 하자.

찰스 슈왑의 사례 : 고객 중심의 문화

고객 셀프서비스 혁명이 금융 산업을 휩쓸고 지나갔다. 찰스 슈왑은 이러한 혁명의 앞줄에 서 있었다. 슈왑은 1996년에 전자 주식거래 서비스를 시작했다. 슈왑의 고객들은 웹사이트로 몰려들었다. 이 능동적인 투자자들은 자신의 계좌에 그리고 슈왑이 온라인으로 제공하기 시작한 투자 프로그램과 자료에 24시간 접속할 수 있기를 열망했다. 그렇지만 많은 고객들은 전화 거래에 비하여 온라인 거래의 비용이 더 들어서는 안 된다는 점을 분명히 했다. 그리고 슈왑의 고객들은 지점으로 직접 가든,

전화로 주문하든, 웹으로 접속하든 매체에 관계없이 결과는 똑같아야 한다고 요구했다. 이리하여 슈왑은 클릭 앤 모르타르 금융 서비스라는 개념의 선구자가 되었다.

찰스 슈왑이 최고의 온라인 증권회사라는 데 이의를 제기할 사람은 없을 것이다. 슈왑에는 750만의 활동 고객 계좌와 430만의 활동 온라인 계좌가 있으며, 60억 달러가 넘는 매출에 15%의 수익률을 올리고 있고 관리하는 자산은 1조 달러가 넘는다. 슈왑의 고객 중심 문화와 온라인 증권회사로의 공격적인 이동에 대해서는 여러 책과 언론에서 많이 다루어졌다. 아직 다루어지지 않고 있는 이야기는 슈왑이 어떤 식으로 고객 가치에 의한/고객 가치를 위한 경영을 하는가, 그리고 그것이 어떻게 고객 경제 시대의 강력한 경쟁력이 되는가에 관한 것이다.

슈왑은 또한 여러 고객 접점에서 일관된 서비스를 제공하는 것의 중요성을 이해한 최초의 회사들 중 하나였다. 1998년에 '클릭 앤 모르타르'라는 용어를 만들어낸 사람은 슈왑의 회장 겸 공동 CEO인 데이비드 포트럭이었다. 그 무렵에 이미 슈왑은 온라인 영업만 하는 경쟁사들보다 훨씬 앞서 있었는데, 고객들이 오프라인 지점이 존재한다는 것에서 신뢰감을 느낀다는 것도 그 이유 중의 하나였다.

슈왑은 고객 중심적인 핵심 가치들의 강력한 기반 위에서 성공을 일구어냈다. 모든 직원들은 고객 한사람 한사람이 얼마나 잘하고 있는지에 깊은 관심을 기울이고 있다. 이렇게 강력한 고객 중심의 가치가 없다면 어떠한 성과측정 시스템도 효과를 거둘 수 없을 것이다.

물론 슈왑도 고객 중심 문화를 강화하기 위한 성과측정 시스템과 피드백 시스템을 사용하고 있다. 고객 만족, 고객 경험의 수준, 고객 자산의 증가를 측정하고 그 결과는 직원 보수에 반영된다.

슈왑에는 고객 중심의 가치가 있고 고객을 돕는 직원들의 열정이 있다. 그렇다면 그것이 언제까지나 경쟁사를 앞설 수 있다는 보장이 될까? 꼭 그렇지는 않을 것이다. 몇 년 동안 개선을 요구하는 슈왑 고객들의 불평이 계속 들려온 것도 사실이다. 그러나 슈왑의 직원들이 고객의 성공에 대해 깊이 관심을 기울이는 것을 보면, 슈왑 고객들이 언제든 경쟁사의 고객들보다 좋은 대접을 받을 것이라고 자신 있게 말할 수 있다. 고객들에게 세계에서 가장 유리하고 가장 윤리적인 금융 서비스를 제공하자는 그들의 기업 이념은 입에 발린 소리가 아니다. 이미 생활 방식의 하나로 자리를 잡았다.

고객 중심 가치의 끊임없는 개선

"우리는 고객의 꿈을 지켜주는 수호천사다." 이것은 슈왑에서 쉽게 들을 수 있는 슬로건이다. 공동 CEO인 찰스 슈왑과 데이비드 포트럭은 회사의 핵심 가치를 유지하고 전파하는 역할을 하고 있다. 슈왑의 고객 경험의 핵심에는 척(Chuck ; 찰스 슈왑의 애칭)의 인격이 있다. 그는 개인적으로 보통 사람들이 가족의 미래를 위하여 현명하게 투자할 수 있도록 돕는 일에 많은 관심을 갖고 있다.

- 고객들의 경험담을 통해 고객 중심 문화를 강화하다. 슈왑 외에도 많은 회사들이 고객들의 경험담을 이용하여 핵심 가치를 강화하고 있다. 유용한 경험담이 드러나게 되면 그것을 정리하고 비디오테이프로 만들어 퍼뜨린다.

- 문서화를 통해 가치를 강화하다. 슈왑은 1974년에 창립되었

지만, 가치가 문서 형식으로 정형화된 것은 1991년의 일이었다. 이것은 중요한 발전이었다. 슈왑에서 처음으로 공식적인 문화 형성이 시작된 것이다.

💠 주기적으로 가치를 재충전하다. 1995년에 슈왑은 그들의 고객 중심 문화에 다시 활력을 불어넣었다. 80여 명의 임원들이 모여서 회사의 비전과 가치를 새롭게 정립하고 '10년 안에 1천만 명의 투자자와 1조 달러의 관리 자산을 확보한다'는 새로운 목표를 세운 것이다. (이 10년 목표는 6년째인 2001년에 달성될 전망이다. 관리 자산 1조 달러는 2000년에 이미 돌파했다.) 열 달 동안 지속된 이러한 문화 부흥 과정에는 100만 달러의 비용이 들었으며, 슈왑의 7천여 전직원이 참여했다.

1997년에 데이비드와 척은 또 한 번의 문화적 충격을 주도했다. 당시 슈왑은 상당히 위험한 일을 벌이고 있었다. 온라인 주식거래 서비스와 기존의 지점 거래 및 전화 거래를 통합하고 거래 수수료를 건당 29.95달러로 낮춘 것이다. 다시 말해서 슈왑은 모든 고객들에게, 심지어 훨씬 비용이 많이 드는 방식으로 거래를 하면서 기꺼이 건당 69달러의 수수료를 내던 고객들에게까지 웹 기반의 저렴한 수수료를 적용시킨 것이었다. 당시 전세계의 슈왑 직원들은 하루 종일 교육을 받아야 했다. 모두가 회의에 참석해야 했고 새로운 통합 거래 시스템이 어떤 식으로 고객들의 요구를 잘 만족시킬 수 있는지를 이해해야 했다.

고객의 성과에 초점을 맞추다

이와 같이 슈왑의 최고 경영진은 회사의 기업 문화와 고객에 대한 관심을 강화하고 부흥시키는 일에 노력을 기울여 왔다. 그렇다면 그런 일이 제대로 되고 있는지를 확인하는 방법은 무엇이었을까?

슈왑이 사용하는 가장 중요한 성공의 척도는 고객 계좌 규모의 증가다. 슈왑의 목표는 고객 1인당 관리 자산을 매년 20%씩 늘리는 것이다. "부자 고객 몇 사람을 유치하는 방식으로 고객 자산을 늘리고 싶다면, 연봉이 비싼 주식 중개인을 몇 사람 고용하면 될 것입니다." 부사장 겸 전략 최고책임자(CSO)인 댄 리먼(Dan Leemon)의 설명이다. 그러나 슈왑의 비즈니스 모델은 폭넓은 고객 기반을 확보한 다음에 시간의 경과와 함께 그 규모와 가치를 늘리는 것이다. "10년 전을 기준으로 고객 계좌의 성장률을 계산해 보았습니다. 10년 전에는 계좌 평균 잔고가 9천 달러였는데 지금은 10만 9천 달러입니다. 계좌 규모가 연평균 20%의 비율로 성장한 것입니다." 오늘날 슈왑의 신규 계좌의 규모는 평균 2만 달러에서 2만 5천 달러 수준이다. 이 역시 매년 20%씩 증가하고 있다. 슈왑의 마케팅 최고책임자(CMO)인 수잔 라이언즈(Susanne Lyons)는 "전통적인 주식 중개 사업은 수수료 기반의 사업입니다. 거래 건수가 중요합니다. 그러나 우리는 고객의 수와 그들이 맡긴 자산의 규모에 더 신경을 씁니다."라고 설명했다. 전자 거래 총책임자인 기디언 새슨의 말도 같은 맥락이다. "우리 중개인들은 고객 1인당 수익을 알지 못합니다. 그들은 고객 자산의 증가와 고객 만족을 기준으로 보수를 받습니다." 모든 고객은 팀에 의해 관리되며, 관리팀은 고객 포트폴리오의 성장과 고객 만족 두 가지를 책임진다.

슈왑은 고객의 포트폴리오의 가치가 얼마나 늘어났는가, 고객이 얼마를 포트폴리오에 추가했는가(만족하지 않는 고객은 추가 투자를 하지 않을 것이다), 신규 고객의 순 증가율은 얼마인가 등 몇 가지 기준으로 고객 자산 규모의 성장을 측정한다. 수잔 라이언즈는 신규 고객의 70%는 기존 고객의 소개를 통해 가입한 것으로 추정하고 있다. 바꿔 말하면, 신규 고객의 70%에게는 슈왑의 서비스에 만족하고 있는 친구나 동료나 친척이 있다는 얘기다.

고객 만족도를 측정하다

"우리는 모든 고객 접점에서 지속적으로 고객 만족도를 측정하고 있습니다." 기디언 새슨의 말이다. "전화 고객에게는 전화를 걸어서 경험의 질을 평가해 달라고 합니다. 웹 고객에게는 이메일로 설문지를 보내고, 지점을 방문한 고객에게는 나중에 전화를 걸어 물어봅니다." (한 사람의 고객이 여러 채널을 이용하는 경우에 중복해서 조사 대상이 되지 않도록 세심하게 관리하고 있으며, 1년에 두 번 이상 조사 대상이 되는 일도 없도록 하고 있다.) 슈왑은 고객 만족도를 조사하는 일을 외부 회사에 의뢰하고 있다. 고객 만족도 조사 결과는 그 고객을 담당하고 있는 직원에게 피드백 된다.

고객의 요구는 다양하다

많은 회사들과 마찬가지로 슈왑의 궁극적인 목표는 완벽한 개인별 맞춤 서비스를 제공하는 것이다. 물론 쉬운 일은 아니다. 그러나 슈왑은 행동 방식을 기준으로 고객들을 몇 개의 집단으로 나누는 것이 고객 경험을 모니터하고 고객 만족을 증진시키는 데 유용하다는 것을 발견하였다. 슈왑은 고객들이 제공하는 정보를 계속 모은다. 이것은 프라이버시를 침해하는 일이 아니다. 오히려 슈왑은 고객 집단별로 다르게 나타나는 행동들을 분석함으로써 고객의 요구에 더 잘 대응할 수 있게 된다.

슈왑은 고객 집단을 이해하기 위해서 다양한 고객 행동에 관심을 기울인다. 물론 슈왑은 고객이 맡긴 자산이 얼마인지와 그것이 투자상담사에 의해 관리되는지 여부를 알고 있으며, 고객과 회사 사이의 모든 접촉과 거래 내역마저 알고 있다.

고객들은 나이, 성별, 소득 등과 같은 인구통계학적 정보도 제공한다. 그리고 그들은 인터넷을 통해 거래하기를 원한다든지, 특정 주식들에 대해 사전 경고를 해 달라든지 하는 식으로 자신의 선호도를 알려준다. 그들은 자신의 투자 스타일(소극적인가, 공격적인가)도 알려준다.

이와 같이 알아낸 고객별 특징을 이용하여 슈왑은 투자 스타일에 따라 다음과 같은 세 집단으로 고객을 분류하고 있다.

- 위임형(Delegators) : 투자상담사의 조언을 따르는 고객들

- 확인형(Validators) : 자신이 직접 조사하고 발로 뛰기를 좋아 하면서도 최종 결정에 임해서는 누군가의 확인을 받고 싶어하는 고객들

- 독자행동형(Self-Directed) : 주로 온라인을 이용하여 직접 조사하며, 웹이나 ARS 같은 자동화된 채널을 선호하는 고객들

뿐만 아니라 슈왑은 고객의 행동 유형에 따라서 세 개의 고객 집단으로 분류하고 있다.

- 고전적 고객. 10만 달러 이하의 자산을 맡기고 일년에 12번 이하의 거래를 하는 고객들

- 활동적(active) 고객. 일년에 24번 이상 거래하는 고객들

- 초활동적(hyperactive) 고객. 일년에 48번 이상 거래하는 고

객들(일년에 100번 이상 거래하는 고객도 많다.)

보다시피 이 분류에는 수상하거나 미심쩍은 것이 없다. 고객들은 자신이 어디에 속하는지 알고 있다. 고객들은 조언을 필요로 하는지 독자적으로 하기를 좋아하는지 자기가 잘 알고 있다. 슈왑을 통하여 투자한 돈이 얼마인지, 그 중 얼마를 투자상담사에게 위임하고 있는지도 자기가 잘 알고 있다.

그리고 슈왑 시그너처(Signature)라는 특별 서비스에 가입하면 별도의 고객 집단으로 분류되어 특별 관리를 받을 수도 있다. 이것은 자산이 많고 거래가 활발한 고객들을 위한 프로그램이다.

이 모든 고객 행동 정보들 중에서 무엇을 측정하고 모니터하는가? 물론 한두 가지가 아니다. 슈왑에는 일정한 패턴과 조기경보를 발견하기 위해 끊임없이 고객 데이터베이스를 분석하는 전문가들이 있다. 데이터베이스 및 CRM 담당 부사장인 제니스 루드나워(Janice Rudenauer)에 따르면 이러한 분석에 있어 가장 유망한 분야는 슈왑을 떠나 다른 증권사로 이동하는 고객들의 패턴을 탐지하는 것이라고 한다. 슈왑은 지난 몇 년에 걸쳐 일부 고객들이 경쟁사로 자산을 옮겨가는 불상사를 겪었다. 제니스 팀은 고객들이 옮겨가기 3년 전부터의 행동을 역추적한 결과 고객 자산과 거래 행태에서 몇 가지 재미있는 패턴을 발견하기 시작했다. 이와 같이 과거의 행동을 모델화하는 것은 비슷한 행동을 보이기 시작하는 고객들을 발견해서 이탈을 미리 막을 수 있다는 이점이 있다.

고객 접점을 뛰어넘는 일관된 고객 경험을 제공하다

슈왑은 1996년에 베스 사위(Beth Sawi)의 지휘를 받는 독립적인 온라인 증권 회사를 발족시켰다. 그러나 많은 고객들이 온라인 채널과 여타 채널을 동시에 이용하고 싶어한다는 것을 금방 알게 되었다. 그래서 1997 년에는 온라인 주식거래가 본사 조직으로 통합되었다. 그 무렵부터 베스 밑에서 온라인 주식거래 시스템의 설계와 구현을 책임지고 있었던 기디 언 새슨이 새로 온라인 사업부를 책임지게 되었다.

2000년 중반에는 슈왑 고객의 70% 이상이 온라인으로 거래하고 있었다. 그렇지만 처음에 별개의 사업으로 출발했었던 이유로 해서 아직도 온라인 거래는 전화 거래나 지점 거래와 완전히 통합되지 못하고 있었다. 모든 고객들의 거래 정보와 계정 정보는 동일한 백엔드 시스템에 기록되었지만, 자세한 고객 접촉 정보들은 지점이냐 전화냐 웹이냐에 따라서 별도로 기록되고 있었다.

고리를 연결하다

기디언은 고객 접점이 분리되어 있는 것이 고객들에게 불편을 초래하고 있다는 것을 깨닫고, 서비스 통합 팀을 조직하여 그 문제를 맡겼다. 고리 (Loop)라고 불린 새 시스템은 온라인 주식거래 시스템과 현장 조직을 아우르는 고객 커뮤니케이션 시스템이었다. 고객이 온라인으로 문제를 제기하면 그것은 해결책과 함께 현장 조직으로 전달되었다. 해결책이 없는 경우에는 그 이유에 대한 설명이 첨부되었다. 이렇게 되면 무언가 불만을 가진 고객이 지짐으로 길어 들어오거나 진화를 걸어오는 경우에 현장 직원이 무방비 상태가 되는 일은 없게 될 것이다. 무슨 일이 일어났는지 이미 알고 있기 때문이다. 때로는 현장 직원들이 고객 문제에 대한 해결책을 발견해서 온라인 부서로 보고하기도 한다.

슈왑은 아직 여러 고객 접점을 뛰어넘는 일관된 고객 경험을 제공하는 수준에는 이르지 못하고 있다. 그러나 이 회사는 고객 경험을 계획하고 모니터하는 수많은 방법을 실행하고 있다.

기능 테스트

슈왑은 고객들과 잠재 고객들을 대상으로 하여 매일같이 새로운 상품과 소프트웨어와 아이디어를 테스트한다. 일주일에 몇 번씩 샌프란시스코 시내에 길거리 실험실을 열어서, 웹사이트의 새로운 기능이나 ARS의 새로운 응답 내용 혹은 무선 데이터 시스템의 새로운 사용자 인터페이스를 고객들이나 일반인들이 테스트할 수 있도록 하고 있다. 고객들이 테스트하는 것을 회사의 엔지니어들과 마케팅 임원들과 고객 지원 책임자들이 지켜본다. 이 장면을 찍은 비디오는 새로운 기능을 홍보하거나 개선하는데 사용된다.

고객 시나리오 기반의 설계

슈왑은 고객 시나리오를 이용하여 고객 집단별로 서비스를 설계하는 몇 안 되는 회사 중의 하나다. 예를 들면, 예비 고객이나 부유한 고객 혹은 활동적 고객이 웹사이트에 접속한다고 했을 때, 그들의 목표는 확연히 다르다. 고객 경험을 기획하는 사람은, 예컨대 예비 고객들은 다른 회사와 수수료율을 비교하고, 가장 가까운 지점이 어디인가를 알아보고, 투자 조사 자료의 질과 원천을 확인하고 싶어한다는 것을 알고 있다.

고객 경험을 모니터하다

그리고 슈왑은 각 고객 접점의 성능을 철저하게 모니터하고 향상시키는데 열심이다. 고객 접점별로 고객 만족도를 조사하고 있으며, 접점에 따라서는 자동 측정장치가 있는 곳도 있다. 슈왑은 외부 서비스 업체와 내부 조사팀을 동원하여 웹사이트의 모든 성능을 모니터한다. 이 말은 만약 특정 지역의 고객들이 슈왑의 웹사이트에서 느린 반응 속도를 경험한다면, 슈왑의 관리팀이 즉각 알아채고 해결할 수 있게 된다는 뜻이다. 6

개의 고객 서비스센터에는 전화를 받기 전에 울린 벨의 횟수, 고객이 수화기를 들고 기다리는 시간, 통화를 포기하고 끊은 횟수 등을 모니터하고 조정하기 위한 많은 지표들이 있다. 그리고 ARS도 비슷한 방식으로 모니터한다.

기디언의 온라인 팀은 고객의 웹사이트 항해 경로를 모니터하여 개선해야 할 부분을 찾아낸다. 그들은 이메일을 보낸 고객들이 얼마나 빨리 답장을 받는지, 그리고 그 답장이 얼마나 고객을 만족시키는지 모니터한다.

그러나 아직까지 결여되어 있는 것이 있으니, 그것은 모든 고객 접점에 걸쳐서 실시간으로 고객의 행동을 포착하고 관리하는 완벽한 통합 CRM 시스템이다. 이것은 앞으로의 과제다. (여러 고객 접점을 이어줄 시벨(Siebel)의 대형 CRM 시스템을 설치하는 중이다). 현재 슈왑은 전화를 통한 고객 경험이나 웹을 통한 고객 경험을 모두 모니터할 수 있다. 그러나 웹으로 조사한 다음에 전화를 걸거나, 지점에 다녀와서 웹으로 접속했을 때의 경험은 아직 모니터하지 못한다. 물론 머지않아 가능해질 것이라 생각한다.

고객의 요구를 감지하고 거기에 응답하다

슈왑이 최근 2년 동안에 명시적인 고객의 요구에 따라 행한 일로는 무엇이 있을까? 슈왑은 중국계 미국인들의 요구에 부응한 최초의 미국계 증권 회사였다. 1998년에 슈왑은 중국어 웹사이트를 만들었고, 중국어를 사용하는 14개 지점을 개설했다. 슈왑의 중국어 사이트는 단순하게 영어를 중국어로 번역하기만 한 것이 아니고, 중국어 뉴스 서비스를 제공함으로써 중국인 고객들이 미국 내의 투자 관련 뉴스 등을 접할 수 있게 하였다.

1999년 8월에 슈왑은 슈왑 시그너처(Schwab Signature) 고객들에게 빌로서티(Velocity)라는 이름의 소프트웨어를 다운로드 방식으로 제공하기 시작했다. 고객들은 웹사이트에 빨리 접속할 수 있기를 원했다. 그들은 온라인 거래의 셀프서비스적인 면은 좋아했지만, 웹사이트에 로그인해서 페이지가 나타나기까지 기다리는 것은 싫어했다. 빌로서티는 한 번만 설치하면 되는 자바 애플릿이다. 이것은 정적인 정보와 실시간 정보를 결합한 것으로 온라인과 오프라인으로 동시에 작업할 수 있다. 온라인에 접속하면 정보가 실시간으로 업데이트된다. 그러나 그때마다 스크린 전체가 아니라 필요한 특정 정보만 업데이트되기 때문에, 이것은 매우 빠르고 따라서 매우 만족스러운 소프트웨어다.

빌로서티는 슈왑의 활동적 고객들에게 인기가 있었다. 그러나 그들은 더 많은 것을 원했다. "우리는 활동적 고객 시장을 계속 주시해왔습니다. 그 곳이 바로 우리가 밀리기 시작한 시장이기 때문입니다." 2000년 봄에 기디언이 한 말이다. "우리는 활동적 고객 시장을 방어하기 위하여 사이버코프(CyberCorp)를 인수했습니다. 우리 고객들 중 대다수가 1년에 48번 이상 거래를 하고 그들 중 상당수는 한 달에 10번 이상 거래를 합니다." 이런 고객들은 전문가나 전문가에 가까운 사람을 위해 설계된 차별화된 거래 경험을 원한다. 그들은 또한 다양한 고객 접점의 공존을 원한다.

고객의 성과와 직원의 보수를 연동하다

슈왑 임원들의 보너스 중 50%는 회사 전체가 매출 목표, 수익 목표, 고객 자산 증가율 목표, 고객 만족 목표 등을 달성했는가에 따라 결정된다. 직원들의 경우도 사정은 비슷하다. 회사의 전체적인 목표가 달성되면 모든 직원에게 이득이 돌아간다. 그러나 그것이 전부가 아니다. 채널별로 별도의 목표가 있고 그에 따라 별도의 보상이 있는 것이다. "우리 온라인 사업부를 예로 들면, 먼저 목표만큼 고객의 자산과 계정을 증가시켜야 합니다. 또한 가장 빠르고 가장 이용하기 쉬운 주식거래 사이트를 만들어야 합니다. 그리고 고객 만족도에 따라 보너스를 받습니다. 5점 만점에 5점을 주는 고객이 어느 정도냐에 따라서." 기디언 자신은 그 외에도 직원 만족도와 직원 유지 비율에 의해서도 평가된다고 한다.

결과

슈왑의 성과는 실로 찬란하다. 7년 동안 매출이 20%씩 증가했으며, 세후순이익 12%와 ROE 20%를 줄곧 유지했다. 하지만 가장 인상적인 것은 고객의 수와 관리 자산이 크게 증가했다는 점이다. 예를 들어, 2000년 8월 기준으로 슈왑은 12개월 동안에 45%의 고객 자산 증가율을 보였다. 온라인 사업부만 따로 보아도, 계좌는 430만 개로 늘었고 관리 자산은 4200억 달러로 늘어났다.

교훈

슈왑은 데이비드 포트럭이 '클릭 앤 모르타르'라고 이름 붙인 전략을 앞장서서 실행한 기업이라는 사실을 주목하라. 슈왑은 415개의 지점과 6개의 고객 서비스센터와 ARS와 웹과 이메일과 무선 이동 통신 단말기를 통하여 고객들과 접촉한다. 전문적인 조언이 필요한 고객이라면 두 가지 중에서 하나를 선택할 수 있다. 하나는 슈왑의 지점을 방문하여 투자자문 계약을 맺는 것이다. 다른 하나는 주로 10만 달러 이상의 자금을 운용할 경우인데, 제3의 투자상담사를 소개받는 것이다. 슈왑이 새로운 지점을 열 때마다 그 지역의 온라인 고객도 늘어난다. 이것은 지점을 방문하면 투자상담사를 사귈 수 있고 그 사람의 도움을 받을 수 있을 것이라는 믿음과 웹의 편리성이 결합한 결과다.

슈왑의 사례는 단순히 어떤 지표를 측정하는가에 관한 이야기가 아니다. 그것은 고객에게 깊은 관심을 기울이라는 이야기다. 그러나 그것은 또한 어디에 중점을 둘 것인가 하는 이야기이기도 하다. 슈왑이 처한 시장 상황은 경쟁이 매우 심한 편이다. 그곳은 매일같이 열정적인 신생 기업들의 진입을 유혹하는 시장이다. 또한 메릴 린치와 같은 대기업이 언제든지 진입할 수 있는 시장이기도 하다. 웹 비즈니스의 문제점 중의 하나는 경쟁자들이 쉽게 모방할 수 있다는 점이다. 그러므로 진입장벽이 낮다. 슈왑이 이미 자체 고객 조사를 통해 밝혀냈듯이, 어떤 고객이 자산을 슈왑에 맡기고 있다고 해서 반드시 자신의 포트폴리오를 슈왑에서 관리한다거나 혹은 투자 조사의 대부분을 슈왑에 의존하고 있다는 뜻은 아니다. 다음 번의 추가 투자를 슈왑에 맡기리라는 보장도 전혀 없다. 그는 언제든 다른 업체로 가버릴 수 있다. 경쟁사 직원들과 마찬가지로 슈왑 직원들도 고객을 타사에 빼앗기지 않으려면 눈에 불을 켜고 지켜야 한다. 다른 점이라면 슈왑 직원들은 회사의 성공 요인과 성공 과정에서의 자기 역할을 확실히 알고 있다는 점이다. 공식은 간단하다. 고객들에게 멋진 경험을 제공하고 싶다, 그리고 고객들이 돈을 벌 수 있도록 도와주고 싶다.

지난 몇 년 동안 슈왑이 수행해 온 기술 전략과 인수합병 과정을 지켜보면, 회사의 모든 결정이 고객들의 경험과 성과를 증진시키는 데에 근거하고 있음을 알 수 있다. 슈왑의 앞길에도 물론 역경은 있을 것이고 보완해야 할 것도 많겠지만, 그러나 고객들에게 헌신하는 것을 가장 중시하는 기업은 성공할 수밖에 없다고 믿는다.

패티의 제안

슈왑은 지금 시벨의 **CRM** 시스템을 기반으로 한 새로운 통합 고객 정보 시스템을 구축하는 데 많은 돈을 투자하고 있다. 이것은 웹과 지점과 콜센터 사이의 유기적이지 못한 부분을 보완하려는 시도이다. 그러나 필자가 보기에는 새 시스템이 고객들보다 직원들의 편의를 더 생각하는 것 같다. 고객의 입장에서는 온라인으로 접속한 상태에서 모든 거래 내역을 확인할 수 있기를 원할 뿐 아니라 온라인으로든 전화로든 전에 부딪쳤던 모든 직원들과의 접촉 내역도 확인할 수 있기를 원한다. 그리고 어떤 고객 집단에 속하는지를 명시적으로 알고 싶어한다. 고객 집단을 분류할 때 고객의 동의를 받는 절차를 두면 더욱 좋을 것이다. 그렇게 하는 것이 단편적인 정보를 모아서 일방적으로 추론하는 것보다 낫지 않겠는가?

고객 접점의 통합 문제를 보면, 웹과 콜센터가 좀더 유기적으로 통합되었으면 좋겠다. 랜즈엔드(Lands' End) 사이트처럼, 웹에서 도움을 요청하는 버튼을 누르면 직원과의 온라인 채팅이나 전화 통화가 이루어져서 도움을 얻을 수 있게 되면 좋겠다. 슈왑의 고객 경험 조사원들에 따르면, 고객들이 조사와 거래는 주로 웹으로 하고 문의는 주로 전화를 이용하는 경향이 있다고 한다. 매체에 따라서 고객들의 행동과 심리가 다르다는 것이다. 그러나 그 말은 슈왑의 조사원들이 고객들은 매체를 뛰어넘는 일관된 고객 경험을 원한다는 것을 알아채지 못하고 있다는 것을 보여준다. 필자의 편견일까?

슈왑에 갈 때마다 필자는 독립적인 투자상담사들이 관리하는 고객들과 슈왑이 직접 관리하는 고객들 사이에는 만리장성이 가로놓여 있다는 느낌이 든다. 실제로는 자신의 포트폴리오를 투자상담사에게 위임한 고객들 중 상당수는 부분적으로나마 직접 투자를 해보고 싶어한다. 이런 고객들의 두 가지 계좌, 즉 투자상담사에게 맡긴 계좌와 직접 관리하는 계좌를 하나의 포트폴리오에 담아서 한꺼번에 보여주는 것이 어떻겠느냐고 물었을 때 슈왑 경영진의 대답은 한결같았다. "우리는 투자상담사들과의 신뢰 관계를 깰 수 없습니다." "만약 어떤 고객이 자신의 전 계좌를 한눈에 보고 싶다면서 그러기 위해서는 투자상담사를 배제해도 좋다고 하면 그렇게 할 수 있겠습니까?"라고 물으면 대개 "이론적으로는 가능합니다."라는 대답을 듣는다. 칼자루를 고객들이 쥐고 있다는 사실을 잊어서는 안 된다. 슈왑과의 거래나 슈왑의 또 다른 고객인 투자상담사들과의 거래를 어떤 식으로 할 것인지를 결정하는 것도 역시 고객들이다.

마지막으로 고객 경험의 질을 더욱 적극적으로 모니터하기를 바란다. 현재 슈왑은 고객 접점별로 고객 경험을 모니터하여 중앙에서 모으고 있다. 그러나 계좌의 세부 내용을 수정하려는 고객이나 무언가를 하려는 예비 고객의 경험에 대해서 슈왑은 아무 것도 모니터하지 못한다. 다만 그런 일이 일어난 다음에 설문 조사를 할뿐이다. 데이터가 너무 많이 쌓여 있다 보니 거기서 어떤 의미를 찾아내기가 불가능한 실정이다. 여기서 한 걸음 더 나아가야 한다. 슈왑은 가장 보편적인 고객 시나리오들을 자동적으로 구현할 수 있어야 한다. 그리고 오랜 시간 동안 어떤 시나리오를 끝내지 않는 고객이 발견되면 찾아서 도움을 주어야 한다. 잠시 커피를 마시는 것일 수도 있겠지만, 항상 같은 부분에서 어려움을 겪고 있을지도 모르기 때문이다. 후자의 경우라면 당연히 적극적인 도움이 필요하다.

고객 만족을 측정하는 방법 중의 하나는 자신의 경험을 다른 사람들에게 말하고 싶어하는지를 알아보는 것이다. 입소문의 칭찬 강도나 입소문의 횟수와 같은 보편적인 고객 충성 지표를 사용하는 것은 당연한 일이고, 한 걸음 나아가 그 효과까지 측정해야 한다. 슈왑은 고객의 소개에 의해 가입한 신규 고객의 숫자(현재 수잔 라이언즈는 70% 정도라고 추정할 수 있을 뿐이다.)와 자발적인 소개의 횟수를 기록할 수 있어야 할 것이다. 이러한 종류의 정보들은 고객 집단별로 측정되는 전통적인 고객유지 비율을 효과적으로 보충할 수 있을 것이다. 그러나 슈왑이 직원들의 보너스와 연동시킬 정도로 고객 서비스의 결과를 중시한다면, 입수할 수 있는 모든 고객 만족 정보를 더욱 최대한으로 이용할 필요가 있다. 그뿐 아니라 고객 만족과 직원 만족과 협력사 만족이 어떻게 영향을 주고받는지 이해하는 것도 그에 못지 않게 중요하다. 그렇다면 고객조종실뿐 아니라 직원 및 협력사를 위한 조종실도 필요하다는 얘기가 된다.

슈왑 사례 연구에 대한 고찰

물론 여기서 다룬 것은 슈왑에 관한 이야기의 한 부분일 뿐이다. 다른 사례 연구에서도 마찬가지지만, 슈왑의 기술 전략이나 사업 전략에 초점을 맞춘 것이 아니고 '차이를 낳는 차이'가 무엇인지에 중점을 두었다. 슈왑의 사례에서 슈왑이 잘했다고 할 수 있는 부분은 매우 많다. 그러나 진정한 차이는 그런 구체적인 행위가 아니라 기업의 본질에 있다. 슈왑은 모든 직원이 진심으로 고객 서비스의 결과에 관심을 기울이는 몇 안 되는 기업의 하나이다.

찰스 슈왑을 위한 고객조종실 초안			
항해	**성능**	**운영**	**환경**
고객 수 · 활동 고객의 수 · 온라인 활동 고객의 수 · 활동 투자상담사 고객의 수 · 활동 가구의 수 · 고객 1인당/가구당 활동 계좌의 수	· 신규 활동 고객의 수 · 고객 소개에 의한 신규 고객의 수 · 자발적인 고객 소개의 횟수 · 개인 계좌를 가지고 있는 투자상담사 고객의 수	· 웹사이트 방문자 수 · 전환율 매체별 등록 고객의 비율 -온라인 -지점 -전화 또는 우편	· 개인 투자자의 총수 · 중개인 고객의 총수 · 온라인 중개인 고객의 총수 · 경쟁사의 제안
고객 유지 · 고객 유지 비율 · 가구 유지 비율 · 평균 고객 보유 기간	· 고객 분류별 유지 비율 · 고객 집단별 유지 비율 · 고객 충성도 순위	· 활동적 웹 사용자 고객의 비율 · 이메일 사용 고객의 비율 · 고객 행동의 감소 · 결점에 대한 반응	· 경쟁사의 제안 · 포트폴리오의 공유 · 경쟁사들의 유지 비율 · 경쟁사들의 고객 보유 기간
고객 경험 · 고객 집단별 만족도 · 고객 분류별 만족도 · 고객 시나리오별 만족도	· 업무별/접점별/협력사별 고객 만족도 · 시나리오별 성능 · 제공된 정보에 대한 고객 만족도	· 일반적 업무에 소요되는 시간 · 웹 검색 결과의 정확도 · 가격 개선으로 증가한 거래의 비율 · 1시간 안에 정확한 답장을 받은 이메일의 비율	· 경쟁사들의 만족도 -다른 온라인 증권 회사 -다른 금융 기관 -모든 제품과 서비스
고객 지출 · 고객 1인당 평균 수입 · 고객 1인당 평균 수익 · 고객 자산 증가 · 고객의 평생 가치	· 고객 집단별 수입 · 고객 집단별 수익 · 고객 집단별 자산 증가	· 하루 로그인 횟수 · 하루 거래량 · 고객 자산 증가율 · 접점별 서비스 비용	· 총 관리 자산 · 관리 자산의 증가율

고객 중심의 기업 문화를 형성하는 다섯 가지 단계

고객 혁명에서 살아남아 고객 경제의 시대에서 성공 가도를 달릴 수 있으려면 무엇을 해야 할까? 훌륭한 고객 경험을 창출하고, 중요한 지표들을 측정하고, 직무를 잘 수행하고, 융통성 있게 변화에 대처하는 것만으로는 부족하다. 거기다가 고객 중심의 기업 문화를 추가해야 하는 것이다. 고객을 위한다고 떠들어대는 회사에서 진정으로 고객을 위하는 회사로 변하기 위해서는 다음의 다섯 가지 단계가 필요하다.

1. 고객에 대한 열정을 가진 윗사람부터 시작하라

CEO는 회사 안의 모든 사람들에게 고객에 대한 열정을 심고 강화해야 한다. 회사의 최우선 방침이 고객에 대한 열정임을 분명히 해야 한다. 모든 직원들의 행동은 고객을 만족시키기 위한 일이어야 한다. 이러한 열정은 현장에서가 아니라 조직의 심장부에서 나와야 한다. 경쟁자들을 죽을 때까지 패는 열정이 아니라, 고객들을 죽을 때까지 사랑하는 열정을 말한다.

2. 고객 경험에 집중하라

모든 조직원들은 고객 경험의 질을 향상시키기 위한 일에 집중해야 한다. 이것은 최고 경영자가 총체적 고객 경험에 대해 책임을 지면서 전 사업 영역에 걸쳐 지속적으로 고객의 경험을 개선하는 일에 집중함으로써 달성된다. 회사의 최우선 과제가 무언인가가 문제가 될 때마다, "이것이 우리 고객들의 경험을 향상시키는가?"라는 질문을 기준으로 삼아야 한다.

3. 고객 지표들을 이용하라

고객 만족도, 고객 충성도, 고객 경험의 질 등을 측정할 수 있는 방법을 개발하고 개선하라. 이런 측정값들을 의미 있게 사용하고 성과급 제도와

연동시켜라. 재무 목표와 시장 점유율 목표 이상으로 이 지표들을 중요
하게 다루어라.

4. 장기적인 고객 수익률을 측정하라

모든 생산라인과 고객 접점을 망라한 장기 고객 수익률을 측정하기 시작
하라. 이미 시작했다면 측정 방법을 개선하라. 월별이나 분기별 수익률
에 매달리지 말고 2~3년 동안의 장기적인 고객 수익률에 초점을 맞춰
라. 생산라인별 수익률이나 거래 형태별(전화 대 웹) 수익률에 너무 많
은 시간과 노력을 들이지 말고, 고객 1인당 혹은 1계좌당 수익의 증가에
초점을 맞춰라.

5. 고객의 경험담을 이용하라

회사의 가치와 목표를 다시 한번 점검하라. 그것들은 고객들과 공감할 수
있는 것이어야 한다. 팀워크, 단결, 재미, 혁신 등의 가치가 있으면 고객
들에게 감지될 것이며 또 고객들에게 이득이 될 것이다. 고객 중심 가치
를 형성하고 강화하기 위해서 고객들이 만족했던 혹은 불만족스러웠던 서
비스 경험담을 찾아 이용하라.

대부분의 기업들은 사업에 영향을 미치는 중요 요인들(매출액과 이익, 고객 수의 증가와 감소, 생산라인별 원가, 재고 회전율, 수익률 등)을 측정하고 모니터한다. 웹사이트들도 대개 히트 수와 클릭 수, 트래픽, 페이지 뷰, 순수 방문자 수 등을 측정하고 있을 것이다. 어쩌면 클릭의 경로, 페이지 전환 비율, 검색 경로, 버려진 장바구니 등을 모니터하고 있을지도 모르겠다. 그러나 이 모든 지표가 고객들에게는 중요하지 않다. 이것들은 고객 경험을 개선하는 데 도움이 되지 않는다.

앞으로는 고객 경험의 질을 매우 중요하게 여기는 기업들이 선진 기업이 될 것이다. 그들과 경쟁할 수 있으려면, 고객들의 모든 경험의 질에 주목하지 않으면 안 된다.

고객 서비스의 결과를 측정하라

모든 업무는 표적 고객들이 획득하고자 하는 결과를 중심으로 설계되어야 한다. 오늘날 많은 비효율적인 e비즈니스 업체들에서 발견되고 있는 증상 중 하나는 역할의 전도이다. 대부분의 e비즈니스 설계자들은 고객들이 얻기를 원하는 것(예컨대 자산 가치를 증가시킨다거나, 주말이 되기 전에 디지털 카메라를 산다거나, 구형 PC에 연결할 신형 프린터를 구한다거나)에 초점을 두지 않고, 회사가 고객들로부터 얻고 싶어하는 것에 초점을 둔다. 설계의 초점은 고객들이 무엇인가를 하도록 유인하는 것이다. (예를 들면 투자 포트폴리오를 자기네 웹사이트에서 관리하게 하거나, PC와 디지털 카메라를 구매하게 하거나, 우대 고객 서비스에 가입하게 하는…) 고객들이 원하는 일과 기업의 입장에서 고객들이 해주기를 원하는 일은 전혀 별개의 문제다. 그리고 고객들이 칼자루를 쥐고 있다는 것을 잊지 말아야 한다. 디지털 카메라를 쉽게 구입할 수 있게 해주고 토요일까지 배달해주는, 그리고 적절한 소프트웨어가 설치되어 있는 컴퓨터를 아주 좋은 조건에 판매하는 회사가 있다면, 고객들은 굳이 구형 PC에 맞는 디지털 카메라를 찾아 헤매지 않을 것이다. 그러나 그런 식의 편의를 제공하지 못하는 회사들은 고객의 관심을 끌지 못할 것이다.

영국 최고의 슈퍼마켓 사업자인 테스코(Tesco)는 대부분의 온라인 쇼핑 고객들이 저녁에 야채를 주문하고 그날 밤이나 다음날의 저녁 식사 직전에 배달되기를 원한다는 사실을 발견했다.

내셔널 세미컨덕터는 엔지니어 고객들이 원하는 것은 단순히 이동 전화기의 회로를 설계하고 시뮬레이션하는 것이 아니라 덧붙여서 회로의 열역학적 속성까지 테스트하고 싶어한다는 것을 알게 되었다.

고객이 처한 상황을 이해하라

슈왑은 활동적 거래 고객들이 활동적이지 않은 부유한 투자자들과는 완전히 다른 기대를 갖고 있음을 발견했다. 두 고객 집단들 모두 돈을 벌기를 원한다. 그러나 활동적 고객들이 자유로운 시장 접근과 빠르고 경제적인 거래를 원하는 반면에, 그렇지 않은 고객들은 회사로부터 충분한 조사와 안전과 확신을 얻고 싶어한다. 주식의 가격이 폭락하고 있는 상황에서 대량의 **IBM** 주식을 보유하고 있는 고객과, 4살 짜리 아들의 교육자금을 마련하기 위하여 약간의 **IBM** 주식을 사볼까 생각하는 고객은 사고 방식 자체가 다르게 마련이다.

휴렛패커드(**HP**)는 기업 고객들이 어떤 업무에 대해서는 상담 의뢰 방식을 좋아하고 다른 업무에 대해서는 쌍무 계약 방식을 선호한다는 것을 발견했다.

버즈소(**Buzzsaw**)는 고객들이 건축 프로젝트를 온라인으로 관리하고 싶어하지만 남들이 관리 방법이나 스타일에 개입하는 것은 원하지 않는다는 것을 발견했다.

고객에게 가장 중요한 업무가 무엇인지 알아내라

고객들이 회사와 접촉하면서 속으로 생각하는 최종 목적이 무엇이든 간에, 대부분의 고객들이 목적을 달성하는 과정에서 필요로 하는 몇 가지 공통적인 일이 있다. 다음과 같은 것들이 그런 일의 일부일 것이다.

· 회사의 전화번호를 알아낸다.
· 가장 가까운 곳에 있는 지점이나 매장의 주소를 알아낸다.

- 원하는 상품의 재고가 있는지, 있으면 어디에서 살 수 있는지 알아낸 다.
- 웹에서 소프트웨어나 서비스를 다운로드한다.
- 웹사이트에서 검색한다.
- 고객 서비스 담당자의 도움을 받는다.
- 주문 상태를 확인한다.
- 해결하고자 하는 문제를 회사에 알린다.

고객에게 중요한 것이 무엇인지를 알아내기 위해서는 먼저 고객들이 필요로 하는 가장 보편적인 업무의 리스트를 만드는 것이 필요하다. 그 다음에 그 일들을 직접 경험해 보면서 쉬운지 어려운지를 확인하라. 그리고 나서 각 업무의 효율성과 성능을 측정할 수 있는 방법을 강구하라. 각 작업에는 평균 얼마의 시간이 걸리는가? 몇 단계를 거쳐야 하는가? 미리 알고 있어야 하는 것(전화번호, 제품 이름 등)은 무엇인가?

실시간에 가까운 모니터와 대응이 필요하다

현재 우리는 고객들에게 중요한 것들을 거의 실시간으로 모니터할 수 있는 기술을 가지고 있다. 우리는 고객이나 예비 고객이 여러 가지 작업을 수행하는 데 시간이 얼마나 걸리는지를 측정할 수 있다. 고객이 제품 설명서나 시제품을 찾아내기까지 몇 개의 키워드를 사용하여 검색하는지를 모니터할 수 있다. 프린터 드라이버를 다운로드 받은 고객에게 그 과정의 만족도를 묻는 즉석 설문 조사를 할 수도 있다. 그리고 이러한 결과를 이용하여 거의 실시간으로 업무를 개선할 수 있다.

내셔널 세미컨덕터의 필 깁슨은 고객이 회사의 웹사이트에서 사용하는 상위 200개 키워드를 매일 모니터하고 있다. 그는 그 결과를 이용하여 매일같이 검색 효율을 향상시키기 위한 작업을 한다. 휴렛패커드의 레슬리 루이(Leslye Louie)의 경우, 고객이 자기 친구들에게 휴렛패커드의 서비스를 절대로 추천하지 않겠다는 내용의 글을 게시판에 올릴 때마다 자동으로 호출기가 울린다. 물론 모든 불만 고객들에 대해서는 레슬리의 고객 지원 SWAT팀이 전화를 걸어 후속 조치를 취한다. 그렇지만 거기서 끝나지 않고 레슬리는 고객들이 제기한 문제들에 대하여 전화 응답 프로토콜이나 웹사이트 정보 등을 개선하는 식으로 해결을 모색한다.

고객 시나리오를 구현하고 모니터하라

세분화된 고객 집단별로 그들이 중요시하는 몇 가지 핵심적인 고객 시나리오가 있을 것이다. 시나리오를 구상했으면 그것을 실제로 구현해야 한다. 고객 시나리오에는 고객들의 요구를 제대로 충족시켜 주고 있는지 확인할 수 있는 장치를 미리 마련해 두어야 한다. 예를 들면, 웹으로 주문한 고객에게 빠른 배송이 가장 중요하다면, 주문에서 배달에 걸리는 시간을 모니터하고 싶을 것이다. 휴렛패커드도 그 시간을 측정하고 있는데, 그들은 이틀 안에 배달한다는 자체 목표를 98% 달성하고 있다.

휴렛패커드(HP)의 사례:

모든 채널과 고객 접점에서 고객 경험을 모니터하다

1997년 HP의 소비자 고객들은 소비자 대상 제품(프린터, PC, 스캐너, 소모품)을 HP로부터 직접 구입할 수 있게 해달라고 주장하기 시작했다. 그들은 또한 일관된 고객 경험을 요구했다. HP의 유통 협력사로부터 물건을 구입했다 하더라도 사후 서비스는 HP가 직접 해달라는 것이었다. HP는 이들의 요구에 대응하여 혁신적인 혼합 채널 전략을 수립했다.

이제 HP는 소비자 시장에서든 기업 시장에서든 자기들의 최종 고객이 누구인지 잘 알고 있다. HP는 고객과의 직접 판매 및 지원 시스템을 온라인으로 구축함으로써 모종의 핵심적인 자산을 구축하기 시작했다. 핵심적인 자산이란 2천만 이상의 활동 고객들의 데이터베이스를 말한다. 그리고 HP는 유통 협력사를 통한 고객들도 포함하여 모든 고객들을 관리하는 CRM을 구축하고 있다. HP가 그들의 소비자 고객들과 기업 고객들을 단일 시스템으로 관리한다는 것은 매우 고무적인 일이다. 그렇게 함으로써 HP는 회사와 집 양쪽에서 HP의 제품과 서비스를 이용하는 고객과 일관된 관계를 유지할 수 있게 될 것이다.

HP는 전세계를 통틀어 최고 경영진이 모든 생산라인과 유통 채널과 고객 접점에 걸친 모든 고객의 총체적 경험을 관리하고 개선하는 데 노력을 기울인 최초의 회사에 속한다. 그 과정을 간략히 보고 나서 고객 경험의 어떤 부분을 측정하고 모니터했는지 자세히 살펴보기로 하자.

제품 중심에서 고객 중심으로

HP는 고객들에게서 만족스러운 제품을 만든다는 좋은 평판을 들어 왔다.

그런데 이 회사의 조직은 전통적으로 수십 개의 생산라인으로 나뉘어 있었다. 그리고 직판 조직들은 대기업들과만 거래했고, 여타 판매 조직들은 최종 고객 대신에 유통 협력사들과의 거래에 전념했다.

1990년대 중반, 당시 잉크젯 프린터의 판매를 맡고 있던 프라딥 조트와니(Pradeep Jotwani)는 HP의 기술이 가정용 제품에 적용되는 비율이 높아지고 있으며 앞으로는 개인들이 HP의 주고객이 될 것임을 깨달았다. 그는 1997년 고객 중심 원칙에 따라 가동되는 새로운 사업 조직을 구상한 다음에, 새로운 조직의 구조와 업무와 지표들을 제시했다. 그는 PC, 레이저 프린터, 잉크젯 프린터, 휴대용 기기들과 같은 모든 소비자 제품군에 적용시킬 수 있는 몇 가지 공통적인 원칙을 만들었다. 거기에는 1) HP를 하나의 통합된 개체로, 즉 브랜드로 느끼게 하는 고객 관계를 창출하는 것과 2) 모든 생산라인이 공유하는 고객 정보 시스템을 구축하는 것과 3) 하나의 효율적인 배달 시스템을 통하여 제품과 서비스를 제공하는 것이 포함되었다.

그 당시로서는 상당히 파격적인 생각이었다. 그러나 아무도 프라딥을 막지는 못했다. 그는 공통의 고객 경험과 공동의 업무 과정을 구축하기 위한 공감대와 조직을 만들기 시작했다. 그는 레슬리 루이에게 HP의 모든 소비자 대상 제품과 서비스에 대하여 콜센터에서 어떤 일이 일어나는지 알아봐 달라고 요청했다. 그리고 고객들의 요구를 받아들인 프라딥은 션 리(Shen Li)가 이끄는 팀을 조직하여 소비자 직거래 사이트인 hpshopping.com을 개발하게 했다. 션은 북미 지역 협력사들을 관리한 적이 있었으므로, 협력사와의 갈등을 해결하는 데 적임이라 생각되었다.

다음에 고객 관계 관리(CRM)를 위한 공통 아키텍처가 만들어졌고 1999년에는 레슬리가 모든 소비자 제품군을 포괄하는 CRM의 총책임자가 되었다. 프라딥의 비전과 추진력은 다음에 HP에 몰아칠 문화적 변화의 전주곡이었다.

기업 고객을 상대하는 쪽에서도 많은 변화가 일어났다. 그 역시 대부분 고객들의 요구에 의한 것이었다. 데이브 스완슨(Dave Swanson)이 이끄는 기업 고객 지원 조직은 고객 경험 관리 프로그램에 착수했다. "우리의 기업 고객들은 우리에게 원하는 것을 아주 분명하게 표시합니다." 데이브의 말이다. "그들은 웹으로 접속했다가 전화 통화를 하고 다시 웹으로 돌아갈 수 있기를 원합니다." 당시에는 콜센터를 통한 고객 지원과 인터넷을 통한 지원이 별개로 이루어지고 있었다. "우리는 웹을 단순히 비용을 절감하는 수단으로 생각했습니다. 그러나 고객들은 자기들의 문제를 우리가 맡아서 해결해 달라고 요청하곤 했습니다. 예컨대 협력사와 관련된 문제일 경우, 그들은 '어디어디로 전화하세요' 라는 말을 듣고 싶은 것이 아니고, 우리가 협력사에 전화를 걸어 해결책을 전해줄 때까지 수화기를 들고 있기를 원합니다."

고객 중심으로 HP를 개혁하다

1999년 7월 칼리 피오리나(Carly Fiorina)가 새 CEO가 되었을 때는 이미 HP의 소비자 제품 사업부의 개혁이 진행중이었고 기업 고객 부문에서 더욱 완벽한 고객 경험을 제공하려는 노력도 전면적으로 진행되고 있었다. 이런 노력은 인터넷 덕분에 더욱 추진력을 얻고 있었다. 그러나 고객들과의 대화 속에서 칼리는 하나의 커다랗고 분명한 메시지를 읽었다. 그것은 HP의 고객들(소비자 고객, 기업 고객 모두)은 여러 개로 나뉘어진 조직과 고객 접점과 채널들 때문에 지쳐있다는 것이었다.

문제의 핵심은 HP는 여전히 제품 중심의 회사라는 것이었다. 생산라인간의 불협화음을 없애기 위해 많은 노력을 했지만 고객들의 불편은 사라지지 않았다. 1999년 11월에 HP의 개혁을 시작한 칼리는 HP를 2개의 고객 서비스 조직과 3개의 제품 생산 조직으로 재편성했다. 프라딥 조트와니가 소비자 고객 사업부의 총책임자로 승진했고, 기업 고객 사업부의 총책임자로는 앤 리버모아(Ann Livermore)가 임명되었다.

각각의 고객 사업부는 전세계를 통괄하는 부서와 대륙별 부서로 구성되었다. 이들 사업부는 제품과 서비스의 판매와 배달과 사후 서비스를 담당할 뿐 아니라 고객 관계 관리와 채널 관계 관리에 힘을 집중하고 있다. 제품 생산 조직들이 R&D 나 기타 제품 창조와 관련된 활동을 할 때에는 고객 사업부들과 긴밀하게 협의하고 있다.

고객 경험에 초점을 맞춘 HP의 새로운 조직 구조

칼리는 고객 경험 관리를 HP의 핵심 업무 과정이자 강력한 경쟁력의 원천으로 만드는 일에 진력하고 있다. 그녀는 회사를 재조직하면서 고객 사업부별로 고객 경험을 관리하는 고위급 책임자가 있어야 한다는 것을 깨달았다. 레슬리 루이가 고객 접점과 접촉 매체와 지역을 망라한 모든 소비자 고객 관계 관리를 담당하는 부사장으로 임명되었다. 기업 고객 사업부에서는 낸시 콜드웰(Nanci Caldwell)이 앤 리버모아에게 직접 보고하는 고객 경험 담당 부사장이 되었다.

낸시와 레슬리는 모든 유통 채널과 제품과 고객 접점에서 일관되게 경험할 수 있는 이상적인 고객 경험을 만들어내기 위한 전략적인 업무를 수행하고 있다. 그들은 고객 경험의 목표를 수립하고, 고객 경험을 측정하고 모니터하며, 고객 서비스 조직과 제품 생산 조직의 고위급 임원들로 이루어진 팀과 협력하여 지속적으로 고객 경험을 향상시킬 책임을 지고 있다. 레슬리는 실시간으로 고객 지표를 측정하면서 지속적으로 그것을 개선하는 일에 중점을 두고 팀을 이끈다. 낸시의 팀은 각 사업부의 대표자들로 구성되고 앤 리버모아가 주재하는 총체적 고객 경험 운영위원회의 지원을 받고 있다.

낸시와 레슬리는 HP의 전 영역에 걸쳐서 협력하고 있다. 그들은 서로 유사한 고객 라이프사이클 모델과 고객 시나리오를 수립해 왔다. 두 사람이 HP의 고객 관계 관리 전략을 이끌고 있는 것이다.

고객 경험의 변화

칼리의 새로운 조직 구조와 원칙이 자리를 잡아가는 과정에서 레슬리와 프라딥이 선도적인 역할을 하였다. 레슬리는 별개로 나뉘어 있던 전자 상거래, 전자 마케팅, 전자적 고객 지원팀들을 하나로 통합했다. 레슬리의 조직은 HP의 콜센터를 장악했으며, 기업 고객 사업부와 소비자 고객 사업부와의 긴밀한 협력 관계를 유지했다. 종전에는 83개의 서로 독립된 생산라인으로 시장에 나타났던 HP가 이제는 하나의 통합된 모습을 갖추게 되었다. 다른 측면에서 보면 HP의 여러 제품 개발팀들이 동일한 고객 관련 업무를 만들어낸 것이다. 하나의 핵심적인 업무는 고객들이 필요로 하는 서비스들(예컨대 개선된 배송 서비스, 온라인 지원, 간단하고 효율적인 반품 과정)에 대한 우선 순위를 결정하는 것이었다.

인터넷이 변화의 촉매로 작용하다

HP의 소비자 사업부가 조직의 문화와 역량을 비교적 빠르게 발전시킬 수 있었던 것은 다음 네 가지 성공 요인의 덕이다.

1. 고객의 관점에서 생각한다.

2. 분명한 고객 중심의 목표와 전략을 세운다.

3. 강력하고 통합된 변화 관리 프로그램을 실행한다.

4. 인터넷과 웹을 조직과 업무 과정의 변화를 위한 촉매로 사용한다.

HP의 혼합 채널 전략

HP는 소비자용 제품들이 수익 엔진으로 작동할 수 있도록 유통 채널 전략을 다듬어 왔다. 소비자용 제품들은 이미 상당한 수익을 제공하고 있었고, 회사로서는 수익을 늘리기 위해 소비자에게 직접 판매하려는 발상을 할 필요가 없었다. 소비자에게 직접 팔도록 요구한 것은 고객들이었다. "약 3년 전부터 고객들이 혼합된 채널 전략을 원한다는 신호를 보내기 시작했습니다." 션의 말이다. "우리는 두 갈래로 갈라진 경쟁력 있는 전략을 갖고 있습니다. 한 갈래는 유통 협력사들이고(소비자용 제품의 경우 아직도 95% 정도가 협력사를 통해 판매된다), 다른 갈래는 웹을 통한 직거래입니다. 우리의 목표는 일단 우리 제품을 구매하기로 결정한 고객이 있다면 어떤 경로를 선택하든 편리하게 구매할 수 있도록 하는 것입니다." HP.com에는 HP 제품을 취급하는 협력사들의 페이지가 링크되어 있으며, 가까운 곳에 있는 대리점이나 독립 소매상에 관한 정보도 있다. 이러한 혼합 채널 전략은 유럽, 일본, 라틴 아메리카의 여러 나라에 있는 HP 지사에서도 수행되고 있다.

일단 HP 제품을 구입한 고객은 구입 경로를 불문하고 HP.com에 등록하여 추가 서비스를 받고 HP와 직접적인 관계를 맺으라는 권고를 받는다. 구입 장소에 상관없이 모든 소비자 고객들은 전화와 웹으로 고객 지원 서비스를 제공받을 수 있다.

고객들에게 중요한 것

소비자 고객 사업부는 생산라인과 채널과 고객 접점들을 뛰어넘는 일관된 고객 경험을 만드는 과정에서 여러 가지 역사적 교훈을 이용할 수 있었다. 레슬리는 1997년부터 콜센터를 감독해왔으므로 소비자 고객들의 불편이 무엇인지 잘 알고 있었다. 그들은 구입 경로에 상관없이 모든 제품의 모든 문제를 하나의 창구에서 해결할 수 있기를 원했다. 그들은 편리하게 반품과 교환을 할 수 있기를 원했다. 그들은 소모품을 쉽게 구입할 수 있기를 원했다. 고객 경험팀은 이러한 고객 시나리오에 초점을 맞추어 작업을 시작했다.

소비자용 제품의 라이프사이클

작업의 능률과 우선 순위를 고려하여, 고객 경험 팀은 고객 관계 라이프사이클로부터 접근하기로 했다. 임의의 제품과 서비스에 대하여 임의의 소비자가 처해 있는 단계들에는 어떤 것이 있으며, 전형적인 소비자용 제품들의 라이프사이클은 무엇인가? 다음은 고객 경험의 구축을 위해 설정한 라이프사이클의 뼈대다.

1. HP의 제품과 서비스의 인지
2. 제품이나 서비스의 선택과 구매
3. 구입 후 최초의 30일
4. 제품이나 서비스의 사용
5. HP의 제품이나 서비스의 재구매 혹은 업그레이드

단계별 핵심 고객 시나리오

고객 경험 팀은 소비자용 제품의 라이프사이클의 각 단계에서 유통 경로와 고객 접점을 넘나드는 고객 시나리오에 초점을 맞추었다. "우리는 고객의 관점에서 모든 과정이 통합되어야 한다고 생각했습니다." 레슬리의 설명이다.

선택 – 구매 단계 경험의 개선

예를 들어, hpshopping.com에서 "선택-구매" 단계를 시작한 고객이 콜센터로 전화를 걸어서 의문점을 물어보는 일이 일어날 수 있다. 이런 경우에 콜센터 직원은 그 고객이 웹에서 무엇을 보았으며 어디까지 진행하다가 전화를 건 것인지 알아야 할 필요가 있다.

고객 경험 팀은 또, 편리함이 이 단계에서 핵심적인 동기 요인이 된다는 사실을 발견했다. "그래서 우리는 미국 동부 시각 기준으로 오후 10시 이전에 받은 주문에 대해서는 당일 발송이 가능하도록 물류 능력을 확장했습니다. 이제 전체 주문의 98%는 다음날까지 배달이 됩니다." 선리의 설명이다.

반품 처리 시나리오(어떤 이유로든 고객이 만족하지 않을 때 일어나는 일이다)도 선택-구매 단계의 한 부분이다. 고객 경험 팀은 hpshopping.com에서 물건을 구입한 고객들이 아무 때나 비용 부담 없이 반품할 수 있도록 업무를 개선했다.

최초의 30일

구입 후 최초의 30일 동안에 일어나는 고객 경험은 매우 중요하다. "만일 고객들이 방금 구입한 제품에 대하여 확신을 갖지 못한다면, 그것은 우리에게 문제가 있다는 것을 의미합니다." 레슬리의 말이다. HP는 고객 지원의 내용이 고객의 필요를 충족시키는지, 고객이 30일 이내에 온라인으로 등록을 하는지에 관심을 갖고 주시한다. "우리는 제품 등록 절차를 쉽고 빠르게 하려고, 그리고 등록한 사람에게는 보상이 돌아가게 하려고 노력하고 있습니다."

제품 사용 단계의 개선

고객 경험 팀이 제품과 서비스의 사용을 지원하기 위해 개발한 고객 시나리오 중에, 인쇄 소모품을 취급하는 맞춤형 온라인 상점이 있다. 예컨대 잉크젯 프린터를 구입한 고객은 액세서리와 소모품을 구입하기 위한 자기만의 온라인 상점을 개설할 수 있다. 고객은 자신이 갖고 있는 제품들을 명시할 수 있으므로 그 상점은 그 고객이 사용하는 제품에 맞는 액세서리와 소모품만으로 가득 차게 될 것이다. 실제로 HP의 일부 최신 프린터에는 잉크 카트리지의 수명이 끝나갈 때 프린터가 자동으로 주문하게 할 수 있는 기능이 들어있다.

지금까지의 결과는 어떠한가? 레슬리의 말을 들어보자. "우리 웹사이트의 수익 증가율은 매년 평균 500%에 달합니다. 고객들의 방문 빈도는 과거에 비해 두 배 정도 늘어났습니다."

재구매

온라인으로 관련 소모품을 쉽게 구매하는 문제는 이미 설명하였다. 프라딥이 지적하는 것은 온라인뿐 아니라 오프라인에서도 소모품 구입을 원활하게 하기 위하여 많은 시간과 노력을 기울였다는 것이다. "고객들은 필요한 프린터 소모품을 찾기가 너무 어렵다고 이야기하곤 했습니다. 그 말이 옳다는 것을 금방 깨달았습니다. 필름은 사진관에서도 구입할 수 있지만, 약국이나 식품점이나 편의점이나 할인점 등 어디서나 구입할 수 있습니다. 프린터 소모품 역시 어디서나 구할 수 있도록 만들어야 했습니다. 그래서 우리는 유통 전략에 수많은 소매점들을 추가했습니다." 그리하여 고객들은 소모품을 쉽게 만날 수 있게 되었지만, 구체적으로 어떤 잉크 카트리지를 사야하는지 알기가 어렵다는 새로운 문제에 부딪쳤다. "포장과 제품 번호 체계가 너무 혼란스러운 것이었습니다. 우리는 상점 안에서 고객들을 관찰했습니다. 그들은 어떤 패키지를 사야할지 혼란스러워 하더군요. 결국 우리는 포장을 새롭게 디자인했고, 모든 것에 칼라 코드를 붙였으며, 제품 이름과 제품 번호를 단순화시켰습니다."

고객에게 중요한 것을 측정하라

고객 경험 팀은 이러한 제품의 라이프사이클 단계와 고객 시나리오를 어떤 식으로 수치화 하였을까? "우리는 주요 고객 접점에서 고객의 반응을 측정하고, 그 결과를 이용하여 결정을 이끌어냅니다. 우리는 업무별, 접점별, 제품별로 고객 만족도를 측정합니다." 레슬리의 말이다. HP는 다음과 같은 질문을 던져 (각 5점 만점) 고객 만족도와 충성도를 측정하고 있다.

1. 이번 일에 만족하십니까?
2. 원하던 결과를 얻었습니까?
3. 이 일을 다음에 또 하시겠습니까?
4. 이것을 친구나 동료에게 추천하겠습니까?
5. 우리 제품을 재구매하시겠습니까?

실시간에 가까운 고객 만족 모니터링

고객 만족과 고객 충성을 모니터하는 일에서 가장 큰 발전은 웹과 이메일과 전화로 이루어지는 조사를 하나의 완결적인 피드백 시스템으로 통합한 것이었다. "웹과 이메일을 이용한 피드백은 매우 빠르게 진행됩니다. 옛날에는 고객 만족 정보를 집계하는 데 6~12주나 걸렸습니다만,

웹과 이메일을 사용하면서 며칠 만에 심지어는 몇 시간 안에도 대응할 수 있게 되었습니다. 저는 이메일이나 고객들의 반응을 실시간으로 보고 있습니다. 이것은 우선 순위와 전략을 재조정할 수 있는 강력한 도구입니다." 레슬리의 말이다.

"서비스 비용을 측정할 때는 업무별로도 측정하고 제품별로도 측정합니다. 우리는 PC 수리비용과 데스크젯 프린터 수리비용을 각각 알고 있습니다. 우리는 고객들이 PC나 프린터를 위한 소프트웨어를 다운로드하도록 함으로써 얼마의 비용이 절약되는지도 알고 있습니다. 우리는 고객과 통화할 때 1분마다 들어가는 비용이 얼마인지 알고 있습니다. 각 제품을 꺼내서 포장하는 비용도 알고 있습니다."

기업 고객에도 라이프사이클과 고객 시나리오를 적용하다

소비자 고객 사업부가 라이프사이클을 다섯 단계로 나누었던데 비하여, HP의 기업 고객 사업부는 여덟 개의 주요 단계로 구분하였다.

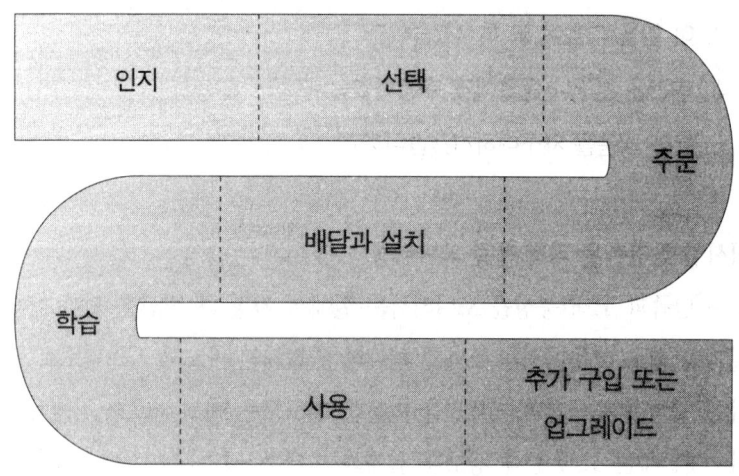

콜드웰의 설명에 따르면, 각 단계에서 고객들은 HP와 상담형 (consultative) 관계와 거래형(transactional) 관계라는 아주 상이한 두 가지 관계 중에서 하나를 선택한다. 물론 고객에 따라서는 하나의 단계를 생략한 채로 다음 단계에서 간단한 셀프서비스 거래를 할 수 있기를 바랄 수도 있을 것이다. 고객 시나리오들은 이 여덟 단계와 두 가지 관계를 이용하여 만들어지며, 그것들은 유통 경로와 고객 접점에 구애받지 않고 전체적으로 구현되고 추적된다.

이러한 총체적 고객 경험에 대한 구상을 가지고 있으면 신제품을 출시할 때부터 차이가 나게 마련이다. HP의 최고급 UNIX 솔루션인 슈퍼돔 (SuperDome)은 상담형 고객의 라이프사이클을 고려하여 모든 고객 접점에서 최고의 고객 경험을 제공할 수 있도록 설계되었다. 고객별로 전담 관리자가 배정되어, HP와의 관계를 책임지는 것은 물론 제품의 라이프사이클 내내 고객의 경험이 최적화되도록 책임진다. 이러한 목표를 달성하기 위해서 HP는 견적서를 준비하는 데 걸리는 시간과 전화 문의에 응답하기까지 걸리는 시간과 같이 고객들이 중요시하는 지표들을 측정하고 있다. 가장 중요한 것은, HP는 시스템을 설치하는 데 걸리는 시간뿐만 아니라 고객이 원하는 성능 수준으로 작동시키는 데 걸리는 시간도 측정하고 있다는 것이다.

위의 라이프사이클에서 시원 단계를 실펴보자. 고객 경험 팀은 기업 고객이 관심을 기울이는 핵심 주제가 기술력 있는 IT전문가가 매우 부족하다는 사실과 관련이 있다는 것을 발견했다. HP의 기업 고객들은 대개 내부의 IT 전문가들이 기본적인 기술 지원을 제공할 수 있을 것으로 생각한다. 그러나 그들은 인원이 부족하고, 혹사당하기 일쑤다. HP는 IT 전문가에게 다양한 서비스를 제공하기 위해 온라인 IT 연구소(ITRC)를 개설했다. IT 전문가 고객들과 긴밀하게 협동작업을 한 끝에 HP는 제품의 전 라이프사이클에 걸쳐서 IT 전문가들을 지원할 수 있는 업무별 고객 시나리오를 만들어내기에 이르렀다. 고객들과 함께 만들어낸 새로운 특징 중에는 보안이나 패치와 관련하여 긴급하게 알릴 일이 있을 경우에 모바일 장치를 통해 알려주는 기능이 포함되었다. 또 24시간 가동되는 지식 공동체에서 수천 명의 전문가들과 실시간 협동작업을 하고 있는 HP 자체의 IT 전문가를 고객들이 구별할 수 있게 하는 기능도 추가되었다. 이것은 IT 전문가들의 실시간 결정에 대하여 신뢰감과 집단적 지혜라는 특별한 요소를 더해주는 효과가 있다. 이에 대한 고객들의 반응은 매우 긍정적이었고, ITRC는 지원 전문가 협회(the Association of Support Professionals)가 선정하는 '올해의 베스트 10 웹사이트'와 CIO 매거진이 선정하는 '웹 비즈니스 50/50 수상자'에 뽑혔다.

고객 관계를 견고하게 하다

HP의 기업 고객 사업부가 앞으로 닥칠 복잡한 과제를 제대로 이해하고 있다고 볼 수 있는 바람직한 증거는, HP의 CRM 시스템이 기업 고객만을 관리하는 것이 아니라 그 고객들의 고객 즉 HP의 최종 고객들까지 관리하고 있다는 사실이다. 결정적으로 중요한 사실은 HP의 총체적 고객 경험의 초점에 HP와 직접 거래를 하거나 유통 협력사를 통하는가에 상관없이 구매자, IT 책임자, 설치자, 사용자 등 거래와 관련된 모든 개인들이 포함되어 있다는 것이다.

고객 경험 지표와 성과급 제도

HP는 직원들의 보수와 표창 제도를 고객의 목소리와 밀접하게 결합시키는 과정에 있다. 소비자 고객 사업부의 레슬리와 기업 고객 사업부의 낸시는 고객 경험 목표와 성과급 제도를 연구하는 팀들을 가동하고 있다. 그 팀들은 기준을 설정하여 결과를 조사하면서 측정 가능한 것이 무엇인지 알아냈다. 그 측정값들과 그에 관련된 목표들은 이제 HP의 사업 방식의 일부로 자리잡아 가고 있다. 새로운 고객 충성 지표를 측정한 첫해에는 칼리 피오리나로부터 레슬리 루이까지의 최고 경영자들에게만 보너스를 지급할 예정이다. "말로만이 아니라 행동으로 보여주어야 하기에 성과급 제도를 만들었습니다." 프라딥의 설명이다. 첫해에는 최고 경영자들만이 성과급을 받지만 다음해부터는 모든 직원들에게 적용될 예정이라고 했다.

결과

칼리가 취임한 이래 HP는 지속적으로 성장해 왔다. 2000년도의 수익 성장률은 칼리나 시장의 기대치에 미치지 못하고 있다. 그러나 고객들에게 초점을 맞추고 있기 때문에 고객 충성과 장기 수익은 분명히 증가할 것이다. 프라딥 조트와니는 이미 HP의 고객 프랜차이즈의 가치에 관하여 재무 분석가들을 설득하기 시작했다. 2000년 중반에 HP의 활동적인 등록 고객의 숫자는 2천만 명을 넘어섰다. 그리고 매달 2백만 명의 고객들이 hpshopping.com에 접속하고 있다.

HP는 총체적 고객 경험을 중심으로 강력한 경쟁력을 구축하려고 한다. 그러나 아직 HP가 가야 할 길은 멀다. 더구나 경쟁사들도 HP와 유사한 고객 만족 및 고객 관계 관리 프로그램들을 만들어 실행하고 있다. HP는 모든 경쟁사들의 총체적 고객 경험에 대하여 깊은 관심을 기울이고 있다. 고객들에게 가장 중요한 결과와 업무와 시나리오를 측정함으로써, HP는 잃어버린 시장 점유율을 되찾으려하고 있다.

HP는 프린터와 스캐너, 가정용 PC 등의 소비자용 제품에서는 이미 강력한 위치를 점하고 있다. 디지털 카메라와 디지털 가전제품 시장에도 열심히 진출하는 중이다. 프라딥 조트와니가 바라는 것은 프린터나 PC 를 구입함으로써 HP와 관계를 맺기 시작한 고객들이 디지털 카메라나 정보 가전제품들을 구입할 때에도 HP를 기억했으면 하는 것이다.

교훈

HP의 소비자 고객 사업부를 통해 배운 가장 중요한 교훈은 고객의 경험 과 고객 서비스의 결과와 고객 서비스 비용에 관련되는 모든 것을 측정하는 것이 매우 중요하다는 것이다. 소비자 고객 사업부의 책임자인 레슬리 루이는 사업의 거시적 비전과 그것을 구현하는 데 필요한 세부적인 것들을 챙기는 세심함을 겸비한 보기 드문 인물이다.

HP의 최근 경험으로부터 얻을 수 있는 또 하나의 교훈은 처음에는 월별로 고객 지표들을 정리하다가 거의 실시간으로 모니터하고 대응하는 쪽으로 선회했다는 것이다.

패티의 제안

HP의 고객에 대한 집중과 헌신은 감탄할 만하다. 그러나 HP가 해야 할 일들의 범위와 규모 또한 엄청나게 크다. 필자가 만난 HP의 고객 중에는 HP와의 관계에 만족하지 않는 사람도 상당히 많았다.

소비자 고객 부문의 경우에는 혼합 유통 채널 전략과 총체적 고객 경험에 초점을 맞추는 전략을 전세계로 확대할 필요가 있다.

기업 고객 부문에서는 더 큰 어려움에 처해 있다. e서비스 회사로의 이동은 여전히 느리게 진행되고 있다. 총체적 고객 경험에 집중하는 것이 어쩌면 HP의 진정한 차별 요인이 될지도 모른다. 이 점에서 HP는 경쟁사들보다 약간 앞서고 있는 것으로 보인다. 약간의 우위와 그 동안 학습한 것을 활용하여 HP가 앞으로 뛰쳐나갈 수 있기를 바란다.

그 동안 학습한 것이라면 무엇을 말하는가? 먼저 소비자용 제품의 5단계 사이클과 기업용 제품의 8단계 사이클의 각 단계별로 고객들의 만족도를 확실하게 측정해야 한다는 것이다. 각 단계마다 회사가 측정할 수 있는 몇 가지 속성들이 존재한다. 예를 들어서 구매 단계(소비자용 제품의 경우에는 선택-구입, 기업용 제품에 있어서는 선택과 주문)의 고객들은 유통 채널이나 고객 접점의 다양성, 제품 발견의 용이성과 재구성 가능성, 지식과 정보의 질, 가격, 주문의 편리성, 거래의 전반적인 속도와 같은 속성들에 대하여 HP가 제공하는 성능을 평가할 수 있다.

그러나 고객들에게 중요한 것을 정말로 측정하고 싶다면, 회사는 고객들에게 중요한 것을 세부적으로 자세히 알아야 하며, 그것을 고객 시나리오별로 알아야 할 필요가 있다. 소비자 고객, 소호 고객, 소기업 고객, 대기업 고객별로 우선 순위가 다를 뿐 아니라 시나리오에 따라서도 우선 순위는 달라지게 마련이다. 예컨대 동일한 서비스 속성이라 하더라도 그것이 반품 과정이냐 구매 과정이냐에 따라 중요도가 달라진다.

따라서 HP는 상황별/시나리오별 우선 순위를 전제 측정 구조 안에서의 성능 데이터 못지 않게 중요시해야 한다. 이러한 종류의 데이터를 얻기 위해서는 시나리오별 고객 경험을 철저히 분석해야 할 것이다. 그러한 분석으로부터 수립된 일반화된 고객 조종실 초안은 다음 도표와 비슷한 모양이 될 것이다.

HP를 위한 고객 조종실 초안				
	항해	성능	운영	환경
고객 수	· 활동 고객의 수 · 온라인 활동 고객의 수 · 계좌별 활동 고객의 수 · 가구별 활동 고객의 수	· 신규 활동 고객의 수 · 신규 온라인 활동 고객의 수 · 경쟁사에서 이탈해 온 신규 고객의 수 · 자발적으로 합류한 고객의 수	· 웹사이트의 순수 방문자 수 · 웹 방문자의 구매 비율 -온라인(HP사이트) -외부 인터넷 상점 -오프라인 협력사 · 서비스와 소모품을 반복 구매하는 고객의 수	· 소비자용 제품과 서비스 시장의 전체 규모 · 기업용 제품과 서비스 시장의 전체 규모
고객 유지	· 고객 유지 비율 · 가구별 유지 비율 · 거래처 확보 비율	· 고객 집단별 유지 비율 · 고객 충성도	· 웹을 사용하는 고객의 비율 · 이메일을 사용하는 고객의 비율 · 고객 활동의 감소	· 경쟁사의 제시 조건 · 상대적인 고객 유지 비율 · 지출 점유율
고객 경험	· 고객 집단별 만족도 · 제품 라이프사이클 단계별 만족도 · 제품 라이프사이클 단계별 중요도 · 고객 시나리오별 만족도	· 고객 만족도 -라이프사이클 단계별 -업무별 -고객 접점별 -유통 협력사별 · 고객 중요도 -라이프사이클 단계별 -업무별 · 시나리오별 전 과정의 성능	· 고객 만족과 중요도 -고객 접점의 선택 -제품의 다양성 -이용 가능성 -정보 -재구성 -가격 -주문의 편리성 · 웹을 통한 조사 결과의 정확도 · 한 시간 내에 정확한 답장을 받은 이메일의 비율	· 상대적인 만족도 -경쟁사의 제시 조건에 비한 -경쟁사의 서비스에 비한
고객 지출	· 고객별 평균 수입 · 고객별 평균 수익 · 고객의 평생 가치	· 고객 집단별 수입 · 고객 집단별 수익 · 고객별 보유 제품과 서비스의 수	· 최근 구매일과 구매 빈도 · 고객 접점별 서비스 비용 · 고객 획득 비용 · 고객 유지 비용	· 상대적인 지출 점유율

무엇을 어떻게 측정할 것인가

HP의 사례 연구를 통해 고객 경험의 질을 측정하는 몇 가지 단계를 알아보았다. 이 중요한 영역에 더 많은 관심을 쏟기 시작한 경영자가 달리 명심할 것으로는 무엇이 있을까?

고객 경험의 질을 측정하라

고객들은 시간의 절약과 목표의 달성뿐 아니라 회사와 접촉하면서 얻게 되는 경험의 질에 많은 관심을 기울인다.

그렇다면 고객들과 접촉할 때마다 설문조사를 하는 방법 말고 그밖에 어떤 방법으로 고객 경험의 질을 측정할 수 있을까?

고객 경험의 질은 고객의 일을 편하게 해주도록 설계된 매끄러운 업무처리, 세심한 고객 정책, 훌륭한 고객 서비스, 잘 디자인된 웹사이트, 뛰어난 운영 능력 등에 의해 결정된다. 고객 경험이 브랜드에 대한 고객의 기대치에 미치지 못해서는 안 된다.

훌륭한 고객 경험을 제공하면 반복 구매와 수입 증가와 충성 고객이라는 결과가 돌아오게 마련이며 이 모든 것이 합쳐져 수익의 가파른 증가로 연결될 것이다. 그렇다면 구체적으로 무엇을 측정할 것인가?

- 고객 시나리오. 첫 단계에 이르기까지 걸리는 시간을 측정하라. 그리고 어렵거나 반응이 느리거나 원하는 시나리오에 접근할 수 없다는 이유로 중도에서 포기하는 고객들을 모니터하라.

- 고객 지원. 제공하고 있는 서비스의 수준이 고객의 요구를 충족시키고 있는가? 고객이 적절한 안내를 받고 있는가? 고객이 회사

에 대해서 만족하고 있는가? 고객 1인당/주문 1건당 몇 차례의 전화가 걸려오는가? 전화를 건 고객의 대기 시간은 어느 정도인가?

⚬⚬⚬ 웹사이트에서의 경험. 몇몇 주요 고객들에 대한 반응 시간만을 측정하는 것은 어렵지 않을 것이다. 그러나 그것보다는 대표적인 거래의 반응 시간을 측정하여 한 시간마다 보고하는 것이 더 효과적이다. 그리고 이러한 측정은 반드시 고객의 관점에서 이루어져야 한다. 자동화된 웹사이트 측정 서비스를 사용하면 웹사이트가 모든 페이지에 걸쳐서 하루 종일 일정한 반응 시간을 유지하고 있는지 알 수 있을 것이다. 시나리오별 모의 거래를 통해 이런 것들을 측정할 수 있다. 그리고 고객의 위치나 접속 속도를 확인하기 위해서는 전세계의 여러 지점에서 측정할 필요가 있다. 그리고 자동 측정 장치가 측정해야 하는 요소에는 시나리오별 평균 소요 시간과 평균 다운로드 시간이 포함되어야 한다.

⚬⚬⚬ 채널을 통한 경험. 오프라인 매장에서의 고객 경험을 평가하는 방법으로는 암행 감사 방법이 있다. 직영 매장이나 협력사의 매장에 가짜 고객을 파견하여 고객 경험의 질을 평가하게 하는 것이다.

13 장
과제 5: 운영 효율을 높여라

고객들은 일관성 있는 실행을 원한다. 고객 접점과 유통 채널을 뛰어넘는 일관된 브랜드 경험을 제공하는 문제에 관해서는 이미 여러 번 강조한 바 있다. 여기서는 제품과 서비스를 일관성 있게 제공하기 위하여 무엇이 필요한지에 관해 알아보기로 한다.

고객 대면 업무보다 백엔드 프로세스를 먼저 설계하라

지난 2년 간의 조사에 따르면 기업들이 새로운 사업을 시작할 때에는 백엔드 프로세스를 먼저 설계하는 것이 일반적이었다. 다시 말해서 웹페이지 디자인을 걱정하기 전에, 먼저 물류 전문가를 고용하여 출고, 선적, 수송과 관련된 모든 문제를 해결해 놓더라는 것이다. 그들은 서비스를 개시하기 여러 달 전부터 고객 서비스 요원을 모집하여 교육시켰다. 그들은 최저의 비용으로 최고의 서비스를 제공하기 위해 최첨단 기술을 사용했다. 그들은 많은 업무를 아웃소싱이나 타사와의 제휴로 해결하면서, 모든 업무 과정을 회사와 고객이 투명하게 들여다볼 수 있도록 했다.

앞서도 말했지만, 고객들에게 중요한 것들에 관하여 깊이 생각해 본 다음에 무엇보다도 먼저 운영 효율을 높일 수 있도록 설계 방향을 집중해야 한다. 예쁜 웹페이지는 그 다음의 문제다.

블랙홀이 있어서는 안 된다

고객에게 영향을 미칠 수 있는 업무 프로세스에 대해서는 회사와 고객이 언제든 내용을 알 수 있어야 하고 거기에 관여할 수 있어야 한다. 시스코 시스템즈의 예를 들어보자. 시스코는 복잡한 네트워크 시스템을 구매하려는 고객들이 시스코의 주문 관리 시스템을 사용하든 고객 회사 나름의 조달 관리 시스템을 사용하든 개의치 않는다. 시스코의 제품은 실제로 시스코에서 생산된 것이 아니고 유기적인 공급 사슬을 따라 여러 하청/재하청 기업에서 생산된 것이다. 이 시스템은 지금까지 잘 작동해 왔다. 그러나 시스코 고객들은 제조 과정의 정확성이나 효율성에 관해서 완전히 만족하지는 못했다. 그래서 시스코는 운영 효율을 높이고 제조 과정에 대한 고객들의 감시와 통제를 강화하기 위한 두 가지 조치를 취했다.

첫 번째 조치는 품질 검사 소프트웨어를 개발하여 재하청 업체들의 사이트에 설치한 것이다. 목적은 각 부품과 시스템이 시스코의 기존 설계 구조와 고객의 요구에 벗어나지 않는다는 것을 확인시키려는 것이었다. 그리하여 별도의 품질 관리나 검사를 위해 재하청 업체에서 생산된 시스템을 시스코로 옮길 필요가 없어져 직접 선적할 수 있게 되었다.

두 번째 조치는 1999년에 주문 변경의 90% 이상이 최초 주문 후 24

시간 이내에 이루어진다는 사실을 발견한 다음에 취해졌다. 주문을 하고서 바로 마음이 바뀌는 경우가 많았던 것이다. 그렇다면 주문 변경에 따르는 불편함과 비용을 해결하기 위해서 모든 주문의 처리를 24시간 연기했다는 얘기일까? 물론 시스코는 그런 바보 같은 길을 선택하지는 않았다. 시스코의 인터넷 상거래 책임자인 수 스테멀(Sue Stemel)과 그녀의 고객 대면 애플리케이션 팀은 주문한 부품이 제조되는 동안에 고객들이 주문서를 수정할 수 있는 모듈을 개발하여 주문 관리 시스템에 적재했다. 이 기능은 고객들에게 많은 인기를 끌었다. 그리고 대부분의 변경은 공급 사슬을 따라 부품이 생산되고 조립되는 동안인 최초의 24시간 안에 이루어졌다. 이러한 유연성의 확대는 운영 효율이란 측면에서 커다란 승리였다. 주문 변경에 따른 시간과 비용이 엄청나게 줄어들었던 것이다.

실행한 후에 모든 성능을 모니터하라

일관성 있게 그리고 효율적으로 실행하고 있는지 아닌지를 어떻게 알 수 있을까? 사후에 고객 만족도 조사를 통해 알 수 있기는 하지만, 그것은 너무 늦어서 도움이 되지 않는다. 거의 실시간으로 고객 만족도를 모니터할 수 있다면 조기 경보 시스템의 역할을 할 수 있을 것이다. 잘 실행하고 있는지를 확인하는 최선의 방법은 서비스 전체의(end-to-end) 성능을 고객들이 어떻게 받아들이고 있는지를 모니터하는 것이다. 핵심 고객 시나리오를 모니터하는 것이 중요하다는 이야기는 이미 앞에서 했다. 그러나 고객들에게 영향을 미칠 핵심 서비스들 역시 적극적으로 모니터할 필요가 있다. 예를 들면 테스코(Tesco) 슈퍼마켓 체인은 e비즈니스를 시작하기 전에도, 재고 보충이 매장 차원에서 항상 모니터해야 하는 핵심 성과 지표라는 것을 이미 알고 있었다. 선반에 물건을 채워두는 것

323
제13장

은 수많은 고객들에게 영향을 미치는 핵심 서비스이다. 테스코는 재고 보충의 모든 단계를 자세히 기록하고 있는데, 그것은 단지 재고 회전율을 높이기 위해서만이 아니고 동시에 운영 효율을 높이 유지하기 위한 것이기도 하다. 테스코에서 쇼핑하는 고객들이 항상 좋은 느낌을 받게 하려는 것이다. 테스코의 매장 벽면에는 모든 직원들이 볼 수 있도록 운전대 모양의 균형 성과표(balanced score card)가 붙어있다. 매장에서 모니터하는 핵심 지표 중의 하나는 품목별로 재고가 바닥나기 직전에 경고하는 것이다. 그런 경우에는 균형 성과표에 노란 불이 들어온다.

테스코는 인터넷 진입로(ISP)에서 그리고 고객들이 사용하는 브라우저를 통하여 전체 성능을 적극적으로 모니터하는 현대적 e비즈니스 기업이기도 하다. 새로운 소프트웨어가 준비될 때마다 그것이 표준에 부합하는지 확인하기 위하여 고객들이 현재 사용하고 있는 모든 접속 장치와 브라우저에서 테스트한다. 테스코는 다양한 시간대에 다양한 ISP를 통하여 접속하는 고객들의 서비스 품질을 모니터하기 위하여 영국 각지에서 온라인 쇼핑 스크립트를 매일 테스트한다. 이런 식으로 전체 성능을 모니터하는 기업의 예에는 웰즈 파고, 시스코 시스템즈, 내셔널 세미컨덕터, 아메리칸 항공 등이 포함된다.

end-to-end란 무슨 뜻인가?

여기서 중요한 것은 시스템의 응답 속도를 방화벽 안에서만 측정하는 우를 범해서는 안 된다는 것이다. 세계 여러 지역에서 고객들이 사용하고 있는 모든 장치(무선 단말기이든 웹브라우저이든)들을 통하여 성능을 모니터해야 한다는 이야기다. 인텔의 다음과 같은 사례가 참고가 될 것이다. 아시아태평양 지역의 고객들에게 전자상거래 기능을 제공하기 시작하면서, 인텔은 그 지역에서의 홈페이지 반응 속도가 매우 느리다는 것을 발견했다. 인텔은 성능 문제를 해결하기 위해서 6개월에 걸쳐서 내부 네트워크와 시스템을 열심히 손보았다. 그렇지만 대만의 인텔 기술자들은 인텔의 내부 시스템이나 방화벽이 문제가 아니라는 것을 발견했다. 더 큰 문제는, 높은 수준의 보안 애플리케이션을 사용하기에는 정부의 지원을 받아 운영되는 대만의 백본망이 너무 느렸던 것이다. 대만의 인터넷 인프라가 높은 수준의 암호화를 지원할 수 없었던 셈이다. 인텔 경영진은 대만 정부 당국자와 정부의 기술 자문위원들을 만나기 시작했다. 지역 ISP들과 협력하여 문제를 문서화하고 공식적으로 제기했다. 그리고 정부가 해결해 줄 것을 요청했다. 반도체 산업의 발전을 매우 중시하던 대만 정부는 이 제안을 받아들였다. 결과는? 대만의 인텔 고객들은 인텔과의 전자상거래에서 충분한 속도를 누리게 되었다.

테스코의 사례: 운영 효율이 경쟁력이다

시간에 쫓기는 고객들은 예전부터 식료품을 집으로 배달해주는 편리한 서비스를 기다려 왔다. 그러나 수많은 시도에도 불구하고 온라인 식품점은 실패를 거듭해 왔다. 어떻게 하면 고객의 마음을 얻을 수 있을까? 편리하면서 동시에 고객들의 일상 생활과 맞아떨어지는 사업 방식은 어떤 것이 있을까? 일주일에 한번씩 식료품을 구입하는 고객들은 동네 식품점에 대해 잘 알고 있다. 거기서 무엇을 파는지, 어떻게 진열되어 있는지 잘 알고 있다. 그러므로 집에서 쇼핑한다는 편리함만으로는 부족하고, 동네 식품점에서 살 수 있는 똑같은 제품과 가격을 제공해야만 고객들의 충성을 얻을 수 있을 것이다.

테스코는 연간 200억 파운드의 매출을 올리는 영국계 다국적 슈퍼마켓 체인이다. 오프라인 매장의 인프라도 엄청나지만, 테스코는 세계에서 가장 성공한 온라인 식품점이기도 하다.

다른 회사들이 실패한 일을 테스코가 성공한 데에는 세 가지 이유가 있다.

1. 다른 회사들은 식품 유통 인프라를 처음부터 개발해야 했지만, 테스코는 기존의 매장 인프라를 활용할 수 있었다.

2. 다른 회사들은 별도의 창고로부터 물건을 찾아 포장하고 배달하는 시스템을 개발하느라 별도의 비용이 들어갔지만, 테스코는 매장 내 출고 시스템을 사용함으로써 중복 투자를 피할 수 있었으며, 고객들에게 평소에 동네 매장에서 보던 바로 그 물건이 배달될 것이라는 믿음을 줄 수 있었다.

3. 다른 온라인 식품점들은 매장 쇼핑과 온라인 쇼핑을 매끄럽게 통합하지 못한데 비하여, 테스코는 가정별 구매 기록을 온라인과 오프라인을 통틀어서 하나로 관리하고 있다. 그리고 그 정보를 제조업체와 공유함으로써 고객들의 프라이버시를 침해하는 일이 없다.

시장 점유율을 놓고 싸우는 대부분의 대형 슈퍼마켓 체인들의 경쟁 무기는 가격이지만, 테스코는 고객 충성과 고객 경험을 무기로 삼고 있다. 그렇다고 가격이 경쟁사보다 높은 것은 아니므로 테스코 고객들은 항상 만족스러운 쇼핑을 할 수 있다. 더욱 중요한 사실은 테스코는 고객들을 알고 있으며 고객들과의 관계를 더욱 강화하고 있다는 것이다. 현재 테스코 고객카드를 사용하고 있는 고객만 1천4백만 명에 달한다.

테스코의 온라인 사업부에서도 매장에서 사용하는 것과 똑같은 모양의 균형 성과표를 사용한다. 테스코는 다음과 같은 지표들을 측정하고 모니터한다. 어떤 품목의 재고가 바닥나기 직전인가? 배달 차량이 얼마나 빨리 도착할 수 있는가? 지역에 따라서 고객들의 쇼핑 시나리오가 어떻게 다른가?

위장 점유율을 둘러싼 전쟁

대부분의 회사들은 시장 점유율뿐 아니라 고객의 지출액 중에서 얼마를 점유하는가(지출 점유율 혹은 지갑 점유율)에 관심이 많다. 식품 업계에서는 '위장 점유율'(share of stomach)이라는 재미있는 용어로 표현하고 있다. 다른 사람들에게는 우습게 들릴지도 모르겠지만 점점 글로벌화 되어가는 시장에서 힘겨운 경쟁을 벌이고 있는 식품 업계의 당사자들에게는 심각한 이야기다. 영국 시장에서 확고한 1위를 확립한 테스코는 2000년 1월 무렵 유럽 시장으로의 진출을 모색하고 있었다. 바로 뒤에서 테스코를 위협한 2위 업체는 ASDA 체인을 인수한 미국계 침입자 월마트(Wal-Mart)였다. 그리고 J. 세인즈베리(Sainsbury)가 3등을 달리고 있었다. 소매업 컨설턴트 업체인 버딕트 리서치(Verdict Research)의 연례 보고서에 따르면, 테스코는 "영국 식료품 업계에서 부동의 1위를 차지하고 있었다."

식료품 산업에서 고객 충성이 약화되다

버딕트에 따르면, 지난 1년 동안 업계 전체에 걸쳐서 고객 충성도가 약화되었다. 그것은 가격 전쟁이 고객들의 인식과 행동을 혼란스럽게 만들었기 때문이었다. 조사 결과에 따르면, 기회기 되면 다른 곳에서 사겠다

고 응답한 고객의 수를 기준으로 측정한 고객 충성도가 1998년에는 75%
였으나 1999년에는 70%로 줄어들었다. 그런 와중에도 테스코는 경쟁
사들보다 높은 고객 충성도를 유지하고 있었다.

1999년에 테스코는 25만 명의 고객과 12%의 판매마진과 1억 2500
만 파운드의 수입을 기록하며 세계 최대의 온라인 식품점이 되었다. 그
해 가을에 미국의 슈퍼마켓 체인 경영자들에게 웹밴 그룹(Webvan
Group), 피포드(Peapod), 마이웹그로서(MyWebGrocer.com) 중에
서 어느 회사가 온라인 쇼핑 사업을 가장 잘하고 있다고 생각하느냐고 물
었더니, 모두들 테스코가 가장 경탄스러운 비즈니스 모델이라고 대답했
다.

그렇다면 테스코는 어떻게 온라인 식품 판매 분야에서 최고의 고객 충
성과 수익과 위장 점유율을 올릴 수 있었는가?

다이렉트 판매를 시작하다

1994년, 당시 테스코의 마케팅 책임자였던 팀 메이슨(Tim Mason)이
이사회에서 다이렉트 판매 계획에 관한 보고서를 제출했다. 팀(Tim)의
계획은 점점 커지고 있던 테스코의 비식품 사업부문을 고려하여 전화와
우편과 온라인을 통한 통신판매를 해보자는 것이었다. 홍보 전단을 받은
고객들이 전화나 팩스나 이메일을 이용하여 주문하면 바로 다음날 배달
할 수 있다는 것이 계획의 요지였다. 이 전략대로라면 당시 테스코 매장
에서 판매하지 않고 있던 선물용품이나 장난감 등의 소비자용 제품도 판
매할 수 있게 될 것이었다. 이 보고서는 이사회의 지지를 받았다.

팀(Tim)은 소그룹을 조직하여 그들과 함께 던디(Dundee)에 테스코

최초의 콜센터/우편주문 센터/전자상거래 센터를 건립했다. 이후에 팀 (Tim)은 다른 일을 맡았고 소그룹이 센터를 맡아 운영하게 되었다.

그 때 다이렉트 판매 소그룹의 새로운 책임자가 된 사람은 매장 관리자 출신의 개리 사전트(Gary Sargeant)였다. 그는 먼저 콜센터 운영과 매장 내 출고를 결합하기로 했다. 고객이 가까운 매장에 있는 물건을 주문하면 그것을 그날 안에 배달하려는 생각이었다. 먼저 오스털리(Osterley)에 있는 매장에서 시험 운영을 시작했다. 그리고 전화와 팩스 외에 이메일 주문도 콜센터에서 받을 수 있게 하였다.

표적 고객 집단을 대상으로 한 시험 운영

계획을 완성하고 표적 고객 집단을 찾던 개리는 집안에서 지내는 나이 많은 연금생활자들을 발견했다.

그는 브림포드(Brimford) 근방의 연금생활자들을 책임지고 있는 지방정부를 찾아가 사업 계획을 설명하고 협조를 받았다. "우리에게는 쉬운 시장이었습니다. 연금생활자들은 대부분 직접 쇼핑을 하지 못하기 때문에 아르바이트생이나 이웃 사람이 동네 편의점에서 대신 쇼핑해 주는 형편이었거든요. 그런 상황에서 우리가 제공하는 서비스는 가격 면에서나 편의성 면에서나 비교가 안 될 정도였지요." 개리의 설명이다.

시험 운영의 확대

시스템이 제대로 작동하기 시작하자 다이렉트 팀은 홈쇼핑의 대상을 나이 많은 연금생활자로 국한하지 않고 차츰 확대해 나갔다. 매장도 하나 둘 늘어났다. 그에 따라 1주일간 홈쇼핑 고객이 3~400명에 달하게 되었다. 대부분은 전화와 팩스를 통한 주문이었고 인터넷을 통한 주문은 6%에 불과했다. 그러나 개리는 진정한 승부처는 온라인 쇼핑이라는 것을 확실히 알고 있었다. 1997년이 되자 인터넷을 사용하는 고객들이 기하급수적으로 늘어났다. 딕슨(Dixon)이 제공하는 무료 인터넷 서비스가 영국 사람들을 인터넷으로 끌어낸 덕분이었다.

개리는 소득은 많고 시간은 부족한 전문가 집단을 겨냥하기로 했다. 그들이야말로 홈쇼핑 서비스를 가장 좋아할 것이며 또 온라인을 이용하려는 취향도 가장 클 것이라고 생각했다. 그래서 이번에는 부유한 동네인 해머스미스(hammersmith)에 매장을 세웠다. "우리의 조사 결과에 따르면 이 사람들은 온라인으로 쇼핑할 가능성이 다른 사람들에 비하여 네 배나 많습니다." 개리의 설명이었다. 이 가정들의 평균 수입은 5만 5천 파운드였으며 자동차를 평균 두 대씩 소유하고 있었다. 그들은 맞벌이 가정이거나 재산이 아주 많은 가정이거나 또는 젊은 독신자들이었다. 개리의 팀이 이 지역에서 대대적인 홍보활동을 벌인 결과 9천 명의 주민이 온라인 쇼핑에 관심을 나타냈다. "그러나 운영 첫날 온라인으로 들어온 주문은 단 한 건이었습니다." 온라인 쇼핑이 무르익기에는 너무 일렀던 것일까.

개리와 그의 팀이 해머스미스에서 배운 것은, 온라인 식품 쇼핑을 제공하기만 하면 자동적으로 고객들이 그것을 이용하는 것은 아니라는 교훈이었다. 그리고 준비 자체가 부족했다는 사실을 깨달았다. "우리는 융단폭격 식으로 마케팅을 했습니다. 무차별적으로 전단을 살포한 거지요. 우리는 절실하게 우리를 필요로 하는 고객 집단이 있다는 것을 알아야 했습니다. 이미 다림질이나 청소 따위의 집안 일을 아웃소싱으로 해결하고 있는 직장 여성들이 대표적이지요." 이러한 시행착오를 거쳐서 테스코의 다이렉트 팀은 마케팅 전략을 다듬어 갔고 마침내 고객들을 온라인으로 끌어들이기 시작했다.

시험 운영에서 핵심 전략으로

이러한 시험 운영이 어떻게 테스코의 핵심 전략으로 발전할 수 있었을까? 테스코 다이렉트 팀은 전세계 슈퍼마켓 업체들이 부러워하고 있는 온라인 쇼핑 비즈니스 모델을 어떤 식으로 만들었을까?

1997년 후반까지도 테스코 다이렉트 팀의 활동은 여전히 콜센터 중심이었으며, 거기에 속한 몇 개의 매장이 자기 지역 안의 고객들에게 식품을 제공하는 수준이었다. 다른 사람들 같았으면 이 단계에서 포기했을지도 모르지만 개리는 달랐다. 그는 온라인 쇼핑이 곧 대박을 터뜨릴 것이라는 확신을 가지고 운영 방법과 비즈니스 모델을 발전시켜 나갔다. 그의 목표는 테스코의 모든 고객들에게 온라인 쇼핑을 제공하려는 것이었으며, 테스코의 최고 전략책임자인 존 브라우엣(John Browett)이 그를 지원했다.

많은 온라인 식품 서비스 업체들은 하나의 창고에서 재고와 출고를 관리하는 것이 비용에 대비하여 효과적이라고 생각했지만, 개리는 매장 내 출고 방식을 밀고 나갔다. 그가 원한 것은 고객들이 실제로 들어가 물건을 살 수 있는 바로 그 매장에 있는 물건을 온라인으로 구입할 수 있게 하려는 것이었다. 그렇게 되면 고객들은 집에서 가장 가까운 매장에서 사는 것과 똑같은 가격으로 똑같은 물건을 구입하게 되는 것이다. 그리하여 지역별로 차등 가격을 유지하여 종 마진을 높이는 일도 가능하게 될 것이다. (슈퍼마켓 업계에서는 지역별 가격차별이 가능하다.) 그리고 온라인 쇼핑 애플리케이션을 각 지역 매장의 재고 관리 시스템과 직접 연결함으로써, 회사와 고객 모두가 비용과 시간을 낭비하지 않도록 할 계획이었다. 마지막으로, 재고를 항상 유지하기 위하여 매장에 있는 서버에 고객마다의 제품 선호도를 모두 기록해야 했다.

개리는 물류 전문가들로 팀을 구성하여 매장 내 출고 시스템을 설계하는 일을 돕도록 했다. 새로 개선된 시스템은 다음과 같은 방식으로 작동했다. 출고 담당자는 여섯 개의 쟁반과 온라인 디스플레이를 갖춘 특수 쇼핑 카트를 밀고 다닌다. 그 디스플레이에는 매장의 모든 통로와 지금 지나고 있는 통로에서 뽑아야 할 물건들의 목록이 나타난다. 이동 동선은 매장의 교통량을 고려하여 설계되므로 충돌할 염려가 없다. 선택된 물건은 각 고객별 쟁반에 담기므로 섞일 염려도 없다. 그리고 고객이 주문한 물건의 재고가 갑자기 떨어진 경우에는, 컴퓨터 프로그램이 고객이 전에 구입했던 물건의 목록을 참고하여 대체 제품을 제안한다. 온라인 고객의 75%는 가끔씩 오프라인 쇼핑도 한다. 그리고 그들은 대부분 테스코의 고객 카드를 사용하고 있다. 그러므로 테스코는 고객이 온라인과 오프라인으로 주문했던 모든 내력을 알 수 있다.

쇼핑 카트가 가득 차면 쟁반들은 매장 뒤편에서 미리 기다리고 있는 배달 차량으로 옮겨진다. 이 때도 뽑아 온 물건들이 몇 시간씩 대기하지 않고 곧바로 배달되도록 동선이 최적화된다. 고객의 요청이 있는 경우에는 시간에 맞추어 배달 일정을 잡는다. (교통체증을 감안해도 두 시간이면 배달할 수 있다.) 대체 제품은 고객이 잘 보고 수용 여부를 결정할 수 있도록 항상 맨 위에 놓는다.

일관된 고객 경험을 제공하다

테스코의 매장 내 출고 시스템의 장점을 간단히 복습해 보자. 우선 회사는 온라인 고객들을 위하여 별도의 창고를 지을 필요가 없다. 별도의 창고를 만든 회사들은 특히 상하기 쉬운 식품들 때문에 골치가 아팠다. 많은 양의 식품을 신선하게 유지한다는 것은 쉬운 일이 아니기 때문이다.

테스코는 매장 내 출고 시스템 덕분에 기존 매장의 재고와 빠른 회전율을 제대로 활용하고 있다. 다이렉트 팀이 매장 내 동선을 워낙 합리적으로 잘 배치했으므로 매장을 찾은 고객들에게는 불편을 끼치지 않는다. 무엇보다도, 퇴근하는 길에 들러서 사건 온라인으로 사건 똑같은 물건을 똑같은 가격에 살 수 있다는 점이 중요하다.

온라인이든 오프라인이든 모든 고객의 구매 내역이 기록된다. 그 정보는 고객들의 편의를 도모하고 고객 경험을 향상시키는 데 사용된다.

수익성 있는 비즈니스 모델로 발전시키다

테스코는 건당 5파운드(약 7.5달러)의 배달비를 받고 있다. 이것으로 실제로 배달에 소요되는 비용의 60%를 충당한다. 나머지 40%는 온라인 고객들이 매장에서만 구입하는 고객들에 비하여 수익성이 높은 물건을 구입함으로써 상쇄된다.

식품점들은 수익성을 장바구니별로 측정한다. 개리의 보고에 따르면 테스코의 온라인 고객들의 장바구니는 매장 고객들의 장바구니에 비하여 2~3% 정도 높은 수익성을 보여준다고 한다. 그 이유는 무엇일까? 아마도 진열대에서 물건을 집어 장바구니에 넣는 것보다, 마우스로 찍는 일이 더 쉽기 때문이 아닐까 생각된다. 그리고 테스코의 온라인 쇼핑 사이트에서는 품목간 연결 구매가 쉽게 이루어진다. 예컨대 빵을 구입하고 나면, 잼이나 버터 같은 관련 상품들이 화면 위로 튀어나온다.

온라인 고객들로부터 발생하는 이윤 폭은 10~12%에 달하는데, 이것은 회사 전체의 이윤 폭과 비슷한 수준이다.

영국 전체로 확대하다

테스코 다이렉트 팀은 물류를 개선하여 수익성 있는 비즈니스 모델임을 확인한 후에 그것을 많은 매장으로 확대하기 시작했다. 1998년 중반에는 11개의 매장이 온라인 판매를 병행하고 있었다. 개리와 그의 팀을 더욱 흥분시킨 것은 모든 주문의 85%가 인터넷으로 들어왔다는 사실이었다. 인터넷에 익숙해진 고객들이 드디어 온라인 쇼핑의 편리함을 깨달은 것이다.

개리는 1998년 7월에 CEO인 테리 레이(Terry Leahy), 이사회 의장인 팀 메이슨, 최고 전략책임자 존 브라우엣과 회의를 했다. "전화나 팩스를 통한 주문을 홍보하는 일은 이제 중단해야 합니다." 개리는 "온라인 주문과 비교하면 비용이 너무 많이 들어갑니다. 이제는 온라인 주문을 더욱 잘 처리하는 데에 집중해야 합니다."라고 제안했다. 테스코 다이렉트 팀이 인터넷을 통한 판매만 담당해야 한다는 데 모든 참석자들이 동의했다. 그러나 콜센터를 아예 없애지는 않았다. 인터넷에 접속하지 못하는 기존 고객들을 위하여 전화 주문 방식을 남겨둔 것이다. 그러나 신규 고객들은 인터넷으로만 주문할 수 있게 되었다.

다이렉트 팀이 배운 하나의 교훈은 고객들의 기대 수준을 정확히 파악해야 한다는 것이다. "처음 온라인으로 구매하는 고객이 주문을 끝마치려면 40분은 족히 걸렸습니다. 고객들은 이런 상황에 익숙하지 않았지요. 대개 책 한 권이나 CD 한 장을 구입하는 정도였을 테니까요." 이와 함께 테스코 다이렉트 팀은 어렵게 첫 구매를 마친 고객이 두 번째, 세 번째 주문을 할 수 있도록 모든 노력을 기울여야 한다는 사실을 깨달았다. "세 번만 온라인으로 구입하면 그 고객은 단골이 됩니다." 거기까지 도달하는 것이 문제인 것이다.

초라하게 출발했던 테스코 다이렉트 팀은 테스코가 위장 점유율을 놓고 벌이는 전쟁의 전략 무기로 성장했다. 테스코닷컴은 2000년 봄에 존 브라우엣을 CEO로 하고 캐럴라인 브래들리(Carolyn Bradley)를 COO로 하는 별도의 자회사로 독립했다. 주식은 테스코가 100% 소유하고 있지만, 테스코닷컴은 닷컴 기업답게 빠른 속도로 발전하고 있다. "우리는 기업의 관료적 타성에 빠지기 시작했습니다. 더 빨리 발전하기 위해서는 독립할 필요가 있었던 것입니다." 개리의 설명이다. 이제 테스코닷컴은 독립적인 회사가 되었으며, 더욱 경쟁력 있는 성과급 제도도 만들 수 있게 되었다. "우리가 성공하면 모든 테스코 직원들에게 혜택이 돌아갈 것입니다. 그러나 팀원들의 스톡옵션과 성과급 제도만큼은 양보할 수 없습니다."

고객 경험을 모니터하다

테스코는 오래 전부터 균형 성과표(balanced score card) 기법을 사용해 왔다. 테스코에서는 그것을 균형 운전대(Balanced Steering Wheel)라고 부른다. 운전대 모양의 둥근 판이 고객, 직원, 운영, 재무를 나타내는 네 개의 사분면으로 나뉘어 있다. 각 사분면에는 여러 가지 관련 지표들이 들어 있다. 각 사분면에서 볼 수 있는 특별한 지표의 예를 들어보면 고객 충성, 직원 이직률, 품절 품목 비율, 수익 목표 등이 있다. 각 매장에는 모든 직원들이 볼 수 있는 벽면에 커다란 운전대가 붙어 있다. 지표들은 일주일마다 업데이트된다. 각 지표의 옆에는 색으로 상태를 표시하는 교통신호등 같은 것이 달려 있다. 녹색은 정상이라는 표시다. 빨강은 부족함을 나타낸다. 노랑은 위험을 표시한다. 그렇다면 테스코 다이렉트 팀은 어떤 종류의 운전대를 만들었는가? 그들은 매장에 있는 것과 지표들을 재활용하면서 거기에 몇 가지를 추가했다. 예를 들어 그들은 고객이 온라인으로 접속해 있던 전체 시간, 페이지 뷰, 주문량 등을 측정하고 그것들을 통합 분석하여 주문 업무를 부단히 개선하고 있다. 개리와 그의 팀은 고객들이 웹페이지에 놀러온 것이 아니라는 사실을 잘 알고 있다. 고객들은 효율적인 식품 쇼핑 경험을 원하는 것이다.

다이렉트 팀은 매우 신중하게 고객 경험을 처리한다. 그들은 정시 배달과, 주문의 정확도와 고객 만족도를 모니터한다. 그들은 또 전체적인 고객 경험의 상태를 미리 모니터하기 위하여 고객들의 온라인 쇼핑 경험을 시뮬레이션하기도 한다. 개리의 팀은 다양한 브라우저와 다양한 ISP와 다양한 전화번호를 이용하여 쇼핑 시나리오 로봇을 돌린다. 문제가 발생하더라도 바로바로 잘 대처할 수 있는 것은 이렇게 고객들이 당면하고 있는 상황을 끊임없이 모니터하기 때문에 가능한 일이다. 예를 들어, 개리의 보고에 따르면, 어떤 ISP는 고객들에게 빠른 접속을 제공한다는 선의의 목적으로 테스코 사이트에 대한 캐시(cache) 서비스를 제공하고 있다. 그런데 캐시서버가 200여 매장 가운데 한 곳의 가격과 재고 상황만을 캐시하여 보여준 것이 문제였다. 그것은 고객 경험을 향상시키려는 노력이 고객들을 화나게 하는 일이 되어 버린 것이다.

그 외에 개리의 팀은 간단한 '건강진단'을 하고 있다. 시행착오 끝에 개리는 어떤 매장의 주문이 전날의 같은 시간대에 비하여 15% 이상 줄어들면 기술적인 문제가 있는 것임을 알게 되었다. 그런 일이 발생하면 간단한 경고 장치가 작동하도록 만들었다.

테스코의 고객 경험을 유지하다

친절과 봉사는 테스코 브랜드 이미지의 큰 부분을 차지하고 있다. 테스코닷컴의 배달 요원들이 고객들에게서 무언가 도와달라는 요청을 받는다는 것은 놀랄 일이 아니다. 다음은 작년 한해 동안 배달 요원들이 가장 많이 받았던 고객들의 도움 요청 목록이다.

· 이삿짐을 나르게 밴을 빌려 달라.

· 밴에 태워 달라.

· 타이어 교환을 도와 달라.

· 사다리를 붙잡고 있어라.

· 찬장에 넣어 달라.(비교적 나이 많은 고객들)

· 비디오의 시간을 고쳐달라, 혹은 비디오로 녹화를 해달라.

· 벽지 색을 골라 달라.

· 옷차림을 봐 달라.("이걸 입으면 엉덩이가 커 보이지요?")

· 편지를 부쳐 달라.

· 전구를 갈아끼워 달라.

· 전화를 대신 받아 달라.

· 하수구를 뚫어 달라.

· 빌린 비디오나 책을 반납해 달라.

다음은 가장 특이한 요청들의 목록이다.

· 휴가 동안 애완 동물을 맡아 달라.

· 만찬에 같이 참석해 달라.

· 결혼 문제에 관해 조언해 달라.

· 가족 사진을 찍어 달라.

· 임신한 고객을 병원으로 데려다 달라.

· 애를 봐 달라.

- 유언장에 증인이 되어 달라.

- 결혼식장까지 태워 달라.

- 고객의 직장으로 전화를 걸어 아프다고 말해 달라.

- 아이를 학교까지 태워 달라.

이에 관하여 테스코닷컴의 COO인 캐럴라인 브래들리는 다음과 같이 말한다. "우리 테스코 사람들은 고객들에게 봉사한다는 자부심을 가지고 일합니다. 그러나 한계는 있지요. 배달 요원들에게 최대한 친절하게 도우라고 말하고는 있습니다만, 너무 친절하게 돕다가 다른 고객들에게 불편을 끼치면 안 되기에 적당한 균형을 유지해야만 합니다."

식품점에서 원스톱 쇼핑몰로

매장과 온라인에서 고객 충성을 성공적으로 확보하고 유지하게 된 회사라면 대개 취급하는 상품의 종류를 확대하게 마련이다. 테스코도 예외가 아니었다. 온라인 식품 쇼핑의 시대가 오기 전에도 테스코는 테스코 카드라는 이름의 고객 카드를 발급하고 있었다. 그 후에는 신용카드도 발급했다. 이어서 개인 금융 서비스가 뒤따랐다. 요즘에는 온라인 뱅킹을 통해서 예금을 할 수 있고 당좌 거래도 할 수 있다. 그리고 퇴직 연금과 담보 대출과 여러 가지 보험 업무도 취급하고 있다.

테스코 다이렉트 팀은 식품 외에도 선물용품과 가정용품, 의류 등을 온라인 상품 목록과 카탈로그에 추가해 나갔다. 다음에는 바쁜 엄마들이 필요로 할 온갖 아기용품(기저귀, 분유, 아기 옷, 유모차 등)을 판매하기 시작했다. 이어서 온라인 서점이 추가되었고 거의 동시에 온라인 음반 판매점과 가전제품 매장이 생겼다.

커머스에서 커뮤니티로

테스코가 영국 최대의 온라인 쇼핑 사이트로 자리를 잡고 나자, 주로 여성으로 이루어진 온라인 고객들은 테스코의 온라인 경험에 누락되어 있는 것, 즉 커뮤니티를 찾기 시작했다. 이에 대한 응답으로 테스코는 미국의 유명한 여성 포털인 아이빌리지(iVillage)와 제휴하여 iVillage.co.uk를 만들고 Tesco.com에 링크하기로 했다. 영국 아이빌리지는 미국 사이트와는 별도로 영국과 아일랜드의 여성들에게 쌍방향 커뮤니티를 제공하는 것을 목표로 하여 세워졌다. 테스코와 아이빌리지는 마케팅과 브랜딩 비용, 현금, 지적재산권, 기타 온라인과 오프라인 활동에 필요한 자원들을 합하여 총 7천만 달러를 투자할 계획이다. 향후 3년간 테스코는 1800만 달러의 현금과 온라인/오프라인 홍보 가치와 영국 최고의 고객관계를, 아이빌리지는 온라인 브랜드와 지적재산권, 콘텐츠, 온라인 커뮤니티 관련 노하우, 여성 웹 사용자들에 대한 경험 등을 제공하기로 했다. iVillage.co.uk은 테스코닷컴을 홍보하는 역할을 할 것이며 수익은 대부분 광고료와 후원금으로 충당할 예정이다.

결과

테스코닷컴은 2000년 9월에 75만 명의 등록 고객을 확보하고 있었으며, 영국 전체의 90%에 걸쳐서 영업을 하고 있었다. 다시 말해서 영국 식품 구매 고객의 90%가 테스코닷컴을 이용할 수 있는 상황이 되었다. 일주일에 6만 건 이상의 주문이 들어왔고 그로부터 5백만 파운드 이상의 수입이 발생했다. 2000년 8월에는 백만 번째 주문을 받았다. 테스코의 회원카드를 가진 사람들 중에서 활동적인 사람만 1400만 명에 달했다. 2000년에는 매출과 수익 양쪽에서 최고 기록을 올렸는데, 영국 전체를 기준으로 7.5%의 매출 증가를 기록했다. 테스코의 개인 금융 사업은 2000년 8월 기준으로 170만 명의 고객을 확보하고 있었다(에그의 고객보다 더 많다).

교훈

테스코를 돋보이게 한 것은 세부적인 실행에 주의를 기울였다는 점이다. 테스코 다이렉트 팀은 매장 내 출고 시스템의 세심한 설계에서부터 고객들의 온라인 경험에 대한 세세한 모니터링에 이르기까지 조금도 방심하지 않았다.

그리고 e비즈니스 그룹이 추진력을 얻기 시작하자 별도의 사업 단위로 독립시킨 점도 눈여겨볼 필요가 있다. 그러나 상대적 독립성에도 불구하고 테스코닷컴은 매장 운영과 철저하게 통합된 상태를 유지하고 있다.

테스코의 사례에서 또 하나 중요한 점은 온라인과 오프라인을 망라하여 고객들의 모든 주문 기록이 통합 관리되었다는 것이다. 이 통합 주문 기록이 고객들의 쇼핑 경험을 훨씬 향상시킨다. 어떤 품목이 품절된 경우에는 고객의 구매 기록에 근거하여 대체 품목을 결정할 수 있다.

패티의 제안

테스코닷컴이 영국을 벗어나 일본, 타이, 서유럽, 동유럽 등지로 진출하기 시작함에 따라 물류팀은 작업 방식을 수정해야 할 것이다. 영국 내 매장을 위해 설계한 출고와 배달 시스템이 다른 나라의 매장에서도 잘 작동할 것인가? 분명 시스템은 수정되어야 할 것이며 각국의 환경과 문화에 따른 맞춤화가 필요할 것이다. 그리고 다른 나라에서도 미국이나 영국에서처럼 온라인 식품 구매가 인기를 끌 수 있을지도 분명하지 않다.

영국에서 했던 것처럼 다른 나라에서도 소수의 매장에서 표적 고객 집단을 대상으로 시험 운영을 해보는 것이 좋을 것이다. 매장 내 시스템을 설계하는 일에는 매장 관리자가 참여해야 할 것이다. 온라인으로 제공되는 재고와 가격 정보는 각 지역의 매장과 직접 연동시켜야 한다. 그리고 무엇보다 중요한 것은 온라인과 오프라인 쇼핑 경험을 통합해야 한다는 것이다.

그렇다 하더라도 고객들에게 편리하고 이익이 되는 서비스를 제공하면서 회사가 수익을 올린다는 것이 간단한 일은 아니다. 원래 식품 소매업이란 것이 마진이 박한 사업이며, 이런 환경에서 돈을 버는 방법은 박리다매 외에는 없는 것으로 생각되어 왔다. 온라인 고객들에게 높은 마진을 붙일 수 있었다는 점에서 테스코는 이러한 통념을 약간은 깨고 있는지도 모른다. 그러나 여전히 원가를 낮추라는 압력은 상존하고 있으며 따라서 운영의 효율이 중요하다. 매장 내 출고 시스템은 다른 온라인 식품점들을 괴롭히고 있는 창고 모델에 비하여 분명한 개선이다. 그리고 출고가 빠르면 빠를수록 고객과 회사 모두에게 이익이 된다. 그러나 전체 순환 시간은 도로 상황에도 영향을 받는다. 대부분의 테스코 고객들에게는 교통체증으로 인한 배달 지연이 문제가 되지 않는다. 피자나 중국음식처럼 주문해 놓고 앉아서 기다리는 것이 아니기 때문이다. 그러나 테스코로서는 매우 중요한 문제다. 운전사가 도로에 묶이면 묶일수록 다른 일을 할 시간이 줄어들기 때문이다. 결과적으로 배달 시간과 서비스에 소요되는 시간과 함께 도로 상황도 테스코에게는 중요한 지표가 되는 것이다.

매장 내 출고 시스템은 또한 재고의 영향을 받는다. 프로그램이 언제 어떻게 품절된 제품을 대체할 수 있는지 아는 것은 사실이다. 그러나 대체 제품은 고객이 선택한 물건과 똑같지 않다는 것 또한 사실이다. 그러므로 테스코는 재고가 바닥나지 않도록 제조업체와 도매상들과 긴밀히 협력해야 한다.

마지막으로 테스코는 고객들이 온라인으로 주문하는 것은 편리함 때문이라는 것을 잊어서는 안 된다. 온라인 주문 방식이 어려워지거나 시간이 많이 걸리게 되면 그 편리함은 사라져 버린다. 그러므로 네트워크의 트래픽에 영향을 받는 서버의 성능이 중요한 지표가 된다. 테스코의 고객조종실은 이 모든 요인을 포함한 것이 되어야 한다.

	항해	성능	운영	환경
고객 수	· 활동적인 테스코 카드 소유자의 수 · 활동적인 온라인 쇼핑객의 수 · 각 가정의 실명 고객의 수	· 온라인으로 주문하는 고객 수의 변화 · 활동적인 테스코 카드 소유자 수의 변화 · 주간 쇼핑객 수의 변화 　-온라인 　-오프라인 　-온라인과 오프라인	· 웹사이트의 순수 방문자 수 · 웹 방문자의 구매 비율 　-1회 　-2회 　-3회 이상 · 테스코 카드 소유자의 온라인 구매 비율	· 매장이 있는 지역의 가구 수 · 온라인 쇼핑을 이용하는 가구 수
고객 유지	· 고객 유지 비율 · 가구별 유지 비율 · 거래처 확보 비율	· 고객 집단별 유지 비율 · 고객 충성도	· 활동적인 온라인 고객의 비율 · 온라인 및 매장 내 고객 활동의 감소	· 경쟁사의 제시 조건 · 상대적인 고객 유지 비율 · 위장 점유율
고객 경험	· 고객 집단별 만족도 · 균형 운전대 지표들	· 온라인 주문에 대한 만족도 · 대체 제품이 포함되는 비율 · 정시 배달 비율	· 온라인 쇼핑 시나리오 전반의 성능 · 재고 보충 비율 · 도로 상황 · 배달 소요 시간 · 매장 내 소요 시간	· 매장 고객과 온라인 고객의 만족도 · 경쟁사의 배달 서비스에 대한 상대적 만족도
고객 지출	· 고객별 평균 수입 · 고객별 평균 수익 · 고객의 평생 가치	· 평균 주문량 · 주문 1건당 수익	· 최근 구매일과 구매 빈도 · 고객 접점별 서비스 비용 · 고객 획득 비용 · 고객 유지 비용	· 경쟁사의 위장 점유율

테스코를 위한 고객조종실 초안

팀북2 디자인즈의 사례: 인터넷으로 대량 맞춤화를

오늘날의 고객들은 자기만의 독특한 것을 선호한다. 그들은 자신이 구입한 제품과 서비스에 개인적인 도장을 찍고 싶어한다. 그들은 자신의 독특한 취향과 필요에 맞출 수 있는 맞춤형 제품을 갖고 싶어한다. 그에 대한 응답이 고객별로 독특한 제품을 생산한다는 의미의 대량 맞춤화(mass-customization)이다.

팀북2 디자인즈(Timbuk2 Designs)는 처음부터 대량 맞춤화를 제공하기 위해 설립된 회사다. 팀북2는 지난 10년 동안 미국 봉제 시장에서 유일하게 대량 맞춤 생산 시스템을 개발하고 발전시켜 온 회사다. 이 회사는 무려 7백억 가지의 조합이 가능한 맞춤형 배낭 생산 기술을 갖고 있다.

팀북2의 고객들은 회사에 대한 충성도가 매우 높다. 자전거 배달원들과 도회지의 멋쟁이 십대들과 전세계의 젊은이들이 이 회사의 배달 가방과 배낭을 사용하는 주요 고객들이다. 그들은 자기 가방을 독특하게 디자인할 수 있다는 점에서 팀북2를 좋아한다. 그러나 처음 9년 동안 팀북2는 소매상들에게 맞춤 옵션을 제공하지 못했었다.

최고의 자전거 배달 가방을 설계하다

1980년대에 로브 허니커트(Rob Honeycutt)는 자전거를 사랑하는 젊은이였다. 그는 자전거 배달원으로 일하다가 돈이 모이면 전국 일주 자전거 여행을 떠나려고 했다. 자전거로 운반하는 짐에 특별한 관심을 갖게 된 로브는 어깨에 매는 가방을 실험하기 시작했다. 그리하여 1989년에 정말 멋진 배달용 가방을 만들어냈다. 그리고 그것들을 친구와 동료에게 팔기 시작했다. 이어 자전거 가게를 통해서도 가방을 팔았다. 이렇게 하여 팀북2 디자인즈가 탄생하였다.

1992년에 로브의 작은 사업은 점점 커지고 있었다. 가방을 디자인하고 봉제해서 1년에 올린 수입이 5만 달러였다. 가방 수요가 점점 늘어났다. 다른 사람의 도움이 필요하게 되었다. 로브는 자기가 살고 있던 캘리포니아주 버클리의 지역 신문에 소규모 생산공장을 건설하고 운영할 수 있는 사람을 구한다는 광고를 냈다. 브레넌 멀리건(Brennan Mulligan)이 광고를 보고 찾아왔다.

대량 맞춤 생산에 대한 열정

당시 브레넌은 캘리포니아 대학 버클리 분교를 막 졸업한 젊은이였는데, 그는 유연 생산(lean manufacturing) 방식에 깊은 관심을 갖고 있었다. 1970년대의 석유 파동과 경기침체로 인하여 대량 생산이 타격을 받은 이래, 생산 방식의 변화가 이루어지던 시대였다. 그리고 기술이 수요와 상품 생산 방식에 많은 영향을 미쳤다. 브레넌은 적은 비용을 들여서 고품질의 소량 제품을 생산하는 일본식 유연 생산 방식에 매력을 느꼈다. 대량 맞춤 생산 개념은 『Mass Customization』의 저자인 조셉 파인(Joseph Pine)이 처음 제시하였다. 그것은 짧은 작업 시간에 설비를 자주 바꾸지 않으면서 저비용으로 서로 다른 많은 제품을 생산하는 시스템을 말한다. 브레넌이 팀북2에서 시도한 것이 바로 그것이었다.

브레넌은 배달용 가방을 만드는 법을 배운 다음에, 설계와 생산 방식에 관해 연구했다. "대량 맞춤 생산 방식을 설계하는 데 있어서 결정적인 성공 요인은 부속을 한 개씩 만드는 것이었습니다." 브레넌이 설명했다. 예전부터 봉제 업계의 대량 생산 시스템에서는 번들 시스템이 사용되고 있었다. 예컨대 각 재봉사가 100개의 조각에 똑같은 처리를 한 다음에 다음 재봉사에게 넘기는 방식이었다. 그런데 브레넌의 방식은 한 팀이 한 개의 제품을 만들고 나서, 다시 한 개를 만들어 나가는 방식이었다. 1994년 로브 허니커트는 가방 디자인을 변경하여 맞춤화가 가능하도록 했다. 새로 디자인된 가방은 색상의 조합이 가능한 세 개의 부분으로 구성되었고, 내부 칸막이나 끈 등 네 개의 부속을 옵션으로 추가할 수 있으며, 12가지 액세서리를 붙일 수 있게 되었다.

"로브와 최초의 직원인 조아니(Joanie)와 나 이렇게 세 사람은 세 개의 재봉틀을 가운데 놓고 마주 앉았습니다. 주문 전화가 걸려오면 다같이 디자인을 확인한 다음에 각자 부속 몇 개씩을 만들어 옆 사람에게 넘겼습니다. 우리는 한 번에 만드는 동일 부속의 개수를 점점 줄였습니다. 처음에는 가방 12개 분량을 만들다가 6개 분량으로 줄였고, 결국은 한번에 가방 1개 분량을 만들면서 12개씩 만들 때와 같은 속도를 유지할 수 있게 되었습니다. 1996년 말에 이르러 우리는 주어진 색상 조합에 따라 가방을 하나씩 만들어내는 공정을 완성했습니다. 비교적 복잡한 가방을 기준으로 했을 때, 처음에는 144분이 걸렸던 것을 지금은 15분이면 만들 수 있게 되었습니다."

"소매상들은 맞춤형 색상 조합을 환영했습니다." 브레넌이 설명을 계속했다. "대부분의 배낭은 검정색이나 감색 혹은 암록색입니다. 그러나 우리의 핵심 고객 집단인 자전거 배달원들은 자기만의 개성을 원합니다. 그래서 우리는 다양한 색상 조합을 추가하여 가방을 더 아름답게 만들었습니다. 그리고 가방마다 최소한 네 가지 모양과 네 가지 액세서리 중에서 선택할 수 있게 만들었습니다."

대량 맞춤 생산의 최적화

1996년에 가방의 디자인을 완성한 브레넌과 로브는 맞춤 생산 방식을 발전시켜 갔다. 1999년에는 샌프란시스코의 미션(Mission) 지구에 500평 규모의 창고를 얻어 공장을 차렸다. 공장은 두 개의 생산실(방마다 재봉사 4명씩 교대 근무)과 하나의 조립실(4명의 재봉사가 근무)과 하나의 재단실(1명의 재단사가 근무)로 나누어졌다.

브레넌은 '연쇄 이동식' 작업 흐름을 채택했다. 가방 하나를 완성한 재봉사가 앞자리의 재봉틀로 옮겨가고 그 자리에 있던 사람은 그 앞자리로 옮겨가는 방식을 말한다. 한 팀 안에서 가방 완제품이 생산되며, 하루 종일 일하다 보면 모든 재봉사가 모든 공정을 거치게 된다. 이렇게 하면 지루함은 없어지고 움직임이 많아진다. 이런 방식으로 하루 500개의 맞춤 가방을 만들 수 있었다. 그리고 이런 생산 방식은 확장과 이식이 용이했다. 팀북2는 값비싼 미국 도시에서 미국 노동자들을 고용하고 있었다. 경쟁사들은 외국에 있는 공장에서 대량 생산 기법을 사용하고 있었다. (배달용 가방 시장에서 팀북2의 경쟁자는 규모가 비슷한 세 회사였다. 미국의 맨해튼 포티지(Manhattan Portage)와 약팩(Yak Pak), 유럽의 오트라이브(Ortleib). 그리고 잰스포트(Jansport)나 이스트팩(Eastpak)과 같은 전통적인 소형 배낭 업체들과도 경쟁 관계에 있었다.) 그러나 부동산 가격이나 인건비에서 불리함에도 불구하고 팀북2는 수익을 내고 있었다. 재고 관리 비용이 필요 없다는 점에서 경쟁사들보다 많이 유리했던 것이다.

대량 맞춤 생산 제품을 소매 채널로 판매하다

팀북2는 회사의 표적 고객 집단을 상대하는 소매상들(자전거, 여행, 야외 스포츠 관련)에게 가방을 팔았다. 이 시장은 전국적인 규모의 체인점들과 함께 수천 개의 소규모 전문 매장들이 분점하고 있다. 그리고 전체 수입의 20%를 차지하고 있는 해외 사업을 위해서는 외국의 배달 회사나 자전거/오토바이/액세서리 판매점들을 통로로 하고 있다. 팀북2는 주문자 상표 부착 방식으로도 가방을 만들어 파는데, 거기에는 예컨대 배달회사인 코즈모(Kozmo)의 직원용 가방과, 파워바(Powerbar), 모토로라(Motorola), 버켄스톡(Birkenstock) 등의 회사에서 직원 상품이나 고객 사은품으로 사용되는 가방 등이 포함되어 있다.

1996년부터 1999년까지 팀북2의 매출은 매년 55% 꼴로 증가했다.

맞춤 디자인 제품을 소매 채널로 팔려고 시도하다

1999년에 배달용 가방 시장의 1위 업체가 된 팀북2는 소형 배낭과 노트북 가방, 여행 가방 등을 위한 새로운 생산라인을 구상하고 있었다. 그러나 브레넌과 로브에게는 하나의 숙제가 있었으니, 세상에 단 하나밖에 없는 맞춤 디자인(custom-designed) 가방을 만들 줄은 알았지만 파는 방법을 알 수 없었던 것이다. "우리는 소매상들이 맞춤 디자인 가방을 주문 받을 수 있게 하려고 많은 노력을 했습니다." 브레넌이 설명했다. "우리는 그들에게 주문 양식과 인센티브를 제공했고 직원들도 교육시켰습니다. 그러나 소매업계에서는 직원들의 이동이 심하기 때문에 그것은 승산이 없는 전쟁이었습니다."

1996년에서 1999년 사이에 팀북2는 우연히 맞춤 생산 능력을 홍보할 수 있는 기회를 맞이했다. 브레넌의 설명을 들어보자. "우리는 박람회에 참가하여 생산 과정 전체를 보여주었습니다. 행사장에서 주문을 받아 즉석에서 만들어 팔았던 것입니다. 우리의 역량을 소매 고객들에게 과시할 수 있는 좋은 기회였습니다. 역시 사람들이 좋아하더군요. 부스 주변에 모여든 사람들은 가방이 만들어지는 과정을 지켜보았습니다. 다들 놀라는 표정이었습니다. 비명을 지르는 사람도 있을 정도였습니다. 사람들이 자기를 위해서 시간과 에너지와 창의력을 쏟아 붓고 있으며, 즉석에서 완성된 가방을 사용할 수 있다는 점이 그들의 마음을 흔들었던 것입니다." 처음에는 이 박람회 전략이 성공적인 것 같았다. 팀북2는 업계에서 많은 주목을 받았으며 더욱 강력한 브랜드로 인정받았다. "우리 영업팀은 발바닥에 불이 났습니다. 박람회가 끝난 후 소매상들의 화제가 단연 우리 회사였으니까요." 그러나 맞춤 디자인 가방의 주문은 별로 늘어나지 않았다. "박람회에 5만 달러를 투자했는데, 돌아온 것은 현장 판매 수입 4만 5천 달러와 업계의 주목뿐이었습니다. 그리고 그 주목은 지속적인 매출 증가로 연결되지 않았습니다." 그 전략은 실패한 것이다.

인터넷이 해결의 열쇠가 되다

1998년 브레넌은 옥외 소매 박람회에 참가하기 위하여 솔트레이크시티로 가고 있었다. 브레넌은 샌프란시스코에서 솔트레이크시티까지 오랜 시간 운전을 하면서 자신의 딜레마에 관하여 많은 생각을 했다. 5년을 투자하여 유연 생산 방식을 완성하였고, 덕분에 저렴한 비용으로 맞춤 디자인 배낭을 15분에 한 개씩 만들 수 있게 되었다. 경쟁사들은 비용을 줄이기 위하여 모두 해외 공장으로 옮겨갔다. 다시 말해서 경쟁사들은 여전히 6개월의 생산 사이클을 가진 대량 생산 방식을 유지하고 있었다. 그는 생산 원가에서 경쟁사를 앞서고 있었으며 최신형 가방을 몇 분만에 만들어 배달할 수도 있었다. 그러나 소매상들은 맞춤 디자인 제품을 판매하도록 직원들을 교육하지 못했다. 표준 모델 가방만 주문해서 팔고 있었다. 그러니 팀북2가 시장에서 스스로를 차별화하여 더 높은 이윤을 얻거나 최종 고객들과 긴밀한 관계를 맺을 방법이 없었다. 이렇게 해결책이 없어 보이는 사업상의 문제로 속을 끓이던 브레넌에게 문득 인터넷이 생각났다. 그는 즉시 익사이트(Excite)에서 일하는 친구 데이브(Dave)에게 전화를 걸었다. 데이브의 얘기를 들어보니 이미 수십 개의 회사가 웹을 통해서 맞춤 제품을 판매하고 있었다. 데이브의 이야기를 들을수록 브레넌은 점점 흥분되었다(excited). 솔트레이크시티에 도착할 무렵에는 이 새로운 사업 방향에 완전히 취해 있었다. "우리는 사업 방식을 바꿔야 한다. 인터넷을 통하여 고객들과 직접 만나야 한다."

"아침 8시에 도착했습니다." 브레넌의 회상이다. "로브와는 거기서 만났지요. 우리는 부스를 설치하고 그 안에 생산 공장을 차렸습니다. 그리고는 점심을 먹으러 밖으로 나왔습니다. 식사를 마치고 트럭이 있는 곳으로 되돌아왔을 때 미친 듯이 우박이 쏟아지기 시작했습니다. 그 순간 우리 정면으로 거대한 토네이도가 몰려오고 있는 것이 보였습니다. 트럭 밑으로 뛰어들어 바퀴를 붙잡고 매달렸지요."

브레넌은 두 팔로 트럭 바퀴를 끌어안고 바람에 날려가지 않으려 안간힘을 쓰던 그 때의 모습을 생생히 기억하고 있다. 그는 토네이도가 텐트를 찢어버리고 공업용 재봉틀을 하늘로 날리는 광경을 지켜보면서 "트럭이 하늘로 날아올랐다가 다시 떨어지면 어쩌나." 하는 섬뜩한 생각을 했다. 그 때 갑자기 폭풍이 몰아쳤다. 트럭이 심하게 흔들리더니 한 뼘 정도 떴다가 가라앉았다.

토네이도가 지나가자 브레넌과 로브는 트럭 아래서 기어 나와 안도의 포옹을 나누었다. 그리고는 다른 사람들은 어떻게 되었는지 보기 위해 뛰어다녔다. 텐트는 날아가 버렸고 부스도 사라졌다. 브레넌은 재봉틀 조각들과 팀북2 로고가 박힌 부스 조각이 들판에 흩어져 있는 것을 바라보았다. "그 토네이도는 내게 모닝콜과 같은 역할을 했습니다." 브레넌의 말이다. 당시에 그는 이런 생각을 했다고 한다. "이젠 끝이다. 소매 박람회는 절대 참가하지 않는다. 소매상들은 우리의 맞춤 배낭을 팔지 못할 것이 확실하다. 그들은 하나 짜리 상품은 취급하지 못한다. 고객과 직접 만나자. 인터넷으로 가면 된다. 고객들이 자기만의 가방을 디자인하면 우리가 만들어 다음날 보내줄 수 있다. 참여를 원하는 소매상에게는 웹사이트를 만들어 주면 될 것이다." 토네이도는 브레넌이 올바른 방향으로 가고 있음을 확신시킨 결정적 사건이었다.

15만 달러에 어치의 장비를 잃은 로브와 브레넌은 공항에서 재봉사들을 만나 회사로 데리고 돌아갔다. 이것이 팀북2의 전자상거래 전략 '당신만의 가방을 만드세요'(Build Your Own Bag, BYOB)의 시작이었다.

고객이 가방을 디자인하도록

팀북2는 1997년부터 홍보용 웹사이트를 운영하고 있었지만, 그때까지 겨우 5천 달러를 투자하고 있었다. 솔트레이크시티에서 돌아온 브레넌과 로브는 웹디자인 팀을 고용하여 고객들이 자기만의 가방을 디자인하도록 해주는 애플리케이션을 설계하도록 했다. 최초의 테스트 버전은 다양한 색상 조합에 따라서 가방이 어떻게 보일지를 알아보기 위해 여러 색상의 가방 사진을 제시한 것이었다. 아직 온라인 주문 기능은 구현되지 않았다. 그리고 아무런 광고나 홍보를 하지 않았다. 그냥 앉아서 무슨 일이 일어나는지 구경하기로 했다. 1999년 4월에서 10월 사이에 팀북2 사이트를 스스로 찾아온 방문자 수가 월 3500명에서 5000명 수준으로 늘어났다. 그중 절반 정도가 색상 테스트를 했다. 테스트를 해본 사람의 3분의 2 이상이 주문 버튼을 눌렀다. 물론 주문은 되지 않고 소비자에게 직접 판매하지 않는다는 안내문만 나왔다. 많은 사람들이 이메일이나 전화를 통하여 온라인 주문이 안 된다는 데 대한 불만을 터뜨렸다. 팀북2의 부회장인 조던 리스(Jordan Riess)가 주문 기능을 구현하는 일에 주저한 데에는 두 가지 이유가 있었다. 첫째, 완벽한 전자상거래 환경을 구축하기 전에 비용이 얼마나 들어갈지를 알아야 했다. 둘째, 팀북2의 소매상들을 소외시키고 싶지 않았다.

주문 기능이 추가된 두 번째 테스트는 기존의 유통 협력사들과 부딪치지 않도록 별도의 사이트에서 시행하기로 했다. 그래서 소규모 온라인 소매상과 제휴하여 1999년 1월에 맞춤 디자인과 온라인 주문이 가능한 서비스를 개시했다. 아직은 모든 것이 자동화되지 못했다. 주문한 내용이 이메일로 통보되면 그에 따라 생산하여 출고하는 방식이었다. 그러나 반응을 살피는 목적으로는 훌륭했다. 아직 매우 기본적인 기능밖에 구현되지 않았다. 단지 가방의 크기와 색상을 선택할 수 있을 뿐이었으며 선택한 모양을 사진으로 보는 기능도 없었다. 그러나 아무런 홍보가 없었음에도 불구하고 온라인 주문은 1월과 12월 사이에 350%나 증가했다.

팀북2는 고객들이 단순히 온라인 주문을 좋아하는 것인지 아니면 맞춤 주문이라서 좋아하는 것인지를 알아보기 위한 테스트도 했다. 넉 달에 걸쳐서 몇 개의 웹사이트에서 맞춤 디자인 기능을 빼고 온라인 주문만 가능한 서비스를 실시해 보았다. 그 결과 전체 트래픽은 더 많은 새 웹사이트에서 주문은 75%나 적게 들어온다는 것을 발견했다. 그리고 자기만의 가방을 디자인할 수 있는 사이트에서는, 고객들이 기꺼이 내겠다는 평균 가격이 그렇지 않은 사이트에 비하여 20%나 높았다.

진격을 시작할 순간임이 분명했다.

2000년 5월에 팀북2는 'Build Your Own Bag'(BYOB) 사이트를 조용히 출범시켰다. 아직 베타버전이긴 했지만, 가방을 디자인하고 주문하고 받아보는 것 모두 가능했다. 처음으로 BYOB을 이용하려는 고객들은 패스워드를 신청한 후에 그것을 이메일로 받아서 등록해야 했다. 그리고 PC에 쇽웨이브(Shockwave)가 설치되어 있거나 아니면 다운로드해서 설치해야 했다. 이런 장애물을 통과한 예비 고객은 색상과 액세서리 등의 모든 옵션을 선택할 수 있었고 가방이 만들어지는 과정을 애니메이션으로 생생하게 볼 수 있었다. 고객들이 사이트로 몰려들었고, 친구들에게 소문을 퍼뜨렸다. 다음은 당시 고객들의 반응이다.

> "팀북2에서 구입한 새 가방과 구입 과정에서의 느낌, 두 가지 모두 만족스럽습니다. 나만의 디자인을 만들어 구입하는 것이 아주 쉬웠습니다. 친구들도 모두 부러워하며 자기들도 하나씩 마련하겠다고 합니다."

> "소매점을 방문하지 않고도 마음에 드는 색상과 사이즈의 가방을 찾을 수 있다는 것은 정말 멋진 일입니다. 그리고 요즘 같은 인터넷 시대에 누가 종이 주문서를 작성하고 싶겠습니까?"

> "나는 예전부터 남이 나에게 강요한 것이 아닌 나 스스로가 선택한 가방을 갖고 싶었습니다. 저렴한 가격에 고급 제품을 제공해주셔서 감사합니다."

기능의 진화

10월 중순에는 BYOB 정식 버전을 출범시켰다. 이번에는 쇽웨이브 애니메이션 버전과 텍스트 버전 두 가지로 만들었다. 쇽웨이브를 설치하기 싫은 고객이나 색상 조합을 볼 필요가 없는 고객들은 텍스트 모드의 간단한 드롭다운 메뉴 방식을 이용할 수 있게 한 것이다.

이번 버전에는 전자상거래 기능이 모두 포함되었다. 덕분에 고객들은 자기가 주문한 가방이 생산, 포장, 선적, 배달되는 모든 과정을 추적할 수 있게 되었다.

고객 관계를 구축하다

BYOB 모듈을 시험 운영할 때부터 팀북2 팀은 고객들과의 긴밀한 접촉에 내심 고무되었다. "그전에는 고객의 직접적인 피드백을 받아본 적이 거의 없었습니다." 조던 리스의 말이다. "갑자기 제품과 온라인 쇼핑 경험에 대한 평가, 신제품 제안 등이 쏟아지기 시작했습니다. 정말 놀라웠습니다. 과거에는 소매상들이 항상 우리와 고객 사이를 가로막고 있었던 것입니다."

2000년 중반에 팀북2는 1만 5천여 고객들의 프로필과 주문 기록과 이메일 내용과 피드백을 포함하는 CRM 시스템을 만들기 시작했다.

소매상들을 만족시키다

팀북2의 소매상들은 어떻게 반응했을까? 채널 사이의 충돌이 일어나지는 않았을까? "별로 반응이 없어서 우리도 놀랐습니다." 조던의 설명이다. 한 소규모 자전거 판매 체인점 사장이 불평을 제기하기는 했다. 고객들이 매장에 들어와 가방을 구경하고는 집에 가서 온라인으로 주문하겠다고 말하더라는 것이었다. 그에 대하여 조던은 고객에게 직접 판매하더라도 소매 가격 아래로 받지는 않을 것이며, 고객이 특별한 맞춤 디자인을 원하는 경우에도 매장에서 주문을 받을 수 있다고 설득했다.

실제로 팀북2는 매장 내 온라인 주문을 실험해 보았다. 산타크루즈(Santa Cruz)에 있는 한 소매점에서는 매장에 노트북을 가져다 놓고 고객들이 노트북으로 디자인할 수 있도록 했다. 주문이 세 배로 늘어났다. 조던은 소매상들에게 매장에 컴퓨터를 갖다 놓고 고객들이 맞춤 디자인을 하도록 하면 놀랄 만큼 매출이 오를 것이라고 설득하기 시작했다. 동시에 그는 매장에 제공할 무인 키오스크를 개발하고 있었다.

온라인 소매상들은 재빨리 팀북2 사이트를 자기네 사이트에 링크하기 시작했다. 조던은 이들 소매상들과 수수료 문제를 협상하느라 바빠졌다. '클릭 앤 모르타르' 소매점들도 신나기는 마찬가지였다. 예를 들어 팀북2의 가장 큰 소매상 중 하나는 자기네 전자상거래 사이트에 팀북2의 BYOB 버튼을 만들어 놓았다. 고객들이 그 버튼을 클릭하면, 새 창이 열리고 팀북2의 맞춤 디자인 화면이 나온다. 고객이 거기서 자기만의 가방을 디자인하고 팀북2에 주문하면, 그 소매상에게 수수료가 떨어진다.

결과

베타테스트 기간 동안에 팀북2는 하루 10개꼴로 가방 주문을 받았다. 정식 버전이 시작되고 일주일이 지나자 하루 40개꼴로 늘어났다. 당시 생산 능력은 하루 400개 정도였다. 2000년 말에는 웹으로 팀북2의 BYOB 모듈을 제공하는 업체가 10개를 넘어섰다. 전체 주문의 20%가 하나 짜리 가방 주문이었으며 그 비율만큼 전체 주문량도 늘어났다. 이제 팀북2는 고객들이 맞춤 생산 능력을 이용할 수 있게 만드는 데 성공한 것이다.

교훈

진정한 맞춤 생산을 제공하기 위해서는 많은 수의 서로 다른 물건들을 생산할 수 있는 생산 설비를 갖추어야 한다. 팀북2에서 브레넌 멀리건이 한 일이 바로 그것이었다. 그는 고객들이 대량 맞춤 생산을 활용하지 못할 때도 포기하지 않았다. 비전을 움켜쥐고 버텼다.

팀북2가 매우 느리게 전략을 실행했다는 점에 주목할 필요가 있다. 그 이유의 하나는 전자상거래 시스템을 구축하는 데 필요한 자금을 벤처캐피탈이 아니고 운영 이익으로 조달하려 했던 것이었다. 2000년 가을이 되어서야 팀북2는 전자상거래 기능 개발을 가속시킬 수 있는 투자 자본을 유치할 수 있었다.

어쩌면 팀북2는 소매상과의 관계에서 필요 이상으로 너무 조심했는지도 모른다. 온라인 소매상들은 팀북2의 맞춤 주문과 디자인 모듈을 웹으로 직접 취급할 수 있었으므로 아무 불만이 없었다. 맞춤 생산 제품과 같이 특별한 기능을 고객과 소매상에 제공하는 제조업체들은 유통 협력사들로부터 별다른 저항을 받지 않을 것이라고 생각해도 될 것 같다. 고객들이 높이 평가하는 기능을 제공하고 있기 때문이다.

패티의 제안

팀북2가 소매상들의 웹사이트에서 맞춤 디자인 가방을 파는 일에 더욱 공격적이 되기를 바란다. 그리고 본사 웹사이트의 주문과 온라인 소매상들로부터의 주문을 매끄럽게 연동시킬 수 있는 도구를 개발할 필요가 있다. 고객들은 어디서 주문하느냐에 따라서 지불/선적/배달 방식이 달라지는 것을 좋아하지 않는다. 소매상들의 시스템에 긴밀하게 통합된 도구를 만들어서, 고객들이 소매상 웹사이트의 팀북2 아이콘을 눌러 가방을 디자인하고 주문하면 생산과 선적과 배달 상황을 추적할 수 있도록 해야 한다. 이것은 팀북2와 온라인 협력사들이 이미 계획하고 있는 것이기는 하다. 그러나 2000년 크리스마스 이전에 이 통합이 완성되기는 어려울 것으로 보인다.

두 번째로, 매장을 찾는 고객들을 위하여 소매 매장에 웹 키오스크를 설치하여 고객들이 편리하게 맞춤 디자인을 할 수 있도록 해야 할 것이다. 그 키오스크를 이용하는 고객들이 다른 제품도 주문할 수 있기를 원하는 소매상도 있을 것이며, 팀북2 전용 키오스크로 만족하는 소매상도 있을 것이다. 어쨌든 키오스크를 개발하고 운영하려면 비용도 많이 들어갈 것이고 어려운 문제와 부딪칠 수도 있을 것이다. 그러므로 성능은 좀 떨어지지만 이미 시범을 보인 바 있는 방식, 즉 매장에 노트북을 구비하여 고객들이 이용하게 하는 방식을 병행하는 것이 좋을 것이다. 물론 소매상은 그 노트북을 다른 용도로도 사용할 수 있을 것이다. 그리고 그것의 유지보수 문제는 팀북2가 신경 쓰지 않아도 될 것이다. 작은 매장의 경우에는 키오스크보다 이 방식이 적합할 것이다.

마지막으로, 노트북 가방과 일반 소형 배낭과 대형 배낭이 다음 번 생산라인에 추가되기를 기대한다. 필자 개인적으로도 나만의 노트북 가방이나 색상과 주머니를 내 맘대로 배치할 수 있는 배낭을 갖고 싶다. 그리고 가방에 팀북2 로고를 붙이는 대신에 우리 회사 로고나 필자의 개인 로고를 붙일 수 있으면 좋겠다. 아울러 드롭다운 메뉴에서 노트북 제조회사와 모델을 선택하면 그 노트북에 맞는 치수들이 자동으로 채워지는 방식을 지원해 줬으면 좋겠다.

이 모든 것들을 위해서는 생산 시간과 원가를 줄이는 일에 더욱 집중해야 한다. 팀북2는 이미 그 방법을 알고 있으며, 그것이 바로 팀북2가

	항해	성능	운영	환경
고객 수	· 활동적인 실명 고객의 수 · 온라인 고객의 수 · 고객의 소개로 찾아온 고객의 수 · 다른 사람을 소개한 고객의 수	· 새로 등록한 웹사이트 사용자 수 · 웹으로 주문한 고객의 수 · 소매상별 실명 고객의 수	· 웹사이트의 순수 방문자 수 · 웹 방문자 중 맞춤 디자인을 실행한 사람의 비율 · 맞춤 디자인을 실행한 사람 중 구매자의 비율	· 지역별 자전거 배달원의 수 · 지역별 청년층 예비 고객의 수 · 용도별(배달원용, 노트북용, 일반 배낭) 총 판매량
고객 유지	· 고객 유지 비율 · 재주문 비율	· 고객 집단별 유지 비율 · 고객 집단별 재주문 비율	· 고객 1인당 보유 가방의 수 · 고객 1인당 연간 가방 구입 수	· 경쟁사의 제시 조건 · 상대적인 고객 유지 비율 · 배낭 점유율
고객 경험	· 고객 집단별 만족도 · 고객의 가치 인식 · 반품률	· 맞춤 디자인 기능에 대한 접근 가능성 · 온라인 디자인과 주문에 대한 만족도 · 정시 배달 비율 · 채널별/접점별 고객 지원 요청의 수 · 채널별/접점별 반품률	· 온라인 디자인 시나리오 전반의 성능 · 맞춤 디자인 변수의 수 · 고객의 디자인 실수로 인한 반품의 비율 · 생산 과정의 실수로 인한 반품의 비율	· 상대적인 고객 만족도 · 상대적인 생산 시간 · 상대적인 불량률
고객 지출	· 최종 고객 1인당 수입 · 최종 고객 1인당 수익 · 맞춤 가방의 총매출	· 평균 주문 규모 · 주문 1건당 수익 · 온라인 유통 협력사를 통한 매출 · 소매 매장을 통한 매출 · 채널별 주문 1건당 수익 · 채널별 주문 규모	· 최종 고객의 최근 구매일과 구매 빈도 · 채널별/접점별 고객 서비스 비용	· 상대적인 배낭 점유율

다른 많은 회사들이 실패한 대량 맞춤 생산 분야에서 성공할 수 있었던 이유이기도 하다.

그러므로 팀북2는 생산 시간과 생산 공정의 수와 불량률 등의 지표를 측정해야 할 것이다. 이 지표들은 맞춤 디자인의 선택 항목에 따라서 크게 상승할 수도 있다.

두 사례 연구에 대한 고찰

개리 사전트가 테스코의 매장 내 출고 시스템을 보여주었을 때 필자는 정말 놀랐다. 전 과정이 매끄럽게 자동화되어 있었고 효율적인 동선을 따라 물건을 찾을 수 있게 되어 있었으며, 세부적인 내용은 더욱 인상적이었다. 매장 내 동선은 고객들이 붐비는 통로를 피하여 최적화 되어 있다. 매장에서 뽑은 물건들은 곧바로 밴에 실려 1~2시간 내에 고객들에게 배달된다. 그리고 고객의 과거 구매 기록에 근거하여 대체 제품을 선택한다는 것도 인상적이었다. 일부 전문가들은 매장 내 출고는 매장 안의 고객들을 불편하게 하기 때문에 실패할 것이라고 생각한다. 그러나 실상은 다르다. 매장에서 쇼핑을 하는 고객들은 테스코닷컴의 출고 담당 직원을 보면서 5파운드만 더 들이면 저 사람이 대신해 줄 일을 하느라 시간을 낭비하고 있다는 생각을 하게 된다. 이것은 운영 효율을 이용하여 브랜드 경험을 홍보하는 훌륭한 사례다. 그리고 또 테스코의 운영 효율이 딱딱한 느낌이 들지 않는다는 점에도 주의할 필요가 있다. 진짜 사람이 고객을 대신하여 식품을 찾아서 배달하고 대체 제품에 관하여 설명한다. 고객들은 이 진짜 사람들에게 전구를 갈아달라거나 혹은 잠시 아기를 봐달라고 부탁한다.

테스코는 온라인과 오프라인을 매끄럽게 통합하여 양쪽의 장점을 모두 살린 회사의 본보기이다. 테스코의 사례에서 운영 효율의 핵심은 고객들에게 중요한 것들에 대한 주의 집중과, 고객들에게 영향을 미칠 모든 문제를 열정적으로 측정하고 모니터하는 기업 문화였다.

팀북2의 운영 효율도 비슷한 열정에서 나온 것인데, 이 경우에는 맞춤 생산을 향한 로브와 브레넌의 열정이었다. 맞춤 생산 기능을 활용하기 위하여 로브는 맞춤 디자인과 맞춤 생산이 가능하도록 제품을 재설계했다. 고객들이 자기만의 제품을 구성할 수 있게 하는 회사는 점점 늘어날 것이다. 이렇게 하기 위해서는 생산 과정이 맞춤 디자인을 지원해야 할 뿐 아니라, 고객들이 실수하지 않고 원하는 결과를 얻을 수 있도록 제품이 설계되어야 한다.

운영 효율의 극대화를 위한 지침

1. 먼저 백엔드 프로세스를 설계하라.

2. 블랙홀 즉 보이지 않거나 변경할 수 없는 업무 과정이 존재하지 않도록 하다.

3. 모든 핵심 서비스들을 구현하고 모니터하라.

4. 전체 공급 사슬에 걸쳐서 그리고 모든 고객 접점에서 발생하는 모든 경험에 대하여 책임을 져라.

5. 고객들에게 영향을 미치고 시간과 비용의 절감에 관련되는 모든 요소들을 모니터하고 관리하라.

14장

고객 시나리오를 설계하고 개선하라

고객들을 가장 실망시키는 것은 무엇일까? 그것은 기업이 고객의 시간을 빼앗는 것이다. 고객의 시간을 소중히 해야 한다는 점에 대해서는 모든 기업이 공감하고 있지만 정말로 그 문제를 중요시하는 기업은 많지 않다. 이것이 바로 고객 경제 시대에 성공할 기업과 간신히 명맥만 유지하거나 망할 기업의 차이점이다.

고객의 시간을 소중히 여기는 기업들에는 몇 가지 공통 요인이 있다.

· 고객이 쉽게 의사결정을 할 수 있도록 업무를 개선한다.
· 어디에서나 편리하게 접근할 수 있도록 한다.

· 고객 시나리오를 사용한다.

앞의 둘은 쉽게 이해가 되겠지만 세 번째는 대부분의 독자들에게 낯선 애기일지도 모르겠다. 여기서는 고객 시나리오에 관한 이야기를 주로 다룰 것이다. 그 전에 고객의 의사결정에 관해 간단히 살펴보기로 하자.

고객이 쉽게 의사결정을 할 수 있도록 업무를 개선한다

오늘날 대부분의 기업은 자기네 제품과 서비스에 관한 많은 정보를 고객들에게 제공하고 있다. 하지만 진정 고객들이 쉽게 의사결정을 내릴 수 있도록 정보를 조직하는 기업은 흔치 않다. 대부분의 기업들이 간과하고 있는 기본적인 원칙은 다음과 같다.

· 다양한 검색 방법을 제공하라. (키워드별, 특징별, 카테고리별, 기능별).
· 의사결정 도구를 제공하라. (어떤 것이 나의 문제를 해결해줄 것인가?)
· 제품간의 상세한 비교를 제공하라.
· 사진이나 삽화를 이용하라.
· 가격, 재고, 배달 시간을 명시하라. (언제 목적지에 도착할까?)
· 구입하기 전에 문제 해결 방법 및 설치 정보에 접근할 수 있도록 하라. (다른 사람들이 어떤 문제를 겪었는지 알 수 있도록)

어디에서나 편리하게 접근할 수 있도록 한다

우리가 살고 있는 시대는 모바일 장치와 모바일 인간들의 세계다. 한 두 가지 접촉 방법만을 제공함으로써 고객의 시간을 낭비하게 해서는 안 된다. 고객들이 어떤 장치를 선택하든 24시간 내내 필요한 정보를 얻거나 거래를 할 수 있도록 해주어야 한다.

고객 시나리오를 사용하라

고객 관련 업무를 개선하기 위해 노력하는 기업들을 관찰해 오면서, 성공을 방해하는 가장 큰 장애물은 대부분의 설계팀들이 고객의 입장에서 생각하는 방법을 모르고 있다는 사실임을 발견하였다. 그들은 고객에게 제공할 작업흐름을 '고객의 제품 구입을 돕는다'거나 '적절한 제안을 한다'거나 혹은 '개인별 경험을 제공한다'는 식으로 인식한다. 고객들은 물론 개별적 접촉을 선호할 것이다. 하지만 정말로 그들에게 필요한 것은 목표의 달성을 위해 일련의 업무들이 능률적으로 배치되는 것이다. 우리는 이것을 고객 시나리오(customer scenario)라고 부른다.

고객 시나리오란 무엇이며 그것이 왜 중요한가?

고객 시나리오는 고객이 원하는 결과를 얻기 위해 실행하고자 하는 일련의 작업들로 이루어진다. 고객 시나리오는 고객의 필요에서 출발하여, 회사와의 접촉을 거쳐, 고객의 목적이 성취될 때 끝난다. 고객 시나리오가 우수할수록 고객 경험은 향상되게 마련이다.

소비자 고객 시나리오란 예컨대 주택관리비를 납부하는 것, 오래된 냉장고를 교체하는 것, 자동차를 선택하고 구매하는 것, 저당을 신청하여 대출을 받는 것 등이다.

기업 고객 시나리오의 예에는 출장을 위한 교통편 예약, 구내 전화 시스템 설치, 신제품을 위한 부품 조달, 신축 건물의 전기시스템 설계 등이 포함될 수 있다. 각 시나리오에는 매우 다른 업무와 정보와 결과들이 포함된다.

모든 고객 시나리오에는 고객을 유인하는 단계나 작업이 들어있다. 냉장고를 교체하는 시나리오에서는 예컨대 고객을 베스트바이(BestBuy)로 유인해서 가전제품을 둘러보게 하는 단계다. 이때 고객이 반드시 최신 가전제품에 대해 잘 알고 있을 필요는 없다. 다만 아이스크림이 녹지 않게 하려는 의도만 있으면 된다. 베스트바이의 입장에서는 아직 짓고 있는 집에 들어갈 가전제품을 찾는 고객과 아이스크림이 녹을까봐 걱정하는 고객은 완전히 다른 세계에 속한다. 전자는 다음달에 가전제품 한 트럭을 살지도 모르는 예비 고객이고, 후자는 당장 구할 수만 있으면 아무 냉장고라도 살 사람이다. 선택과 구매 단계가 없고 대신에 자문과 배달 상태 점검, 프로젝트 조정 등 다른 작업들을 필요로 하는 시나리오도 많다. 시나리오의 목표는 최종 고객이 누구인지 그리고 그들의 목적이 무엇인지를 알아내서 그들이 원하는 일을 잘 할 수 있도록 돕는 것이다.

가장 기본적인 고객 시나리오라 하더라도 그것을 구현하는 것은 상당히 복잡한 일이다. 훌륭한 고객 경험을 제공하는 기업은 결국 고객 시나리오를 잘 이해하고 거기에 집중하는 기업이라고 할 수 있다. 고객들이 어떤 일을 하려고 하는가? 그들은 어떤 단계들을 필요로 하는가? 어떻게 하면 각각의 단계를 쉽고 빠르게 통과시킬 수 있을까?

여기서 오랫동안 성공적으로 고객 시나리오 기법을 사용해 온 내셔널 세미컨덕터의 구체적인 사례를 살펴보기로 하자.

내셔널 세미컨덕터의 사례:

고객 시나리오를 사용하여 고객의 시간을 절약하고 고객 충성을 강화하다

내셔널 세미컨덕터(National Semiconductor)는 하이테크 기업으로서는 비교적 보수적인 회사다. 직원 1만 5천명에 매출 24억 달러의 이 회사는 인텔처럼 섹시한 주가 수익률을 자랑하지는 않는다. 그러나 내셔널은 특유의 조용한 방식으로 혁명을 이끌고 있다. 그것은 고객의 마음을 향한 혁명이며, PC에서 정보 가전과 모바일 장비에 걸친 혁명이다. 내셔널은 세계 최고의 아날로그 칩 생산 회사로 명성을 쌓았으며, 세계의 거의 모든 이동 전화에 탑재되는 증폭기와 조절기와 무선 소자에서 업계 1위를 차지하고 있다. 그리고 디지털 카메라와 DVD 플레이어, 셋톱박스 시장에서도 점유율을 높여가고 있다. 사운드와 이미지에 관련된 장치는 모두 만든다고 생각하면 될 것이다.

내셔널 세미컨덕터는 또한 고객의 시간을 절약하도록 설계된 혁신적인 e비즈니스 기업으로도 유명해지고 있다. 1994년 내셔널의 웹 비즈니스 부문 부사장이 된 필 깁슨(Phil Gibson)은 이동 전화처럼 대량 생산되는 장비를 설계할 때에 어떤 집적회로를 사용할지를 결정하는 데 영향력이 큰 설계 엔지니어들을 겨냥하여 웹사이트를 구축했다. 이후 시이트의 기능이 계속 확장되면서, 유통 협력사들과 구매 담당자들과 직판 담당 임원들과 주요 고객들이 사용할 수 있는 도구들을 제공하게 되었다.

내셔널 세미컨덕터는 세 종류의 표적 고객 집단들과 깊은 관계를 구축해 왔다. 세 종류의 고객 집단이란 제품 구입에 영향력이 있는 엔지니어와, 실제로 구매 업무를 담당하는 구매 담당자와, 내셔널의 부품 외에도 최종 고객들이 필요로 하는 모든 재료를 판매하는 유통 업체들을 말한다. 내셔널의 고객 프랜차이즈에서 가장 가치 있는 부분은, 웹 기반으로 구축된 제품 선택 프로그램을 이용하는 설계 엔지니어들과의 긴밀한 관계라고 생각된다.

전세계의 설계 엔지니어 중 절반은 매달 한번 이상 내셔널의 웹사이트를 방문하고 있다. 사이트 트래픽의 58%는 외국으로부터 발생하고 있다. 고객들은 매달 40만 건의 다운로드와 2만 1천 건의 주문을 하고 있으며, 7가지 검색 엔진을 사용하고 있다. 그들은 10가지 언어로 내셔널과 접촉하고 있으며 그들 중 4만 2천명은 주 2회 발행되는 뉴스레터를 구독하고 있다. 유통 협력사들은 내셔널의 웹사이트에서 구매 품목까지 결정한 고객들을 월 평균 4만 8천명씩 소개받고 있다.

고객 시나리오의 개척자

내셔널 세미컨덕터의 필 깁슨팀은 고객 시나리오 방법론을 전략적 목적으로 사용한 최초의 팀에 속한다. 시나리오는 고객들이 테스트할 칩을 결정하고, 데이터를 다운로드하고, 소프트웨어 시뮬레이션을 실행하고, 샘플을 주문하는 일을 편리하게 해주는 일이 중심이었다. 내셔널이 1999년에 선보인 야심적인 고객 시나리오는 엔지니어들이 제품의 전력 공급 설계를 할 수 있도록 도와주는 것이었다. 웹벤치(WEBENCH) 1.0이라는 이름의 이 설계 도구는 그 방면의 전문가가 아니면서 전력 공급 설계를 필요로 하는 설계 엔지니어를 겨냥한 특별 웹사이트의 중심 메뉴로 자리잡았다. 주로 모바일 장비를 설계하는 그 엔지니어들에게 있어서, 전력 공급 모듈은 꼭 필요하기는 하지만 별로 신경 쓰고 싶지는 않은 그런 것이다. 그들이 원하는 것은 특정 환경에서(예컨대 이동 전화) 특정 프로그램이(예컨대 배터리 잔량 표시) 돌아가도록 만들어진 완성된 모듈이다.

이들은 대개 시간 여유가 없으며 또 그런 일을 위해서 고가의 장비에서 고가의 프로그램을 돌리고 싶어하지 않는다. 소프트웨어 시뮬레이션 없이 이러한 종류의 설계를 하려면 석달은 족히 걸린다. 그런데 내셔널이 제공하는 시뮬레이션을 이용하면 사흘도 걸리지 않는다.

최초의 전력 공급 설계 시나리오, 웹벤치 1.0

필은 이 프로젝트의 초기에 전력 공급 설계 시나리오를 구축할 SWAT팀을 조직했다. 마케팅 전문가와 소프트웨어 전문가들로 구성된 이 팀은 고객들을 만나서 전력 공급 설계를 하기 위해 어떤 작업을 필요로 하는지를 알아냈다. 다음은 고객들의 응답을 리처드 레빈(Richard Levin)이 정리한 것이다.

1. 부품을 선택한다.
2. 설계도를 하나 만든다.
3. 강력한 시뮬레이션 도구를 사용하여 그 설계도를 분석한다.
4. (테스트용 시제품으로) 설계도를 구현한다.

필의 팀은 이와 똑같은 순서로 온라인 전력 공급 설계 시나리오를 구축한 다음 모든 도구를 웹사이트로 제공하였다. 이제 고객들은 전력 공급 설계 때문에 특별한 소프트웨어를 돌리거나 특별한 시스템을 구입하지 않아도 되었다.

작동 방식은 다음과 같다. 엔지니어는 시나리오의 각 단계를 차례로 거치면서 프로그램의 요구에 따라 특별한 변수와 필요한 부품을 입력한다. 그러면 기술적인 정보와 가격과 부품별 비용 편익 분석이 포함된 제품 목록이 생성된다.

설계자는 수많은 샘플 디자인 중에서 선택할 수 있으며 만족스러울 때까지 수정할 수 있다.

만족스러운 설계도가 만들어지면 실시간 시뮬레이션을 돌려본다. 이때에는 매우 전문적인 소프트웨어가 사용된다. 내셔널의 고객들이 가장 선호하는 시뮬레이션 소프트웨어는 트랜심(Transim)의 제품이었다. 내셔널은 트랜심과 라이선스 계약을 맺었고 리치의 개발 팀은 그것을 웹사이트용으로 이식하였다. 그 결과 엔지니어 고객들은 동시에 여러 개의 시뮬레이션을 실행하고 저장할 수 있게 되었다. 동료들이 테스트할 수 있도록 링크할 수도 있다. 내셔널의 웹사이트에서 만들어본 모든 설계와 시뮬레이션은 개인별 설계 포트폴리오에 저장된다.

내셔널 세미컨덕터 팀은 이 시뮬레이션 서비스를 시작할 때부터 이미 엔지니어들 사이에서 인기를 끌 것이라 확신했다. 많은 시간을 절약해 줄 것이기 때문이었다. 그래서 그들은 엔지니어들에게 사용료를 받아 트랜심(Transim)에 지불할 라이선스 비용을 충당하기로 했다. 서비스를 시작한 지 얼마 안 되어 팀의 마케팅 전문가인 제프 페리(Jeff Perry)는 고객들이 웹사이트에 들어왔다가 신용카드 번호를 입력하는 단계까지 갔다가 떠나버린다는 사실을 발견했다. 필의 팀이 시뮬레이션 서비스를 무료로 전환하자 곧바로 엔지니어들이 그것을 이용하기 시작했다. 뿐만 아니라 엔지니어들은 주문을 하기 시작했다. 필의 팀은 시뮬레이션 이용료를 푼돈으로 받는 대신에 더 큰 보상을 얻어낸 것이다.

일단 엔지니어가 하나의 설계를 선택하면 재료 목록이 필요하게 된다. 프로그램은 내셔널의 부품과 다른 제조업체의 부품을 망라하여 각 부품별로 구입 가능한 판매점으로의 링크와 부품별 현재 가격이 포함된 완벽한 재료 목록을 제공한다. 내셔널의 웹사이트에는 이미 각 판매점별 재고와 가격 정보가 직접 링크되어 있으므로, 설계 엔지니어들은 클릭 한 번으로 직접 주문할 수 있다.

고객들의 반응

이 시나리오는 고객들에게 인기를 끌었다. 처음 일년 동안에 총 20만 건 이상의 전력 공급 설계가 웹에서 이루어졌으며, 250번이나 사용한 고객도 있었다. 다른 사람들은 평균 5번에서 10번 정도 사용하였다. 전 같으면 수개월이 걸릴 일이 몇 시간만에 끝날 수 있게 되었다. 전에는 하나의 설계를 시뮬레이션하기도 벅찼지만 이제 시간 여유가 생긴 고객들은 여러 개의 대안을 비교해 볼 수 있게 되었다. "이러한 도구들 덕분에 서너 번의 클릭만으로 설계 시제품을 만들 수 있습니다. 내셔널은 커다란 부품 카탈로그에서부터 신속한 시뮬레이션에 이르기까지 내가 필요로 하는 모든 것을 제공해 주고 있습니다." 모토롤라에서 이동 전화 설계를 담당하는 마틴 폴크(Martin Volk)의 말이다.

고객 시나리오의 확장

물론 고객들의 반응이 좋다고 해서 가만히 앉아 있을 필은 아니었다. 필의 팀은 고객들에게 더 원하는 것이 있는지 물어보았고, 그 결과 두 가지 대답을 들었다.

온도 시뮬레이션

고객들이 원하는 것 중 하나는 완성된 설계의 온도 시뮬레이션(thermal simulation)을 할 수 있게 해달라는 것이었다. 예컨대 수많은 회로가 내장된 휴대용 전화기를 설계한다고 할 때, 회로들의 상호작용으로 인하여 전화기가 얼마나 뜨거워질 것인지를 아는 것은 중요한 일이다. 오늘날의 일반적인 테스트 방법은 '엄지 테스트(thumb test)'라 불리는 것으로, 그것은 시제품 위에 엄지손가락을 5초 동안 대본 후에 살이 데지 않으면 통과시키는 식을 말한다. 보다 정교한 방법은 시제품을 제작한 후에 특수 열감지 필름을 이용하여 디지털 이미지를 찍는 것이다. 이 방법을 사용하면 설계의 '위험 지점'이 어디인지 대략적으로 알 수 있을 것이다. 물론 초대형 컴퓨터에서 돌아가는 소프트웨어 시뮬레이션도 있기는 하지만, 대부분의 회사들은 그런 고가 장비를 갖추지 못하고 있다.

필 깁슨의 팀은 다시 조사를 시작했다. 그들은 고객들에게 업계 최고의 온도 시뮬레이션 소프트웨어가 무엇인지 물어보았다. 고객들은 영국계 회사인 플로메릭스(Flomerics Corporation)의 제품이 최고라고 응답했다. 이번에는 제프 페리가 나서서 플로메릭스의 온도 시뮬레이션 소프트웨어의 라이선스 사용 계약을 체결하는 데 성공했고, 거기에 내셔널이 확보하고 있는 수많은 데이터를 추가시켰다. 이제 엔지니어들은 내셔널의 웹사이트에서 웹섬(WebTHERM)이라는 새로운 도구를 사용할 수 있게 되었다. 그것은 열의 분산과 전기적 성능을 최적화시키면서 기류 파라미터를 조정할 수 있게 해주는 정교한 과정으로, 온라인으로 접속하지 않고서는 불가능한 일이었다. 비교적 단순한 전력 공급 시뮬레이션과는 달리, 이것은 5백만 개의 연산으로 이루어져 있고 실행 시간도 훨씬 더 걸린다. 그렇지만 시뮬레이션은 웹사이트에서 이루어지므로 그 동안에 엔지니어들은 자기 일을 계속할 수 있다. 웹섬에서는 1〜2분 후에 매우 정확한 열 사진(thermal picture)이 생성되어 나온다. 온도 시뮬레이션이 실제로 시제품을 만들어 열 사진을 찍는 것보다 오히려 더 정확하다는 것이 증명되고 있다.

무선 전화기의 설계

왜 전력 관리 시스템의 설계만 가능한 것이냐고 고객들이 질문했다. 무선 전화기의 많은 부품들이 점점 표준화 되어가고 있는데 어째서 다른 부품들의 설계는 온라인으로 지원하지 않느냐는 것이었다.

이에 대한 응답으로 내셔널은 무선 장치를 설계하는 엔지니어들을 위한 시나리오를 제공하는 새로운 웹사이트를 개설했다. 이 시나리오의 작동 방식은 전력 공급 설계 시나리오와 비슷하다. 설계자가 전세계 이동 전화의 90%에 들어가는 내셔널 세미컨덕터의 부품들인 PLL(Phase Lock Loop)과 VCO(Voltage Controlled Oscillators)를 선택하는 데서 시나리오가 시작된다. 엔지니어는 추천된 여러 설계들 중에서 선택을 하면서 시나리오를 따라 나아간다. 그는 이렇게 선택한 설계의 시뮬레이션을 돌릴 수 있고, 웹섬 시뮬레이션을 이용하여 온도 특성을 테스트할 수 있으며, 재료 목록을 받아보거나 자신이 설계한 시제품을 주문할 수도 있다.

고객들에게 중요한 것을 측정하다

1994년 이후 필 깁슨은 고객들에게 중요한 것들을 측정하는 일에 몰두해왔다. 처음에는 사이트 안에서 어떤 부분을 많이 클릭하는지를 관찰하고 그 패턴을 분석하였다. 고객들이 하려는 일이 무엇인지를 (예컨대 제품 선택이나 데이터 다운로드) 파악한 후에는, 불필요한 클릭을 제거하는 데 집중했다. 전에는 5번의 클릭이 필요하던 일이 6개월 후에는 2번의 클릭으로 가능하게 되었다.

필은 계속하여 고객들에게 중요한 것을 측정하고 모니터했다. 매일 아침 그는 전날 고객들이 가장 많이 사용한 검색 키워드 200개와 키워드별 검색 결과를 보고 받는다. 그는 이 목록을 자세히 검토하여 고객들이 원하는 것을 더 쉽게 찾을 수 있도록 하기 위해서 사이트에 어떤 변화를 주어야 하는지를 알아낸다. 이런 일을 하다보면 예상치 않은 부수입도 얻는다. 고객들이 경쟁사의 부품(대개는 내셔널 세미컨덕터에도 그 역할을 하는 부품이 있다)을 검색하면 그 사실을 하루만에 알게 되는 것이다. 그는 고객들의 레이더에 무엇이 걸려 있는지를 항상 알고 있다.

내셔널 세미컨덕터는 키노트 시스템즈(Keynote Systems)의 웹 성능 모니터 서비스를 사용하여 세계 각지로부터 모든 고객 시나리오의 성능을 모니터하고 있다.

고객 가치를 위하여 필의 팀이 측정하는 것은 시뮬레이션의 횟수이다. 필은 이것을 '구매 신호(buying signal)'라고 부른다. 이와 같이 설계 과정의 첫 단계부터 관여함으로써, 내셔널은 어떤 부품을 많이 만들어 놓아야 할지 미리 알 수 있게 되었다.

결과

내셔널 세미컨덕터는 웹 기반의 설계 서비스로부터 상당한 성과를 얻어 냈다. 먼저 내셔널의 고객 프랜차이즈를 살펴보자. 매출의 55%는 1천여 대형 기업 고객들과의 직거래에서 발생한다. 내셔널은 거래처당 16명, 총 1만 6천 명의 프로필을 보유하고 있다. 매출의 나머지 45%는 내셔널의 전세계 유통 협력사들을 통해 이루어진다. 이 10만여 협력사들은 21만 3천 명(평균 2.1명)의 프로필을 갖고 있다. 이 제품 중심의 기업이 10만 1천 개의 거래처와 22만 9천여 명의 개인을 알고 있다는 것보다 더 중요한 사실은, 대부분의 고객들과 매우 깊은 관계를 구축하고 있다는 것이다. 거기에 더하여, 매달 정기적으로 내셔널의 웹사이트를 이용하는 52만 1천 여명의 익명 방문객들이 있다. 전세계 설계 엔지니어의 수가 120만 명임에 비추어 보면 정말 대단한 숫자다.

내셔널은 연평균 30%의 성장률과 25%의 세전 이익을 기록하고 있다. 내셔널의 브랜드와 고객 점유율과 시장 점유율을 고려하면 이러한 추세는 계속될 것으로 보인다. 모토롤라, 노키아, 에릭슨 등 주요 장비 업체들이 설계 초기 단계에서부터 내셔널 제품을 사용하고 있다. 그리고 회로가 점점 복잡해짐에 따라 회로의 부가가치가 전화기 1대당 2달러에서 20달러로 상승하고 있다.

그것은 내셔널이 웹에서 제공하고 있는 고객 시나리오와 설계 도구들 덕분이라고 할 수 있다. 설계 초기에 내셔널의 회로를 사용하는 고객이 중간에 다른 업체의 제품으로 바꿀 가능성은 매우 낮은 것이다.

그렇다면 내셔널은 고객들에게 어떤 이익을 제공하는가? 최근까지 18개월 이상 조사한 결과 내셔널은 고객들에게 평균 2580달러의 비용과 43시간을 절약할 수 있게 해주었다고 한다. 첫해에만 2만 8백 개의 설계가 웹으로 이루어졌으니 총 5천 3백만 달러의 비용이 절감된 셈이다. 물론 비용의 절약보다 더 중요한 것은 시간 절약과 설계의 효율이다. 이제 고객들은 예전 같으면 하나의 설계를 완성하기에도 빠듯하던 시간 안에 수백 가지 설계를 해볼 수 있게 되었다.

2000년 가을 내셔널이 웹섬과 무선 전화기 설계 도구를 제공하기 시작했을 무렵에 내셔널의 웹사이트는 하루 3만 천 명의 순 방문자수와 3천 건의 주문을 기록하고 있었다. 샘플용 부품의 매출액은 기껏해야 하루 2만 6천 달러 정도로 많지 않은 편이지만, 설계 초기에 사용된다는 점에서 수백만 달러의 매출을 예약한 것이나 마찬가지였다. "노키아가 IC 회로 하나를 구입했다면 그것은 나중에 3달러 짜리 회로 40만 개를 팔수 있다는 것이 됩니다." 필의 설명이다.

교훈

사람들에게 고객 시나리오의 개념을 설명하려고 할 때마다, 필자는 내셔널 세미컨덕터의 필 깁슨을 언급하곤 한다. 필과 그의 팀이 성취한 것은, 고객의 입장에 서서 고객들의 시간을 절약해 주는 방법을 알아낸 것이다. 그러자 고객들은 내셔널을 없어서는 안 될 파트너로 여기기 시작했다. 고객들은 그들이 원하는 다음 단계의 혁신을 제안했고, 필의 팀은 그것들을 구현했다. 고객들은 스스로가 대접받고 있음을 느낀다. 그들은 내셔널이 제공하는 브랜드 경험과 강력한 유대를 느끼고 있다.

또한 고객 시나리오가 더욱 발전하고 있다는 점도 주목해야 한다. 처음에는 고객을 돕기 위한 단순한 도구들로 이루어졌지만, 차츰 더욱 정교하고 복잡한 도구로 발전하였다. 내셔널은 고객들에게 무료로 웹 기반 응용프로그램을 제공하는 ASP(Application Services Provider)가 되었다.

과거에는 고객을 붙들어맨다거나 묶어둔다는 생각을 많이 했었다. 그러나 이제 고객 혁명이 한창인 시대에는 더 이상 고객을 가둬 놓는다는 생각을 해서는 안 된다. 내셔널은 유혹(seduction)이라는 다른 방법을 사용했다. 내셔널의 웹사이트에서 고객들이 스스로 제품을 설계하도록 유혹함으로서 내셔널은 고객의 시간을 절약해 주었다. 그렇게 절약된 시간을 사용하여 고객들이 다른 회사의 사이트를 헤매는 일은 별로 없을 것이다.

패티의 제안

내셔널의 웹사이트에서 이루어지는 시제품 설계와 회사의 최종 수익의 연관성이 더 확실해지기를 바란다. 지금 당장은 둘 사이의 연결고리를 쉽게 이을 방법이 없다. 초기 설계를 담당하는 설계 엔지니어들은 제품 주문을 담당하지 않는다. 실제로 이러한 주문들은 솔렉트론(Solectron)과 같은 제3의 아웃소싱 업체에 의해 이루어지는 추세다. 만일 솔렉트론이 노키아의 이동 전화를 하청 생산한다고 할 때, 내셔널 세미컨덕터가 그 사실을 알지 못할 가능성도 있다. 6월에 노키아의 엔지니어가 웹사이트에서 약간의 설계 작업을 했는데, 10월에 솔렉트론으로부터 2천만 달러 어치의 부품 주문이 들어온다면, 둘 사이의 직접적인 관련성을 모르는 필의 팀으로서는 팀이 관리하는 웹사이트가 회사의 손익에 얼마만큼 영향을 미쳤는지 알기 어려운 것이다.

그렇지만 필자는 필의 열정에 비추어 그가 연결고리를 잇는 방법을 알아내고 말 것이라고 생각한다. 그리하여 언젠가는 제품 중심적인 내셔널의 경영과 문화가 웹서비스가 올리는 수익을 높이 평가하게 되고야 말 것이다. 여기서 필의 고객조종실에 포함시킬 몇 가지 항목을 제안하고자 한다.

첫째는 주어진 시나리오가 사용자의 업무나 프로젝트에 얼마나 중요한가를 분석하는 일이다. 이것은 시뮬레이션을 시작할 때 사용자가 간단한 체크박스나 라디오버튼을 이용하여 응답하게 함으로써 가능하다. 어려운 부분은 시나리오 기반의 설계 도구가 얼마나 훌륭한지를 평가하는 것이다. 그것은 고객이 내셔널의 웹 도구를 사용함으로서 얼마나 많은 비용을 절약했는가에 따라 평가될 수 있을 것이다. 고가의 기능을 무료로 제공하고 있으므로 분명 비용 절약이 일어날 것이다. 그리고 거기에는 시뮬레이션과 후속 작업에 필요한 시간 비용도 포함될 수 있을 것이다.

그리고 최적화된 설계와 출시 기간의 단축도 시간과 비용의 절감에 기여할 것이다. 다음 페이지의 조종실 초안을 참고하라.

내셔널의 사례에 대한 고찰

우리는 필 깁슨의 팀이 표적 고객들의 요구에 따라 시나리오를 만들었다는 사실에 주목해야 한다. 내셔널의 핵심 역량과 관련된 일 중에서 표적 고객 집단인 설계 엔지니어들에게 필요한 일은 무엇인가? 그리고 이러한 설계 시나리오를 구체화하고 테스트하는 일에 고객들이 매우 깊이 관여했다는 사실도 주목해야 한다. 필의 팀이 비용 편익 분석, 설계 시뮬레이션 실행, 재료 목록 준비, 부품 주문, 설계 테스트 등 모든 단계에서 고객들이 필요로 하는 일들을 제공했다는 점도 역시 주목해야 한다. 무엇보다도 가장 인상적인 것은, 타사 제품을 찾는 고객에게도 정보를 제공할 뿐 아니라 그 부품들을 보유하고 있는 판매점으로 직접 링크를 제공하고 있다는 사실이다.

고객 시나리오 설계는 경영의 핵심이다

고객 경제 시대에 성공하고자 한다면 고객 시나리오 설계를 배워야만 한다. 고객 시나리오 설계는 사업의 중요한 부분이다. 고객들에게 최대의 편의를 제공하고 싶다면 이 중요한 설계를 개발자나 사용자 인터페이스 전문가에게 맡겨서는 안 된다. 그런 사람들이 해낼 수 있는 일이 아니다.

내셔널 세미컨덕터를 위한 고객조종실 초안			
	항해	성능	운영	환경
고객 수	· 고객 집단별 활동 고객 수 · 고객 집단별 웹사이트 가입자 수 · 고객 집단별 온라인 시뮬레이션 이용자 수	· 거래처별 개인 고객 수 · 새로 등록한 웹사이트 사용자 수 · 시뮬레이션을 저장하는 온라인 고객 수 · 시뮬레이션으로부터 완성된 설계의 수 · 공유된 설계의 수	· 웹사이트의 순 방문자 수 · 시뮬레이션을 이용하지 않는 온라인 고객의 수 · 고객 1인당 매달 다운로드 받은 데이터시트의 수 · 고객 1인당 매달 주문하는 샘플 부품의 수	· 설계 엔지니어의 총 수 · 경쟁사의 시뮬레이션 도구를 이용하는 고객의 수
고객 유지	· (개인별/거래처별) 고객 유지 비율 -반복 시뮬레이션 비율 -반복 주문 비율	· 거래처별/고객별 완료된 시나리오의 증가 · 거래처별/고객별 설계의 증가 · 커뮤니티 방문자 수	· 새로운 시나리오를 이용하는 고객의 비율 · 여러 개의 시나리오를 이용하는 고객의 비율	· 경쟁사의 제시 조건 · 상대적 고객 유지 비율
고객 경험	· 고객 집단별/설계 커뮤니티별/유통 채널별 고객 만족도 · 이용 가능한 시나리오의 수	· 거래처별/고객별 완료된 시나리오의 증가 · 거래처별/고객별 설계의 증가 · 시나리오의 중요성 · 각 항목별 만족도 -샘플 -시뮬레이션 -주문 과정 -배송	· 각각의 작업이나 시나리오를 완료하는 데 필요한 클릭 수 · 검색 도중 '뒤로'를 클릭하는 비율 · 검색 엔진 키워드와 일치하지 않는 용어를 입력하는 비율 · 검색 결과의 정확성 · 시나리오의 전반적 성능	· 상대적 고객 만족도
고객 지출	· 최종 고객 1인당 수입과 수익 · 거래처별 수입과 수익 · 설계 채택의 파급 효과	· 시뮬레이션 1회당 평균 설계 채택 수 · 1회의 설계 채택에 대한 평균 수입과 수익	· 시뮬레이션에 관련된 실제 주문 · 시뮬레이션과 설계 채택에 관련된 반복 주문	· 경쟁사들의 설계 채택 · 설계 채택의 상대적 평균 가치

오직 고객들만이 그리고 고객의 입장에서 생각할 수 있는 고객 전문가들만이 고객의 생각을 제대로 이해할 수 있다.

고객 시나리오를 설계하는 방법

필자의 회사인 세이볼드 그룹은 e비즈니스가 유행하기 전인 10년 전부터 고객 시나리오를 설계해 왔다. 다른 회사들이 업무 과정을 설계하는 동안, 우리는 최종 고객의 관점에서 시나리오를 설계했다. 비즈니스가 e비즈니스로 진화하고 고객 접점과 유통 채널이 다양화되는 흐름에 맞추어 우리 회사의 고객 시나리오 기법도 발전되어 왔다.

고객 시나리오 설계를 잘할 수 있는 방법은 무엇일까? 우선 몇 개의 시나리오를 가지고 시작한 다음에, 고객들이 스스로 시나리오를 만들게 하고, 고객들의 반응과 우선 순위에 따라서 시나리오를 수정해 나갈 것을 권한다. 그렇게 만들어진 시나리오로부터 시제품이나 작업흐름이나 IT 아키텍처를 끌어내기는 쉬울 것이다. 필자의 회사는 지난 10년 동안 의뢰 고객들에게 고객 시나리오 작성법을 자문해 왔다. 대부분의 뛰어난 아이디어들이 그렇듯이, 그것은 아름다울 정도로 간단하다. 물론 아름다운 형식을 뒷받침하는 세부적인 내용과 실행이 중요하다는 것은 말할 나위도 없다.

기본적인 단계는 다음과 같다.

· 표적 고객 집단을 설정한다. 이 때 분류는 최대한 명확하게 해야 한다. (예를 들면, 취학 전 자녀가 있는 직장 여성, 여행사를 통해 출장을 다니는 사업가, 주택 단지를 개발하는 건축업자).
· 고객에게 필요한 일들을 한번에 해결하는 시나리오를 선택한다. (예를 들면, 일주일의 식단을 짠 다음 그에 따라 시장을 보고 나서 정리

해 두는 것, 여행 도중에 일정을 변경하는 것, 배관과 조명과 양탄자
와 가전제품 등의 목록을 동시에 제공함으로써 최종 고객이 골라서 선
택할 수 있게 하는 것).

- 구체적 상황을 설정한다. (예를 들면, 하루 종일 바쁘게 일하다가 지
  친 엄마, 호텔에서 밤을 새는 출장 여행객, 원스톱 부품 조달을 원하
  는 건축업자).
- 시작점과 끝점을 결정한다. 끝점이란 고객이 목표를 성취했다고 인정
  하는 시점을 말한다.
- 생각할 수 있는 모든 상황변수를 고려하여 시나리오를 완성한다. 시
  나리오의 각 단계를 밟아나간다.
- 시나리오를 수행하는 데 필요한 고객 신상 정보(고객의 입장에서 제
  공할 만하다고 인정될 때)와 핵심 업무 이벤트(작업 내용)와 핵심 업
  무 객체(주문서, 상품, 장바구니 등)와 핵심 업무 규칙(이 사람이 신
  규 고객이면, 기념품을 보내라)을 파악한다.
- 이것을 핵심 표적 고객과 시나리오와 상황별로 반복한다. 점차 속도
  가 빨라질 것이다. 여러 개의 시나리오를 만들다보면 재사용이 가능
  한 요소가 무엇인지 알게 될 것이다.
- 이렇게 구체화된 시나리오를 다른 사람들이 테스트하도록 한다. (이
  때 테스트하는 과정을 옆에서 지켜볼 수 있으면 더욱 좋다).

각 표적 고객들에게 이상적인 시나리오를 설계하다 보면, 인터넷과 무
선 이동 통신을 이용하고 싶어질 것이며, 경우에 따라서는 전화나 직접
대면도 가능하게 하고 싶어질 것이다. 고객의 입장에서는 회사와의 직거
래를 원할 수도 있고 유통 채널을 통한 거래를 원할 수도 있다. 오늘날의
비즈니스 전략은 웹에 국한되지 말아야 한다. 채널의 다양성과 함께 매

체의 다양성이 요구된다. 클릭 앤 모르타르가 필요한 것이다.

일단 최종 고객을 위한 시나리오를 만들고 나면, 고객들이 더 쉽게 유통 협력사들의 도움을 받을 수 있도록 하기 위해서 회사가 무슨 일을 해야 하는지 알아낼 수 있을 것이다. 스스로 시나리오를 개발할 때에는 판매하는 제품, 혹은 제품을 취급하는 유통 협력사나 대리점들과 관련된 것부터 시작하지 말고, 제품을 구매하여 사용할 고객들에게 초점을 맞추어야 한다. 그 다음에 협력사, 제품, 서비스 등 고객의 관점에서 의미가 있는 제안들을 추가하면 되는 것이다.

시나리오를 설계한 후에는 이 시나리오를 구현하는 데 필요한 모든 조직적, 경제적, 사업적, 기술적 문제들을 검토해야 한다.

대체로 표적 고객 집단별로 3~6개의 시나리오를 시도해 보는 것이 적당하다고 생각한다. 그리고 나서 발생하는 조직적 혹은 업무상의 문제가 무엇인지 살펴 보라. 그러면 우선적으로 수정되어야 할 정책과 업무와 조직 구조가 무엇인지 알게 될 것이다.

그 다음에, IT 담당자들로 하여금 각각의 시나리오를 지원하기 위해 필요한 IT 인프라와 서비스를 구축하도록 한다. 물론 여기서도 공유할 수 있는 서비스가 많다는 것이 드러날 것이다. 인프라의 우선 순위는 표적 고객 집단과 핵심 시나리오들의 우선 순위에 입각하여 결정될 수 있을 것이다.

고객 스스로 시나리오를 설계하게 하면 설계 주기가 6개월 정도 단축된다. 고객들이 시나리오를 설계할 때에는 고객들이 원하는 접촉 방식이 반영된 업무 과정이 포함되기 때문이다.

15 장

고객 프로필, 고객 포트폴리오, 고객 프로젝트, 고객 자산을 중심으로 전자 시장과 고객 시나리오 네트를 구축하라

고객 충성을 획득할 수 있는 최선의 방법은 무엇일까? 고객의 시간을 절약할 수 있도록 고객 시나리오를 개선하는 것이다. 달리 말하면, 고객들이 중요시하는 일들을 간단히 처리할 수 있도록 돕는 것이다. 고객들은 점점 더 많은 부분에서 전자적인 서비스를 사용하고 있다. 소비자 고객의 경우에는 자산 포트폴리오, 의료 기록, 사진 수집, 자동차 정비와 유지, 각종 청구서 등이 여기에 포함되고, 기업 고객의 경우에는 자재 명세서, 건축 및 설비 관리, 컴퓨터와 네트워크의 재고 및 사양, 보험과 위험 관리, 사무용 소모품 보충, 하청 업체 관리 등이 포함된다.

이와 같은 넓은 범위의 고객 정보들을 고객 **DNA**라 부르기로 한다.

그렇게 부르는 이유는 그것이 기업의 행동을 촉발시키는 방아쇠이며 모든 관련 당사자들 사이의 접촉 결과를 알 수 있는 정보 덩어리이기 때문이다. 고객 DNA는 단순한 고객프로필에 그치는 것이 아니고 살아 숨쉬는 역동적인 상태와 조건을 말한다. 예를 들어, 보충되어야 할 재고, 튠업이 필요하다는 표시등이 들어온 자동차, 갑작스럽게 재조정이 필요하게 된 자산 포트폴리오 등이 여기에 속한다.

상호 협력하는 혹은 경쟁적인 서비스 공급자의 웹사이트에 고객 DNA를 두면, 고객들은 원스톱 쇼핑, 맞춤 서비스, 시간 절약 등의 혜택을 누릴 수 있게 된다.

필자는 장기적으로 보아 고객 DNA를 중심으로 운영되는 전자 시장들만이 성공할 것이라고 확신한다. 왜? 그들은 편리하게 팔고 사는 것 이상의 무언가를 제공하고 있기 때문이다. 그들은 고객들에게 중요한 일들을 처리함에 있어 고객들의 시간을 절약해 줄 것이다.

고객을 묶어두는 전략은 이제 그만

고객에게 중요한 일들을 관리함으로써 고객 충성을 유지할 가능성이 많아지는 것은 사실이지만, 그것을 고객을 묶어두는 방법으로 생각해서는 안 된다. 여러 번 강조하지만 칼자루를 쥐고 있는 것은 고객들이다. 고객들은 개인 정보를 스스로 통제하고 싶어한다. 고객들은 자신을 인질로 잡으려는 기업에게는 정보를 제공하지 않으려 한다. 이미 금융 서비스 회사들은 이와 관련하여 쓰디쓴 교훈을 얻은 바 있다. 금융 기관들은 다른 금융 기관들과 경쟁할 수밖에 없지만, 그렇다고 해도 고객이 원하면 고객의 계좌와 정보를 다른 회사로 쉽게 넘길 수 있는 방법을 제공해야만 한다. 그렇지 않은 회사들은 고객들에게 외면 당하기 때문이다.

고객들은 기업에게 제공한 모든 정보가 보호되어야 하고 또한 완벽한 공개 표준에 부합되는 방식으로 관리되어야 한다고 요구한다. 중요한 정보를 쉽게 다른 곳으로 옮기지 못하게 하는 기업과 거래를 하기에는 고객들의 시간이 너무나 소중하기 때문이다.

고객 DNA는 자석의 역할을 한다

생물학적 DNA가 몸의 신진대사를 조직화하듯, 고객 DNA는 적절한 상황과 적절한 시기에 적절한 서비스가 제공되도록 유도하고 조직화한다. 예컨대 자동차에 서비스가 필요하게 되면 약속 시간이 제안되고 일정이 잡힌다. 재고를 보충할 때가 되면 미리 설정된 제조업체나 물류업체로부터 신속한 연락이 온다. 설계를 마치고 재료 목록이 나오면 여러 업체들로부터 부품의 가격과 물량이 제시된다. 이러한 제조업자나 유통업자들의 제안과 행동들은 고객 DNA라는 자석에 이끌려서 일어난다고 할 수 있다.

DNA는 "Do Not Annoy"의 약자라고도 할 수 있다

고객 DNA를 보유하고 있다고 해서 고객들의 관심을 끌지 못하는 광고나 제안을 마구잡이로 퍼부을 권리가 생기는 것은 아니다. 대부분의 고객들은 당장의 업무에 관련이 있는 제안, 특히 자신의 특별한 요구에 부응하는 제안만 받아들인다. 예를 들어 어떤 고객은 "머플러를 교체하실 때가 되었군요. 고객님의 자동차와 어울리는 최고급 머플러를 반값에 제공합니다."라는 제안을 받아들이겠지만 다른 고객들은 같은 제안을 짜증스럽게 생각할 것이다. 고객들은 자신의 정보뿐 아니라 그것을 누구에게 알릴 것인가와 그것에 대해 어떤 행동을 허용할 것인가에 대한 통제권도 소유하고 있다는 사실을 명심해야 한다.

고객 DNA와 바이러스 마케팅

고객 DNA를 중심으로 각종 서비스와 제조업자와 협력사들을 묶다보면
매우 재미있는 부수 효과가 나온다. 대부분 경우 바이러스 마케팅이 가
능한 것이다. 작동 원리는 다음과 같다. 각 고객의 핵심 정보들이 자석의
역할을 하여 다양한 제조업자와 협력사들을 끌어들인다. 고객의 요구가
충족되면 그 고객은 다른 사람들에게 소문을 내서 끌어들인다. 이 입소
문 메커니즘은 기하급수적으로 작동한다. 신규 고객들이 또 다시 소문을
내기 때문이다. 이것이 바로 바이러스 마케팅이며 네트워크 효과다. 네
트워크 참여자가 많아질수록 네트워크의 가치는 커지게 마련이다.

고객 시나리오 네트의 위력

네트워크 효과를 이용하는 바이러스 마케팅의 형태는 다양하다. 경매 사
이트는 기본적으로 바이러스 마케팅의 속성을 갖고 있다. 구매자들이 많
아질수록 판매자가 많이 몰려오고, 반대로 판매자가 많아질수록 구매자
가 많이 몰려오는 것이다. 이것이 바로 이베이(eBay)의 성공 요인이다.

 고객 시나리오 네트는 경매의 다수구매자/다수판매자 모델보다 한 걸
음 더 나아간 것이다. 이것은 의사/환자라든가 건축사/건축업자의 관계
와 같은 협력 관계로부터 시작한다. 그러나 양 당사자가 1회성 접촉으로
끝내지 않고 공동의 목표를 달성할 때까지 협력하다 보면 제3의 참여자
를 끌어들이게 되는 것이 보통이다. 환자의 경우 고객 시나리오의 목표
는 '내 건강과 가족의 건강을 유지/개선하는 것'이다. 그러기 위해서는
반복적인 방문과 상담, 진찰, 처치, 처방, 영양 관리, 운동, 비용 지출

등이 필요하다. 건축사의 경우에는 고객 시나리오의 목표가 '설계에 따라 건물을 완성하는 것'이 된다. 이 과정에는 건축업자, 하청업자, 건축주, 대금업자, 자재상, 감독기관 등이 참여한다. 고객 시나리오 네트로 연결된 각 참여자들은 실시간 혹은 거의 실시간에 가까운 협력의 위력을 경험하게 마련이다. 이 경험이 좋다고 생각하는 참여자들은 그와 같은 고객 시나리오 관리 방식을 다른 고객이나 협력사에게 추천하게 된다. 고객 시나리오 네트는 복합적인 성장 잠재력을 제공한다. 각각의 고객 시나리오와 결합되어 있는 각각의 고객 DNA들이 각각의 네트워크 효과를 만들어 내는 것이다. 그렇다고 해서 고객 시나리오 네트가 다른 바이러스 마케팅에 비해 성장 속도가 빠르다는 얘기는 아니다. 고객 시나리오 네트의 강점은 지속적인 위력을 발휘한다는 것이다. 그것은 1회성 거래가 아니라 고객들의 핵심적인 업무를 중심으로 조직되는 것이기 때문이다.

메드스케이프(Medscape)와 버즈소(Buzzsaw)의 사례를 살펴보기로 하자. 메드스케이프는 진료 기록 소프트웨어 개발사(Medicalogic)와 유명한 의료 정보 사이트(Medscape/Medline)의 합병으로 태어났다. 메드스케이프 모델에서 높이 평가할 점은 최종 고객(환자)과 함께 시작했다는 점이다. 환자들이 자신의 진료 기록을 볼 수 있게 한 것이 출발점이었다. 메드스케이프는 환자/의사 관계를 중심에 놓고, 환자의 건강을 지킨다는 공통의 목표를 위하여 의사와 환자가 쉽게 협력할 수 있는 방법을 개발해 왔다.

버즈소는 건축업체들을 위한 전자 시장이자 프로젝트 관리 사이트이다. 1999년에 오토데스크(AutoDesk)에서 독립한 버즈소는 빠른 시간 안에 건축 관련 전자 시장의 선두주자로 자리잡았다. 버즈소의 훌륭한 점은 건축사, 엔지니어, 건축업자, 하청업자, 건축주 등 모든 주요 참가자들이 각자의 프로젝트를 관리할 수 있도록 도움을 제공한다는 것이다.

위의 두 고객 시나리오 네트는 동시에 전자 시장이기도 하다. 둘 다 협력사, 제조업자, 광고업자, 광고주, 서비스 제공업자들을 포괄하는 네트워크이지만, 조직의 원리는 시장을 중심으로 이루어진다. 그리고 여기에서 가장 중요한 것이 고객 DNA이다.

∷ 버즈소의 사례 :

고객들의 건축 프로젝트를 관리하는 전자 시장으로 발전하다

건축업은 비교적 일찍부터 B2B 전자 시장이 형성된 업종에 속한다. 고객들 즉 건축사, 건축주, 건축업자들은 매우 복잡한 업무를 쉽게 관리할 수 있기를 원한다. 하나의 건축 프로젝트에는 수백 가지 공정과 수십 군데의 관련업체와 수천 가지 자재, 그리고 헤아릴 수 없이 많은 의사결정이 필요하다. 이런 프로젝트를 디지털 세상으로 옮기는 것은 고객과 사업자 모두에게 매력적인 것이었다.

애초에 오토데스크(AutoDesk)는 전자 시장을 구축할 생각이 없었다. 캘리포니아에 본사를 둔 오토데스크는 전세계 CAD 시장의 선두주자로서 아무 문제없이 순항 중이었다. 오토데스크의 오토캐드(AutoCAD)는 건축사들과 엔지니어들 사이에 사실상의 표준 설계 도구가 되어 있었다. (오토캐드는 현재 전세계의 4백만 설계 전문가들이 사용하고 있다.)

옛날부터 건축사, 건축업자, 하청업자, 건축주 사이에는 협력 관계가 있어 왔다. 근래에 와서 달라진 점이라면 청사진, 3D 모델, 공학적 스트레스 테스트 등을 포함하여 여러 설계 작업이 전자적으로 이루어지고 있다는 것이다. 따라서 진행중인 작업들이 전자적으로 공유될 필요가 생겨났다. 그것은 이메일로 파일을 주고받는 수준을 말하는 것이 아니다. 프로젝트 관리 자체를 전자적으로 할 수 있어야 하고, 효과적인 협력 작업을 할 수 있어야 한다.

앤 보나파르트(Anne Bonaparte)는 1996년 말에 오토데스크의 판매 조직에 몸담고 있었다. 설계 도구를 사용하는 방법과 차후 버전에 대한 기대를 묻는 설문을 정리하던 그녀는 놀라운 대답을 발견했다. "더 이상 새로운 기능을 추가하지 말라." 이것이 고객들의 요구였다. "우리는 건축 프로젝트를 완수해야 합니다. 그 과정에서 일이 잘못되는 경우는 수없이 많지요." 어떤 고객이 인텔의 칩 생산설비를 짓다가 발생한 문제를 설명하면서 앤에게 했던 말이다. 그 고객은 인터넷으로 도면을 보냈는데 그것이 인텔의 방화벽을 통과하지 못하고 돌아왔다고 한다. 그래서 하루를 날려먹은 것이다. "인텔의 공장 건설에서 하루를 낭비했다면, 100만 달러를 손해본 셈입니다."

이런 이야기들을 들으면서 앤의 상상력이 작동하기 시작했다. 엔지니어, 건축사, 건축업자, 하청업자들이 도면을 전자적으로 공유하면서 처음부터 끝까지 프로젝트 전체를 관리할 수 있는 좋은 방법이 없을까? 몇몇 고객들에게 이런 생각을 말했더니, 그들은 열렬히 환영하면서 몇 가지 단서를 붙였다. 1) "프로젝트 관리 기법이나 관리 프로그램을 판매하려고 하지 말 것". 그녀는 건축 프로젝트에 참여하는 사람들은 모두가 자기 나름의 프로젝트 관리 방법을 선호한다는 것을 발견했다. 그리고 하나의 프로젝트를 함께 한 사람들이 다음 프로젝트를 함께 하는 경우가 드물다는 것도 알았다. 프로젝트가 바뀌면 참여자들도 바뀌는 것이다. 2) "자사 프로그램의 사용을 요구하지 말 것." 오토캐드가 업계의 선두를 달리고 있기는 했지만, 많은 회사들이 둘 이상의 프로그램을 사용하고 있었으므로 타사 제품과의 호환성을 필요로 하고 있었다.

사내 벤처로 시작하다

1997년 1월에 앤은 공동 프로젝트 관리 공간에 관한 사업 계획서를 완성하여 오토데스크의 CEO 캐롤 바르츠(Carol Bartz)와 이사회에 제출하였다. 이사회는 그녀의 아이디어를 받아들이고 그녀에게 비밀 프로젝트 팀을 구성하라고 했다. 그러나 앤은 그 제안을 거절하고, 장부상으로는 오토데스크 산하의 사내 벤처로 하되 실질적으로는 기존의 소프트웨어 개발 부서에서 관리하는 방안을 제안했다. 그녀는 오토데스크의 고참 엔지니어들의 참여가 필수적이라고 믿었으며, 오토데스크 고객들의 요구도 소프트웨어 설계에 영향을 미칠 것이라고 생각했다.

오토캐드의 소프트웨어 개발 팀을 이끌고 있던 CTO 칼 바스(Carl Bass)는 새로운 개발 팀이 자신의 휘하에 만들어지는 것을 열렬히 환영했다. 앤과 칼은 오토캐드 개발 팀의 기술자들과 예비 고객인 건축사들을 모아 30명 정도의 팀을 만들었다. "이와 같은 통합적 접근 방법은 매우 성공적이었습니다." 앤의 말이다. "우리가 하는 일을 오토캐드 개발 부서와 공유할 수 있었지요. 서로 다른 문제를 풀고 있기는 했지만 엔지니어들은 아이디어를 공유할 수 있었습니다. 그리고 오토캐드 개발 기술자들은 우리와의 공동 작업으로부터 자극을 받아 더 적극적으로 오토캐드를 개선하게 되었습니다." 어떤 문제든 핵심을 간파하는 동료의 능력에 감탄한 어떤 팀원이 농담삼아 한 말이 프로젝트의 별명이 되어버렸다. "자네는 뭐든지 다 해내는 둥근톱(buzz saw)이군." 이렇게 해서 버즈소란 이름이 태어난 것이다.

고객의 요구를 수집하여 시험 서비스를 하다

앤의 팀은 어떤 식으로 이 프로젝트 공동 관리 및 파일 공유 계획을 위한 고객들의 요구를 수집했을까? "우리는 수없이 여러 번 고객 조사를 하였습니다." 앤의 회상이다. "팩스로도 조사했고 이메일로도 조사했습니다. 오토데스크 고객이 아닌 사람들도 조사했습니다. 우리 고객만 조사하면 결과가 왜곡될지도 모른다고 생각한 거지요. 어떤 프로젝트를 수행하면서 건축사들끼리 의견을 교환한다는 것이 어떤 의미가 있는지 건축사들에게 물어보았습니다. 그들이 현재 사용하고 있는 수단이 택배인지, 팩스인지, 이메일인지도 물어보았습니다." 계속해서 고객들의 요구를 조사하던 앤의 팀은 고객 6명으로 이루어진 고객 자문위원회를 구성하기에 이르렀다. "위원회는 일종의 베타테스터 역할을 했습니다." 그들은 자기 분야의 전문가들이었다. "우리는 그들에게 우리가 준비한 시험 서비스를 이용해 보라고 했습니다. 그들의 의견은 서비스를 구축하는 데 큰 영향을 미쳤습니다."

앤이 계속하여 설명했다. "우리는 오토데스크 제품을 사용하지 않는 사용자들도 필요했습니다. 우리는 그 사람들에게 '이것은 정말로 소프트웨어 중립적인 플랫폼인가?' 라고 물어보았습니다. 고객들이 MS 워드와 엑셀에서부터 각자가 선호하는 소프트웨어 패키지들에 이르기까지 모든 파일 포맷들을 볼 수 있고 관리할 수 있는지 알고 싶었던 것입니다. 결과는 웹브라우저를 통해 볼 수 있는 포맷들은 문제가 없다는 것이었습니다." 오토캐드를 사용하지 않는 고객들도 편안하게 파일을 보고 관리할 수 있었다. 오토캐드 고객들은 별도의 성능을 요구했다. 그들은 공유 프로젝트 폴더 안에서 관리되는 오토캐드 도면 안에서 특정 설계 요소들 예컨대 창문과 문과 전기 설비 등을 검색할 수 있게 해달라고 했다. "우리는 설계/건축 정보들을 교환하고 협력하는 문제들을 해결하느라 1년 반을 보냈습니다." 칼 바스의 회고다.

1999년 3월에 오토데스크는 버즈소 프로젝트의 첫 번째 알파버전을 몇몇 고객을 대상으로 조용히 테스트하기 시작했다. 6월에는 기존 오토캐드 고객과 오토캐드를 사용하지 않는 고객들 모두를 위한 베타버전이 실제 작업에 사용되기 시작했다.

고객들로부터 돌아온 매우 재미있고 놀라운 피드백이 향후 버즈소의 비즈니스 모델에 큰 영향을 주었다. 고객들이 프로젝트라는 것에 대하여 다양한 생각을 갖고 있음이 드러난 것이다. 디즈니랜드-홍콩 팀의 단일 프로젝트에는 여러 해에 걸쳐서 많은 건물을 짓는 작업이 포함된다. 반면에 어떤 팀은 건물 각층을 하나의 프로젝트로 생각한다. 또 다른 어떤 팀은 캠퍼스의 각 건물을 하나의 프로젝트로 간주한다. "어떤 프로젝트에는 말 그대로 몇 기가바이트의 자료가 필요한 반면, 6장의 도면으로 충분한 프로젝트도 있었습니다." 또 어떤 팀들은 하나의 프로젝트를 몇 가지 분야로 예컨대 설계와 건축과 문서로 나누기도 하였다. 앤은 경쟁업체들처럼 프로젝트의 수에 따라서 요금을 부과하면 안 된다는 것을 깨달았다. 그래서 버즈소는 디스크 사용량을 기준으로 요금을 부과하기로 결정했다. 요금은 프로젝트 소유자-보통은 건축주나 건축업자, 가끔은 건축사-에게 청구하기로 했다. 나머지 프로젝트 참가자들은 사이트에 등록하고 사용하기만 하면 되었다. 고객들은 이 비즈니스 모델에 불만이 없었다.

오토데스크로부터 독립하다

1999년 봄에 앤은 버즈소가 인큐베이터를 벗어나 하나의 독립된 벤처기업으로 독립할 시기가 되었다고 생각했다.

첫째, B2B 전자 시장이 달아오르고 있었다. 처음에는 버즈소가 고객들의 프로젝트 관리와 문서 교환을 도와주는 도구로 출발했지만, 그것은 사실 훨씬 폭넓은 개념인 전자 시장을 향한 첫걸음이었던 것이다. 벌써 고객들은 온라인으로 하청업자와 자재 판매상을 찾을 수 있게 해달라고 요구하고 있었다. 그들은 또 입찰 요청서를 발행하고 싶어했다. 온라인으로 자재를 직접 구입할 수 있기를 원했다. 요컨대, 프로젝트를 온라인으로 관리하는 고객들이 필요로 하는 것들을 온라인으로 제공해 달라는 것이었다. 그리고 이미 건축 전자 시장에는 시타돈(Citadon)과 빌드넷 (BuildNet)을 비롯하여 수십 개의 경쟁업체들이 존재하고 있었다. 4조 달러에 이르는 세계 건축산업이 안고 있는 수많은 비효율성은 결국 B2B 전자 시장을 통해서 해결될 것으로 보였다.

둘째, 버즈소 팀은 제안을 구현할 수 있는 기술이나 혹은 그런 기술을 가진 회사를 필요로 했다. "우리가 얻으려는 성과들은 오토데스크의 핵심 사업에서 벗어난 것이었습니다. 그리고 우리의 경쟁상대는 오토데스크와는 전혀 다른 방식으로 운영되는 순수 B2B 기업들이었습니다. 그들은 신속하게 거래를 할 수 있었으며, 자사 주식을 가지고 자금을 확보할 수 있었습니다. 우리도 빨리 독립해 나갈 필요가 있다고 생각했습니다."

이러한 앤의 제안은 이사회에 논쟁을 불러일으켰다. "그것은 오토데스크 안에서 매우 뜨거운 관심사였습니다. 비즈니스 모델이 특이했었기 때문이지요. 자금은 온라인으로 제품을 판매할 수 있게 될 자재 회사들로부터 받을 수 있다고 생각했습니다. 우리는 버즈소의 변신을 생각하며 들떠 있었지요." 결국 B2B 경험이 있는 벤처캐피탈을 물색하는 것으로 결론이 났다. 오토데스크로서는 당분간만이라도 지배주주의 위치를 유지하고 싶었겠지만, 이사회는 결국 벤처캐피탈 커뮤니티로부터 인정을 받기 위해서 외부 자금을 끌어들이는 것이 좋겠다고 결정했다.

벤처캐피탈은 멀리서 찾을 필요가 없었다. 3년 동안 B2B 업체에 투자를 해왔던 크로스포인트 벤처 파트너스(Crosspoint Venture Partners)의 존 멈포드(John Mumford)가 재빨리 투자를 결정한 것이다. 존은 경영의 천재인 래리 웨어즈(Larry Wares)를 소개했다. 1990년대 초에 비드팩스(BidFax)라는 회사를 설립했다가 매각한 경력이 있는 래리는 건축업계에서 20년 이상의 경력을 갖고 있었다. 그는 건축업자와 하청업자들 사이의 커뮤니케이션을 향상시키기 위해 인터넷을 사용하는 방법을 담은 사업계획서를 크로스포인트에 제출한 적이 있었다. 래리는 비효율적인 커뮤니케이션이 건축 프로젝트 자금의 10%를 낭비한다고 지적했다. "우리는 만나자마자 마음이 통했습니다." 앤의 말이다. "저녁 식사를 몇 번 같이하고 나서는 완전히 한패가 되었지요. 먼저 해결해야 할 문제가 버즈소 참여자들의 협력작업이라는 데에 의견이 일치했습니다. 해결 방향이 단순함과 속도라는 데에 합의한 다음, 무엇이 중요하고 무엇이 중요하지 않은가에 대해서도 의견이 일치되었습니다." 1999년 6월에 앤이 이사회에 새로운 계약 내용을 보고했다. 내용인즉 크로스포인트가 1500만 달러를 투자하고, 래리는 버즈소의 전략 개발을 담당하고, 칼 바스가 사장 겸 CEO가 되고, 앤은 계속하여 비즈니스 개발을 담당한다는 것이었다. 1999년 10월에는 버즈소닷컴이 독립 회사가 되었고 11월에는 공식 사이트가 출범했다. 출범 초기에는 66명의 직원과 20여 명의 활동 고객들이 수백 개의 건축 프로젝트를 수행하는 수준이었다.

버즈소의 기능적 발전

계획과 설계

최초의 버즈소닷컴 사이트는 설계 및 건축 전문가들이 온라인으로 함께 일할 수 있는 작업 공간을 제공하는 일종의 프로젝트 호스팅 시스템이었다. 모든 건축 계획과 스케줄, 계약, 조달 관련 문서들을 온라인으로 접할 수 있었다. 팀의 토론이나 경영상의 결정, 문서 수정 등은 자동으로 정리되었다. 그리고 온라인 회의 도구를 이용하면 회의를 하면서 실시간으로 도면을 수정할 수 있었다.

건축 관리

다음에 버즈소는 구성원들 사이에 문서나 경고를 편리하게 주고받을 수 있게 해주는 유연한 작업흐름 시스템을 추가했다. 이에 따라 구성원들은 이메일, 전화, 팩스, 무선호출기 중에서 자신이 선호하는 방식을 선택할 수 있게 되었다.

입찰

2000년 가을에는 건축업자가 신속하게 입찰 요청서를 발행하고 여러 하청업체들에 관한 다양한 정보를 수집할 수 있도록 하는 입찰 모듈을 추가했다. 전문분야별로 등록된 하청업체들은 무료로 입찰 요청서를 받았다.

디렉토리 서비스

처음부터 버즈소는 설계와 건축 분야의 전문 자료들을 많이 확보하고 있었다. 시간이 지나면서 거기에 제품 설명서, 명세서, 기술 자료, 그래픽, 수천 가지의 자재 목록 등이 추가되었다.

구매와 판매

버즈소는 2000년 3월에 아리바(Ariba)와 제휴하여 건축자재 및 장비 매매 시스템을 구축했다. 전자상거래 플랫폼 분야의 선두기업과 협력하게 됨으로써 버즈소는 소프트웨어 자체의 기능 외에 같은 플랫폼을 사용하는 수백 개의 제조업자들과 연결되는 부수입을 얻었다. 이것은 참으로 멋진 변화였다. 이것은 예컨대 오웬스 코닝(Owens Corning)과 같은 제조업자의 입장에서 보면 여러 회사에 제품 정보, 재고 현황, 물류 정보 등을 개별적으로 제공할 필요가 없어지고, 대신에 버즈소/아리바의 시스템 한 군데에만 제공하면 되는 것이다.

고객 확보

"처음 몇 달 동안은 목표를 상당히 보수적으로 잡았습니다." 앤의 말이다. "우리는 그저 회사를 출범시켜 Y2K를 무사히 넘기고 괜찮은 고객 경험을 만들어내는 정도면 된다고 생각했습니다. 신규 고객의 획득에 연연하지 않았습니다. 사실 더 많은 경험을 축적하기 전에 고객이 많이 몰려오는 것도 바람직한 일은 아니었거든요." 본격적인 마케팅은 2000년 1사분기에 시작되었다. 그 무렵 버즈소의 고객 수는 230명 정도였는데, 대부분의 고객들은 둘 이상의 프로젝트를 운영하고 있었다. 고객 중에는 듀폰(DuPont)이나 디즈니와 같은 대기업도 있었고, 엘러비 베케트(Ellerbe Becket)나 스키드모아 오윙스(Skidmore Owings)와 같은 대형 건축회사도 있었으며 한두 명이 일하는 소규모 건축회사들도 있었다.

2000년 3월에는 미국 최대 은행인 아메리카 은행에서 전화가 걸려왔다. "그들의 목적은 건축관련 대출 관리 업무를 개선하는 것이었습니다." 앤의 설명이다. 건축업체는 은행 대출을 받기 위하여 프로젝트의 각 단계가 진행될 때마다 은행에 도면을 제출한다. 은행의 대출 부서는 예컨대 공정의 30%가 끝났음을 보여주는 도면들과 함께 돈을 지불해 달라는 내용의 편지나 팩스를 받는다. "은행에서는 이것을 '봉투 돌리기(envelope process)'라고 부릅니다" 앤의 설명이다. "봉투 안에 도면들을 넣은 다음 거기에 결재를 해야 하는 사람들에게 돌리기 때문에 생긴 이름이지요. 그러다가 버즈소닷컴에 접속하여 프로젝트 진행 상황을 점검하고 도면을 보면서 온라인으로 건축업자와 대화하는 일이 매우 쉽다는 것을 알게 되자, 은행 직원들은 놀라 기절할 지경이었습니다. 그들은 대출 업무의 효율을 증진할 수 있을 뿐 아니라 위험부담도 줄일 수 있다는 것을 알게 되었습니다." 아메리카 은행은 버즈소닷컴을 건축 자금 대출 업무의 표준으로 삼았으며, 새로 대출을 받을 사람들은 버즈소닷컴에 공사 진척 상황을 보고하게 하였다. 물론 버즈소닷컴을 통하여 대출금을 받는 고객들은 버즈소가 제공하는 다른 서비스도 이용할 수 있다.

부동산 개발업자들도 버즈소닷컴의 초창기 고객이 되었다. "그 사람들은 정말 의사결정이 빠르더군요. 우리는 항상 우리의 서비스가 건축 프로젝트의 맨 처음부터 마지막까지 모든 과정을 관리해야 한다고 생각했지만, 사실 건축사보다 전 단계인 부동산 개발업자들을 끌어들일 수 있을지 확신이 없었습니다. 그런데 그 사람들은 버즈소닷컴에 관한 소문을 듣자마자 그것이 자기네의 다음 번 프로젝트를 관리하는 도구로 적합한지 알아보러 왔습니다."

바이러스 마케팅

버즈소의 성공 비결은 고객이 고객을 끌어오는 방식, 즉 바이러스 마케팅이다. 어떤 고객이 버즈소닷컴에서 작은 프로젝트를 하나 시작하고 거기에 두 명이 팀원으로 참여한다고 하자. 팀원들은 그 고객의 요청에 따라 버즈소에 가입하고 버즈소의 서비스를 이용한다. 팀원 중 누군가가 나중에 다른 프로젝트에서 일하게 되면, 그 사람이 새로 만난 팀원들에게 버즈소를 사용하자고 제안한다. 이런 일이 계속 진행되는 것이 바이러스 마케팅이다. 출범 7개월 만에 버즈소는 하루 70개의 프로젝트가 들어올 정도의 높은 성장률을 기록했다. 하나의 프로젝트에는 평균 6~10명 정도가 참여한다고 보면 된다. 9개월 후에는 매일 130개의 신규 프로젝트가 생겨났으며, 사용자 수로 보면 하루 500명씩 늘어나고 있었다.

2000년 여름에는 9만 명의 고객이 총 17400개의 프로젝트를 운영하고 있었다. 그리고 공식 출범 1주년인 11월 1일에는 10만 명 이상의 활동 고객이 2만 개 이상의 프로젝트를 진행하고 있었다.

자본금을 늘리다

2000년은 B2B 투자가 매우 활발한 한 해였지만, 4월의 닷컴 위기 이후에는 B2B 기업들도 증자하기가 만만치 않게 되었다. 다행히 버즈소는 4월초에 7500만 달러의 투자자본을 확보할 수 있었다. 이번 증자를 주도한 것은 모건스탠리(Morgan Stanley)였으며 증자에는 모건스탠리의 부동산 펀드도 전략적으로 참여했다. 초기 투자자인 오토데스크와 크로스포인트도 참여했고 아메리카 은행도 참여했다. 이로써 버즈소의 자본금은 총 9천만 달러가 되었다.

비즈니스 모델의 발전

앞서도 언급했지만, 버즈소의 과금 체계는 고객들이 사용하는 디스크 저장 용량을 기준으로 하고 있다. 사용료 지불은 대개 건축사나 프로젝트 관리자의 몫이다. 그들은 저장 용량과 프로젝트 관리 서비스에 대하여 수수료를 지불하고 있다. 출범 첫해에는 대부분의 수익이 저장 용량에 대한 수수료에서 발생했다. 2년째부터는 광고 수익이 버즈소의 수익에 추가되었다(디렉토리 서비스 목록에 등재되는 것은 무료이지만, 많은 전문 업체들은 거기에 로고나 추가 정보를 덧붙이기 위해 추가 비용을 지불하고 있다). 건축자재와 서비스 공급자들로부터도 후원금을 받고 있다. 2001년 중반에는 버즈소 수익의 3분의 1이 사이트에서 일어나는 전자상거래로부터 발생할 것으로 예상된다.

결과

공식 출범 1주년인 2000년 11월에 버즈소닷컴에서는 15만 명의 회원들이 2만여 건의 프로젝트를 운영하고 있었다. 프로젝트 하나에 평균 7.5명이 참가하고 있는 셈이다. 고객의 15%는 해외(미국이 아닌) 고객이었으며, 일부 미국 고객들은 버즈소닷컴을 이용하여 전세계 각국에서 벌어지는 프로젝트들을 원격으로 관리하고 있었다.

교훈

고객들이 버즈소 사이트로 몰려드는 이유는 그들에게 정말로 필요한 일, 즉 여러 협력사나 거래처와 관련된 복잡한 프로젝트를 관리할 수 있는 곳이기 때문이다. 그리고 버즈소가 고객들에게 일률적인 프로젝트 관리 기법을 강요하지 않았다는 점에도 주목할 필요가 있다. 고객들마다 10년 이상 사용해온 나름의 프로젝트 관리 기법이 있다는 사실을 안 버즈소는 사용자 편의 중심으로 서비스를 제공하였다. 덕분에 고객들은 기존에 사용하던 프로젝트 관리 소프트웨어를 계속 사용할 수 있었다. 고객들은 또 다양한 참여자들(대출금을 관리하는 은행, 공사를 총괄하는 건축업체, 설계 변경을 승인하는 건축사, 주문서 수정을 승인하는 건축주 등) 사이에 필요한 추적/송달/승인/경고 등의 간단한 작업흐름을 설계할 수도 있다.

그리고 기하급수적인 성장을 가능하게 한 바이러스 마케팅에도 주목해야 한다. 고객이 고객을 끌어오는 것이다. 하나의 프로젝트가 성공하면 보통 5개 이상의 새로운 프로젝트가 만들어지고 각각의 프로젝트에는 새로운 고객들이 참여하므로 바이러스 마케팅의 효과는 엄청나게 크다.

기술적인 측면을 보면 버즈소는 소프트웨어를 직접 제작하지 않고 가능한 한 업계 최고의 소프트웨어를 구입하는 정책을 사용했다. 웹엑스 커뮤니케니션(WebEx Communications)의 공동작업 프로그램과 위즈넷(Wiznet)의 제품 카탈로그와 아리바의 전자상거래 플랫폼이 버즈소 사이트에서 사용되고 있는 대표적인 소프트웨어들이다.

마지막으로, 버즈소가 모든 사람들이 참여할 수 있는 열린 환경을 추구했다는 점에 주목하기 바란다. 고객들은 버즈소의 사이트에서 모든 설계 소프트웨어와 프로젝트 관리 소프트웨어를 사용할 수 있을 뿐 아니라, 대형 프린터를 이용하여 설계도를 인쇄하는 업체에서부터 설계도를 보고 자재 청구서를 만들어주는 소프트웨어 개발 회사에 이르기까지 다양한 협력업체들의 사이트로 바로 이동할 수 있다.

패티의 제안

버즈소는 멋지게 출발했지만 그 업계는 경쟁이 치열한 곳이다. 칼 바스의 설명에 따르면 온라인 건축 업계에는 170개 이상의 업체가 경쟁하고 있다. 지속적인 발전을 위해서는 또 한번의 증자가 필요할 것으로 보인다. 고객 경험에 집중해야 하는 것은 당연한 일이지만 기능에 있어서도 경쟁업체들에게 뒤지지 말아야 한다. 버즈소는 오토캐드의 후광을 이용해야 한다. 기존의 오토캐드 사용자들을 고객으로 끌어들여야 한다는 것이다. 그리고 오토캐드를 활용하는 더 완벽한 통합 서비스를 제공해야 할 것이다. 예를 들어 제조업체 카탈로그에 텍스트와 이미지와 몇 가지 파라미터만 포함시키는 것이 아니라 소프트웨어 객체를 포함시키면, 설계자들이 카탈로그에서 자신의 도면으로 드래그 앤 드롭(drag and drop) 할 수 있도록 만들 수 있을 것이다. 그렇게 되면 버즈소의 고객들은 설계, 시뮬레이션, 자재 주문, 건축, 유지관리 등을 포함한 전 과정을 전자적으로 처리할 수 있게 될 것이다.

마지막으로 버즈소는 투자자들에게 고객 프랜차이즈의 가치를 강조해야 한다. 투자자들에게 보여주어야 할 진정한 가치는 고객 충성이며, 그것은 활동 고객의 수와 프로젝트의 수, 프로젝트 관리 활동의 깊이와 넓이에 의해 결정된다.

버즈소를 위한 고객 조종실 초안			
	항해	성능	운영	환경
고객 수	· 활동적인 고객의 수(프로젝트 소유자) · 활동적인 사용자의 수(프로젝트 참여자) · 활동적인 프로젝트 수 · 활동적인 제조업자 수	· 고객 소개에 의한 신규 활동 고객의 수 · 고객 소개에 의한 신규 활동 사용자의 수 · 신규 활동 프로젝트의 수	· 사용자 1인당 참여 프로젝트 수의 증가율 · 프로젝트의 평균 규모 증가율 · 제조업자 수의 증가율	· 건축 관련 업체들의 수 · 진행중인 대형 프로젝트의 수 · 온라인 건축 사이트의 수
고객 유지	· 고객 1인당 유지 비율 · 사용자 1인당 유지 비율 · 프로젝트 1건당 유지 비율	· 다른 프로젝트에도 참여하는 사용자의 비율 · 사이트에서 제공하는 하청업자 및 제조업자 정보의 정확성과 이용 가능성	· 사이트를 이용하는 팀 구성원의 비율 · 사이트에서 발행된 입찰 요청서의 수 · 도면 제출을 요구하는 대출 담당자의 수	· 경쟁사 사이트의 사용 편의성 · 경쟁사 사이트의 데이터 전송 편의성
고객 경험	· 공동작업 도구와 자원에 대한 사용자 만족도 · 프로젝트 관리의 효율성에 대한 사용자 만족도 · 구매 기회에 대한 사용자 만족도	· 공사진척도에 따른 지불에 걸리는 시간 · 소프트웨어와 애플리케이션의 호환 비율 · 핵심 고객 시나리오의 전반적 성능	· 기능개선 속도 · 네트워크 가동시간 · 네트워크 전송률	· 경쟁사 사이트의 사용 편의성 · 경쟁사 고객 시나리오의 성능
고객 지출	· 프로젝트 1건당 수입과 수익 · 고객 1인당 수입과 수익 · 사용자 1인당 수입과 수익	· 평균 프로젝트 수수료 · 평균 거래 규모 · 프로젝트 1건당 평균 거래횟수 · 프로젝트 유치 수입(가입비) · 거래 수입 · 광고 수입	· 프로젝트 1건당 평균 저장 용량 · 프로젝트 1건당 절감된 평균 시간 · 프로젝트 1건당 절감된 평균 비용	· 총 건축비 · 총 설계비

메드스케이프의 사례:

환자들의 디지털 진료 기록을 핵심에 놓다

몇 년 전까지만 해도, 의사와 환자의 관계는 일방적인 지배 복종의 관계였다. 의사는 전지전능했고, 환자는 모든 정보와 치료를 오로지 의사에게 의존할 수밖에 없었다. 그러나 오늘날의 환자들은 훨씬 큰 힘을 가지고 있다. 쉽게 접할 수 있는 의료 정보와 건강관리 정보가 널려 있으므로 환자들은 병원에 가기 전에 이미 많은 정보로 무장할 수 있다. 증상을 조사하고 원인을 추론하며 대안 치료 방법을 찾아볼 수도 있다. 그러나 세계의 의료 환경은 여전히 구태의연하다. 서류 뭉치와 관료주의에 빠져 있던 환자와 의사와 병원과 의료보험 회사들이 이제 막 건강관리의 현대화를 위한 노력을 시작하고 있는 실정이다. 이번 사례 연구를 통해 보게 되겠지만 의료 분야에서도 변화는 이미 시작되었다. 변화의 가장 강력한 촉매 역할은 디지털 진료 기록이 담당할 것으로 보인다.

마크 리비트(**Mark Leavitt**)는 기초 건강관리 분야에 혁명을 일으킨 사람이다. 그가 건강관리 분야의 현상타파를 생각하게 된 것은 아마도 그의 기술적 배경 덕분일 것이다. 그는 전기 기술자로 사회에 첫발을 내딛었다가 중간에 진로를 변경하여 의사가 된 특이한 경력을 갖고 있다. 의사로 일하면서 마크는 건강관리 분야의 형편없는 정보 인프라에 크게 실망했다. 80년대 초에 그는 자신의 업무와 환자들의 진료 기록을 전자적으로 관리할 수 있는 프로그램을 만들기 시작했다. "건강관리 업계에서는 환자와 의사의 관계가 핵심입니다. 그런데 그 관계가 종이 서류철 안에 갇혀 있는 형편이었습니다." 마크의 불만이었다.

얼마 지나지 않아 다른 의사들이 마크의 환자 관리 프로그램을 사용할 수 있느냐고 물어왔다. 마크는 자신이 의사에서 소프트웨어 사업가로 변하고 있음을 깨닫고는 다시 진로를 변경했다. 1985년에 의사용 진료 기록 소프트웨어를 개발하고 판매하는 소프트웨어 회사를 설립하고 회사의 이름을 메디컬로직(Medicalogic)이라 지었다.

1999년 중반에는 메디컬로직의 진료 기록 프로그램인 로지션(Logician)을 사용하는 의사가 1만 명에 이르렀고 총 7백만 개의 환자 기록이 관리되고 있었다. 그러나 이것이 빙산의 일각에 불과하다는 것을 마크는 알고 있었다. 가장 커다란 변화는 아직 시작되지도 않았던 것이다. 마크는 환자가 자기의 기록을 열람할 수 있게 하는 것과 의사와 환자가 기록을 공유할 수 있도록 하는 것이 결정적인 변화를 일으킬 것이라고 생각했다. 그리고 때는 바야흐로 인터넷의 시대였다.

의료 정보를 공유하는 문제

유럽 여러 나라에서는 기초적인 건강관리 비용을 정부가 지불하고 있으며 진료 기록을 보관하고 공유하는 방법도 미국보다 많이 발전해 있다. 건강관리 인프라가 거의 민간 소유인 미국에서는 발전 속도가 들쭉날쭉하다. 의사들은 여전히 종이에 진료 기록을 보관하고 있으며, 필요한 경우에는 그것을 복사하여 다른 의사나 의료 기관에 팩스로 보낸다. 반면에 보험회사나 정부의 의료보장 제도(Medicare와 Medicaid)에 의한 진료비 청구서는 점차 전자적으로 바뀌고 있다. 환자들은 아직도 자신의 진료 기록이 어떻게 되어있는지, 진찰 결과가 어떤지, 처방이 무엇인지를 알기가 쉽지 않다.

보안과 프라이버시

건강관리 산업의 디지털화는 매우 더디게 진행될 거라고 생각하는 사람들이 많다. 진료 기록에 대한 보안과 프라이버시의 문제가 간단치 않기 때문이다. 그러나 미국 정부는 디지털 진료 기록의 안전한 공유를 위한 기초가 될 일련의 법률들을 제정해 왔다. 미국 건강관리 산업에도 변화가 시작된 것이다.

1996년 미국 의회는 HIPAA(Health Insurance Portability and Accountability Act) 법령을 제정하였다. 거기에는 건강관리 산업에서 일어나는 모든 행정적 조치와 금융 거래에 대하여 표준화된 전자적 전달 체계가 만들어져야 한다고 되어있다. 유예기간이 5년이므로 2001년까지는 모든 건강보험 자료를 새로운 표준을 이용하여 주고받을 수 있게 될 것이다. HIPAA 법령이 모든 진료 기록을 표준화된 전자적 형태로 유지해야 한다고 명시적으로 규정하고 있는 것은 아니지만, 건강보험에 관련된 정보는 전자적으로 제출하도록 요구하고 있기 때문이다. 또 메디카이드(Medicaid)의 HCFA(Health Care Financing Administration)에 제출되는 모든 청구서에는 표준화된 의료 용어만을 사용하게 되어있다. 그리고 HCFA는 의료 정보의 암호화와 인터넷을 통한 전송 방식의 표준을 제정하였다.

1999년 7월에는 미국 상원이 환자의 권리 장전(the Patients' Bill of Rights)을 통과시켰다. 이 법은 민주 공화 양당의 수정 작업과 의사협회의 찬성을 얻은 다음 10월에 하원을 통과했다. 이 법은 환자의 프라이버시를 보호하는 내용을 담고 있는 한편, 의사들에게는 규정된 방식으로 기록을 보존할 것을 요구하면서 환자들이 자신의 기록에 신속하게 접근할 수 있게 해야 한다고 규정하고 있다. 뒤이어 전자서명법이 제정되어 디지털 서명이 법적 구속력을 갖게 되었다. 요컨대 1999년과 2000년 사이에 환자들의 기록이 전자적인 형태로 안전하게 보존되고 인터넷을 통해 안전하게 전송될 수 있도록 하기 위한 대부분의 법적 인프라가 마련되었다고 할 수 있다.

환자의 프라이버시와 접근권

이 여러 가지 입법 중에서 가장 혁명적인 부분은 아마도 자신의 기록에 대한 환자들의 열람권과 통제권에 대한 합의가 이루어졌다는 사실일 것이다. 물론 의사들 역시 권리가 필요하다. 마크는 의사의 한 사람으로서 어떤 환자가 기록을 열람하는지 알 수 있기를 바랐고, 공식 정보와 자기의 개인적 주석 부분을 나누어서 주석 부분에는 환자의 접근을 통제할 수 있기를 바랐으며, 환자가 보고 있는 정보가 정확한 최신 정보라는 것을 보장할 수 있기를 바랐다.

보안 인프라

가장 먼저 필요한 것은 의사가 진료 기록을 저장하고 환자나 허가 받은 다른 의사가 그것을 볼 수 있도록 하기 위한 안전한 환경이었다. 그래서 메디컬로직은 전자 인증서 시스템을 갖춘 안전한 데이터 센터를 만들었다. 데이터 센터는 물론 물리적인 면에서 철저히 감시된다. "차트가 저장된 방에 들어가려면 생체인증을 거쳐야 합니다. 그리고 전자 인증서가 보관된 방에는 반드시 권한 있는 사람 두 명이 함께 들어가야 합니다." 마크 리비트의 설명이다.

인터넷을 통한 진료 기록의 수집과 공유

두 번째로 필요한 것은 사무실 컴퓨터에 로지션을 설치하지 않고도 의사들이 인터넷을 통해 접근하고 사용할 수 있게 하는 진료 기록 소프트웨어였다. 메디컬로직은 1999년에 로지션의 재설계 프로젝트를 시작하여, 2000년 3월에 자바 기반의 로지션 인터넷(Logician Internet)을 만들어냈다.

물론 사람들은 하루 종일 인터넷에 접속해 있는 것이 아니다. 특히 사무실이나 병원에서 바쁘게 일하는 의사들은 더욱 그렇다. 새로 개발된 애플리케이션은 의사들이 아침에 로그인하여 환자들의 기록을 노트북으로 다운로드할 수 있도록 설계되었다. 오프라인 상태에서 새로운 환자의 기록을 만들 수 있었고 기존 환자의 기록을 업데이트할 수도 있었다. 아무 때고 다시 접속하여 동기화를 하면 되기 때문이다.

이미 노트북을 갖고 있는 의사들은 온라인으로 작성하고 저장하는 진료 기록의 개수에 상관없이 한 달에 99달러라는 저렴한 비용으로 애플리케이션을 사용할 수 있었다. 그렇지 않은 의사들을 위하여 메티컬로직은 3년 동안 매달 199달러를 받는 조건으로 소프트웨어와 음성인식 소프트웨어 등을 장착한 노트북을 '고키트(Go Kit)'라는 이름으로 제공했다.

자신의 진료 기록에 대한 환자들의 온라인 접근

세 번째로 필요한 것은 환자들이 자신의 진료 기록을 볼 수 있고 기록을 관리할 수 있게 하는 웹 기반의 사용자 인터페이스를 설계하는 것이었다. 메디컬로직은 새로운 웹사이트를 만들어 자사의 소프트웨어를 사용하는 의사들의 진료 기록에 링크시켰다. Aboutmyhealth.net라는 이름의 이 사이트에서는 환자들이 자신들의 진료 기록에 접근하여 열람할 수 있는 서비스를 시험적으로 제공했다. 환자들은 담당의사에게서 부여받은 ID를 이용하여 전자 인증서를 다운로드한 다음에 안전하게 자신의 진료 기록에 접근할 수 있었다. 2000년 봄에 의사들과 환자들을 4개의 그룹으로 나누어 테스트한 결과 환자들이 두 가지 점에서 온라인 접근을 선호한다는 것을 발견했다. 하나는 손쉽게 진료 기록 사본을 얻을 수 있다는 것이었고, 또 하나는 기록의 업데이트가 쉽고 모든 정보가 한 곳에 보관되어 있다는 것이었다.

이러한 시험 서비스를 통해서 메디컬로직은 그 동안 자신의 기록을 쉽고 안전하게 관리하고 싶어하는 환자들의 요구에 제대로 부응하지 못하고 있었음을 깨달았다. 그래서 태어난 것이 98point6.com이라는 고객 사이트였다. 이 사이트를 만들게 된 기본적인 동기는 처방, 건강 검진, 진료 예약, 진료 기록 열람 등 일련의 서비스의 핵심에 환자의 개인 진료 기록을 놓자는 것이었다. 98point6.com이 사용한 진료 기록 인프라와 파일 포맷은 로지션 인터넷과 동일한 것이었다. 자신의 기록을 관리하고 싶어하는 고객들은 이제 여러 의사들과 온라인으로 자신의 기록을 공유할 수 있게 되었다.

주식공개

1999년 봄 마크 리비트와 그의 팀은 회사를 공개할 때가 되었다고 생각했다. "의사와 환자가 공유된 진료 기록에 접근할 수 있게 함으로써 건강관리 산업의 혁명을 일으키려는 우리의 꿈을 실현하기 위해서는 1억 달러에 가까운 자금이 필요하다는 것을 알게 되었습니다." 마크의 설명이다. 메디컬로직은 1999년 12월의 주식공개를 통해 1억 달러 이상의 자금을 확보했다. 이 주식공개의 주간사 은행이었던 DLJ는 더 커다란 계획을 갖고 있었다.

메드스케이프와 메디컬로직의 합병을 추진하다

DLJ는 메디컬로직의 주식공개에 앞서서 그해 가을에 메드스케이프 (Medscape)라는 회사의 주식공개를 담당했었다. 메드스케이프는 1995 년부터 건강관리 정보를 제공해온 초창기 건강관리 포털사이트로서 매우 충성스러운 의사 고객들을 확보하고 있었다. 메드스케이프가 많은 건강 관리 전문가들의 충성스러운 지지를 얻은 비결은 온라인으로 이용할 수 있는 정보 검색 서비스인 메드라인(Medline)이었다. 메드라인은 수백 가지의 의학저널들에 대한 통합 검색 서비스이다. 인터넷을 이용하는 대 부분의 의사들이 일주일에 몇 차례씩 메드스케이프를 방문하여 신약 정 보나 새로운 처방 정보 혹은 기타 최신 정보들을 검색하고 있다. 주식공 개 시점인 1999년 9월에 메드스케이프에는 120만 명의 등록회원이 있 었으며, 그중 30만 명이 의사였고 50만 명은 의사 이외의 건강관리 전 문가들이었다. 메드스케이프는 소비자 시장에도 진출했다. 주식공개를 하기 직전에 메드스케이프는 CBS 및 AOL과 제휴를 맺었다. 메드스케 이프가 CBS의 헬스워치(Healthwatch) 사이트에 콘텐츠를 제공하는 대 신에 CBS는 광고를 게재하고 1억5천만 달러를 투자한다는 내용이었다.

메드스케이프와 메디컬로직의 주식공개를 담당했던 DLJ가 두 회사 사 이의 대화를 추진한 것은 그리 놀라운 일이 아니었다. 두 회사의 경영진 들은 건강관리 전문가들을 위한 최고의 의료 정보 사이트와 디지털 진료 기록 서비스의 선두주자가 합병하면 건강관리 전문가들에게 필요한 모든 것을 제공하는 유리한 위치를 점할 것이라 판단했다. 합병 회사는 CBS 헬스워치 사이트의 고객들을 대량으로 끌어들여서 의사와의 온라인 상담 과 처방, 가족 건강관리 등을 제공할 수 있을 것으로 생각되었다.

통합 브랜드 구축

합병에 대한 논의가 오가던 2000년 초, 두 회사는 시너지 효과를 테스트하기 시작했다. 메드스케이프 홈페이지에서 메디컬로직의 로지션 인터넷을 무료로 다운로드할 수 있는 서비스를 제공하기 시작했다. 효과는 확실했다. 3달 동안에 메드스케이프를 통해 메디컬로직의 고객이 된 의사는 총 7600여 명이었고 그것은 같은 기간 메디컬로직 신규 고객의 60%에 달하는 숫자였다.

메디컬로직은 메드스케이프와의 합병을 추진하면서 동시에 토탈 이메드(Total eMed)라는 개인 회사의 인수 작업을 진행했다. 토탈 이메드는 온라인 구술 기록(medical transcription) 서비스 회사로, 의사가 환자의 기록을 전화로 구술하면 디지털 음성 파일이 생성되고 인터넷을 통해 본사로 전송되는 서비스를 제공하고 있었다. 이렇게 만들어진 파일은 다시 의사에게 보내져서 재검토를 거친 후에 환자의 디지털 진료 기록에 덧붙여진다. 토탈 이메드를 인수한 효과는 구술을 선호하는 의사들이 종래의 습관을 바꾸지 않고 디지털 진료 기록을 작성할 수 있게 되었다는 것이다.

세 기업의 합병은 2000년 5월에 마무리되었으며 합병 기업은 메드스케이프라는 이름을 사용하면서 계속하여 의사와 건강관리 전문가들을 표적 시장으로 삼았다. 동일한 집단을 겨냥한 포털사이트가 많았지만, 메드스케이프는 경쟁사들에 비하여 두 가지 장점을 갖고 있었다. 하나는 반복 방문 고객이 많다는 것이었고 다른 하나는 의사들의 요구를 충족시킬 수 있도록 설계된 고객 중심의 온라인 진료 기록 애플리케이션이 있다는 것이었다. 메드스케이프는 회사 이름이면서 동시에 브랜드 이름이 되었다. 의사들에게 있어서 메드스케이프라는 단어는 믿을 만한 정보를 의미하게 되었다. "우리는 의사와 환자 모두에게 중요한 건강관리 정보를 제공한다" ─ 이것이 메드스케이프의 슬로건이 되었다.

고객 프랜차이즈의 성장

2000년 9월에는 메드스케이프의 디지털 진료 기록 소프트웨어를 사용하는 의사들이 3만3천 명을 넘어섰다. 그 중에서 3분의 2는 인터넷 혹은 모바일 장치를 사용하고 있었으며, 그 중 30%가 유료 가입자였다. 9월 말을 기준으로 메드스케이프의 프로그램을 사용하여 기록된 진료 기록은 1560만 건이나 되었다.

메드스케이프 사이트에 등록한 의사의 수는 48만 명을 넘었으며, 의사 이외의 건강관리 전문가의 수도 130만 명에 달했다. 일반 회원도 100만 명이 넘었다.

그렇다면 메드스케이프의 고객 프랜차이즈는 어느 정도의 가치가 있을까? 마크 리비트는 가입자형 수익 모델에 만족하고 있다. 지금까지 의사들은 진료 기록 소프트웨어 사용료로 월 100달러를 흔쾌히 지불해왔다. 수익 마진률을 50%라고 보면 의사 한 명이 1년에 600달러의 수익을 올려주는 셈이다. 물론 그 외에도 구술 기록 서비스 수익이나 제약 회사로부터 받는 소개 수수료, 의사들에게 제공하는 강좌 수수료, 기타 전자상거래 관련 수수료 수입들이 있다. 이 모든 것을 합치면 의사 1인당 수익이 1천 달러를 쉽게 넘어갈 것이다. 어떤 의사가 10년 동안 계속하여 고객으로 남는다면, 회사는 그로부터 1만 달러의 직접 수익을 올릴 것이라고 추정할 수 있다는 것이다.

물론 메드스케이프는 다른 수익원도 가지고 있으며 그중 대표적인 것이 광고 수입이다. "의사 한 사람이 펜대를 어떻게 놀리느냐에 따라 1∼2백만 달러가 왔다갔다하는 것이 이쪽 업계에서는 다반사로 일어납니다." 마크 리비트의 설명이다. 그것이 바로 제약회사들이 큰돈을 들여 메드스케이프에 광고를 게재하고 의학 컨퍼런스를 후원하고 특정 분야에 관한 의사 연수를 제공하는 이유다.

메드스케이프의 고객 프랜차이즈의 가치는 이 모든 것을 다 합친 것보다도 크다. 고객 프랜차이즈의 가치에는 자신의 진료 기록을 무료로 열람하는 환자 고객들과 의료 정보를 무료로 검색하는 의사 고객들도 포함되기 때문이다. 고객들이 회사가 제공하는 서비스를 더 많이 이용할수록 특히 온라인으로 진료 기록을 열람하는 환자들이 늘어날수록, 메드스케이프의 고객 프랜차이즈의 가치는 점점 커질 것이다.

흑자 전환을 향하여

이 야심적인 합병에는 많은 비용이 들었다. 메드스케이프와 토탈 이메드를 인수하는 데에 총 10억 달러 이상이 들었으며, 그에 따라 합병 후의 메드스케이프는 총 9억 2천4백만 달러의 부채를 안게 되었다. 분기마다 9천만 달러씩 상환한다고 해도 모두 상환하려면 2년 반은 걸릴 것이다. 그 이전에 순이익이 발생할 확률은 없다고 볼 수 있다.

2000년 9월 합병 당시에 메드스케이프는 2억 6800만 달러의 적자를 안고 출발했다. 2000년 3사분기의 총수입은 1480만 달러였고, 부채 상환과 감가상각을 하기 전의 순손실이 2560만 달러였다. 다시 말해서 메드스케이프가 흑자로 전환하기는 요원하다는 말이다. 그럼에도 불구하고 메드스케이프는 2001년에 현금흐름을 흑자로 만들고 그해 4사분기에는 순이익을 내겠다는 야심찬 계획을 갖고 있다.

고객 경험의 개선

메드스케이프는 1995년부터 의사들 사이에서 브랜드 인지도를 구축해 왔다. 많은 의사들이 매주 30~45분의 시간을 이 사이트에서 의학 저널을 검색하면서 보냈다. 이 회사는 이제 단순히 의사들에게 정보를 제공하던 데서 벗어나 서비스를 제공하는 회사로 변신하였다. 예를 들어, 의사들은 면허를 유지하기 위해서 매년 정해진 시간의 의학 연수(CME, continuing medical education)를 받아야 한다. 메드스케이프는 온라인 CME의 선두주자가 되었으며, 2000년 가을을 기준으로 보면 분기당 24,000 시간의 교육을 제공하고 있다. "CME는 우리 회사에서 가장 빠르게 성장하는 분야입니다." 마크의 설명이다. "의사들은 온라인으로 공부하고 온라인으로 시험을 치르며 온라인으로 자격증을 받습니다. 웹이 없을 때에는 컨퍼런스 때문에 여행도 많이 다녔지요. 컨퍼런스는 세금도 면제되는 멋진 휴가였지만, 모두가 시간에 쫓기다보니 이제는 컨퍼런스 여행이 쉽지 않습니다. 온라인이 좋은 점은 의사와 환자들이 의사결정을 해야 하는 바로 그 순간에 교육이 가능하다는 것이지요. 의사가 디지털 진료 기록 안에서 환자의 문제점을 클릭하면 그 문제와 관련된 최신 논문들이 나타납니다. 이렇게 배우는 것이 가장 효과적인 학습 아니겠습니까? '적시 교육'(just-in-time education)이라 부를 만 하지요." CME 개발비용은 누가 부담하는가? 마크에 따르면 대부분의 콘텐츠가 제약 회사의 후원으로 만들어진다. "그렇지만 제약 회사가 콘텐츠의 내용을 통제하지 못하게 막는 편집상의 안전판이 있으므로 내용의 편파성에 관해서는 걱정하지 않아도 됩니다."

메드스케이프의 의사 고객들은 온라인 진료 기록을 사용하는 것에 대해 어떻게 생각하는가? "나는 여러 장소에서 일합니다. 월수금 3일은 다

411
제15장

른 사무실에서 일하고, 화요일과 목요일에만 병원 업무를 봅니다. 그러다 보니 기록 관리가 정말 중요합니다." 위장병 전문가인 래리 코신스키(Larry Kosinski)의 말이다. "오늘 어떤 예약 환자가 찾아올지는 미리 알 수 있지만, 누가 전화를 걸어올지는 알 수가 없습니다. 그렇지만 인터넷에 환자의 기록이 있으므로 어디에서든 전화를 걸어온 환자의 차트를 찾아볼 수 있답니다."

처음에는, 환자를 진찰하면서 손으로 메모를 했다가 나중에 로지션 인터넷에 입력했다고 한다. "어느 날 진찰실에 노트북을 들고 가서 진찰 결과를 노트북에 입력해도 되겠느냐고 환자들에게 물어보았습니다. 그랬더니 반대하기는커녕 적극 찬성하더군요. 지금은 환자를 진찰할 때마다 노트북을 사용합니다." 이어서 코신스키 박사는 그런 식으로 일하면 진찰이 끝남과 동시에 차트가 기록된다는 것이 최대의 장점이라고 덧붙였다. "이제는 사무실에서 타이핑하느라 시간을 낭비하지 않아도 됩니다. 엄청난 시간 절약이지요."

"내 경우에는 환자를 진찰하고 나면 몇 주일 후에 다시 오라고 해야 하는 경우가 많습니다. 항생제를 주사하기 위해서는 인공 심장판막이나 둔부 이식 수술을 받은 적이 있는지 알아야 합니다. 올 때마다 확인해야 했지요. 그런데 이제는 디지털 진료 기록이 있으므로 언제든지 환자의 기록을 들여다볼 수 있습니다. 같은 질문을 반복할 필요가 없게 되었지요. 환자들에게도 좋은 일입니다."

메드스케이프의 진료 기록 서비스를 이용하는 다른 고객들도 비슷한 증언을 하고 있다. 그런데 이들 대부분은 작은 진료소에서 일하는 개인 의사들이라는 점에 주의해야 한다. 종합병원이나 대형 의료 기관에서 일하는 의사들은 자체 진료 기록 소프트웨어를 사용하는 경우가 많기 때문이다. 그런 기관에서 메드스케이프의 소프트웨어를 채택할 가능성은 많지 않아 보인다.

메드스케이프는 의사들의 생활을 편리하게 해줄 솔루션을 개발하는 데 지속적으로 투자하고 있다. 온라인 구술 기록 서비스와 전자 진단 서비스에 이어, 2000년 9월에는 진료 기록 프로그램의 모바일 버전을 발표했다. 이것은 출시 9일만에 1만 명의 의사들에게 판매되었다.

환자들은 온라인으로 자신의 진료 기록을 보고 싶어할까? 지금까지의 경험으로는 매우 긍정적이다. 인터넷으로 환자의 기록을 열람할 수 있게 하는 의사들은 바쁜 엄마들과 지친 아빠들과 건강에 관심이 많은 노인들로부터 많은 박수를 받고 있다.

교훈

마크 리비트가 환자와 의사라는 핵심적인 관계에 모든 노력을 쏟아 부었다는 사실에 주목할 필요가 있다. 그의 목표는 이 관계를 향상시키는 것이었으며, 그것은 의사들의 시간을 절약하게 하고 자신의 진료 기록에 대한 환자들의 통제권을 강화하며 양측 모두가 이용할 수 있는 정보의 질을 개선함으로써 가능한 일이었다. 그는 가장 중요한 정보인 환자의 진료 기록을 항상 핵심에 놓음으로써 건강관리 서비스의 품질을 향상시켰나.

메디컬로직은 의사용 소프트웨어 제작회사로 출발했다. 이후 자연스러운 진화 과정을 따라 클라이언트/서버 소프트웨어로, 인터넷 기반 애플리케이션 공급자로 발전했다. 고객들은 사무실에 소프트웨어를 설치하지 않고 다만 인터넷에 접속만 하면 그것을 사용할 수 있게 되었다. 그러나 마크에게는 더 큰 꿈이 있었다. 그는 건강관리 산업을 탈바꿈시키고 싶었으며, 그럴 만한 힘을 얻기 위해서는 강력한 브랜드를 가진 큰 회사가 되어야 한다는 것을 알고 있었다.

메디컬로직/메드스케이프는 핵심 고객들과 그들의 이익에 초점을 맞추면서 동시에 브랜드 경험을 활용하여 시장을 장악했던 훌륭한 사례다. 그것은 또한 소프트웨어 회사가 어떻게 하면 단순 판매에서 전자 시장에서 가치 제안을 할 수 있는 회사로 변모할 수 있는가를 보여주는 훌륭한 사례이기도 하다.

이 사례는 또한 고객의 핵심 정보(진료 기록)와 핵심 시나리오(건강을 지키는 것)가 모든 활동의 중심축이 되는 방식을 명확하게 보여주고 있다. 환자와 의사와 기타 관련 당사자들이 서로 협력하면서 진찰, 처방, 기록, 재교육과 같은 일들을 편리하게 수행할 수 있게 된 것이다.

패티의 제안

메드스케이프의 과제는 수익을 내는 것이다. 시스템의 규모를 유지하고 최신의 콘텐츠를 제공하며 여러 웹사이트를 활발하게 유지하는 일에는 상당한 비용이 들어간다. 의사들에게 필요한 소프트웨어들을 지속적으로 개발하기 위해서는 계속하여 연구개발 비용이 들어간다. 다행히도 광고와 후원을 통해 수입의 50%를 제공하고 있는 제약 회사들은 많은 의사들이 매주 여러 시간 동안 검색하는 정보를 계속 제공할 것으로 보인다. 나머지 50%는 소프트웨어 라이선스와 수수료에서 나온다. 점점 더 많은 의사들이 환자의 기록을 전자적으로 관리하기 시작하면 그 비율이 높아질 것으로 기대된다. 메드스케이프는 몇 년 후에는 수입의 3분의 1이 전자상거래와 디지털 건강관리 사업에서 나올 것으로 기대하고 있다. 신기술을 앞서 받아들이는 선진적인 의사들을 고객으로 확보한다면 메드스케이프는 안정적인 고객 확보에 성공할 수 있을 것이다.

필자는 메드스케이프가 브랜드 이미지에 어울리는 여러 가지 서비스를 환자들에게 제공하는 것을 보고 싶다. 메드스케이프는 환자 스스로 건강 관리를 할 수 있게 도와주는 여러 가지 도구를 제공할 수 있을 것이다. 환자와 가족들은 건강에 관한 계획을 세우고 그 계획을 관리할 수 있기를 바랄 것이다. 현재 메드스케이프는 소비자 고객과 관련된 대부분의 서비스와 정보를 CBS의 헬스워치 사이트를 통해 제공하고 있다. 물론 그것은 신규 고객을 획득하는 훌륭한 방법이고 고객들에게 건강 관련 주제에 관한 정보를 계속 제공하는 수단이기도 하지만, 진료 기록이나 건강 정보에 관해서는 CBS보다 메드스케이프가 더 신뢰받는 브랜드라는 점을 확실히 할 필요가 있다.

고객 DNA를 핵심에 두어라 : 사례 연구에 대한 고찰

4장에서 처음 고객 시나리오 네트에 관해 설명하면서, 고객 시나리오 네트란 특정한 결과를 달성하기 위하여 인터넷으로 관리될 수 있는 관련 업무들을 고객별/프로젝트별로 묶어 놓은 것이라고 정의한 바 있다. 그리고 고객 주도적이라는 바로 그 이유로 인해서 가장 생존 확률이 높은 전자 시장의 형태가 될 것이라고 했었다.

여기서 사례로 소개한 두 개의 고객 시나리오 네트가 소프트웨어 회사들에 의해 만들어졌다는 사실에 주목할 필요가 있다. 이것은 물론 특이한 일은 아니다. 지난 2년 동안 등장한 수많은 전자 시장들을(특히 B2B 분야) 주의 깊게 살펴본다면 그들 중 상당수가 소프트웨어 사업으로 출

메드스케이프를 위한 고객조종실 초안				
	항해	성능	운영	환경
고객 수	· 활동적인 의사 고객의 수 · 활동적인 의료종사자 수 · 활동적인 환자 고객의 수 · 활동적인 환자의 진료 기록 수	· 의사가 소개한 의사의 수 · 의사가 소개한 환자의 수 · CBS 사이트를 통해 가입한 환자의 수 · 자신의 진료 기록을 열람한 고객의 수	· 메드스케이프와 CBS 사이트의 순 방문자 수 · 매주 메드스케이프에서 논문을 검색하는 의사와 의료인의 수	· 온라인 건강관리 사이트 사용자 수의 증가율 · 디지털 진료 기록을 제공하는 경쟁사들 · 경쟁사의 진료 기록 소프트웨어를 사용하는 건강관리 업체와 의사들의 수
고객 유지	· 메드스케이프 무료 서비스의 고객 유지 비율 · 진료 기록 소프트웨어의 라이선스 갱신 비율 · 온라인으로 CME를 받는 의사의 비율	· 환자들의 서비스 사용 빈도와 사용하는 환자의 수 · 의사들의 서비스 사용 빈도와 사용하는 의사의 수 · 온라인 진료 기록을 매일 이용하는 의사와 의료인의 비율 · 1년에 3번 이상 자신의 진료 기록을 열람하는 고객의 비율	· 협력업체들의 서비스를 사용하는 양의 증가 · 의사 1인당 진료 기록 수의 증가 · 환자의 동의하에 진료 기록을 다른 의사와 공유하는 횟수	
고객 경험	· 의사들의 만족도 · 건강관리 서비스에 대한 환자들의 만족도 · 고객들의 신뢰도 조사 결과	· 기록의 정확성과 보안에 대한 의사들의 만족도 · 다운로드/업로드 시간에 대한 의사들의 만족도 · 사이트 보안에 대한 환자들의 만족도	· 네트워크 가동시간 · 네트워크 평균 전송률 · 고객 시나리오 전반의 성능	· 경쟁사의 건강관리 서비스에 대한 고객 만족도
고객 지출	· 의사 1인당 수입과 수익 · 환자 1인당 수입과 수익	· 가입비 수입 · 거래 수수료 수입 · 광고 구입	· 소프트웨어 업그레이드 및 인프라 비용 · 콘텐츠와 서비스 제공 비용 · 고객지원 비용	· 경쟁사들의 종합 건강관리 솔루션

발한 회사들이라는 것을 알게 될 것이다. 그리고 대개 그 회사의 중심 소프트웨어가 시나리오 관리에 사용되었다는 것도 알게 될 것이다. 예를 들어 아리바는 조달 소프트웨어 제작업체가 전자 시장을 구축한 경우다. 자동차 부품 재고관리 소프트웨어 제작업체들이 만든 전자 시장도 있고, 보험금 관리 소프트웨어 제작업체들이 만든 전자 시장도 있다. 그러므로 메디컬로직의 디지털 진료 기록 소프트웨어와 오토데스크의 설계 소프트웨어가 사례로 소개한 두 개의 전형적인 고객 시나리오 네트의 심장부에 자리하고 있는 것은 이상한 일이 아니다.

또 하나 주목할 것은 두 경우 모두 시나리오의 주제에 관한 전문지식을 갖춘 사람이 주도했다는 점이다. 의사를 위한 도구를 설계한 사람은 의사 출신이었고, 건축사를 위한 도구를 설계한 사람은 건축사 출신이었다. 물론 비즈니스 담당자와 IT 기술 담당자도 필요하다. 그러나 주제별 전문가를 중심으로 하지 않고는 점점 더 특화되어 가고 있는 전자 시장에서 성공을 기대하기 어려울 것이다.

3C(콘텐츠, 커뮤니티, 커머스)만으로는 안 된다

몇 년 동안 업계의 전문가들은 3C를 중심으로 포털사이트와 전자 시장을 구축해야 한다고 역설해 왔다. 필자는 그 주장에 항상 회의적이었다. 첫째 온라인으로 커뮤니티를 구축하는 것이 매우 어렵다는 것을 알기 때문이다. 사람들은 대개 무언가를 하러 오는 것이지 놀러 오는 것이 아니다. 둘째로 만든다고 해서 사람들이 모일 것인가? 하는 문제다. 의사/변호사/정원사들을 겨냥한 수많은 포털사이트가 만들어졌지만 대부분 손님을 끌지 못했다. 셋째는 절실한 요구가 있는가 하는 문제다. 그 사이트를 방문할 만한 절박한 이유를 제시하지 못한다면 강력한 가치 제안을 하지 못한 것이나 마찬가지다. 넷째 이유는 의사결정의 문제다. 제품 목록이나 전자 카탈로그를 제공하는 것으로는 충분하지 않다. 고객들이 실제로 선택하는 데 도움을 주어야 하는데, 그것은 고도의 객관성을 요구하는 어려운 작업인 것이다.

고객 시나리오와 고객 DNA만이 역동적인 전자 시장의 튼튼한 기초가 될 수 있다. 먼저 고객 DNA를 중심에 놓고 고객들의 시나리오 진행을 도와야 하며 그래야만 콘텐츠와 커뮤니티와 커머스(전자상거래)를 그 주위에 배치할 수 있다.

16장

과제 8: 비즈니스 모델을 다각화하라

"비즈니스 모델을 1년에 네 번 바꾼다는 각오를 하십시오." 이것은 필자가 컨설팅을 하면서 고객들에게 자주 건네는 충고다. e비즈니스를 얼마간이라도 접해본 사람이라면 무슨 뜻인지 알아듣고 고개를 끄덕일 것이다. 경험이 없는 사람이라면 겁부터 먹을지도 모르겠다. 그러나 이 새로운 고객 경제 시대에 사업 성공의 요인이 근본적으로 달라졌다는 것은 이제 누구나 알고 있을 것이다. 인터넷 시대에 사업을 한다는 것은 비행 도중에 엔진을 교체하는 것만큼이나 어려운 일이다. 오늘날 사업을 하려면 고도의 적응력이 필요하다. 하나의 비즈니스 모델을 시도했다가 실패하면 다른 모델을 시도하고, 그것도 실패하면 또 다른 모델을 시도해야 한다.

그렇다면 비행 도중에 비즈니스 모델을 변경하는 방법은 무엇일까? 그리고 비즈니스 모델의 변경은 어떠한 상황에서 이루어져야 하는가? '어떻게'는 오히려 쉬운 문제다. '왜'와 '언제'가 더 골치 아픈 문제인 것이다.

언제 비즈니스 모델을 바꿀 것인가?

1. 적당하다고 느껴질 때. 무엇보다 먼저 경영자의 직관적 통찰이 가장 중요하다. 인간의 직감보다 뛰어난 비즈니스 논리나 시장조사는 존재하지 않는다. 리처드 듀발이 마이크 해리스의 사무실에 들어서면서 "나는 파산 직전에 다다른 은행의 경영정보 시스템(MIS) 책임자입니다."라고 말했을 때, 그것은 강력한 직감에 따른 행동이었다. 물론 당시에 푸르덴셜 다이렉트는 잘나가고 있었으며, 지금까지도 여전히 파산과는 거리가 멀다. 그러나 리처드의 말은 머리 속에 울리는 어떤 경고에 대한 반응이었다. 처음에는 그것이 무엇인지 알 수 없었다. 곰곰 생각한 다음에야 본능적인 경고를 울린 것이 지역의 슈퍼마켓임을 알아냈다. 많은 친구들이 일주일마다 온라인으로 식품을 구입하기 시작했다는 사실이 마음에 걸렸다. 게다가 그 슈퍼마켓 체인이 신용카드와 예금계좌까지 취급하고 있다는 사실에 생각이 미치자 불안의 실체가 보이기 시작했다. 대문으로 도둑이 들어오고 있는 형국이었던 것이다. 이 직감 덕분에 푸르덴셜은 시간은 부족하고 기술에는 친숙한 새로운 고객 집단을 겨냥한 에그(Egg) 은행을 출범시킬 수 있었다.

2. 고객들이 단서를 제공할 때. 센드닷컴(Send.com)은 시간이 없는 전문가 남성들을 위하여 중요한 사람에게 선물할 때를 상기시켜 주고, 선물을 골라 주고, 대신 보내주는 일을 하는 회사다. (물론 여성 고객들도 있기는 하지만, 표적 고객 집단은 남성들이다. 남성이 여성보다 선물을 많이 하는 것으로 알려져 있다.) 그런데 고객 몇 사람이 대량 주문에 대한 할인을 요구하기 시작했다. 한 번에 20~100명의 사업상 고객들에게 일괄적으로 선물을 보내려는 사람들의 요구였다.

그리고 그들은 받을 사람 이름을 일일이 타이핑하지 않고, 팩스나 이메일로 주소록을 보내왔다. 선물의 종류와 가격대만 알려주고 나머지는 알아서 해달라는 식이었다. 포도주를 판매하는 웹사이트로 출발한 회사가 전문가 고객들의 선물 발송을 대행하는 B2B 사이트로 변모하려는 순간이었다. (불행히도 센드닷컴의 투자자들은 B2B 전략이 성공할 때까지 기다려주지 않았다. 센드닷컴은 2001년 1월에 문을 닫고 말았다.)

슈왑(Schwab)은 온라인 고객들 중에서 가장 활동적인 고객들이 경쟁사의 온라인 거래에 신규 자금을 투자하고 있다는 것을 발견했다. 이 활동적인 고객들은 슈왑이 아직 제공하지 않고 있는 새로운 기능, 예컨대 주식공개에 참여한다거나, 거래 빈도가 높은 고객에게 수수료를 할인해 준다거나, ECN을 이용한다거나 하는 기능을 찾아 다녔다. 그래서 슈왑은 경쟁 관계에 있는 증권회사들과 연합하여 레디북(REDIBook)이라는 ECN을 만들었다. 그리고 활동적인 고객들을 주고객으로 하고 있던 사이버코프(Cybercorp)를 인수했다.

때로는 아주 자세히 들여다보아야 고객들의 요구를 이해할 수 있다. 슈왑의 경우에는, 고객 경험 담당자들을 고객들의 집까지 보내서 고객들이 인터넷을 이용하여 주식거래를 하는 방식을 지켜본 다음에야 사정을 알 수 있었다. 많은 슈왑 고객들은 실제 거래는 schwab.com에서 하면서 포트폴리오는 야후나 퀴큰(Quicken) 같은 무료 포털사이트에서 관리한다. 이에 대응하여 슈왑은 2001년 1월에 요들리(Yodlee)와 제휴하여 계좌 종합관리 서비스인 마이어카운츠(My Accounts)를 제공하기 시작했다. 그것은 슈왑 고객들에게 모든 금융기관에 있는 자신의 계좌를 안전하게 한 군데서 관리할 수 있게 해

주는 서비스였다.

3. 예비 고객들이 단서를 제공할 때. 얼마나 많은 아마추어 기술자들이 딜러의 주의를 끌어보려고 스냅온 밴의 주위를 맴돌았던가? 그리고 스냅온이 그 개인 고객들에게 공구를 직접 파는 방법을 알아내기까지 얼마나 많은 세월이 걸렸던가? 스냅온이 대형 기업 고객들을 위한 셀프서비스 사이트와 딜러들을 위한 엑스트라넷을 만든 후에는, 그것을 소비자 고객들에게까지 확장하는 것은 너무도 쉬운 일이었다.

앞으로 보게 되겠지만, 그레인저(Grainger)가 파인드MRO를 설계한 목적은 하드웨어 판매 체인이나 경쟁적인 전자 시장들을 겨냥한 것이 아니었다. 그레인저는 다만 고객들이 더욱 효율적으로 이용할 수 있는 부품 중개 서비스를 제공하려고 했을 뿐이었다. 그런데 에이스 하드웨어(Ace Hardware)가 파인드MRO의 중개 서비스를 발견했고, 고객들이 찾기 어려운 부품들을 찾는 일을 도울 수 있도록 5천여 매장 관리자에게 제공하고 싶어했다. 환경 관련 전자 시장인 에니넷(ENI-Net) 사람들도 파인드MRO를 발견했다. 곧이어 수십 개의 전자 시장들이 고객들을 위하여 그레인저의 서비스를 이용할 수 있게 해달라고 요청해 왔다.

4. 기존 협력사들이 어떤 서비스를 요구할 때. Send.com은 전국 각지에 걸쳐서 수백 개의 협력사들과 제휴하고 있었다. 그런데 협력사들이 Send.com에 고객 관리 시스템, 재고 관리 시스템, 선물 수령 확인 서비스 등을 요구하기 시작했다. Send.com은 쉽게 그런 기능들을 구현하여 협력사들에 유료로 제공하기 시작했다.

5. 예비 협력사들이 어떤 서비스를 요구할 때. 아메리칸 항공과 허츠(Hertz)의 경우에는 협력사가 되고 싶다는 제휴 요청이 매주 수백 건씩 들어온다. 어떤 요청은 받아들이고 어떤 요청은 무시할지를 어떻게 결정하는가? 대부분의 회사들은 이에 관한 업무 원칙을 마련해 놓고 있으며 그 일을 위한 전담 직원들을 두고 있다.

예비 협력사들에게 제공할 수 있는 브랜드 서비스가 있고 그것이 협력사들의 고객들에게 가치가 있다면 서로에게 이익이 되는 상황이다. 에그(Egg)가 부츠(Boots)에 접근하여 건강관리 포털을 만들려고 했을 때, 부츠의 입장에서는 에그의 온라인 신용카드 서비스를 활용하는 것에, 나아가 공동 브랜드의 에그/부츠 카드를 제공하는 것에 많은 관심을 갖고 있었다. 부츠는 에그가 제공하고 있는 신용카드 서비스가 탐이 났지만, 에그가 제공하는 브랜드 경험의 질 역시도 중요한 것이었다.

토이즈러스가 아마존에 접근한 것은 당시 오프라인 소매점이었던 토이즈러스가 아마존의 전자상거래 운영 능력을 높이 평가했기 때문이었다. 특히 대량의 상품을 소비자들에게 직접 배송하는 능력을 높이 평가하고 있었다. 토이즈러스는 자기네의 장난감 제공 능력과 아마존의 전자상거래 및 배송 능력을 묶어 두 회사의 고객들에게 제공할 수 있게 된 것이 만족스러웠다.

6. 무언가 짐작은 가지만 정확하게 알지는 못할 때. 때로는 기존의 시장보다 더 커다란 시장을 장악할 수 있는 무언가를 확보하고 있음을 느끼면서도, 어떻게 시작해야 좋을지 알 수 없는 경우가 있다. 앞으로 소개할 그레인저 사례에 등장하는 '스파게티를 벽에 던지는' 전략이 필요한 때가 바로 이때다. 몇 가지 비슷한 모델을 병행하여 시

도하면서 어떤 것이 추진력을 얻는지 살펴보는 것이다. 몇 가지 프로젝트를 동시에 진행할 수 있을 만큼 풍부한 자금과 경영진이 있는 상황이라면, 이 방법이 정확한 모델을 찾기 위한 최선의 방법일 것이다. 그리고 나중에 설명하겠지만, 그레인저가 오더존(OrderZone) 프로젝트를 진행하다가 적시에 멈춘 것처럼, 포기할 시점을 아는 것도 중요하다.

7. 시장이 기존의 비즈니스 모델로부터 도망쳐 갈 때. 때로는 시장이 바람직하지 않은 방향으로 움직이기도 한다. 핀란드의 오코방크(Okobank)가 겪은 일이 바로 그런 것이었다. 처음에 오코방크가 오코 브랜드의 완벽한 통합 금융 서비스를 온라인 금융 포털의 한 부분으로 제공하겠다고 했을 때, 오코의 이사회와 가맹 은행들은 열광적으로 지지했다. 그런데 오코방크가 핀란드 최대의 온라인 포털에 참여하기 위해서는 고유의 브랜드 아이덴티티를 포기해야 하며, 매우 경쟁이 심한 분야인 투자, 보험, 대출 분야의 최고 회사들과도 경쟁해야 한다는 것이 드러나자 오코의 경영진은 한번 더 생각할 수밖에 없었다. 그러나 단념하지는 않았다. 브랜드야 어찌 되었든, 오코의 경영진은 온라인 포털이 끌어들이고 있는, 전통적인 방식의 은행과는 거래를 하지 않을 것이 분명한 젊고 자발적인 고객들과 관계를 맺어야만 한다는 것을 알고 있었던 것이다.

8. 기존의 비즈니스 모델이 변화를 보일 때. 베로니카 알렌데 세라(Veronica Allende Serra)라는 기업가가 브라질 최대의 경매업자인 상투루(Santoro) 형제와 함께 슈퍼비드(Superbid.com.br)를 설립했다. 슈퍼비드는 처음에 브라질의 여러 기업들이 DVD 플레이어나 세탁기, 컴퓨터, 카페트 등 마진이 높은 고가 소비재의 과다 재

고를 해결하는 통로로 출발했다. 이 경매 사이트는 금방 인기를 끌었다. 구매자들은 입찰과 역경매를 할 수 있었으며, 집단 경매에도 참여할 수 있었다. 성공적인 출발이었다.

그러나 한 달도 되지 않아 슈퍼비드 경영진은 무언가 중요한 사실을 발견했다. 이 사이트에서 팔리는 물건들은 대부분 소비자 고객이 아닌 소기업 고객을 겨냥하고 있었던 것이다. 소기업 고객들은 대부분 컴퓨터와 전자제품을 구입하기 위해 이 사이트를 이용하고 있었다. 경영진은 브라질에서도 B2B 시장이 성공할 여건이 마련되었다는 것을 알았다. 수만 개의 소기업으로 구성된 시장이 준비되어 있었던 것이다. 그와 동시에, 슈퍼비드에 물건을 공급하고 있던 여러 다국적 기업들(애플, 캐논 등)과 브라질의 대기업들(코니브라 등)이 인터넷을 통해 물품을 구입할 수 있게 해달라고 요청하기 시작했다. 슈퍼비드 경영진은 그 동안 컴퓨터와 전자제품을 구입하려고 하는 소기업 및 소비자 고객과, 산업용 기자재를 구입하고자 하는 대기업 고객이라는 성격이 다른 두 집단을 상대하고 있었다는 것을 깨달았다.

이러한 고객과 제조업자들의 피드백을 통해 자기들이 전자 시장에 소질이 있다는 것을 재빨리 알아챈 슈퍼비드 설립자들은 베로니카의 주도하에 SuperVertical.com.br이라는 지주회사를 만들었다. 베로니카는 기존의 슈퍼비드를 컴퓨터와 전자제품을 취급하는 전자 시장으로 특화하고, 브라질 최대의 산업용 장비 제조업체인 NEI와 제휴하여 산업용 장비를 취급하는 B2B 전자 시장 Supernei.com.br을 출범시켰다.

비즈니스 모델을 변경하는 것과 관련하여 변형(morphing)이란 용어를 사용하기로 한다. 대체로 비즈니스 모델은 하나의 모델로 탄생하였다가 핵심 역량을 공유하면서 나름대로의 생명력을 갖는 두세 개의 모델로 나뉘어 발전하게 마련이다. 에그의 사례를 다시 생각해보자. 처음에 에그는 강력한 브랜드 경험을 제공하는 인터넷 은행 겸 신용카드 업체로 출발했다. 다음에 에그는 에그카드 소지자들이 온라인으로 쇼핑할 수 있도록 에그 브랜드의 온라인 쇼핑몰을 만들었다. 그 다음에 에그는 다른 회사들의 투자 상품들을 한 군데 모아 판매하는 종합매장이 되었다. 그 다음에는 모회사인 푸르덴셜을 포함하여 최고의 보험 상품을 모아 판매하는 종합 매장이 되었다. 그리고 그 중간에 에그는 부츠의 약국 고객들을 위하여 부츠와 공동 브랜드로 온라인 신용카드 서비스를 제공하기도 했다. 이 모든 일이 24개월 동안에 일어났다. 그리고 에그는 앞으로도 더 많은 변형을 경험할 것이다.

에그뿐 아니라 그레인저와 오코방크와 아마존 등도 비슷한 특징을 공유하고 있음에 주목할 필요가 있다. 비즈니스 모델을 변형하는 데 있어 명심해야 할 중요한 과제들은 다음과 같다.

1. 브랜드 경험을 재활용하라. 가능한 한 항상 고객들의 눈앞에 브랜드 경험을 보여주어라. 에그가 부츠와 제휴한 것이나 아마존이 토이즈러스와 제휴한 것이 좋은 예가 된다. 두 경우 공히, 제휴 양측의 브랜드 경험이 모두 강력하였으며 서로 보완하는 관계였다. 그래서 고객들이 제휴의 가치를 쉽게 인지할 수 있었다.

대형 스포츠용품 체인의 온라인 상점에서 팀북2로 가는 가상 복도로 들어가 본 고객들은, 그곳에서 자기만의 배낭을 디자인하면서 팀북2의 브랜드를 경험한다. 어떤 전자 시장을 방문한 기업 고객이 공구를 찾기 위하여 스냅온 매장을 클릭하면 그 고객은 스냅온의 브랜드를 경험하게 된다.

브랜드를 고객들의 면전에 내세울 수 없는 경우에도 브랜드 경험을 재활용하는 것이 가능하다. 컴팩 컴퓨터를 사는 고객들이 그 안에 인텔 정품이 들어있음을 알 수 있도록 'Intel Inside' 마크를 붙이는 방식이 물론 최상의 방법일 것이다. 그러나 오코방크의 사례에서 보게 되겠지만, 핀란드의 포털사이트인 소네라 플라자(Sonera Plaza)는 자기네의 전자 뱅킹과 모바일 뱅킹 서비스를 오코로부터 제공받고 있다는 사실을 고객들에게 알리고 싶지 않았다. 오코방크의 브랜드 이미지가 젊은 고객들에게 환영받지 못할 것이라고 판단한 것이다. 그리고 오코방크의 브랜드를 밝히면 다른 금융서비스 제공업자들이 소외되는 결과가 될 것을 우려한 탓이기도 하였다. 소네라는 모든 참가자들에게 공정한 게임의 장을 제공하고 싶었다. 그렇다면 오코방크는 자기들이 제공하는 핵심 서비스에 브랜드를 붙이지 못하는 이유로 철수해야 했을까? 절대 그렇지 않다. 브랜드를 명시하지 않더라도 고객들은 여전히 동일한 브랜드 경험을 누릴 것이다. 좋은 경험이라면 고객들은 점점 높이 평가하게 될 것이다. 오코방크 그룹은 이 고객들과 여전히 관계를 맺게 될 것이다. 다만 다른 브랜드를 통하여 관계를 맺는 것뿐이다. 가장 중요한 것은 고객들과의 관계의 깊이와 경험의 질이다.

모든 고객 경험에는 나름대로의 독특한 '느낌'이 있다. 온라인으로 접촉하는 경우에는 더욱 그렇다. 동일한 경험을 할 때에는 더 편안한 느낌이 들 것이다. 고객들에게 브랜드가 숨겨진 경우라 하더라도 고객들은 부지불식간에 브랜드 경험을 하게 마련이다.

2. **핵심 인프라와 운영 효율에 투자하라.** 고객 경험의 기반은 일련의 핵심 인프라 서비스들이다. 여기에는 콜센터 운영에서부터 출고와 배달에 이르기까지 모든 서비스가 포함된다. 그리고 웹 기반의 검색 엔진과 제품의 특징을 설명하기 위해 사용하는 데이터 속성도 포함된다. 판촉 기술도 포함된다. 무선 이동 통신이나 일반 전화를 포함한 다양한 고객 접점들도 여기에 포함된다. 그리고 고객 데이터베이스와 **CRM** 시스템도 포함된다.

오코방크 사례 연구에서는 핀란드 금융 시장에서 오코방크가 전자 뱅킹과 모바일 뱅킹을 제공하는 일에 얼마나 집중했는가를 보게 될 것이다. 이런 서비스를 시작한 다음에 오코는 여러 은행 업무들에 그것을 활용했으며 그것을 이용하여 새로운 시장으로 진입하기도 했다.

3. **핵심 서비스들을 자산으로 재활용하라.** 비행 도중에 비즈니스 모델을 변경하는 어려운 일을 가능하게 하는 하나의 요인은 공통 핵심 서비스들을 재활용하는 것이다.

고객들이 정시에 물건을 받을 것이라는 믿음 말고, 아마존이 토이즈러스에 제공하는 것은 무엇일까? 그것은 매우 편리하고 세련된 원클릭 전자상거래 서비스이다. 에그 카드 소유자라는 명예 말고, 에그는 부츠 고객들에게 또 무엇을 제공하고 있을까? 그것은 검증된 온라인 신용카드 서비스와 신용 조회, 인증, 처리, 세계적 규모의 고객 센터 등이다.

슈퍼비드가 소비자 경매 회사에서 **B2B** 전자 시장으로 발전할 수 있도록 한 것은 어떤 서비스였는가? 슈퍼비드는 네 개의 중요한 부문에 투자를 집중했다. 첫째, 인터넷을 통한 지불이 안전하다는 것과 구매자가 물건을 수령하고 확인하기 전에는 판매자에게 대금이 지불되지 않는다는 것을 보장할 필요가 있었다. 둘째, 제조업체로부터 고객까지의 배송 과정을 추적할 수 있어야 했다. 셋째, 고객들이 입찰할 수 있고 과정을 추적할 수 있는 완벽한 경매 서비스를 제공할 필요가 있었다. 넷째, 문제가 발생하면 토론을 통해 해결할 수 있는 장치가 필요했다. 이러한 핵심 서비스들이 일단 구현된 후에는, 그것을 새로운 비즈니스 모델로 확장하는 것은 간단한 일이다.

4. 검증된 리더십을 활용하라. 외부에서 영입한 사람에게 e비즈니스 실험을 맡기는 것은 위험한 일이다. 비행 도중에 비즈니스 모델을 바꾸는 문제를 해결하기 위해서는 이미 이사회와 동료들과 투자자들 사이에서 신뢰를 얻고 있는 경험 있는 임원이 필요하다. 물론 그 사람은 모범생이기보다는 이단자에 가까운 사람이어야 할 것이다. 그렇지 않다면 새로운 e비즈니스를 이끌 수 없을 테니까. 그러나 그냥 단순한 이단자여서는 곤란하고, 신뢰와 능력이 검증된 사람이어야 한다. 그레인저의 돈 비엘린스키(Don Bielinski)를 예로 들어보자. 돈은 핵심 비즈니스를 잘 아는 베테랑이다. 그는 27년 동안 회사의 여러 부서에서 근무하는 동안에 검증이 끝난 사람이다. 그레인저의 경영진은 돈이 새로운 사업을 시작할 때와 철수할 때를 아는 사람이라는 신뢰를 갖고 있다. 실험적인 비즈니스에 필요한 나머지 인재들을 모집하는 것은 돈의 몫이다.

5. 우호적이고 인내심 있는 경영진과 투자자를 확보하라. 슈퍼비드의 1라운드 증자에는 회사 설립자들과 함께 협력사였던 우니방코

(Unibanco)가 참여했다. 슈퍼비드 경영진이 비즈니스 모델을 바꾸기로 했을 때, 원래의 전략을 지지했던 투자자들은 새로운 비즈니스 전략에도 열광적인 지지를 보였다.

오코방크의 주식 지분은 대부분 수백 개의 가맹 은행들이 소유하고 있다. 오코방크가 설립한 몇몇 벤처들이 회사의 전통적인 사업 방식(예컨대 지점 영업)에 도전하고 있지만, 가맹 은행들은 항상 오코방크에 우호적이었으며 덕분에 오코는 어려운 경쟁 여건 하에서도 재빨리 기회를 움켜쥘 수 있었다.

그레인저의 이사회와 투자자들은 회사가 전자상거래 분야에 과도하게 투자하는 것을 인내심을 가지고 참아주었다. 그들은 회사가 새로운 기반을 형성하고 있다는 데에 자부심을 느꼈으며, 디지털 비즈니스를 위한 인큐베이터 전략을 지지했다.

이들 사례 연구의 핵심 요소는 신뢰와 투명성이다. 위에 언급한 기업들을 이끌었던 지도자들은 모두가 신뢰를 주는 하는 사람이고, 업계의 존경을 받는 사람이며, 시장에서 벌어지고 있는 일은 항상 명확하게 이사회에 설명하는 그런 사람이다. 그렇기 때문에 이사회와 투자자들이 위험을 무릅쓰고 새로운 실험을 용인하는 것이다.

오코방크의 사례:

전통적인 은행에서 모바일 은행, 인터넷 은행으로 전환

이동 전화와 무선 휴대장치들이 널리 보급되면서 세계 곳곳에서 고객 편의의 혁명이 시작되었다. 이동 전화를 이용하여 간단한 이메일을 주고받게 된 사용자들은 곧바로 다른 서비스들을 요구하기 시작했다. 간단한 질문 하나 하자고 콜센터에 전화를 걸어 전화 받기를 기다리고 있어야 한단 말인가? 필요한 정보를 담고 있는 컴퓨터 시스템에 전화로 접속하여 잔고 조회나 티켓 예약이나 주문 상태 확인을 직접 할 수는 없단 말인가?

모바일/무선 혁명이 시작되었다. 오코방크(Okobank)는 스칸디나비아에서 이 혁명을 선도하고 있는 기업이다. 오코방크는 항상 고객 혁명의 최전선에서 고객들의 요구에 빠르게 대응하였다. 그리고 고객들의 요구를 지원하기 위한 유연한 그리고 재사용 가능한 인프라를 설계함으로써 오코방크는 여러 가지 새로운 비즈니스 모델을 동시에 실험할 수 있었다.

고객들과 예비 고객들의 요구가 변할 때에는, 은행의 전략은 어떻게 변해야 하는가? 핀란드에서 몇 가지 지혜를 얻을 수 있을 것이다. 핀란드의 고객들은 매우 적극적으로 인터넷과 모바일 기술을 수용하는 편에 속한다. 그러나 고객들의 요구는 한결같지 않다. 국제 도시인 헬싱키의 고객들은 대부분 능동적이며 유행에 민감하지만, 시골 사람들은 대체로 사람의 체취와 도움을 선호한다.

가맹 은행들이 운영하는 유서 깊은 협동은행(cooperative bank, 각 가맹 은행은 상당한 정도의 독립성과 자율성을 갖는다)이 어떻게 고객 경세 시대의 총아가 될 수 있었는지 간단히 살펴보기로 하자. 지난 5년간 전자상거래와 모바일 상거래 솔루션 개발에 앞장서 온 오코방크는 여러 비즈니스 모델을 동시에 가동하고 있다. 그리고 모든 모델들이 동일한 핵심 고객 경험과 운영 효율을 활용하고 있다.

오코방크는 핀란드에서 두 번째로 큰 은행이며 토종 핀란드 은행으로서는 가장 큰 은행이다. (핀란드의 금융 시장 점유율 1위는 스웨덴, 덴마크, 노르웨이, 핀란드를 무대로 하는 스칸디나비아 은행, 메리타노르트방켄(MeritaNordbanken)이 차지하고 있다.) 인구 500만의 핀란드에서 오코방크는 210만 명의 고객을 확보하고 있으며 거기에는 10만여 기업 고객들이 포함된다. 스칸디나비아의 다른 은행들과는 달리 오코방크는 세계화나 유럽화를 목표로 하고 있지 않다. 다만 핀란드 최고의 금융 서비스를 제공하려고 할뿐이다. 오코방크는 2000년에 20억 유로의 예금과 자산을 보유하고 있었으며 스칸디나비아에서 가장 많은 수익을 올린 소매 은행이었다.

협동은행이란 무엇인가?

유럽에는 협동은행이라는 유서 깊은 전통이 있다. 소규모 지역 은행들이 협동함으로써, 수백 년 동안 계속되어 온 깊은 고객 관계와 규모의 경제 두 가지를 동시에 만족시키는 시스템이다. 유럽 각국의 협동은행들(프랑스의 크레디 아그리콜, 네덜란드의 라보방크, 독일의 DG 방크 등)은 자체 네트워크를 갖고 있다. 즉, 그들은 모두 유럽 각국의 9개 주요 협동은행들이 모여서 만든 유니코 뱅킹 시스템(Unico Banking System)에 가입해 있다. 오코방크는 다른 협동은행들과 마찬가지로 가맹 은행들과 국민 주주들이 소유권을 갖고 있다.

핀란드의 오코방크 그룹은 244개의 지역 은행으로 구성되어 있다. 농민에 대한 정부 보증 대출을 위해서 만들어진 가맹 은행들은 지역 공동체에 뿌리를 내리고 발전해 왔다.

오코방크의 고객 중시 전통

오코방크의 브랜드 이미지는 무엇인가? 가장 현대적이라든가 가장 공격적인 이미지는 아니다. 실제로 헬싱키 시내에서는 오코방크의 시장 점유율이 16%밖에 되지 않는다. 핀란드 사람들에게 오코방크의 이미지를 물어보면 '국민의 은행'이라고 대답한다. 평범한 사람들에게 신경을 많이 쓰는 은행이라는 뜻이다. 10여 년 전에 북유럽의 은행들은 신용 위기를 맞았었다. 정말 어려운 시절이었다. 오코방크 가맹 은행들은 고객들을 붙잡아 두기 위하여 열심히 노력했다. 사정이 좋아진 요즘에는 오코방크의 대출 담당자들이 눈물을 머금고 대출을 거부하는 일이 종종 발생한다. 과도한 대출은 고객에게도 좋은 일이 아니기 때문이다. "우리는 사정이 좋을 때나 나쁠 때나 고객들에게 최선을 다합니다. 고객이 곤경에 처하도록 내버려두지 않습니다. 혹시 곤경에 처하게 되면 우리가 고객의 편에 서서 도와줍니다. 고객들도 그런 우리를 잘 이해하고 있습니다." 오코방크 그룹에서 비즈니스 개발과 e비즈니스를 담당하고 있는 야르코 안티로이코(Jarkko Antiroiko)의 설명이다.

고객 관련 과제들을 해결하다

핀란드의 전체 금융 서비스 시장에서 능동적인 고객들이 늘어나고 있기는 하지만 아직은 소수 집단이다. 많은 사람들이 중요한 결정을 할 때에 금융 전문가의 도움을 받고 싶어한다. 오코방크는 자기네의 강력한 지점망과 인간적 서비스가 고객들에게 편안함을 제공하고 있다고 믿고 있다. 그렇지만 핀란드 인구의 상당 부분을 고객으로 확보하고 있는 유서 깊은 이 회사에도 해결해야 할 몇 가지 고객 관련 과제들이 있다.

1. 오코방크 브랜드에 대한 고객들의 인지도. 격식과 신뢰성만으로는 열광적인 고객 충성을 끌어내는 것이 불가능하다. 기업 고객과 소비자 고객에게 훌륭한 맞춤 서비스를 제공하고 있음에도 불구하고, 오

코방크의 브랜드 이미지는 상당히 구식이다. 특히 헬싱키에는 오코방크를 모르는 사람이 더 많을 정도다.

2. 지갑 점유율. 210만의 고객이 오코방크와 관계를 맺고 있지만 그중 150만 명만이 순수한 오코방크 고객이다. 나머지는 다른 은행의 고객이기도 하다.

3. 젊은 층 끌어들이기. 핀란드에서는 아이가 태어나면 부모가 은행 계좌를 만든다. 아이가 커서 은행이나 현금자동인출기를 이용할 때가 되면 보통 부모가 만들어 준 계좌를 이용한다. 그렇지만 현금자동인출기에서 현금을 인출하는 것만으로 그 은행과 관계를 맺는다고 할 수는 없다. 왜냐하면 핀란드에서는 모든 현금자동인출기에서 모든 은행의 계좌에 접근할 수 있기 때문이다. 신용카드나 대출 혹은 예금이나 투자가 필요한 경우에, 부모가 계좌를 만들어 준 그 은행을 이용할 것이라는 보장은 없다. 현재 오코방크는 도시의 젊은 고객들을 끌어들이지 못하고 있다. 사실은 회사의 브랜드 이미지가 젊은 층을 끌어들이는 데 방해가 되고 있는지도 모른다.

4. 능동적인 고객들을 만족시키기. 웹 뱅킹과 모바일 뱅킹을 공격적으로 추진하면서 오코방크는 능동적인 고객 집단에게도 어필하고 있다. 그러나 이런 고객들 중 상당수는 eQ 온라인 같이 더 강력한 인터넷 브랜드로 끌리는 경향이 있다. 오코방크의 온라인 주식거래 시스템의 기능이 뒤지지 않음에도 불구하고, 많은 고객들은 별도의 온라인 주식거래 계좌와 뮤추얼 펀드 계좌를 갖고 있다.

5. 원스톱 쇼핑. 다른 은행들과 마찬가지로 오크방크 역시 고객들에게 모든 금융 서비스를 원스톱으로 제공하려고 노력하고 있다. 오코방크

는 10년 동안 뮤추얼 펀드를 운영해 왔다. 그러나 그것을 공격적으로 운영한 것은 2년밖에 되지 않는다. 아직도 뮤추얼 펀드의 점유율은 낮다. 회사의 최근 행보들은 능동적 고객과 도움을 필요로 하는 고객 모두에게 최고급 금융 서비스로 이루어진 종합 선물세트를 제공하기 위한 것이다.

접점을 뛰어넘는 일관된 경험을 제공하다

현재 오코방크는 핀란드 시골 지역에 695개의 지점이 있고 헬싱키에 17개의 지점이 있다. 그리고 669개의 현금자동인출기가 있으며, 374개의 인터넷 터미널이 있다. 어디에나 존재하는 범용 현금자동인출기는 제외한 숫자다. 헬싱키에는 100명의 서비스 요원이 근무하는 고객 센터가 있어서 전국의 오코방크 고객들에게 서비스하고 있다. 야르코의 설명을 들어보자. "핀란드에서는 콜센터가 발전하지 않았습니다. 우리 핀란드 사람들은 점잖은 사람들이라서 남을 귀찮게 하는 일을 꺼립니다. 도움을 요청하는 일에 주저하게 마련이지요. 그리고 우리는 개인적인 문제는 별로 중요하지 않다고 생각합니다." 그러나 콜센터는 오코방크의 다중 접점 전략의 중요한 교두보가 되었다. 고객들은 기술적인 문제에 관하여 도움을 받았을 뿐 아니라 금융과 관련된 문제에 관해서도 안내를 받았다.

이 다중 접점 전략은 이후 오코방크의 성공에 결정적인 단초가 되었다.

조직 구조

오코방크의 가맹 은행들은 헬싱키에서 그룹 차원의 공유 서비스들을 운영하고 있다. 여기에는 모든 가맹 은행들과 콜센터를 위한 IT 인프라가 포함된다. 그리고 매년 혁신적인 프로젝트를 수행할 만한 약간의 여유 자금을 확보하고 있다. 야르코와 그의 상사인 마티 코르켈라(Matti Korkeela)는 지평선 너머에서 다가오는 새로운 기회를 포착하여 이사회에 승인을 요청하는 능력 있는 사람들이다.

오코방크에는 고객 경험을 총괄적으로 관리하는 책임자가 없다. 오코의 '고객 지향적 서비스 모델'을 정의하고 구현하는 일을 책임지는 다섯 개의 팀이 활동하고 있을 뿐이다. 이 팀들은 고객 집단별이나 제품별로 조직된 것이 아니고, 고객들의 요구에 따라 조직되어 있다.

고객들을 '소유하고 있는' 각 가맹 은행들과 콜센터 사이에 정보를 공유하는 메커니즘은 존재한다. 그렇지만 2000년 현재, 모든 고객 정보와 접촉 기록을 가맹 은행들이 공유할 수 있는 CRM 시스템은 존재하지 않는다. 야르코는 현재의 이러한 조직 구조가 앞으로는 장애물이 될 것이라고 생각하고 있다. "미래에 여러 접점들을 통하여 고객 관계가 더욱 명확하게 구축되고 유지될 때에는, 기업 수준의 더욱 강력한 통제가 필요하게 될 겁니다."

인터넷이 준 기회를 포착하다

잘 알려진 이야기지만, 핀란드는 정보화가 아주 잘 되어 있는 나라다. 인터넷 보급률이 매우 높아서 500만 인구 중에서 200만 명이 정기적으로 인터넷을 이용하고 있을 정도다. 오코방크의 초기 전자 뱅킹 애플리케이션 중에서 가장 인기가 있었던 것은 온라인 지불이었다. 웹이 없었을 때에는 우편으로 청구서를 받아 그것을 가지고 은행 지점이나 대금 지불용 현금자동인출기로 가야만 했다. 청구서에는 바코드가 붙어있어서 은행 계좌에서 직접 대금이 빠져나가게 하는 방식이었다. 이 기능이 인터넷으로 옮겨지자 핀란드 사람들은 집에서 편리하게 대금을 지불할 수 있게 되었으며 청구서도 전자적으로 받게 되었다. 인터넷 기반의 대금 지불 시스템이 자리를 잡은 것이다. 1999년 가을에는 오코방크 고객의 20%에 해당하는 40만 명이 온라인 지불을 이용하고 있었다. (야르코의 예상에 따르면 2002년에는 은행 고객의 50%가 온라인 지불을 이용하게 될 것이다.) 고객들은 계좌이체, 신용카드 사용 내역 조회, 뮤추얼펀드 투자, 온라인 주식거래, 대출 신청과 대출 현황 조회 등 다른 은행 업무들도 인터넷으로 처리할 수 있게 되었다.

오코방크의 이사이며 기업 금융 담당 책임자인 티모 리타칼리오(Timo Ritakallio)는 이와 같은 소비자 금융에서 인터넷이 성공하는 것을 주의 깊게 관찰하는 한편, 기업 고객들의 요구에도 귀를 기울였다. 그러자 기업 고객들도 소비자 고객들 못지 않게 온라인 거래에 적극적이라는 것을 금방 알 수 있었다. 그는 온라인 뱅킹을 e비즈니스 팀의 최우선 순위로 설정했다. 1998년에서 2000년 사이에 오코방크는 근저당권 설정, 채권 발행, 외환 거래, 은행간 거래, 전자 결제 등의 기능이 포함된 보안 엑스트라넷을 기업 고객들에게 제공했으며, 2001년 초부터는 웹 기반의 현금 관리 서비스를 제공하기 시작했다.

모바일 상거래를 개척하다

1996년에 오코방크는 세계 최초로 이동 전화를 이용한 뱅킹 서비스를 개시했다. 무선 디지털 미디어 팀이 유럽 지역에서 사용되는 GSM 표준 이동 전화에서 사용할 수 있는 단문전송 서비스(SMS, Short Messaging Service)를 사용하여 고객들이 잔고 조회나 신용카드 사용내역 조회 혹은 청구서 결제를 할 수 있도록 한 것이다. 전화기가 작아서 불편했음에도 불구하고 고객들은 언제 어디서나 자기 돈을 관리할 수 있다는 편리함 때문에 새로운 서비스를 환영했다. 3년 후에는 20만 명의 고객이 이동 전화를 이용하여 은행 업무를 처리했다. 곧이어 고객들은 이동 전화로 주가를 확인하고, 주가의 변동을 통보 받으며, 프로그램 매도/매수를 하는 등 광범위한 무선 데이터 거래를 이용할 수 있게 되었다.

1998년에 노키아(Nokia)가 커뮤니케이터911(Communicator911)을 출시했다. 이것은 이동 전화와 오거나이저(organizer)를 결합한 것으로 핀란드의 기업 경영자들 사이에서 대단한 인기를 끌었다. 많은 회사들이 이것을 구입하여 직원들에게 나누어주었다. 야르코는 새 장비를 보자마자 고객들이 더 큰 화면과 키보드를 이용하고 싶어할 것이라고 생각했다. 오코방크 팀은 노키아 커뮤니케이터의 늘어난 메모리를 이용하여 작은 애플리케이션을 다운로드할 수 있게 하였다. 그 애플리케이션은 복잡한 입력을 줄이고 친근한 사용자 인터페이스를 제공하였다. 고객들은 계좌번호와 프로필 정보 등을 미리 입력해 놓을 수 있었다. 물론 전화기를 도둑질한 사람이 거래를 할 수 없도록 하는 장치는 마련되어 있었다. 거래를 할 때마다 개인 식별번호를 입력하여 거래별로 별도의 암호를 받는 방식이었다. 1999년 말에는 수만 명의 고객들이 모바일 커뮤니케이터를 이용하여 은행 업무를 처리하고 있었다.

2000년 초에 WAP(Wireless Application Protocol)이 인기를 끌자, 에르키 에르바스티(Erkki Ervasti)가 지도하는 개발 팀이 오코방크 모바일 뱅킹 애플리케이션의 WAP 버전을 만들어냈다. 그런데 WAP 장비가 많지 않았던 관계로 커뮤니케이터용 제품에 비해 인기가 덜했다. WAP 서비스를 이용하려면 비용이 많이 들며, 전화를 별도로 걸어야 하는 불편함이 있었기 때문이다. 그렇지만 오코방크는 모바일 상거래에 최신 기술이나 서비스가 등장하면 경쟁사에 앞서서 맨 처음으로 고객들에게 제공하려 한다는 것을 확실히 보여주었다. 그리하여 오코방크의 이미지는 근엄하고 보수적인 회사에서 혁신적인 회사로 바뀌고 있다.

새로운 e비즈니스 모델을 위해 가맹 은행들의 지원을 받다

이러한 인터넷 및 모바일 상거래 전략은 헬싱키에 있는 오코방크 그룹의 중앙 IT 그룹이 주도한 것이었다. 그러나 당연한 얘기지만 모든 전략은 그룹의 주요 소유주인 가맹 은행들의 승인을 받아야만 했다. 처음에 가맹 은행들은 이런 시도들을 고객들에게 접근하고 관계를 강화하는 수단으로 생각하였다. 고객들이 인터넷과 무선 데이터서비스를 좋아하는 것은 문제가 되지 않았다.

그러나 2000년 초부터 가맹 은행들은 불안해지기 시작했다. 고객들이 웹과 전화로 은행 업무를 다 처리하면 지점들은 존재 가치가 없어지는 것이 아닌가? 그렇게 어렵사리 구축한 개인적인 관계들은 어떻게 될 것인가? 얼굴을 맞대는 은행 업무를 고객들이 불편해 한다는 이유로 지점들을 없애지는 않을까? 그러나 오코방크의 기존 고객들은 분명히 다중 채널/다중 접점을 원하고 있다. 고객들은 온라인 뱅킹, 지점 거래, 전화 거래, 무선 데이터 거래가 나름대로의 편리함이 있다고 생각한다. 가끔 전문가의 도움을 필요로 하는 대다수 고객들에게 있어서 오프라인 지점의 폐쇄는 있을 수 없는 일이다. 그러나 오코방크의 전략가들은 더 능동적인 고객들과 다음 세대의 예비 고객들을 위해서는 다양한 접근 방법을 실험해야 한다고 느끼고 있다.

오코방크의 전략은 그룹 중앙과 가맹 은행들의 공동 토론을 통해 수립된다. 마티 코르켈라는 이러한 구조 아래에서 전자 뱅킹 전략을 기획하는 소위원회를 이끌고 있었다. 이 소위원회는 그룹이 여러 프로젝트들을 병행하여 실시해야 한다고 제안했다.

1. 자동차 구입, 주택 대출, 이사 등 고객들의 생활을 중심으로 뱅킹 서비스를 결합한 포털사이트를 출범시켜라. (이 프로젝트는 이미 진행 중이었다.)

2. 정상적인 방법으로는 오코방크로 오지 않을 젊고 현대적인 고객들에게 다른 브랜드를 통해서라도 은행 업무와 신용카드 서비스를 제공하기 위하여 ISP나 포털사이트와 제휴하라.

3. 보험회사나 연금 관리 회사와 제휴하여 고객들에게 광범위한 원스톱 금융 서비스를 제공하라. 이때 오코방크의 기존 다중 채널/다중 접점 인프라를 재활용하라.

마티의 제안은 매력적인 것이었다. 가맹 은행의 임원들은 오코방크가 핀란드에서 시장 점유율을 높이기 위해서는 더욱 공격적으로 새로운 시장에 진출해야 한다는 것을 깨달았다. 이 말은 다른 브랜드와 다른 고객 경험을 통해서라도 신규 고객을 끌어들여야 한다는 뜻이었다. "우리가 5년 동안 해온 일은 기존에 수직적으로 통합된 뱅킹 모델을 온라인으로 확장하는 것이었습니다." 야르코의 설명이다. "그것은 오늘날의 고객들이 원하는 것이 아닙니다. 오늘날의 고객들은 원스톱 금융 서비스를 위한 최선의 솔루션을 찾아다닙니다. 경쟁에서 살아남기 위해서는 수직적으로 통합된(integrated) 솔루션과 선택적(mix-and-match) 솔루션을 함께 제공해야 합니다."

소비자 포털을 후원하다

오코방크는 두 가지 소비자 포털 전략을 동시에 착수했다. 두 가지 모두 별도의 브랜드 이름을 사용했다. 그중 하나는 야르코가 '방어적 포털 전략'이라 이름 붙인 것인데, 오코방크의 기존 고객들에게는 더 다양한 서비스를 제공하고 새 브랜드를 통해서 젊은 신규 고객들을 끌어들이려는 시도였다. 그 과정은 다음과 같다.

1998년 말 오코방크의 경영진은 어떤 온라인 포털을 후원하는 문제를 연구하고 있었다. 이사회는 오코방크 그룹과, 보험회사인 포욜라(Pohjola)와, 핀란드 최대의 잡지사인 알레데트(A-Lehdet) 3자가 연합하여 벤처를 설립한다는 계획을 승인했다. 오코방크와 포욜라가 95%를 출자한 포털 벤처는 독립 법인으로 세워졌다. 은행과 보험업계에서 18년의 경력을 쌓은 정력적인 법률가 올리 라톨라(Olli Latola)가 경영 책임자로 임명되었고, TV 프로듀서 출신의 창조적인 젊은 여성인 살라마리 무호넨(Sallamaari Muhonen)이 사이트 제작 책임을 맡았다.

사업의 핵심은 새로운 브랜드의 소비자 중심 포털사이트를 만들어서 평균적인 핀란드 사람들이 살아가면서 부딪치는 이사, 자동차 구입, 진학, 결혼 등의 일을 도우려는 것이었다. 그들은 소비자들이 뱅킹이나 쇼핑을 위해서가 아니라 다양한 주제에 관한 조사를 하거나 도움을 얻기 위해 소비자 포털에 접속할 것이라고 올바르게 예측했다. 잡지사를 끌어들인 것도 다양한 주제에 관한 적시 정보를 갖추려는 의도였다. 오코방크 그룹과 포욜라는 여러 가지 고객 시나리오의 중간에 자동차 할부 금융, 주택 할부 금융 등의 서비스들을 끼워 넣을 수 있었다.

2001년 초에 우선 젊은 층을 겨냥한 '버추얼 핀란드'라는 이름의 사이트를 출범시키는 것을 목표로 했다. 포털 사이트에는 주택, 가족, 여행, 경제 및 법률 문제의 네 개의 채널을 둘 예정이었다. 오코방크가 이 사이트에 새로운 브랜드를 붙인 이유는 무엇일까? 야르코의 설명을 들어

보자. "우리 은행의 브랜드 이미지는 은행 업무에는 적합합니다. 믿을만하고 친절하고 고객 지향적이지요. 우리 은행의 온라인 뱅킹 사이트는 핀란드 웹사이트 중에서 톱10에 들어갑니다. 그러나 은행은 휴식을 취하거나 시간을 죽이기에 알맞은 장소는 절대 아닙니다. 우리는 소비자 고객들에게 쓸모 있는 서비스는 물론이고 엔터테인먼트를 함께 제공하고 싶은 것입니다. 이미 트래픽이 많아진 오코방크 사이트의 트래픽을 분산하는 효과도 있겠지요. 그리고 풍부한 콘텐츠를 갖춘 고객 지향적 포털사이트를 구축함으로써 우리는 기업 고객들에게도 더 좋은 시장을 제공할 수 있다는 확신을 얻었습니다." 야르코는 은행들이 운영하는 쇼핑몰이 제대로 성공한 적이 없었던 이유는 그것이 핵심 고객 시나리오를 중심으로 조직되지 않았기 때문이라고 믿고 있다.

소네라와 제휴하다

오코방크 경영진들은 많은 비은행계 업체들이 새로이 금융 서비스 중개인으로 나서고 있다는 사실을 알고 있었다. 그리하여 소비자들, 특히 젊은 소비자들은 금융 서비스 때문에 은행을 이용할 필요성을 별로 느끼지 않게 되었다. '버추얼 핀란드' 작업을 하면서 동시에 오코방크는 핀란드 최대의 포털사이트이며 ISP인 소네라와 합작 벤처를 모색하기 시작했다. 1994년에 ISP로 출발한 소네라는 월간 순 방문자 수가 84만 명에 달하는 핀란드 최대의 포털이 되어 있었다. 콘텐츠와 커머스와 커뮤니티를 갖춘 전형적인 수평 포털이었다. 소네라의 수익 기반은 주로 광고였으며 온라인 상거래의 비중은 매우 낮았다. 소네라는 '소네라 플라자'라는 새로운 형태의 전자상거래 서비스를 기획하고 있었으며, 핀란드 3위 은행인 레오니아(Leonia) 은행과 제휴하여 신용카드, 직불카드, 기타 금융 서비스를 제공할 계획이었다. 소네라와 레오니아의 최대 주주는 둘 다 핀란드 정부였다.

행동을 위한 준비

1998년 말부터 ISP들로부터 잠재적 위협을 느끼기 시작한 야르코는 소네라를 주목하고 있었다. 소네라와의 제휴는 오코방크의 라이벌인 레오니아 쪽이 더 유리한 것처럼 보였지만(소네라 플라자의 책임자인 하리 홀멘(Harri Hollmen)은 레오니아의 전직 CEO였다), 2000년 여름에 오코방크에게 기회가 왔다. 야르코의 노력으로 최근에 이사회에서 승인된 전략 계획에 따라, 오코방크 그룹의 임원 한 사람이 하리를 만나 레오니아 대신에 오코방크가 오코방크의 이름을 걸지 않고 소네라 플라자의 금융 서비스 부분을 담당할 수 있는지 타진해 보았다. 하리는 쉽게 동의했다. 오코방크가 이미 구현해 놓은 전자상거래와 모바일 상거래 프로그램의 능력을 높이 평가한 것이다. 그는 오코의 인터넷 뱅킹과 모바일 뱅킹 서비스를 소네라 플라자에 끼워 넣는 것이 간단하고 안전한 일이라는 것을 알고 있었다.

민첩한 제휴

오코방크 그룹과 소네라 플라자 사이의 거래는 가히 혁신적인 것이었다. 그들은 연합 벤처를 설립하여, 새 회사가 소네라 플라자의 금융 서비스 섹션을 구축하기로 했다. 지분은 소네라가 80%를 갖고 오코방크가 20%를 갖는 조건이었다. 비용과 수익을 모두 그 비율로 나누기로 했다. 오코방크는 현금으로 4천만 핀란드 마르크를 출자했으며, 모바일 뱅킹을 포함한 모든 은행 업무와 신용카드 업무를 제공하기로 했다. 야르코의 추산에 따르면 오코방크는 핵심 서비스들을 지원하기 위한 다중 접점 인프라를 구축하는 데 이미 4천만 핀란드 마르크를 투자했다. 새로 만들어지는 금융 서비스 포털의 온라인 뱅킹 섹션에 오코방크의 브랜드는 나타내지 않기로 했다. 오코방크가 제공하는 은행 업무, 신용카드 서비스, 직불카드 서비스 등 핵심 금융 서비스들에 소네라 플라자의 브랜드를 붙이기로 한 것이다.

그러나 투자, 대출, 보험 섹션에서는 오코방크의 브랜드를 사용하기로 했다. 거기서는 각 카테고리별로 여러 경쟁사들의 서비스와 경쟁하게 될 것이었다. 소네라 플라자의 고객들이 일련의 경쟁적인 공급자들 중에서 최고의 서비스를 골라잡을 수 있도록 하려는 정책이었다. 브랜드를 뛰어넘는 고객 관계와 고객 경험을 관리하는 것은 소네라 플라자의 몫이 되었다. 그리고 금융 서비스 포털의 지분 20%를 소유한 오코방크는 경쟁사의 서비스로부터 나오는 수익을 포함하여 모든 수익의 20%를 받기로 하였다.

이 사업 구조에서 가장 마음에 드는 점은, 오코방크가 기본적인 금융 서비스를 독점함으로써 모든 소네라 플라자 고객들과 일대일 관계를 맺을 수 있게 되었다는 점이다. 실제로 고객들은 자신이 오코방크와 거래하는지 알지 못한다. 그러나 이것은 새로운 표적 시장이고 대부분의 젊은 고객들은 어차피 오코방크 브랜드를 선호하지 않으므로 전혀 불리한 일이 아니다. 소네라 플라자의 금융 서비스 포털이 수익성이 있을지는 좀더 지켜보아야 할 것이다.

안내를 원하는 고객들을 위한 원스톱 금융 서비스 동맹

오코의 경영진들은 아주 다른 두 개의 인터넷 포털을 구축하고도 만족하지 않았다. 두 개의 포털 계획은 기술 친화적이고 능동적인 투자자들을 겨냥한 것이었지만, 그런 고객들을 다 합쳐도 아직 핀란드 전체 시장의 20%밖에 되지 않았다. 때때로 도움을 요청하기도 하고 얼굴을 맞대는 경험을 선호하는 대다수 고객들은 어떻게 할 것인가? 이러한 고객 집단을 위해서 오코는 기존 인프라를 재활용하는 또 하나의 e비즈니스 전략을 세웠다. 일련의 복잡한 인수합병과 투자 과정을 거쳐 오코는 강력한 금융 서비스 동맹을 만드는 데 성공했다. 거기에는 포욜라 보험, 수오미(Suomi) 생명보험, 일마리넨(Ilmarinen) 연금보험 등 핀란드 최대의 보험회사와 연금회사들이 포함되었다. 메이저 항공사들의 동맹인 스타(Star)나 완월드(One World)처럼, 고객들이 어떤 회사의 어떤 지점에서나 원하는 모든 금융 거래를 할 수 있도록 하려는 계획이었다. 물론 가맹사들은 온라인 금융 서비스 포털을 공동으로 제공할 것이다. 고객들은 웹이냐, 이동 전화냐, 오프라인 지점이냐에 상관없이, 언제 어디서나 모든 가맹사의 서비스를 이용할 수 있게 될 것이며 공유된 CRM 시스템에 접근할 수 있게 될 것이다.

교훈

오코방크의 이야기에서는 고객 편의를 위하여 첨단 기술을 적극적으로 활용하였다는 점이 중요하다. 온라인 지불과 인터넷 뱅킹 서비스로 시작된 오코방크의 혁신은 모바일 기술과 함께 지속적으로 발전하였다. 그와 동시에 오코는 고객들과 고객들의 성과에 관심을 기울인다는 핵심 임무에도 충실했다. 오코는 여러 개의 온라인 프로젝트를 개별적으로 수행하지 않고, 4천만 핀란드 마르크가 투자된 인프라를 재활용하면서 서로 다른 여러 시장과 요구에 대응하였다.

오코는 몇 가지 비슷한 e비즈니스 프로젝트를 출범시키면서, 그리고 각각의 프로젝트마다 공격적인 제휴 관계들을 맺으면서 위험을 분산시켰다. 프로젝트마다 별개의 독립적인 벤처로 설립되었고 자체 경영진과 자율성을 갖고 있었지만, 모두가 오코의 전자 뱅킹과 모바일 뱅킹 서비스를 공유/활용할 수 있도록 설계되었다. 그 결과는 비즈니스 모델에 관한 포트폴리오가 되었다. 포트폴리오 안에는 수익성의 격차가 존재하지만, 전체적으로는 위험의 분산과 회피가 가능한 것이다.

마지막으로, 오코방크의 전자상거래 전략에는 매우 재미있는 특징이 하나 더 있다. 수직적으로 통합된(vertically integrated) 접근법과 선택적(mix-and-match) 접근법을 동시에 실험하고 있는 것이다. 그리고 어떤 프로젝트에서는 브랜드 경험을 사용하고 있지만, 새로운 고객 집단을 겨냥한 곳에서는 남의 브랜드 뒤에 고객 경험을 숨기고 있다.

패티의 제안

오코방크의 현재 전략에서 지적할 것이 있다면 브랜드에 대한 충분한 강조가 부족하다는 점이다. 오코방크는 핵심 브랜드를 강화하고, 브랜드의 고객 중심적 가치를 강화하고, 브랜드를 현대화할 필요가 있다. 엄격하고 보수적인 이미지를 벗어나야 한다는 얘기다. 오코방크의 새로운, 그리고 서로 다른 브랜드를 사용하고 있는 벤처들은 더욱 첨단적인 브랜드 개성으로 무장해야 하며, 고객들이 스스로를 브랜드와 동일시할 수 있는 기회를 제공해야 한다.

필자는 버추얼 핀란드보다는 소네라 플라자와의 제휴에 승산이 있다고 본다. 소네라는 이미 시장 인지도와 고객 견인력을 갖추고 있다. 그리고 핀란드의 시장 상황을 고려하면 소비자 포털이 두 개 이상 자리잡기는 어려울 것으로 보인다. 그러므로 필자는 오코방크가 버추얼 핀란드 프로젝트를 여기서 접고 모든 역량을 두 개의 전선 즉, 소네라 플라자와 금융 동맹으로 집중할 것을 제안한다. 이 두 가지가 고객들에게 더 어필할 것으로 생각된다. 자기 손에 칼자루를 쥐고 있다는 것을 알고 있는 고객들은 여러 업체들 중에서 최고의 금융 서비스를 골라잡을 수 있는 선택적 서비스를 선호한다. 반면 버추얼 핀란드 프로젝트에서 호감이 가는 것은, 고객 시나리오에 집중하고 있다는 것과 오코방크의 소기업 고객들이 그 시나리오를 이용하여 소비자들에게 서비스를 제공할 수 있다는 사실이다. 어쩌면 버추얼 핀란드를 소네라 플라자에 합병하려는 또 하나의 협상이 진행중일지도 모르겠지만, 어떻게 되든 오코방크의 미래는 밝아 보인다.

	항해	성능	운영	환경
		오코방크를 위한 고객조종실 초안		
고객 수	· 고객 집단별 활동 계좌를 갖고 있는 고객의 수 · 가구별 활동 계좌의 수 · 온라인 고객의 수 · 고객별 지갑 점유율/포트폴리오 점유율 · 기업 고객과 계좌의 수 · 기업 거래처별 지갑 점유율/포트폴리오 점유율	· 18~34세 집단의 신규 계좌 수 · 능동적인 고객의 비율 · 여러 상품을 구입한 고객의 비율 · 고객별/가구별 자산 증가율	· 기업 고객의 자산 증가율 · 온라인 지불을 이용하는 고객의 비율 · 모바일 접속을 이용하는 고객의 비율 · 다른 회사의 온라인/모바일 서비스를 이용하는 고객의 비율 · 모든 계좌가 오코방크에 있는 고객의 비율 · 신규 기업 계좌의 수	· 온라인 금융 서비스를 이용하는 핀란드 고객들의 수 · 18~34세 집단의 증가율 · 핀란드 내 유럽연합 은행들의 지점 수 핀란드에서 금융 서비스를 제공하는 비은행계 기업의 수
고객 유지	· 고객 집단별 고객 유지 비율 · 고객 집단별 지갑 점유율 · 고객 집단별 충성도	· 고객 집단별 고객 유지 비율의 증가/감소 · 고객 집단별 지갑 점유율의 증가/감소 · 고객 집단별 주간/월간 서비스 사용량의 변화	· 고객 집단별 최근 접촉일 · 고객 집단별 접촉 빈도	· 경쟁사들의 유지 비율 · 경쟁사들의 지갑 점유율 · 경쟁사들의 주간/월간 서비스 점유율
고객 경험	· 고객 집단별 고객 만족도 · 접점별 고객 만족도 　-오프라인 지점 　-온라인 　-콜센터 　-모바일 장비	· 은행 업무, 주식거래 등 작업별 만족도 · 대기 시간에 대한 만족도 (줄서기, 웹 반응 속도 등) · 서비스 품질과 접촉에 대한 만족도	· 핵심 고객 시나리오의 전반적 성능 · 서버 응답 시간 · 서버 가동 시간	· 경쟁사 서비스의 사용 난이도 · 경쟁사 서비스의 고객 시나리오 성능
고객 지출	· 고객 1인당 수입과 수익 · 가구별/기업 계좌별 수입과 수익 · 고객들이 맡긴 총자산	· 고객 1인당 신규 예금 · 여신 수입 · 수수료 수입 · 평균 계좌 잔고 · 지갑 점유율	· 고객 1인당 서비스 비용 · 접점별 서비스 비용	· 경쟁사들의 고객 1인당 수익 · 경쟁사들의 서비스 비용

W. W. 그레인저의 사례:

산업용 기자재 중개상에서 전자 시장과 전자 유틸리티 제공업체로

전자 시장 혁명이 한창 진행중이다. 이제 기업 고객들은 한 자리에서 가격과 제품을 비교할 수 있는 편리한 원스톱 쇼핑을 요구하고 있다. 그레인저(W. W. Grainger)는 이런 전자 시장 혁명의 촉매 역할을 한 기업 중의 하나다. B2B 카탈로그 사업자였던 그레인저는 오랫동안 산업용 기자재를 필요로 하는 기업 고객들에게 원스톱 쇼핑을 제공해 왔다. 그레인저가 카탈로그를 인터넷으로 옮기자 그 자체가 바로 전자 시장이 되었다. 구매자들은 수천 개의 제조업체에서 만들어진 제품들을 한 자리에서 비교하면서 골라 구입할 수 있게 되었다.

이것은 산업용 기자재 중개상에서 B2B 전자 시장의 선구자가 된 회사의 이야기다. 그레인저는 어떤 단계들을 거쳐 B2B 시장의 핵심 기업이 될 수 있었을까?

그레인저는 먼저 고객 경험에 초점을 맞추었다. 고객들에게 다중 접점 비즈니스 모델을 제공함으로써, 고객들이 찾기 어려운 공구와 기자재들을 쉽게 찾아 구매할 수 있도록 하는 데 주력하였다. 그레인저의 핵심 역량의 하나는 고객들이 의사결정을 쉽게 할 수 있도록 제품 정보를 제공하는 능력이다. 그리고 그레인저는 다양한 비즈니스 모델들과 벤처들을 실험했는데, 모두가 산업용 기자재 구매자들과 그들의 의사결정 방식에 대한 깊은 이해를 기반으로 한 것이었다. 그레인저는 모든 고객들이 전자 시장을 이용할 수 있도록 비즈니스 모델의 여러 가지 변형(morph)을 제공했다.

산업용 기자재를 위한 원스톱 쇼핑

그레인저(W. W. Grainger, Inc.,)의 모체는 1927년 윌리엄 그레인저(William Grainger)가 설립한 산업용 전기 모터 도매상이다. 그 회사가 처음에 만든 여덟 페이지 짜리 모터북(MotorBook)은 모터 구매 담당자들과 모터 유지관리 담당자들 사이에 인기가 많았다. 6년만에 매출이 25만 달러로 늘어났으며, 회사는 전기 모터 외에 여러 가지 산업용 기자재들을 취급하기 시작했다. 창립 15주년 무렵에는 미국 40개 주에 141개의 지점과 424개의 대리점을 개설하고 있었다. 모터북은 756페이지로 늘어났다. 1984년에 그레인저는 연간 매출 10억 달러를 돌파했으며 다양한 상품을 취급한다는 사실을 반영하기 위하여 모터북이란 이름을 버렸다. 1992년에는 산업용 보안 제품을 취급하는 다이렉트 마케팅 회사인 랩 세이프티 서플라이(Lab Safety Supply)를 인수했다. 그리고 1996년에는 캐나다의 유지보수용품 공급업체의 선두주자인 아클랜드(Acklands)를 인수했다. 현재 미국에서는 15만 개의 유통점들이 1천만 개의 기업에 산업용 기자재를 판매하고 있다. 유지보수 시장을 포함한 산업용 기자재의 미국내 시장 규모는 2500억 달러에 달한다. 시카고에 본사가 있는 그레인저는 1999년에 45억 달러의 매출을 기록한 세계 최대의 산업용 기자재 회사지만, 그래인저의 매출은 현재 미국과 캐나다와 멕시코에 집중되어 있다.

그레인저의 새로운 카탈로그 이름인 레드북(Red Book)은 기업 구매 부서에서 흔하게 볼 수 있는 비품이 되었다. 산업용 기자재가 필요하면 당연히 레드북을 펼쳐야 한다고 생각할 정도이다. 그레인저의 기자재 부서는 A-coils로부터 Zip 스크루에 이르기까지 8만 6천 개 이상의 브랜드 이름이 들어있는 레드북을 매년 2백만 부 이상 찍어 배포하고 있다.

그레인저가 취급하는 품목의 수는 유지보수용, 냉동공조용, 검사용, 건축용 기자재를 모두 합하여 22만 개에 달한다. 이 제품들은 당일 배달로 수령하거나, 혹은 미국 내 385개 지점과 캐나다와 멕시코에 있는 190개 지점을 찾아가 직접 가져갈 수 있다. 미국 기업의 70%가 그레인저 지점으로부터 20분 거리에 있는 셈이며, 각 지점에는 2백만 달러 상당의 제품들이 쌓여있다. 이와 별도로 그레인저의 부품 부서에서는 550개의 제조업체에서 만든 28만 5천 개의 수리용 부품을 제공하고 있다. 일리노이에 있는 그레인저의 부품 창고에서는 연중무휴 24시간 선적이 이루어지고 있다.

웹이 생기기 전에는 고객들이 어떻게 그레인저와 거래했을까? 그때는 구입 가능한 품목과 가격이 적혀있는 종이 카탈로그를 이용했었다. 가장 가까운 지점에 전화를 걸어서 지금 물건이 있는지 그리고 소비자 가격이 얼마인지 알아낼 수 있었다. 기업 고객들은 고객별 맞춤 가격이 들어있는 시디롬 카탈로그를 이용할 수 있었다. 그리고 그레인저의 1500여 다이렉트 판매 담당자에게 전화를 걸어 주문하는 방법도 있었다.

그레인저 브랜드

북미의 기업 고객들과 제조업자들 사이에서 그레인저의 브랜드 인지도는 매우 높은 편이다. 많은 사람들은 그레인저라는 말에서 산업용 부품과 기자재를 떠올린다. 고객들의 그레인저에 대한 연상 이미지는 쉽고 친절한 서비스와 빠른 배달이다. 무언가를 빨리 찾아야 하거나 다른 데서 찾지 못하는 경우에는 그레인저를 방문하면 해결된다고 생각한다. 그레인저는 다양한 제품과 부품을 즉석에서 찾아 구입할 수 있는 곳이라고 생각한다. 그레인저는 가격으로 승부하지 않고, 속도와 편리함으로 승부한다.

핵심 가치

그레인저의 기업 문화는 극단적으로 고객 중심적이며, 오래 된 회사치고는 놀라울 정도로 민첩하다. 직원의 재량권, 책임, 팀워크, 즐거운 분위기 등과 함께 민첩함과 학습이 그레인저의 핵심 가치를 구성하고 있다. 회사가 제공하는 제품과 서비스에 대한 확실한 보장을 위하여 직원들에게 매우 많은 재량권이 부여되고 있다. 직원들에게 요구되는 것은 고객들을 만족시키는 일을 하라는 것이다. 이러한 고객 중심 문화를 보여주는 일화 중에는, 한 사람의 고객이 필요로 하는 부품 때문에 새벽 2시에 문을 열었다는 지점장들의 이야기도 있다.

인터넷이 그레인저의 문을 두드리다

고객의 소리

휴렛패커드(HP)는 그레인저에게 있어서 가장 큰 고객의 하나다. 1995년에 그레인저의 카탈로그 마케팅 책임자인 마서 프레이(Martha Frey)가 팔로알토(Palo Alto)의 HP 본사를 방문했을 때, HP의 마이크 존슨(Mike Johnson)이 그녀를 붙들고 말을 걸었다. 그는 HP는 사무용품들을 이미 인터넷으로 주문하기 시작했다면서, 산업용 기자재들도 그렇게 되었으면 좋겠다고 했다. 호기심이 발동한 마서는 마이크의 사무실로 가서 마이크가 HP의 인트라넷 사이트에 들어가 온라인 카탈로그에서 사무용품을 골라 주문하는 모습을 지켜보았다. "그 순간 한줄기 빛이 머리를 꿰뚫는 느낌이었습니다. 청소원에서 유지보수 전문가에 이르기까지 수많은 사람들이 그레인저의 인터넷 사이트에서 도구와 모터를 구입하는 모습이 보였습니다."

마서는 시카고에 있는 그레인저 본사로 돌아와 인터넷을 아는 사람들을 찾기 시작했다. 기술부에서 제프 브랜든(Jeff Brandon)을, 기획부에서 제이미 오닐(Jamie O'neil)을 찾아냈다. 셋이 모여 머리를 맞대고 연구한 끝에, 전자상거래 사이트에 대한 비전을 정리하여 착수 비용으로 7만 5천 달러를 요청하는 기안서를 만들었다. 그 기안서는 돈 비엘린스키(Don Bielinski)에게 제출되었다.

시장의 소리

그런데 인터넷은 돈 비엘린스키의 문도 두드리고 있었다. 돈은 그레인저에서 27년을 일한 사람이다. "평생을 여기서 일했지요." 깡마르고 정력적인 50세 아저씨가 껄껄 웃는다. 그는 경리 업무에서 시작하여 CFO가 된 사람이며, 전략과 개발 부서에서 일한 경력도 있다. 인터넷이 새로운 기회를 제공하던 당시에는 판매와 마케팅을 담당하는 수석부회장이었다.

전화회사와 케이블TV 회사에서 똑같은 제안을 해왔다. 그레인저의 산업용 기자재 카탈로그를 웹으로 옮기자는 것이었다. "우편으로 카탈로그를 보내고 전화로 주문을 받는 대신에 우리 온라인 쇼핑몰에 입주하십시오. 그러면 곧 수백만 기업 고객들이 온라인으로 귀사의 제품을 구매할 것입니다." 1995년 초에는 물론 인터넷으로 사업을 하는 회사가 별로 없었다. 다른 전직 CFO들이었다면 돈 낭비라며 제안을 일축하고 말았을 것이지만, 돈은 인터넷이 그레인저의 지평선에서 다가오고 있는 토네이도라는 것을 알아차렸다.

돈은 회장 겸 CEO인 리처드 카이저(Richard Keyser)에게 전자상거래 기안서를 제출했다. 그리고 전자상거래 프로젝트를 위한 고위급 위원회를 발족시켰다.

온라인-온프라인 통합 전략을 개척하다

전자상거래 팀은 인터넷과 웹을 사용하여 회사가 고객들의 삶을 더욱 편리하게 해줄 수 있는 방법에 관해 연구한 끝에 다음과 같은 결론을 얻었다.

- 종이 카탈로그에 있는 86500개 뿐 아니라 그레인저가 취급할 수 있는 22만 개 이상의 모든 제품에 고객들이 접근할 수 있게 한다.
- 고객들의 필요에 맞는 제품을 찾기 위한 더 좋은 검색 도구를 제공한다.
- 주문한 고객과 가장 가까운 곳에 있는 지점에서 당일 배달하거나, 5개의 지역별 유통센터에서 출고하여 다음날 도착하게 한다.

전담 부서를 만들다

전략팀은 별도의 인터넷 상거래 전담 부서를 만들었다. 리처드 카이저의 말을 들어보자. "우리는 두 가지 점에서 일을 제대로 했습니다. 하나는 아주 일찍부터 전담 부서를 만들었다는 것이고, 또 하나는 그것을 별도의 장소에 두었다는 것입니다. 덕분에 독자적인 문화가 생길 수 있었고 닷컴 회사들과 매우 비슷하게 행동할 수 있었습니다. 우리가 똑똑했던 것인지 운이 좋았던 것인지는 모르겠지만, 결과는 아주 좋았습니다."

B2B의 복잡성에 도전하다

당시를 회상하면서 돈은 그레인저의 최초의 비전이 매우 '심오한' 것이었다고 했다. 1995년에 처음 비전을 창조할 당시에 온라인 상거래의 최고 사례는 아마존의 초창기 B2C 사이트였다. 당시로서는 아무도 B2B 전자상거래에 관한 강력한 비전을 갖고 있지 못할 때였다. 돈은 그레인저닷컴(Grainger.com)이 다음 세 가지를 제공해야 할 것이라고 생각했다.

- 맞춤 가격. "B2B 세계에는 단일 가격이란 것이 없습니다. 고객 기업마다 별도의 맞춤 가격을 제공해야 합니다." 웹사이트에 로그인한 고객에 따라서 다른 가격이 나타나야 한다.

- B2B 지불 방식. 기업 고객들은 대개 신용카드를 사용하지 않고 당좌 계정을 이용한다. 그러므로 기업 고객의 신용도를 점검하는 일과 실제로 거래를 하는 사람이 그 기업에서 권한을 부여받은 사람인지를 검증하는 일이 필요하다.

- 실시간 재고 파악. "B2B에는 제품의 재고 파악이 매우 중요합니다. 부품 하나 때문에 생산라인 전체를 멈추는 일이 생겨서는 안 되기 때문이지요. 그리고 가까운 지점에 재고가 있는가가 중요합니다."

핵심 고객 시나리오: 필요한 제품을 찾아낸다

그레인저닷컴 사이트에서 전자 시장으로 발전한 다음에도 사이트 설계의 기초가 된 것은 여전히 산업용 제품들에 관한 전문지식이었다. 그레인저의 전자상거래 팀은 고객들이 정말로 필요로 하는 제품을 쉽게 찾을 수 있도록 하는 일에 몰두했다. 산업용 부품 시장에서는 반품률이 높다. "우리가 취급하는 전기 모터가 4천 종인데 그 중에서 하나를 찾는 일이 쉽지는 않겠지요." 돈의 설명이다. "고객들이 원하는 바로 그 제품을 쉽게 찾을 수 있도록 도와주어야 한다는 것을 알고 있었습니다." 설계팀은 처음에 고객들이 파라미터를 입력하면서 차차 범주를 좁혀가는 방법을 사용했다. 1997년 2월에는 한 걸음 더 나아가 고객 시나리오를 수행하는 완성된 애플리케이션으로 발전했다. (예를 들어, "나는 이러저러한 상황에서 작동하는 모터를 찾고 있다.") 모터매치(MotorMatch)라고 명명된 이 제품 선택 도구는 고객들이 특정 타입의 기계류에 맞는 혹은 특정 환경(12볼트 전압)에 맞는 모터를 찾아내거나 혹은 원래 모델과 똑같이 작동하는 대체 모터를 선택하는 일을 쉽게 해 주었다.

고객 접점을 뛰어넘는 일관된 경험을 제공하다

그레인저닷컴이 처음부터 별도의 인터넷 상거래 부서로 세워지기는 했지만 그레인저의 경영진은 그것을 독립적인 존재로 생각한 적이 없었다. 전자상거래 사이트는 항상 그레인저 경험에 대한 보조자였으며 그레인저 지점망의 논리적 확장이었을 뿐이다. 초기의 시스템은 다음과 같이 작동했다. 고객들이 온라인으로 주문을 하면 자동적으로 감지된다. 주문서는 자동화된 팩스를 통해 고객에게 가장 가까운 지점으로 보내진다. 거기서 그레인저의 지점 주문 시스템에 수동으로 입력된다. 그레인저닷컴은 처음부터 반자동화된 주문 시스템을 사용하고 있었지만 고객들이 보기에는 실제 업무 처리가 매끄러운 것으로 보였다. 주문을 하면 몇 분 안에 '진짜' 시스템에 입력되었으며, 그 이후는 그레인저의 기존 시스템이 맡아서 처리했다.

다이렉트 판매 팀을 끌어들이다

전략 팀의 현명한 결정 중의 하나는 다이렉트 판매원의 고객이 웹으로 주문한 경우에 판매원에게 수수료를 제공한 것이었다. 이러한 인센티브가 판매원들을 인터넷 채널에 더욱 강하게 결속시키는 효과를 가져왔다. 웹 주문은 처리비용이 적게 들기 때문에 가장 수익성이 높은 주문 방식이다. 더군다나 그레인저닷컴 팀은 웹으로 주문하는 고객들은 사이트의 효율적인 배치와 온라인 경험의 강력한 홍보 덕분에 여러 제품을 동시에 구입하는 경향이 있다는 것을 알아챘다. 웹 주문의 건당 액수는 오프라인 주문에 비하여 평균 두 배에 달했다.

그레인저닷컴의 진화

여덟 달에 걸쳐서 웹사이트의 모든 기능을 구현하는 동안에 그레인저가 들인 비용은 6천 7백만 달러였다. 그러나 회사는 투자를 계속했다. 돈과 다른 임원들에게 가장 인상적이었던 것은 온라인으로 주문하는 고객들은 카탈로그나 전화를 이용하는 고객들이나 지점을 방문하는 고객들에 비하여 훨씬 큰 액수를 주문한다는 사실이었다. 물론 그레인저는 1997년 이후 지금까지도 웹사이트를 끊임없이 개선하고 있다.

이미 기업 고객들에게 제공하고 있던 맞춤 가격 외에, 그레인저닷컴은 지금 구매 커뮤니티를 지원하고 있다. 최초의 구매 커뮤니티는 미국 연방정부 구매 담당자들의 커뮤니티인데, 거기서는 정부용 제품만 들어있는 카탈로그가 제공된다. 구매자들은 구매 카드 번호를 사용하여 미리 협상된 가격으로 거래한다.

그레인저닷컴은 세계적인 다중 제조업자/다중 제품 전자 시장으로 군림하고 있다. 다른 전자 시장들과 구별되는 점은 오프라인 지점이나 전화 지원 네트워크와 긴밀하게 결합되어 있다는 점이다.

결과

1999년 그레인저는 그레인저닷컴의 개발과 마케팅과 고객 지원에 2천만 달러를 투자했다. 같은 기간 그 사이트에서 발생한 주문의 가치는 1억 달러가 넘는다. 2000년 전반기에만 그레인저닷컴은 10만 기업 거래처로부터 1억 2천만 달러의 수입을 올렸다. 지점이나 전화를 통한 주문의 건당 액수가 140달러인데 비하여 그레인저닷컴을 통한 주문은 건당 250달러였다.

새로운 비즈니스 모델을 실험하다: 스파게티를 벽에 던져라

애초부터 제공하던 서비스들을 끊임없이 혁신하는 방식으로 순조롭게 e비즈니스 전략을 발전시킨 회사도 많겠지만, 그레인저는 기존의 생산라인과 서비스를 웹 환경에 맞게 수정하는 것으로는 부족하다는 것을 깨달았다. 그래서 그레인저는 1999년과 2000년에 걸쳐서 나름대로의 사업 논리를 가진 네 가지 전자상거래 사업체를 출범시켰다. 네 가지 사업의 공통점은, B2B 구매의 복잡성에 대한 이해와 손쉬운 검색이나 제품간 비교에 대한 고객들의 요구를 기반으로 하고 있다는 점이다.

그레인저닷컴이 그레인저의 산업용 기자재 사업 전체를 담당하게 되고 그레인저 최초의 전자 시장인 오더존(OrderZone.com)이 자리를 잡아가는 시점에서, 그레인저의 경영진은 아주 재미있는 일을 벌였다. 혁신의 속도를 늦춘 것이 아니라 오히려 속도를 높인 것이다. 돈 비엘린스키는 고객들의 새로운 요구와 패턴에 따라 e비즈니스 벤처를 만들어 책임자를 임명하고 종자돈을 대준 다음에 고객들의 피드백이 돌아오는 것을 보기로 했다. 그러한 돈의 모습을 옆에서 지켜보던 필자는 전남편이 스파게티 요리를 하던 모습을 떠올렸다. 그는 다 익었는지 알아보기 위해

항아리에서 국수 몇 가락을 집어내서 주방 벽에 던지곤 했다. 국수 가락이 벽에 붙으면 다 익은 것이라고 했다. 돈은 디지털 비즈니스를 요리하는 방법을 마스터했다. 고객의 소리를 듣는다, 시장을 관찰한다, 그리고 새 아이디어들을 시장으로 던져서 붙는지 안 붙는지 살펴본다.

첫 번째 사업: 오더존

그레인저의 경영진은 고객들이 사무용품, 가구, 유니폼, 실험 장비, 전자 부품 등 현재 회사가 제공하지 않고 있는 제품들을 요구하게 될 것이라고 생각했다. 고객들은 점점 더 자기에게 필요한 모든 것을 원스톱 쇼핑으로 해결하고 싶어한다. 그렇다고 무작정 고객들의 요구를 따라갈 수도 없다. 과연 그레인저는 생산라인과 브랜드를 전통적인 산업용 기자재 시장 너머로 확장해야 할 것인가?

초창기의 실험

돈과 경영진이 시도하기로 결정한 비즈니스 모델은 최초의 다중 유통업체(multi-distributor) 전자 시장이었다. (그레인저닷컴은 단일 유통업자 전자 시장이었다.) 의도는 중소기업 고객들에게 여러 제조업체와 여러 유통업체의 제품들을 원스톱으로 제공하려는 것이었다. 그레인저는 미국 유지보수 시장의 2%를 점유한 상태였고 겨우 150만 개의 기업과 거래하고 있었으므로, 다른 유통업체들을 끌어들여서 현재 그레인저와 거래하고 있지 않은 수백만의 소기업들을 고객으로 확보하려는 전략이었다. 다른 대형 유통업체들도 그레인저와 이해관계가 일치했다. 어차피 대형 고객들은 직거래를 할 것이고, 소기업 고객들을 더 확보하기 위해서는 그레인저의 새 전자 시장이 괜찮아 보였던 것이다.

그레인저의 구상은 쇼핑몰 방식, 즉 고객들이 여러 상점을 돌아다니며 각 상점에서 구입하는 식이 아니었다. 그레인저의 경영진은 고객들이 종합매장의 편리함을 높이 평가한다는 것을 이미 알고 있었다. 기업 고객들은 누가 생산하는지를 따지는 것보다 빨리 쉽게 찾기를 원한다. 고객들은 여러 제조업체의 혹은 여러 유통업체의 제품을 한 장의 주문서를 통해 구입하고 싶어한다. 그리고 선적과 배송 과정을 추적할 수 있기를 원한다. 물론 고객들은 각 제조업체들로부터 받고 있던 맞춤 가격 서비스는 유지하고 싶어한다.

제조업체들과의 제휴

돈은 보조 제품들을 제조하는 업체들을 설득하기 시작했다. 새 벤처는 그레인저의 아이디어였으므로, 그리고 그레인저닷컴의 경험이 새 벤처의 성공에 주요한 역할을 할 것이라 생각하였으므로, 그레인저 경영진은 새 벤처를 그레인저의 자회사로 출범시키는 데 이의가 없었다. 그러나 그들은 그레인저 브랜드가 아닌 별도의 브랜드를 붙이는 편이 다른 유통업체들을 끌어들이는 데 유리할 것이라고 생각했다. 결국 새 회사의 이름은 '그레인저의 오더존'(Oderzone by Grainger)으로 정해졌다.

1998년 말에 돈의 팀에 합류한 다니엘 햄버거(Daniel Hamburger)가 오더존 프로젝트의 책임을 맡았다. 돈은 유니폼과 작업복 제조업체인 신타스(Cintas), 사무용품과 컴퓨터용품을 공급하는 코포리트 익스프레스(Corporate Express), 보안용품을 판매하는 그레인저의 자회사 랩세이프티(Lab Safety Supply), 전자 부품 제조업체인 마샬 인더스트리(Marshall Industries), 실험용품을 공급하는 VWR 사이언티픽 프로덕츠(Scientific Products) 등을 끌어들였다.

모든 것을 아웃소싱으로

웹 비즈니스를 내부에서 설계하고 구현한 경험이 있는 돈은, 이번에는 웹 사이트 개발, 콜센터 지원, 신용 조회 등을 포함한 모든 일을 아웃소싱하 기로 결정하고, 페로트 시스템(Perot Systems)의 자회사인 타임제로 (TimeZero)에 웹사이트 개발을 맡겼다. 이 회사는 일찌기 네츠(Nets) 라는 B2B 전자 시장을 개발했다가 실패한 경험이 있었다. 돈은 네츠 팀 과 그레인저닷컴 팀의 경험을 합치면 이 야심적인 프로젝트가 좋은 결과 를 거둘 것이라고 생각했다.

새로운 비즈니스 모델을 만들다

오더존은 여러 분야에서 새로운 지평을 열었다. 먼저 그것은 여러 제조 업체의 재고 시스템과 맞춤 가격 시스템을 결합한 전자 시장이었다. 그 것은 소매상과 제조업체 사이에 고객 정보를 공유하는 전자 시장이었다. 그리고 그것은 표준화된 비즈니스 프로세스를 제조업체의 시스템과 직접 연결한 전자 시장이었다.

쉽게 검색할 수 있는 제품 정보를 핵심에 두다

오더존의 다중 제조업자 카탈로그를 디자인하면서 그레인저/타임제로 연 합팀은 그레인저닷컴의 경험으로부터 얻은 교훈을 최대한으로 활용하려 고 했다. 예를 들면, 그레인저닷컴의 콘텐츠 관리팀은 제품 카테고리와 하위 카테고리를 만들고 고객들이 검색을 위해 활용할 수 있는 일련의 파 라미터들을 개발하는 데 많은 시간을 투자했었다. 타임제로 팀은 오더존의 검색 인프라를 개발하면서 그레인저닷컴의 카테고리 사전에서부터 출발했다. 거기서 더 복잡한 제품 카테고리의 구조를 만들어냈다. 물론 모든 그레인저닷컴의 제품 정보와 다른 협력사들의 제품 정보를 새로 만든 카테고리 구조에 맞추어 넣는 일은 시간이 많이 걸리고 구현하기 까다로운 일이었다. 다음에 제품 카탈로그는 각 유통업체의 유동적인 가격 정책과 연동되어야 했고, 실시간 재고 관리 시스템과도 연동되어야 했다. 이리하여 오더존은 세계 최초의 실시간 종합매장이 되었다.

오더존으로 인해 그레인저가 자금 부담을 받다

오더존은 1999년 2월에 베타버전으로 발표되었고 그해 5월에 정식 서비스를 시작하였다. 처음에는 고객들에게 일관된 경험을 제공할 정도가 되지 못하였으므로, 그레인저 브랜드를 사용하지 않은 것이 다행이었다고 할 수 있다.

오더존의 작동 방식은 다음과 같았다. 기업 고객은 오더존에 등록하여 신용 승인을 받은 다음에 원하는 제조업체를 선택할 수 있다. 그러면 그 제조업체와 미리 협상된 가격이나 기타 조건들이 화면에 나타난다. 고객은 여러 카탈로그에 들어있는 제품들을 키워드 검색이나 제품 번호 검색을 통해 찾을 수 있다. 그러나 처음에는 파라미터 검색은 불가능했고 여러 제조업체의 여러 제품을 비교하는 기능도 없었다. 그렇지만 여러 제조업체에 주문하면서 매월 한 장의 기업 어음으로 결제하는 기능은 처음부터 제공되었다.

여러 회사의 제품에 관한 문의를 할 때에도 하나의 고객 번호를 사용하는 것이 도움이 되었다. 초기에 고객들이 가장 원했던 것은 통합적인 배송 추적 애플리케이션이었다. 수많은 제조업체로부터 직접 선적되고 배

달 경로와 방법도 다양하기 때문에, 오더존의 담당자나 고객이 모든 주
문의 배송 상황을 추적하는 일은 어려웠다.

돈에 따르면, 오더존이 고객들이 기대하는 모든 특징과 기능을 구현하
기까지 18개월이 걸렸다. 그레인저는 1998년에 오더존의 개발비로 8백
만 달러를 들였고, 1999년에는 개발비와 운영비와 마케팅비용을 합하여
2천 백만 달러를 썼다. 1999년 오더존의 수입은 50만 달러에 불과했으
며 따라서 순손실이 2천만 달러가 넘었다.

오더존을 웍스닷컴과 합병하다

2000년 5월 중순에 돈은 그레인저 단독으로는 오더존을 성공시킬 방도
가 없다고 판단했다. "우리는 오더존이 상당한 수준의 독립성을 가져야
한다는 결론에 도달했습니다. 그리고 위험 분산도 고려해야 했지요." 그
레인저는 웍스닷컴(Works.com)이라는 신생기업과 협상을 진행하고 있
었는데, 벤처캐피탈의 자금 지원을 받는 그 회사는 중소기업들을 대상으
로 웹 기반의 조달 솔루션을 제공하는 업체였다. 그레인저에게 딱 들어
맞는 회사였다. 돈의 표현을 빌리면 '카페트와 콘크리트의 결혼'이었다.
두 회사의 합병으로 웍스닷컴은 기존에 취급하던 사무용품 외에 거대한
양의 산업용 기자재를 추가로 취급할 수 있게 되었다. 합병 작업은 그해
8월 1일에 마무리되었다. 그레인저는 오더존의 모든 자산을 새 합병기업
에 양도하고 추가로 2천 백만 달러를 투자했다. 그레인저는 이 유망한 신
생기업의 주식지분 40%를 받았으며, 중소기업 시장에 대한 직접적인 온
라인 채널을 확보하게 되었다. 그리고 이 복잡하고 여러 업체가 관련된
전자 시장을 운영하고 자금을 조달하는 부담에서 벗어났다.

두 번째 사업: 파인드MRO

비용 효율적으로 충족시킬 수 없는 고객 요구가 존재한다면 어떻게 할 것 인가? 그레인저가 당면했던 문제가 바로 그런 것이었다.

오더존이 출범한 지 6개월 후에, 돈과 그의 인터넷 전략 팀은 또 다른 문제에 직면했다. 그들이 두 번째 인터넷 벤처를 만들게 된 이유는 사업 상의 딜레마 때문이었다. 오랫동안 그레인저는 주 사업 외에 부대 사업 을 벌여왔다. 그것은 고객들의 요청에 따라서 그레인저가 취급하지 않는 물품을 고객을 대신해서 찾아 조달해 주는 서비스였다. 급하게 제품을 찾 는 고객들은 기꺼이 그레인저에게 프리미엄을 지불하면서 그 서비스를 이 용했다. 그렇지만 이 사업은 그레인저로서는 별로 수익성이 없는 것이었 다. 여기서 그레인저는 오랫동안 구축한 정보 자산 즉 자사가 직접 취급 하지 않는 5백만 개 이상의 제품에 관한 데이터베이스를 최대한으로 활 용하는 방법을 강구하기로 했다. 찾기 어려운 제품을 쉽게 찾을 수 있게 해주면 고객들이 좋아한다는 것은 이미 알고 있는 사실이었다. 그래서 나 온 해결책이 데이터베이스를 온라인으로 옮기는 것이었다.

파인드MRO의 탄생

돈은 이 새로운 프로젝트의 책임자로 론 폴슨(Ron Paulson)을 임명했 다. 론의 목표는 6개월 안에 온라인 전자 시장/포털을 구축하는 것이었 다. 그리고 그는 목표를 달성했다. 앞의 두 사업에 비해 이번에 기간이 덜 걸린 데에는 몇 가지 이유가 있었다. 첫째로 그레인저는 제조업체들 에게 이 새로운 시장에 참여하라고 설득할 필요가 없었다. 전부터 해오 던 일이었으므로 비즈니스 모델에 변화가 없었던 것이다. 둘째, 1만 2천 개의 제조업체와 10만 개의 브랜드와 5백만 가지 제품을 담고 있는 핵심

데이터베이스가 이미 존재하고 있었다. 데이터베이스를 업데이트하는 업무 과정 역시 존재하고 있었다. 셋째, 파인드MRO(FindMRO)는 그레인저닷컴이나 오더존을 위해 개발된 많은 애플리케이션들을 재활용할 수 있었다.

빠른 성공

1999년 11월에 FindMRO.com이 문을 열었다. 이제 그레인저는 세 개의 온라인 벤처를 갖게 되었으며, 비즈니스 잡지들과 예비 고객들은 그레인저의 행보에 혼란을 느끼기 시작했다. 돈과 그의 팀은 성공 여부가 드러나기 전까지만이라도 고객들의 혼란을 더 이상 악화시키지 않아야겠다고 생각했다. 그런데 파인드MRO는 출범 4개월만에 6백만 달러의 주문을 기록했다. 이것은 경영진의 기대를 넘어서는 커다란 성공이었다.

비즈니스 모델의 변화: 신디케이트 서비스로

e비즈니스 프로젝트는 도중에 비즈니스 모델이 바뀌는 경우가 종종 있다. 처음에 파인드MRO는 찾기 어려운 제품들을 구하는 기업 고객들을 위한 원스톱 쇼핑 기회를 제공함으로써 그레인저의 핵심 자산을 보호하고 MRO(유지보수) 중개 사업의 수익성을 높이려는 시도로 출발했다. 그런데 온라인으로 문을 연 지 두 달도 되지 않아 새로운 비즈니스 모델이 찾아와 문을 두드렸다. 산업용 기자재를 제조하는 수많은 회사들이 파인드MRO를 자기네 고객들에게 제공할만한 가치 있는 서비스라고 생각한 것이다. B2B 시장의 플랫폼을 제공하는 업체인 커머스원(Commerce One)이 자기네 전자 시장 사이트에서 파인드MRO를 서비스하자고 제안해 왔다. 다른 회사에서도 비슷한 제안이 들어왔다. 론은 그의 팀이 그

레인저에 수익을 올려주면서 동시에 그레인저의 고객 데이터베이스를 풍부하게 하는 정보 자원과 서비스라는 자산을 만들어냈다는 사실을 깨달았다.

파인드MRO를 자사 웹사이트를 통해 서비스한 최초의 두 회사는 에이스 하드웨어(Ace Hardware)와 ENI-Net.com이었다.

에이스 하드웨어는 2000년 1월에 파인드MRO와 수백만 달러에 달하는 계약을 체결했다. 2000년 2사분기에 에이스 하드웨어는 파인드MRO를 자사의 에이스넷2000이라는 인트라넷 사이트에 링크하고 5천여 매장 관리자들에게 사용법을 가르쳤다. 에이스의 모토는 "필요한 것은 뭐든지"이다. 파인드MRO는 에이스의 소매상들에게 그 약속을 지킬 수 있는 효율적인 방법을 제공했다. 에이스의 인터넷 담당 수석 부회장인 폴 잉게발트슨(Paul Ingevaldson)의 설명을 들어보자. "파인드MRO와의 온라인 연결은 소매상들에게나 본사에게나 많은 이득이 됩니다. 소매상들은 조달 비용을 낮추면서도 고객들에게는 더 향상된 서비스를 제공할 수 있게 되었습니다."

에니넷(ENI-Net)은 등록 사용자들에 파인드MRO를 서비스한 최초의 전자 시장이었다. 환경 관련 B2B 전자 시장인 에니넷은 파인드MRO를 추가함으로써 고객들에게 제공할 수 있는 제품의 종류가 부쩍 늘었음은 물론이고 원스톱 쇼핑의 편리함까지 제공할 수 있게 되었다. 파인드MRO는 에니넷 포털의 내부에 자리잡고 있다.

파인드MRO는 2000년 가을에 몇 개의 신디케이트 계약을 더 체결했다.

· 이필트레이션(eFiltration), 정수기 제품과 서비스를 중심으로 한 허

브사이트.

- GPS 마린 서플라이(Marine Supply), 세계 해운 시장에 공급 체인 솔루션을 제공하는 업체.
- 스마트 일렉트리컬(Smart Electrical), 중소 전기공사 업체에 서비스를 제공하는 회사.

제품 정보와 재고 상황과 물류에 중점을 두다

파인드MRO의 서비스를 이용하기 시작한 수천 개의 기업과 전자 시장들에게 파인드MRO를 그렇게 가치 있게 만든 기본적인 서비스는 그레인저가 활용해 온 핵심 역량을 기반으로 한 것이었다. 론의 설명을 들어 보자. "콘텐츠가 왕입니다. 우리는 제품 하나 하나에 열 다섯에서 스무 가지 정도의 속성을 부여합니다. 필요한 경우에는 더 추가하지요." 그의 설명에 따르면 파인드MRO의 데이터베이스와 통합 ERP 시스템은 제품의 재고 상황에 중점을 두고 있었다. "구매자들은 우리의 출고 전략을 좋아합니다. 주문은 우리가 받지만 선적은 제조업체로부터 직접 이루어집니다. 대금 지불은 고객과 우리 사이에 이루어지고요."

출범 7개월을 맞은 2000년 중반에 파인드MRO는 2만 5천 개의 거래처를 확보하고 있었으며, 첫해 수입이 7천만 달러가 될 것으로 추정되었다.

세번째 사업: 그레인저 옥션(MROverstocks)

1999년 가을은 전자 시장이 각광을 받기 시작하던 시점이었다. 특히 B2B 경매를 이용하여 초과 재고를 처분한다는 아이디어가 점점 인기를 끌고 있었다. 그레인저의 몇몇 대형 거래처(공급측)들과 상담하면서 돈 빌리엔스키는 그들이 온라인 경매에 참여하는 방법을 모색하고 있다는 것을 발견했다. 그런데 그들은 C2C 경매에 만연하고 있는 지저분한 문제들에 관해 걱정하고 있었다. B2B 세계에서는 구매자들이 상품의 질과 물류 환경에 대하여 높은 수준의 신뢰를 가지고 있어야만 한다. 그레인저 브랜드가 기업 고객들이 찾고 있는 신뢰를 제공할 수 있다고 생각한 돈은 1999년 11월에 그레인저 사이트 안에 그레인저 옥션을 개설했다. 그레인저 커뮤니티 안에서 경매사이트가 관심을 끌기 시작하자 2000년 9월에는 이름을 MROverstocks로 바꾸었다.

파인드MRO와 마찬가지로 이 새로운 사업 제안을 온라인으로 구현하는 데에는 6개월도 걸리지 않았다. 파인드MRO와의 공통점은 또 있다. 별도의 웹사이트가 있기는 했지만 MROverstocks 역시 다른 회사의 웹사이트 안에 포함될 수 있는 자원이라는 점에서 파인드MRO와 닮은 것이다. 2000면 5월에 돈은 MROverstocks을 가리켜 '애벌레'라고 표현했다. 그의 설명에 따르면, 임계점까지 도달하기까지가 어렵다. 어떤 경매 사이트들은 궤도에 올라 있고, 다른 사이트들은 성공하지 못하고 있다. 구매자와 판매자들을 끌어모으는 것은 빠른 시일 내에 습득할 수 없는 일종의 예술 형식이라 할 수 있다. 경매 사업을 처음 시도하는 회사로서는 더욱 어려운 일이다. 현재 그레인저는 경매 사업을 계속하면서, 그것이 임계점을 돌파할 것인지 아니면 그레인저의 제조업자들이 초과 재고를 처리하는 데 필요한 보조 서비스로 전락할 것인지를 지켜보는 중이다.

모든 산업의 전자 시장에 MRO 검색 기능을 제공하라

1999년 B2B 사업의 현황을 살피던 돈의 전략 팀은 그레인저가 MRO 검색에 관한 핵심 역량을 갖추고 있을 필요가 있다고 생각했다. 점점 더 많은 대기업들이 전자 조달 프로그램을 구축하게 되면, 그레인저에게는 실시간 제품 정보와 재고 상황을 제공하는 전자상거래 유틸리티를 팔 수 있는 기회가 많아질 것으로 생각되었다. 그렇다면 다양한 전자 시장에 필요한 제조업체 중립적인 실시간 MRO 카탈로그와 의사결정 도구들을 준비해야 했다. 그리고 그것들은 각 회사의 내부 조달 시스템과도 연결될 수 있어야 했다.

오더존과 파인드MRO의 경험이 많은 도움이 되었다. 오더존은 그레인저가 제조업체 중립적인 전자 시장을 창출할 수 있음을 보여주었다. 그리고 파인드 MRO의 경험으로부터, 이전의 중개 서비스에서 가치를 추출하는 최선의 방법은 다른 회사의 웹사이트에서 서비스할 수 있는 전자적 서비스로 만드는 것이라는 사실을 배웠다.

그러나 오더존(지금은 웍스가 되었지만)은 중소기업들을 염두에 두고 설계된 것이었으므로 대기업이 중요시하는 기능들을 제공하지 못했다.

아리바와 커머스원 같은 회사들이 파인드MRO에 관심을 보이면서도 아무런 제안을 하지 않은 것은 그런 이유 때문이었다. 그들은 1만 2천 개의 제조업체에서 만든 5백만 개의 제품 정도로는 만족하지 않았던 것이다. 그들은 더 많은 제품들에 관한 실시간 제품 정보와 재고 정보, 가격 정책 등을 필요로 했다. 이것이 그레인저의 디지털 비즈니스 부서가 해결해야 할 몫이었다.

1999년 10월에 돈은 수많은 전자 조달 업체들과 전자 시장들에 제공할 수 있는 MRO 유틸리티를 개발하기 위한 새로운 부서를 만들고 리즈 올리그(Liz Olig)를 책임자로 임명하였다. 리즈의 목표는 많은 유통업체를 끌어들이는 것과 대기업들을 대상으로 하는 전자 시장에서 사용될 종합적인 MRO 유틸리티를 만드는 것이었다. 유틸리티의 이름은 토탈 MRO(TotalMRO)라고 지었다.

토탈MRO가 참여하고 있는 유통업체들에게 제공하는 서비스는 다음과 같다.

· 제품 정보를 정리하여 단일 데이터비이스에 넣는다.
· 모든 참여 유통업체들과 고객들에게 최신 가격 정보를 제공한다.
· 참여 있는 유통업체들에게 최신 재고 상황을 보여준다.

토탈MRO는 2000년 3월 아리바 사이트에서 최초로 제공되었으며, 몇 달 후에는 SAP을 포함한 여러 전자 조달 업체들로 확장되었다. 그레인저는 토탈MRO가 B2B 세계에서 사실상의 표준이 되어가고 있다고 믿고 있다.

결과

그레인저는 인터넷 상거래 프로젝트에 적극적으로 투자했다. 2000년 전반기 그레인저닷컴의 총수입은 1억 2천만 달러였다. 이것은 그레인저의 전체 카탈로그 사업에서 발생하는 22억 달러에 비하면 작은 부분이다. (같은 기간 그레인저의 경상수익은 1억 7520만 달러였으며, 그레인저닷컴의 수익은 별도로 발표되지 않았다.) 같은 기간 오더존, 파인드MRO, 토탈MRO, MROverstocks를 합한 디지털 비즈니스의 총수입은 2천만 달러였으며, 2천 7백만 달러의 총손실을 기록했다. 그레인저는 2000년 1년 동안 그레인저닷컴을 포함한 인터넷 사업에 1억 2천만 달러를 투자할 계획이며 3억 5천만 달러의 수입을 기대하고 있다. 그레인저닷컴과 파인드MRO는 손익분기점에 거의 도달했다. MROverstocks도 몇 년 안에 수익을 낼 것으로 보인다. 그러나 토탈MRO가 수익을 내려면 더 많은 시간이 필요할 것이다.

우리가 주목할 것은 그레인저의 인터넷 팀이 기업 고객들의 복잡한 요구들을 충족시키기 위해서 다양한 비즈니스 모델을 시도했다는 사실이다. 그들은 최고급 원스톱 전자 시장을 개설했다(그레인저닷컴). 그들은 기업 고객들에게 온라인과 오프라인을 넘나드는 편리한 주문/배송 시스템을 제공했다. 그들은 기업 고객들이 자체의 e비즈니스 서비스로 사용할 수 있는 완벽한 산업용 기자재 중개 서비스를 개발하여 제공했다(파인드MRO). 그들은 산업용 기자재 시장에서 신뢰할만한 온라인 경매 사이트를 원하는 고객들과 제조업체들의 요구를 충족시켰다. 그리고 그들은 대기업 고객들이 수많은 제조업체가 만든 수많은 제품들에 실시간으로 접속할 수 있게 하는 유틸리티(토탈MRO)를 개척하고 있다.

그레인저 경영진은 실험과 전략적 투자를 망설이지 않았다. 지금까지 그레인저가 행한 투자와 거기서 얻은 교훈들은 그레인저를 B2B 전자 시장의 선두에 설 수 있는 원동력이 될 것이다. 이러한 투자와 교훈이 없었다면 그레인저가 고객 주도의 B2B 환경을 구축해 가는 핵심 주자가 되지 못했을 것이다.

교훈

그레인저가 e비즈니스로 진출한 과정에서 가장 매력적인 부분은, 적극적인 투자로 여러 개의 벤처를 설립했다는 것이다. 한 가지 주목해야 할 것은 회사의 역사가 백년에 가깝다고 해서 인터넷 기반의 비즈니스 모델을 공격적으로 실험할 수 없는 것은 아니라는 사실이다. 그레인저는 기술의 변화와 고객들의 요구에 순응함으로써 업계의 선두 위치를 고수하려고 했다.

이 모든 e비즈니스의 핵심에 있는 것은 가격으로 환산할 수 없는 핵심적인 지식 기반이다. 이제 그레인저는 끊임없이 진화하는 제품 데이터베이스를 확보하고 있다. 나사못에서 사무용품에 이르기까지 회사가 취급하는 모든 제품에 대해서 그레인저의 판매원들은 고객들의 구매 결정에 필요한 열 가지 이상의 속성과 파라미터를 알고 있다. 고객들은 가격과 재고 상황에 관심이 많다. 그러나 두 가지를 알기 전에 먼저 자기의 필요에 맞는 제품을 찾아내야 하고 특징을 다른 제품과 비교할 수 있어야 한다. 5년 이상에 걸쳐서 e비즈니스를 구축하는 동안 그레인저 팀은 기업 고객들이 필요한 것을 찾기 쉽도록 제품을 설명하고 분류하는 방법에 관한 세계적 수준의 지식을 습득했다.

여러 사업 단위들의 상대적 자율성과 상이한 기술 기반 때문에, 모든 곳에서 활용할 수 있는 단일 데이터베이스를 만들지는 못했다. 그러나 그레인저에는 점점 발전하고 있는 핵심 역량이 분명히 존재한다. 그레인저의 경쟁자들은 그것을 흉내내고 싶어 안달을 할 것이다. 어쩌면 흉내를 포기하고 그레인저에 제품 정보를 넘겨주게 될지도 모른다. 그것이 바로 그레인저가 원하는 것이기도 하다.

패티의 제안

필자는 그레인저가 여러 사업 단위에 흩어져 있는 핵심 인프라와 제품 데이터베이스와 재사용 가능한 서비스들을 통합할 수 있기를 바란다. 물론 그런 작업이 이미 진행되고 있을 것이라 생각한다. 신속한 실험은 위대한 것이다. 그러나 하나의 핵심 인프라 위에 애플리케이션과 데이터베이스와 데이터 모델들을 갖춘 상태에서 재빨리 그리고 비용 효과적으로 다른 비즈니스 모델로 변형(morph)하는 편이 훨씬 쉬운 일이다.

필자는 또 그레인저가 설립한 모든 벤처들을 통해서 일관성 있는 브랜드 경험을 제공해 왔다고 믿는다. 모두가 기업 고객들이 기업 운영에 필요로 하는 제품들을 쉽게 찾아 조달하게 한다는 그레인저다운 특징을 보여주고 있다.

그렇지만 필자의 최대의 관심은 그레인저가 고객 정보와 고객 관계에 소홀하지 않은가 하는 데 있다. 고객 중심적 기업 문화에도 불구하고 그레인저는 개별 고객들의 필요를 이해하는 데까지는 충분히 나아가고 있지 못하다. 그레인저와 그 자매회사들은 아직도 기업 거래처와 웹사이트를 중심으로 사고한다. 그들은 접점과 채널을 뛰어넘어 일관된 경험을 원하는 고객들에게 서비스하기 위하여 CRM 시스템을 구축해야 한다는 데까지는 아직 이르지 못하고 있다.

그레인저는 또한 단순한 구매 시나리오 이상을 이해하기 위하여 더 많은 시간과 노력을 기울여야 할 필요가 있으며, 플랜트 설계나 시설 관리 등 다른 핵심 고객 시나리오들도 개선해야 할 것이다. 그리고 각각의 핵심 고객 시나리오들은 고객들이 다양한 접점과 채널을 통하여 얻는 경험의 질을 항상 모니터할 수 있는 방식으로 구현되어야 할 것이다.

	항해	성능	운영	환경
고객 수	·활동적인 최종 고객의 수 ·활동적인 기업 고객의 수 ·거래처별 활동적인 최종 고객의 수 ·온라인 서비스를 이용하는 활동 고객의 수	·온라인으로 거래하는 최종 고객의 비율 ·활동적인 기업 거래처의 증가율 ·거래처별 최종 사용자의 수 ·온라인 서비스를 이용하는 최종 고객 수의 증가율	·고객별 온라인 거래의 비율 ·그레인저닷컴 이외의 그레인저 유틸리티를 이용하여 확보한 거래처의 수	·MRO 고객들의 총 수 ·타사의 MRO 사이트를 이용하는 고객들의 비율
고객 유지	·최종 고객의 유지 비율 ·기업 고객의 유지 비율 ·고객별/거래처별 MRO 관련 지출 점유율 ·고객 집단별 충성도	·고객별/거래처별 고객 유지 비율의 증가/감소 ·고객별/거래처별 MRO 관련 지출 점유율의 증가/감소	·고객별/거래처별 최근 접촉일 ·고객별/거래처별 접촉 빈도	·경쟁사들의 유지 비율 ·경쟁사들의 MRO 관련 지출 점유율
고객 경험	·그레인저의 제품과 서비스에 대한 접점별 고객 만족도 ·고객 집단별 고객 만족도	·핵심 고객 시나리오에 대한 만족도 ·제품의 이용가능성에 대한 만족도 ·제품 정보에 대한 만족도 ·의사결정 도구에 대한 만족도 ·배송에 대한 만족도 ·고객 서비스에 대한 만족도	·핵심 고객 시나리오의 전반적 성능 ·제품별 관련 속성의 수 ·원하는 제품을 찾아내는 성공률 ·웹 주문을 완료하기까지 소요되는 평균 시간과 클릭 수	·경쟁사 서비스의 사용 난이도 ·경쟁사 서비스의 고객 시나리오 성능
고객 지출	·최종 고객 1인당 수입과 수익 ·1거래처당 수입과 수익	·주문 1건당 평균 수입 ·접점별 고객 지출의 변화 ·웹 판매에서 발생한 수입의 비율	·고객 1인당 서비스 비용 ·접점별 서비스 비용 ·주문 처리에 소요되는 평균 비용	·MRO 관련 총수입 ·경쟁사들의 고객 1인당 수익 ·경쟁사들의 고객 서비스 비용

그레인저를 위한 고객조종실 초안

사례 연구에 관한 고찰

위에서 소개한 두 개의 사례는 전혀 닮지 않았다. 오코방크 그룹과 그레인저는 업종과 나라가 모두 다르다. 공통점이라면 둘 다 오래된 회사이면서도 재빨리 e비즈니스를 구축했다는 점이다. 두 회사 모두 내부에서 능력이 검증된 오래된 임원이 전략을 주도하고 있다. 두 회사의 이사회는 새로운 비즈니스 모델들을 실험하는 일에 매우 관대한 것으로 보인다. 위기감을 느끼고 있는 것일까? 이 두 회사는 인프라에 대한 접근법은 다르지만 브랜드에 대한 접근법은 비슷하다는 점에도 주목할 필요가 있다.

그레인저와 오코방크는 새로운 벤처 자회사를 창설하면서 일련의 새로운 브랜드들을 창조했다. 아마도 기존의 브랜드가 새로운 벤처에게 부담이 될 것으로 우려했던 것도 하나의 이유였을지 모르지만, 그렇다면 그것은 실수였다. 필자의 생각으로는 핵심 브랜드는 가능한 한 널리 확장해야 한다. 브랜드가 고객들의 신뢰와 충성을 이끌어내기 때문이다. 그럼에도 그레인저가 새로운 브랜드를 선택한 것은 경쟁적인 관계에 있는 제조업체들을 협력사로 끌어들이기 위한 목적이었다. 그 회사들은 그레인저 브랜드 아래에 포함되고 싶어하지 않을 것이라 생각되었기 때문이다. 오코의 경우에는 핵심 브랜드 아이덴티티가 새로운 표적 고객 집단에게 좋은 평가를 받지 못하고 있었으므로 젊은 핀란드인들이 선호하는 브랜드인 소네라와 제휴한 점이 인정된다.

인프라의 면에서 보면 오코방크 그룹은 전자 뱅킹, 모바일 뱅킹, 콜센터와 배후의 거래 시스템에 투자한 다음에 그것을 재활용했다. 반면 그레인저는 각 벤처별로 다양한 전자상거래 플랫폼과 다양한 제품 데이터베이스 아키텍처와 다양한 검색 기술을 실험했다. 그렇지만 그레인저는 판매원들의 핵심 지식을 재활용했다. 그레인저에는 산업용 기자재에 관해 잘 알고 있는 분야별 전문가들이 있으므로 고객들의 의사결정에 어떤 요인들이 중요한지를 알고 있다. 어떤 기술을 채택하든 그레인저의 e비즈니스에는 항상 고객들이 상품들을 그림으로 볼 수 있고, 카테고리별/기능별/부품번호별/브랜드별로 검색할 수 있고, 핵심 파라미터들을 입력하여 원하는 제품을 찾을 수 있다는 공통점이 있다.

새로운 벤처를 상대적 자율성을 갖는 별도의 회사로 운영했다는 점도 두 회사의 공통점이다. 오코방크는 연합 벤처라는 접근법을 사용했다. 그레인저는 소유권을 유지하면서 적극적인 제휴 관계를 활용했다. 그레인저가 최초의 인터넷 자회사인 오더존을 웍스닷컴과 합병한 것도 사실은 투자를 확대한 것이었다.

비행 도중에 비즈니스 모델을 변경하기 위하여

요컨대, 비행 도중에 비즈니스 모델을 성공적으로 변경할 수 있는 비결은 무엇인가? 다음 일곱 단계를 참고하기 바란다.

1. 비전과 유연성과 전문지식을 갖춘 경영진과 그 경영진을 지지하는 투자자와 후원자들을 확보하라.

2. 고객들이 좋아하고 고객들의 시간을 절약해 줄 핵심 브랜드 경험을 개발하라.

3. 먼저 강력한 기능을 갖춘 인프라를 만들어라. 그 인프라가 고객 경험의 기반이 될 것이다.

4. 고객들의 목소리와 관련 업체들의 목소리에 귀를 기울여라. 그러면 비즈니스 모델을 언제 바꾸어야 할지 알 수 있을 것이다.

최종 고객들에게서 단서를 얻어라. 제조업자들의 소리를 경청하라. 시장을 주시하라.

5. 새롭게 등장하는 고객 집단과 시장에 대응하기 위하여 새로운 e비즈니스를 출범시켜라. 핵심 자산과 서비스를 항상 재활용하고 발전시키고 강화하라.

6. 투자자들과 경영진들을 재교육하라. 비행 도중에 비즈니스 모델을 설계해야 한다는 점을 자주 환기시켜라.

7. 실패한 모델에 대해서는 언제든 철수할 준비를 하라. 실패를 통해서 교훈과 경험을 얻어라.

17장

결론: 고객 경제 시대로의 비행 계획

나쁜 소식을 먼저 전하자면, 오늘날의 기업 고객과 소비자 고객들은 과거 어느 때보다도 쉽게 기업을 도산시킬 수 있다. 강력한 정보력을 가진 고객들이 새로운 사업 관행과 정책을 수립하라고 다그치는 속도는 기업들이 미처 따라가기 어려울 정도이다. 인터넷과 세계화된 매체들 덕분에 고객들은 새로운 추세를 재빨리 배워 자기 것으로 만든다. 그들은 자신의 관심과 요구를 무시하는 기업에 대해서는 집단으로 뭉쳐 큰소리로 불평한다.

좋은 소식도 있다. 고객들의 마음을 사로잡을 수 있는 수단이 존재한다는 것이다. 기업들은 역사상 최초로 고객들에게 중요한 문제들을 거의 실시간으로 모니터할 수 있게 되었다. 훌륭한 고객 경험을 구축하고 유지함으로써 고객들을 끌어들이고 친구나 동료들을 데려오게 할 수 있는 기회를 맞이하였다. 대면접촉, 전화, 웹, 키오스크, 무선 이동 통신 등 모든 수단을 동원하여 고객들에게 브랜드 경험을 제공할 수 있다. 고객들과의 직거래를 통해 혹은 소매상이나 대리점을 통해 브랜드 경험을 제공할 수 있다. 또는 다양한 전자 시장을 통해서 제품과 서비스와 브랜드 경험을 제공할 수 있다.

과거와 특히 달라진 점은 제품과 서비스를 제공하는 장소나 방식을 고객들이 결정한다는 것이다. 그리고 고객들은 자신이 이용하는 고객 접점이나 유통 채널에 상관없이 일관성 있는 브랜드 경험을 누릴 수 있기를 기대하고 있다.

간단한 정리

고객 경제 시대로의 비행을 준비하면서 반드시 유념해야 할 몇 가지 핵심 개념들을 정리해 보기로 하자. 그리고 나서 비행 계획에 포함될 조직적 기술적 개념들을 개괄할 것이다. 마지막으로 작업분석의 틀인 고객조종실(Customer Flight Deck)을 기획하고 개선하는 요령을 제시할 생각이다. 더 자세한 안내와 이륙 전 체크리스트에 대해서는 웹사이트(www.customerrevolution.net)를 참고하기 바란다.

고객들의 요구가 비즈니스의 양상과 산업 형태를 바꾼다

3장에서 소개한 디지털 시대의 12가지 고객 요구를 상기하라. 고객들의 힘을 무시하거나 거부하려고 해서는 안 된다. 새로운 리듬을 받아들여 연주에 활용해야 한다. 어떤 산업에서든 앞서가는 고객들의 행보는 눈여겨보아야 한다. 정례 임원회의의 상설 주제에 고객 패턴을 공유하는 것과 고객과 함께 춤을 추기 위한 변화를 모색하는 토론을 포함시켜라.

투자자들은 고객의 수를 알고 싶어한다

현재의 고객 자본(customer capital)과 잠재적 고객 모멘텀(projected customer momentum), 그리고 둘을 합친 고객 프랜차이즈의 가치에 관한 자세한 정보를 공유하지 않고는, 증자나 매각은 기대하지도 말라. 고객 경제 시대에는 고객 관계의 힘과 가치가 중요하다. 매출이나 수익을 예상하기 위해서는 고객의 수부터 생각해 보는 것이 중요하다.

고객 가치에 의한, 고객 가치를 위한 경영

설령 외부인에게 고객의 수를 공개해야 한다는 데에는 동의하지 않는다 하더라도, 고객 가치에 의한, 고객 가치를 위한 경영만은 반드시 필요하다. 고객 경제의 시대에 눈을 가리고 비행하고 싶지 않다면, 다음과 같은 지표들을 설정하고 측정하여야 한다.

- 활동 고객 수의 증가
- 고객 충성의 증대
- 고객 유지 비율
- 고객 이탈 비율
- 고객들의 입소문 효과(referrals)
- 고객 획득 비용
- 고객 지출 점유율

　고객조종실에서 이 지표들을 측정하라. 고객조종실은 최고경영진만이 아니라 모든 직원과 협력사에도 개방해야 한다. 직원들과 협력사들에게 이 지표들을 보게 하고, 지표를 향상시키는 것이 수익 창출에 결정적으로 중요하다는 것을 강조하라.

총체적 고객 경험을 전달하라

사실, 이 책은 처음부터 끝까지 총체적 고객 경험을 전달하는 방법에 관한 내용을 담고 있다. 브랜드가 아니라 브랜드 경험을 만들고 유지하는 것이 중요하다는 것도 여러 번 강조했다. 그리고 총체적 고개 경험 창출을 위한 8가지 과제를 실현한 많은 기업들의 사례도 설명했다. 다음은 이 책을 한번 읽은 독자들이 혹시 놓쳤을지도 모른다고 생각되는 몇 가지 교훈을 정리한 것이다.

· 콘텐츠 관리에 투자하고 그것을 여러 채널과 고객 접점에서 재활용하라. 고객들이 브랜드나 제품으로부터 좋은 경험을 얻기 위해서는 그들이 충분한 정보를 접할 수 있어야 한다. 상품 설명서나 기술 지원 정보를 제공하는 것으로는 부족하다. 판매 전후를 불문하고 제품에 관한 완전한 정보를 제공하는 것이 절대적으로 중요하다.

오늘날 고객들은 정확한 가격, 실시간 재고 상황, 샘플과 시제품, 자신이 선택한 기준에 따라 검색할 수 있는 경쟁 제품 데이터베이스 등에 관한 세세한 정보들을 즉시 이용할 수 있기를 원한다.

목적에 가장 부합하고 따라서 가장 유용한 정보와 제품을 찾을 수 있도록 하려면, 회사와 제품과 서비스에 관한 모든 정보가 XML(eXtensible Mark-up Language)로 작성되어야 하고 검색이 가능하도록 인코딩해야 한다. 이것이 바로 디지털 시대의 완전히 새로운 판매 기법이다. 여기에는 사람과 기술에 대한 집중적인 투자가 수반되어야 한다.

좋은 소식은, 일단 각 제품과 서비스에 대한 정보 제공에 투자가 이루어지면 그 결과물은 여러 채널이나 여러 고객 접점에서 동시에 이용할 수 있다는 것이다. 소매상과 도매상과 전자 시장과 전자 카탈로그를 통해서 동일한 제품 정보를 제공함으로써, 여러 채널을 이용하는 최종 고객들과 의사결정권자들이 일관된 브랜드 경험을 얻게 할 수 있는 것이다.

· 고객 시나리오를 이용하여 고객 대면 솔루션을 설계하라. 표적 고객 집단별로 6개 정도의 고객 시나리오를 구상하라. 시나리오는 회사와 접촉하는 고객들이 정말로 특별한 경험을 할 수 있도록 만들어져야 한다. 그리고 시나리오들은 고객들이 원하는 모든 고객 접점과 유통 채널에 걸쳐 작동되어야 한다는 것을 명심하라.

· 고객 시나리오를 실행하면서 고객 지표를 측정하라. 각각의 고객 시나리오에 대하여 고객 집단별로 가장 중요한 단계와 산출물이 무엇인지를 찾아내라. 각각의 업무에 대하여 고객 집단이 어떤 결과에 만족하는지 알아내라. 고객들이 지정한 우선 순위에 따라서 그 업무를 잘 수행하고 있는지 측정하라. 이것이 "고객들에게 중요한 것을 측정"하는 방법이다. 그리고 고객조종실에 포함시킬 핵심 지표들이기도 하다. 모든 직원들이 모든 것을 측정해야 하는 것이 아니고, 팀별로 상이한 지표를 측정하는 경우도 있을 것이다.

이륙 전 점검: 조직적 문제

고객 경제 시대에 성공할지 여부를 어떻게 알 수 있을까? 성공하리라는 보장은 아무도 할 수 없다. 그렇지만 성공에 가까이 가기 위해서 다음의 몇 가지 조건이 중요하다고 말할 수는 있을 것이다.

· 총체적 고객 경험 담당 최고 경영자가 있는가? 한 사람이 모든 고객들의 경험을 관리하는 경우도 있겠고, 고객 집단별로 고객 경험을

관리하는 사람이 따로 있는 경우도 있을 것이다. 어떤 경우든 이 일은 전임 담당자가 맡아야 하는 일이다. 이미 할 일이 있는 사람에게 주는 명예직이 아니다. 말로 때울 수 있는 일도 아니다. 임원을 포함한 모든 직원들이 고객 경험 담당 최고 경영자의 지시를 기꺼이 받아들여야 하며 그가 설정한 목표를 달성하기 위해 노력해야 한다.

· 효율적인 추진력을 확보하고 있는가? 얼마나 효율적으로 고객들에게 가치를 제공하고 있는가? 고객들의 요구에 얼마나 신속하게 응답하고 있는가? 얼마나 빨리 조직을 축소할 수 있는가? 경쟁력을 확보할 수 있을 만큼 수익 마진을 잘 관리하고 있는가? 고객 경제 시대에는 고객 경험의 지속적 향상과 조직 혁신을 위한 투자에 현금흐름을 집중하는 고객 중심의 기업들이 승리할 것이다. 그들은 손익 계산에 민감하지만, 고객들에게 큰 영향을 미칠 영역에는 투자를 아끼지 않는다.

· 고객 중심의 기업 문화를 보유하고 있는가? 있다면 얼마나 활발한가? 기업의 최고 경영자는 고객 중심으로 생각하고 행동하는가? 고객 중심의 가치가 모든 직원들에게 공유되고 있는가? 누가 최종 고객이며 무엇이 고객들에게 중요한가에 대한 조직 전체의 합의가 존재하는가? 성과급 제도는 고객 충성 및 만족 지표와 연동되어 있는가?

이륙 전 점검: 기술적 문제

고객 경제 시대에 성공하기 위해 투자해야 할 주요 기술 분야는 어디일까? 물론 기업의 규모나 업종에 따라서 정답이 달라지겠지만, 몇 가지 공통적인 힌트는 제시할 수 있다.

· 인프라를 담당하는 전략적 기술 설계자가 있는가? 고객 경험 담당 최고 경영자와 마찬가지로 이 사람도 회사에 오래 근무한 사람이어야 한다. 기존 시스템을 잘 이해하면서도 상상력과 설계 경험과 최신 기술에 대한 지식과 최종 고객들에 대한 열정적인 헌신을 갖춘 사람을 찾아 보라. 고참 기술 설계자들의 팀을 보유하고 있는 기업은 운이 좋다고 할 수 있다. 사실은 단 한 명의 기술 설계자만 있어도 다행이다. CIO(최고 정보 책임자)나 MIS(경영 정보 시스템) 관리자를 말하는 것이 아니다. 오랫동안 시스템 설계와 구현에 직접 관여한 사람이어야 한다. 객체지향 기법이나 분산 컴퓨팅 기법을 이용하여 시스템을 설계해 본 경험이 있는 사람이어야 한다. 인터넷에 정통해야 하며 모바일 기술도 다룰 수 있어야 한다.

기초 기술이든 응용 기술이든 아웃소싱을 통해 혹은 구입을 통해 해결할 수 있는 부분이 많은 것이 사실이지만, 비행을 하는 도중에 변신할 수 있기 위해서는 탄력적이고 유연한 시스템을 설계하고 감독하는 강력한 설계자가 반드시 필요하다.

· CRM 전략과 아키텍처를 보유하고 있는가? 고객 경제 시대에 성공하기 위해서는 고객들이 회사와의 관계를 편리하게 관리할 수 있는 수단을 제공해야 한다. CRM을 설계하면서 직원의 편의를 우선해서는 안 된다. 고객들이 웹과 모바일 장비와 전화를 통해서 이용할 수 있는 인터넷 기반의 CRM 시스템을 구축하라. 그리고 콜센터와 직영 판매점과 대리점에서 고객에게 서비스를 제공하는 모든 직원들에게 동일한 정보를 제공하라. 고객과 고객을 대면하는 직원들에게 고객들이 중요시하는 정보와 업무 방식을 제공하게 되면, 판매 부서가 중시하는 무언가를 얻을 수 있을 것이다.

· 유통 협력사들에게 고객 경험을 관리하는 도구를 제공하고 있는가? 대리점이나 딜러, 소매상들이 돈을 들여서 별도의 시스템을 만들게 하지 말라. 브랜드 경험은 제조업자의 몫이며, 제조업자들은 그 브랜드 경험을 고객들에게 제공하고 고객 정보를 수집하고(물론 고객의 허락을 얻어서) 공유할 수 있도록 하는 도구를 협력사들에게 제공해야 한다.

· 정보 아키텍처가 모바일 장치나 기타 고객 접점들을 지원하고 있는가? 오늘날의 고객들은 다양한 장치와 기술을 이용하여 제조업체나 유통업체와 접촉할 수 있기를 원한다. 그렇다면 고객들이 다음에 무엇을 채택하든 그것도 지원해야 된다는 뜻이 된다. 그리고 고객들이 단 한 가지 장치로 접촉하는 일은 없을 것이다. 전화로 거래를 시작하여 이메일로 진행시키다가 무선 PDA로 마무리 짓는 식으로 여러 장치를 이용할 것이다. 지금 당장 위치 기반 서비스(위치하고 있는 지역에 따라 콘텐츠가 달라지는 서비스) 인프라를 구축할 계획을 세우는 것이 좋다. 세계는 지금 GPS를 비롯한 무선 인프라가 급속히 발전하고 있다. 아시아의 고객들은 이미 서비스 제공 업체가 자동으로 자기의 위치를 알게 하는 서비스를 이용하고 있다. 그렇게 하면 고객의 위치가 예컨대 현금자동인출기냐 지하철역이냐 소매점이냐에 따라서 자동 응답의 내용이 달라질 수 있는 것이다. 유럽에서도 곧 위치 기반 서비스가 시작될 것이며, 무선 인프라 구축이 더딘 미국에서도 몇 년 안에는 사용할 수 있게 될 것이다.

· XML과 비즈니스 이벤트와 객체, E-서비스를 충분히 활용하고 있는가? 고객 경제 시대의 시스템 개념은 유연성이다. 오늘날의 고참 시스템 설계자들은 강력하고 안정적이고 유연한 분산 컴퓨팅 인

프라를 10년 이상 설계하고 발전시킨 경험을 갖고 있다. 그들은 비즈니스 객체와 비즈니스 규칙을 사용하여 관리하기 쉬우면서도 역동적인 시스템을 만들어낸다. 변경하기 쉬운 일련의 비즈니스 규칙에 따르는 비즈니스 이벤트가 객체들의 실행을 촉발한다. 이런 구조의 장점은 복잡한 네트워크로 이루어진 세계에 적합하다는 것이다. 한 회사의 시스템 안에 있는 객체들이 다른 회사의 시스템에 있는 객체들을 불러올 수 있다. 그렇게 되면 예컨대 재고 조회, 제품 재구성, 거래 상담, 장부 기장 등의 서비스가 쉬워지고 또 안전하게 된다. 한편 이 동적이고 유연한 회사간 시스템의 규모에는 한계가 없다. 객체의 속성을 나타내기 위하여 XML 코딩이 일반화되고 있으므로, 인터넷을 통하여 다른 회사의 서비스를 검색하고 서비스의 속성을 이용하는 일이 가능해졌다. 기존의 시스템 설계자들이 이러한 원칙을 따르지 않고 있다면, 분산 컴퓨팅 아키텍처를 구축한 경험이 많은 사람을 찾아보는 것이 좋을 것이다.

· 시스템과 애플리케이션과 조직 범위를 뛰어 넘어 모든 고객 경험의 질을 모니터할 수 있는가? 고객을 얻는가 못 얻는가는 고객들이 브랜드와 접하면서 얻는 경험의 질에 달려있다. 지금은 고객들이 가장 중요하게 생각하는 것들을 아주 세밀하게 관찰해야 할 때다. 여러 회사의 시스템에 걸친 고객 시나리오들의 성능을 모니터해야 하는 경우도 있을 것이다. 고객들이 요금납부, 재고보충, 신제품 검색 등의 결과를 얻기 위하여 행해야 하는 작업이 얼마만큼 쉬운지도 측정해야 할 것이다. 그러기 위해서는 핵심 비즈니스 이벤트의 타이밍과 성능을 모니터할 수 있는 애플리케이션을 구현해야 할 것이다. 고객들의 요구가 무엇인지 그리고 어떻게 하면 고객 경험을 향상시킬 수 있는지를 알게 되면, 모니터해야 할 비즈니스 이벤트도 달라질 것이다. 고객들

에게 중요한 것을 모니터하는 일은 일과성 행사가 아니다. 그것은 지속적인 업무가 되어야 한다. 고객들에게 중요한 것들을 더 많이 모니터하고 더 많이 개선할수록, 더 많은 것이 중요하며 더 많은 것을 모니터해야 한다는 것을 알게 될 것이다.

고객 경험과 관련된 모든 정보를 어디에 저장할 것인가? 고객 경험에 관련된 정보와 지표들은 고객 정보 시스템으로 보관하기 바란다. 과거에는 고객 정보를 마케팅에만 활용하였었다. 고객의 행동과 인구통계학적 분류를 분석함으로써 고객 집단별 특징을 이해하고 더욱 정확한 대응을 할 수 있었다. 그러나 필자는 고객 정보를 단순히 더 많이 팔기 위한 목적으로만 사용하지 말고, 고객 경험을 향상시키고 고객 관계를 강화하는 목적으로 사용하기를 권하는 바이다.

고객조종실을 설계하라

고객 혁명의 수혜자가 되기를 원한다면, 엄청난 고객 충성을 얻고 싶다면, 고객 경제 시대에 성공하기를 바란다면, 앞서 언급한 8가지 과제를 통해 훌륭한 고객 경험을 구축하여 고객들에게 제공해야 할 것이다. 사례 연구에서 소개한 모든 기업들은 8가지 과제 중에서 최소한 하나 이상을 아주 잘 수행하고 있다. 8가지 과제를 모두 해결한 회사를 상상해 보라. 멋지지 않은가?

그러나 8가지 과제를 따로따로 보려고 하지 말고, 각 회사의 상황과 처지에 따라서 과제가 달라질 수 있다는 것을 명심하라. 사례마다 고객조종실 초안을 덧붙인 것은 바로 이와 같은 이유 때문이다. 필자는 고객 경험을 창출하는 모든 단계에서 기업은 자기가 하는 일을 매우 세밀하게 평가할 필요가 있다는 점을 강조하고 싶었다. 결국 고객조종실은 측정 도구이며 평가 도구이다.

그런데 사례 연구에 덧붙인 고객조종실 초안을 읽어온 독자들은 어떤 지표들이 반복해서 나타나는 것을 알아차렸을 것이다. 하나의 초안이 여러 사례에 적용될 수 있다는 생각을 한 독자들도 있을 것이다. 어쩌면 하나의 일반적인 고객조종실로 모든 기업의 총체적 고객 경험을 측정하고 평가할 수 있다는 결론을 내린 독자도 있을 것이다.

사실은 여러 사례 연구에서 제시한 고객조종실들을 사용하여 하나의 범용 고객조종실을 만들어 보았다. 하나의 틀에 모든 지표들을 모은 다음에 중복되는 것을 지우는 식으로 해서 5페이지가 넘는 범용 고객조종실을 만든 것이다. 그렇다고 모든 고객조종실이 그렇게 커야 한다는 얘기는 아니다. 만약 모든 것을 모니터한다면 정보의 홍수 속에서 허우적거릴 수밖에 없을 것이다.

그러나 우리는 또한 겉으로 보기엔 달라 보이는 지표들 사이에서 공통적인 특징을 찾아낼 수 있었다. 그것들은 지표들의 종류를 나타내는 메타 지표라고 할 수있다. 예를 들어 요즘 각광받고 있는 6시그마(six sigma) 개념을 모토롤라가 처음 개발하던 1980년대로 돌아가 보면, 당시 전사적 품질관리(TQM)의 목표는 불량률과 사이클 타임이라는 두 가지 목표에 집중되어 있었다. 그들은 그 이외의 모든 내부 지표들은 두 가지 목표로 환원될 수 있다는 결론을 내렸던 것이다.

그렇게 극단까지 가지는 않았지만, 고객조종실의 지표들을 몇 개의 메타 지표로 묶을 수 있었다. 이에 관한 설명은 웹사이트(www. customer revolution.net)를 참조하기 바란다.

지금은 고객 경제 시대로 이륙할 때

필자는 이 책을 읽은 독자들이 쓸모 있는 경영 전략과 지침을 발견했기를 바란다. 핵심 개념은 단순하다. 고객 가치에 의한, 고객 가치를 위한 경영을 하라는 것이다. 그리고 고객들에게 중요한 것들을 측정하고 모니터하라는 것이다. 이것이 필자가 제안하는 고객조종실 기법의 두 축이다.

향후 2년에 걸쳐 전세계의 많은 기업들이 고객 관계의 질에 더 많은 관심을 기울이기 시작할 것이다. 그것은 바람직한 일이고 또한 실현 가능한 일이다. 그 회사들은 이 책에서 추천하는 것과 비슷한 경영 전략을 실행할 것이다. 그들은 고객 가치와 고객 경험을 거의 실시간으로 모니터하게 될 것이다. 직원들과 협력사들은 고객 경험을 끊임없이 향상시키는 데 필요한 더욱 정확하고 시의 적절한 정보를 제공받게 될 것이다.

이 동현(가톨릭대학교 경영학부 교수)

　　인터넷의 확산과 함께 불어닥친 벤처 열풍은 우리의 생활을 혁명적으로 변화시켜 놓았다. 우리는 인터넷을 통해 뉴스, 여행, 일거리 등 유용한 정보를 무료로 얻을 수 있을 뿐만 아니라 각종 상품과 서비스를 저렴하게 구입할 수 있고, 친구, 동창, 동료들과 신속하게 커뮤니케이션 할 수도 있다. 어느 순간 인터넷은 우리 생활의 필수품이 되어 버렸다.

　　하지만 인터넷이 중요하다는 인식이 확산될수록 인터넷을 활용한 비즈니스에 대한 경영자들의 오해와 혼란이 가중되었던 것도 사실이다. 인터넷 사업에 대한 정확한 이해와 준비 없이 남이 하니까 나도 따라 한다는 식의 풍토는 사업을 혁신시키겠다는 '비즈니스 게임' 보다는 투기로 대박을 터트리겠다는 '머니 게임' 으로 사람들의 관심을 왜곡시켰다. 그 결과 코스닥은 폭락했고 더불어 인터넷도 혁신의 도구라기보다는 하나의 유행으로 치부되어 버렸다.

　　그러나 저자는 인터넷이 한때의 유행이 아니라 기업 경영의 기본 패러다임을 완전히 뒤바꾸고 있다는 점을 강조하고 있다. 인터넷과 정보 기술의 확산으로 고객이 칼자루를 쥐는, 즉 고객이 비즈니스의 모습과 산업의 형태를 바꾸는 고객 경제(customer economy) 시대가 도래했다. 사실 비즈니스의 역사에서 21세기가 갖는 가장 큰 의미는 사상 최초로 고객들이 쉽고 빠르게 기업과의 관계를 조정할 수 있는 인터넷과 정보 기술이라는 도구를 갖게 되었다는 점이다. 저자는 21세기 경영의 핵심 화두인 '고객'을 강조하면서 이 책에서 세 가지 중요한 원칙과 이를 실제 경영에 적용할 수 있는 구체적인 방법론을 제시하고 있다.

첫 번째 원칙은 앞서 지적한 바와 같이 고객이 비즈니스의 통제력을 갖게 되었다는 것이다. 21세기 고객들은 실시간 정보를 요구할 뿐만 아니라 정보에 대한 공개적이고 동등한 접근, 전문적인 정보, 편리한 정보 접근을 요구한다. 또한 고객들은 업무 프로세스, 물류, 가격에 있어 투명성을 요구한다. 심지어 그들은 개인 정보는 물론 유통 채널과 가격에 대해서도 주도권을 행사하기를 원한다. 이처럼 인터넷으로 촉발된 고객의 새로운 욕구는 20세기에 만들어진 기존의 비즈니스 모델로 더 이상 충족시키지 어렵게 되었다. MP3와 냅스터로 야기된 음악 산업의 혁명이 기존 음반 산업을 변화시킨 것이 대표적인 사례이다. 이러한 첫 번째 원칙은 2장, 3장, 4장에서 자세히 설명되고 있다.

두 번째 원칙은 고객 관계(customer relationship)의 중요성이다. 저자에 의하면 고객 경제 시대에 가장 귀중한 자산은 자본, 제품, 인력 등이 아니라 바로 기업이 고객과 맺고 있는 관계이다. 이 책에서는 현재의 고객 관계에서 발생하는 가치와 미래의 고객 관계에서 발생하는 가치를 종합해 고객 프랜차이즈(customer franchise)라는 개념으로 정리하고 있다. 따라서 21세기 경영에서 기업 가치는 현재와 미래 고객 관계의 총가치인 고객 프랜차이즈에 의해 결정된다. 5장, 6장에서는 고객 자본, 고객 모멘텀, 고객 프랜차이즈 등 고객 가치를 구성하는 핵심 개념과 고객 가치에 의한, 고객 가치를 위한 경영에 대해 설명하고 있다.

고객 경제 시대의 세 번째 원칙은 고객 경험(customer experience)에 대한 강조이다. 고객과의 보다 강력한 관계를 구축하기 위해서는 단순한 광고나 A/S 활동만으로는 부족하다. 고객 경제 시대에 성공하기 위해서는 카탈로그, 콜센터, 매장, 웹, e-메일, 전자 시장 등 다양한 고객 접점과 유통 채널을 이용해서 브랜드 개성과 이미지에 어울리는 총체적 고객 경험을 제공할 수 있어야 한다. 7장에서는 이러한 총체적 고객 경험에 대한 자세한 이론과 사례를 설명하고 있다.

마지막으로 저자는 고객 경제 시대의 세 가지 원칙을 실제 경영에 적용할 수 있는 구체적인 방법론으로 고객조종실(customer flight deck)이라는 개념을 8장에서 제시하고 있다. 고객조종실이란 불확실성으로 가득 찬 고객 경제 시대를 헤쳐나가는 기업의 모습을 비행기 조종에 비유한 개념으로 9장부터 16장까지 설명되는 총체적 고객 경험을 위한 8가지 과제에 대한 설명을 보완하고 있다. 각 장마다 찰스 슈왑, 휴렛패커드, 테스코, 내셔널 세미컨덕터, GM복스홀 등 13개 기업의 자세한 사례 연구를 인용함으로써 독자들의 완벽한 이해를 구하고 있다.

책이 한 권 번역될 때까지 주위 분들로부터 참으로 많은 도움을 받았다. 우선 역자와 함께 인터넷과 e-비즈니스를 연구하는 '가톨릭대학교 e-Business 연구회' 멤버들인 강윤선, 권진호, 김동희, 김성기, 김은숙, 신현주, 안태연, 이상건, 이승빈, 이여훈, 이원희, 정경애, 조정윤, 지금희 등에게 고맙다는 뜻을 전하고 싶다. 이들은 이 책을 같이 읽고, 토론하고, 원고를 수정하는 데 큰 도움을 주었다. 특히 역자의 나태함을 끝까지 인내해 주고 원고를 꼼꼼히 살펴 준 나노미디어에게 정말로 감사를 드린다. 또한 바쁘다는 말이 이제는 핑계가 돼버린 아내와 두 딸에게도 사랑한다는 말을 꼭 전하고 싶다.

끝으로, 고객관계관리(CRM)를 위한 유용한 개념과 구체적인 방법론으로 가득 찬 이 책을 통해 우리 나라 기업들 중에서도 21세기 고객 경제 시대를 선도하는 혁명적인 기업들이 많이 배출되기를 바란다.